Freiburg i.Br.

jos fritz verlag

# Dimensionen von *Gender Studies*

## Band II

Ausgabe 13
2003

**F**reiburger
**F**rauen**S**tudien

Zeitschrift
für Interdisziplinäre
Frauenforschung

**Freiburger FrauenStudien 13**

Herausgeberin der Reihe: Zentrum für Anthropologie und *Gender Studies* (ZAG).
Herausgeberin der Ausgabe 13: Meike Penkwitt.


Die Verantwortung für die einzelnen Beiträge liegt bei den jeweiligen AutorInnen.

Redaktionsadresse:
Zentrum für Anthropologie und *Gender Studies* (ZAG), Belfortstraße 20,
79098 Freiburg, Tel.: 0761/203-8846, Fax: 0761/203-8876,
e-mail: frauenst@mail.uni-freiburg.de, http://www.zag.uni-freiburg.de

Öffentlichkeitsarbeit:
Franziska Bergmann, Jennifer Moos, Meike Penkwitt, Eva Voß, Nina Wehner.
Umschlagsgestaltung: Marion Mangelsdorf.
Textverarbeitung: Elmar Laubender.

Verlag: jos fritz Verlag, Wilhelmstr. 15, 79098 Freiburg.
Druck: Hausdruckerei der Albert-Ludwigs-Universität Freiburg i. Brsg.

ISBN 3-928013-20-3 ISSN 0948-9975

Eine Übersicht über die bisher erschienen Titel befindet sich auf Seite 390.

# Inhalt

## Inhalt des Bandes I

Weitere Rezensionen

# Vorwort

Dem ersten unserer beiden Bände zur Einführung in die *Gender Studies* in unterschiedliche Fachbereiche folgt hiermit der zweite Band.

Die beiden Bände „Dimensionen von *Gender Studies*" sollen in ersten Linie StudienanfängerInnen im Bereich der *Gender Studies* den Einstieg erleichtern, aber auch ‚alten Häsinnen' (und ‚Hasen') einen Einblick in bisher vielleicht noch weniger vertraute Gebiete ermöglichen. Ein Großteil der in diesem Band zusammengeführten Texte geht – wie auch beim ersten Band – auf die Vortragsreihe „Dimensionen von *Gender Studies*" zurück, die im Wintersemester 2000/2001 im Rahmen der Veranstaltungsreihe *Freiburger FrauenForschung* an der Universität Freiburg stattfand. Diese Zusammenstellung wurde um einige Texte aus späteren Semestern ergänzt.

Besonders hinweisen möchte ich Sie außerdem auf den Bericht meiner Kollegin Marion Mangelsdorf „Bewährungsproben. Überlegungen zur Institutionalisierung von Geschlechterforschung/*Gender Studies*", in der sie grundsätzliche Überlegungen zur Institutionalisierung mit der Reflexion ihrer eigenen Erfahrungen an der 1998 gegründeten Freiburger Koordinierungsstelle *Gender Studies* miteinander verbindet. Eine andere Perspektive auf den Freiburger Studiengang *Gender Studies* bietet daneben das Selbst-Portrait, der ungewöhnlich aktiven und lebendigen Freiburger *Gender*-Fachschaft, die ebenfalls in dieser Ausgabe erscheint.

Noch einmal möchten wir uns bei unseren AutorInnen für ihre große Geduld bedanken, insbesondere natürlich bei denjenigen, deren Texte erst in dem hiermit vorliegenden zweiten Band erscheinen.

Meike Penkwitt — Freiburg, im Juli 2003

# Einleitung

Meike Penkwitt und Marion Mangelsdorf

# Dimensionen von *Gender Studies*

Hinter dem Begriff und der neuen Disziplin der *Gender Studies* stehen nicht nur verschiedene Forschungs- und Theorietraditionen, sondern auch eine Geschichte politischer Praxis. Die unterschiedlichen Stränge sind vielfach miteinander verflochten, wobei einige der sich so ergebenden Knotenpunkte sich als hochgradig konfliktträchtig erweisen. Feminismus, feministische Theorie, Frauenbewegung, Frauen- und Männerforschung, *Queer Studies* und *Queer Theory* werden nicht selten als eigenständige Bereiche verstanden, neuerdings aber (mit Ausnahme der Frauenbewegung) zumeist den *Gender Studies* oder auch der Geschlechterforschung untergeordnet. Bevor die Aufsätze des vorliegenden Bandes *Gender*-Ansätze in unterschiedlichen traditionellen Fächern vorstellen, werden einleitend die unterschiedlichen Bezeichnungen und die mit ihnen verbundenen Inhalte in den Blick genommen. Ihre Bedeutung und ihre historische Einordnung wird dabei mehr systematisch als chronologisch herausgearbeitet.[1]

## Frauenbewegung

Ist von ‚der Frauenbewegung' die Rede, so denkt man dabei zunächst einmal an *die* Frauenbewegung, die sich Mitte bzw. Ende der 60er Jahre in den USA aus der Bürgerrechtsbewegung und in Deutschland aus der Studentenbewegung heraus entwickelte. Doch handelt es sich bei der Frauenbewegung nicht um ein historisch einmaliges Ereignis: Anders als z.B. die Bezeichnung ‚Französische Revolution' wird der Begriff nicht als Name für ein einzigartiges Phänomen benutzt, sondern auf unterschiedliche, aber ähnliche Entwicklungen angewandt.

Nur auf den ersten Blick scheint der Terminus ‚Frauenbewegung' unproblematisch zu sein: Generell wird darunter ein lockerer Zusammenschluss von Frauen (oder auch ein in etwa zeitgleiches Nebeneinander unterschiedlicher Frauengruppen) verstanden, die – mehr oder weniger gemeinsam – für ihre Interessen und Belange ‚als Frauen' eintreten. Doch bei genauerer Betrachtung wirft der Terminus ‚Frauenbewegung' viele Fragen auf. Beide Bestandteile des Begriffs (‚Frauen' und ‚Bewegung') sind keineswegs so eindeutig, wie sie zunächst erscheinen. So lässt sich fragen: Wie fest muss der ‚Zusammenschluss' und wie viele Frauen müssen aktiv sein, damit tatsächlich von einer gesellschaftspolitischen ‚Bewegung' und nicht nur von einzelnen Interessensvertreterinnen oder auch -verbänden die Rede sein kann? Müssen spezifische

‚Fraueninteressen' und ‚-belange' definiert werden? Sollen z. B. auch eher ‚konservative' Frauengruppen der Frauenbewegung zugeordnet werden?[2] – Eine Frage, die sich speziell vor dem Hintergrund des progressiven oder auch ‚linken' Selbstverständnisses der zurzeit als maßgebliches Paradigma geltenden ‚Neuen Frauenbewegung' stellt. Vor allem im Anschluss an die vieldiskutierten Thesen der amerikanische Theoretikerin Judith Butler wird darüber hinaus auch generell hinterfragt, wer mit dem Begriff ‚Frauen' überhaupt gemeint ist, und damit die Homogenität einer einheitlichen Kategorie ‚Frauen' und eines klar beschreibbaren ‚Subjekts' der Frauenbewegung problematisiert.[3]

Bisher besteht auch kein Konsens hinsichtlich der Frage ob von einer durchgängigen Frauenbewegung oder von zwei – mehr oder weniger unabhängigen – ‚Wellen' im letzten Jahrhundert gesprochen werden sollte. Die Frauenbewegung, die in den USA Mitte und in Europa eher Ende der 1960er-Jahre einsetzte, wird deshalb einmal als ‚zweite Welle' *der* Frauenbewegung oder aber als zweite, bzw. ‚Neue Frauenbewegung' bezeichnet. Hier wird noch einmal die Problematik, die sich aus der Unschärfe des Begriffes ‚Bewegung' ergibt deutlich. Darüber hinaus lässt sich fragen, ob es nicht schon zu einem früheren Zeitpunkt Wellen als herausragende Momente in einem Kontinuum – oder eben eigenständige Frauenbewegungen – gegeben hat. Dabei ist z.B. an das politische Engagement von Frauen im Zuge der Revolution von 1848, an selbstbewusste Mystikerinnen im Mittelalter oder auch an intellektuelle Streiterinnen in der französischen *Querelle des Femmes* zu denken.

Im Rahmen der westlichen Neuen Frauenbewegung waren es zunächst schwarze US-Amerikanerinnen, die weiße Frauenrechtlerinnen dafür kritisierten, sich als Stimme aller Frauen zu verstehen und dabei innerhalb der Bewegung Minderheiten zu diskriminieren. In den USA bildete sich in der Folge eine eigenständige Bewegung schwarzer Frauen.[4] Die Ausgabe „Feminismen – Bewegungen und Theoriebildungen weltweit" der *Freiburger FrauenStudien* gibt einen Einblick in die Vielfalt unterschiedlicher Frauenbewegungen und deren jeweiligen Theoriebildungen in verschiedenen Ländern und Regionen der Welt.[5]

Außer den geografisch oder ethnisch bedingten Konflikten gibt es auch einen schicht- oder klassenbedingten Dissens: So kritisierten z.B. die schwarzen Amerikanerinnen ihre weißen ‚Schwestern' nicht nur für die Vernachlässigung der Kategorie *race*, sondern ebenso von *class*, also für das Ausblenden ihrer Klassenzugehörigkeit. Sie warfen ihnen vor, unreflektiert ihre Mittelschichtsperspektive und ihre -interessen zu pauschalisieren. Darüber hinaus wurde im Rahmen der Neuen Frauenbewegung hauptsächlich von lesbischen Frauen beanstandet, dass ‚Frauen' zumeist als heterosexuelle Menschen verstanden würden. Behinderte Frauen beklagten, zumeist nicht mitgedacht zu werden.

Hingewiesen wurde mittlerweile auch auf die durch Alter' und ,Religion' erzeugten Unterschiede. Differenzen zwischen Frauen wurden offensichtlich zunächst zugunsten der Differenzen zwischen Männern und Frauen vernachlässigt, Aspekte politischer Marginalisierung innerhalb der Bewegung tabuisiert.

## Feminismus und feministische Theorie

> *„I myself have never been able to find out precisely what feminism is: I only know, that people call me a feminist, whenever I express sentiments that differentiate me from a doormat or a prostitute."*
>
> Rebecca West

,Feminismus' wird manchmal (etwas ungenau) mit dem Begriff ,Frauenbewegung' gleichgesetzt. Vor allem wird darunter aber die Theorie, das verbindende Gedankengebäude der Frauenbewegung, verstanden. Neuerdings steht ,Feminismus' oder ,feministische Theorie' auch für eine eigenständige Theoriebildung, die nicht mehr an eine ,Bewegung' gebunden ist. So ist es fraglich, ob derzeit von einer gesellschaftlich verwurzelten Frauenbewegung die Rede sein kann. Unzweifelhaft aber wird feministische Theoriebildung betrieben.

Die Verbindung von Theorie und Praxis wurde insbesondere in den 70er Jahren heftig diskutiert: Viele Feministinnen begriffen ihre ,Theoriearbeit' gleichzeitig als politische Praxis. Sie hielten Theorie und Praxis für untrennbar miteinander verwoben – eine auch noch heute anzutreffende aber nicht von allen geteilte Position. So wird dann auch die mittlerweile eingetretene Verselbstständigung der Theoriebildung entweder als Verlust der Anbindung an die Bewegung oder aber als Emanzipation erlebt.

Etwa zeitgleich mit der oben angeführten Diskussion wurde noch ein anderes Verhältnis verhandelt: Die Relation zwischen elaborierten wissenschaftlich-akademischen Theorien mit ihren für Außenstehende oft schwer verständlichen Debatten einerseits und alltagspraktischen feministischen Überzeugungen und Glaubensbekenntnissen andererseits. Bestand zunächst innerhalb der ,Szene' noch eine weitgehende Theoriefeindlichkeit, so zählen die neueren feministischen Gedankengebäude zu den avanciertesten gegenwärtigen Theoriebildungen.

Gemeinsamer Nenner der unterschiedlichen Feminismen ist die Kritik an der Benachteiligung (oder auch Unterdrückung) von Frauen, sowohl als einzelne wie auch als Gruppe. Diese wird weniger einzelnen Männern angelastet als vielmehr strukturell gesehen: Als ausschlaggebend gilt die ,patriarchale' Gesellschaftsordnung. Der Feminismus richtet sich demnach gegen das

‚Patriarchat', die strukturelle gesellschaftliche Vorherrschaft von Männern in ‚öffentlichen' Bereichen wie Wissenschaft, Kunst und Politik, die einhergeht mit einer gleichzeitigen Abwertung der den Frauen zugewiesenen ‚privaten' Sphären. Kritisiert wird die bestehende symbolische, materielle und institutionelle Ordnung der Gesellschaft nach Geschlechtern. Ziel ist zum einen die kollektive und individuelle Emanzipation der einzelnen Frauen, aber auch eine Veränderung der durch die bisherige Ordnung ‚männlich' geprägten Gesellschaft. Hier sind vor allem zwei Gewichtungen zu beobachten: Zum einen wird für die gleichen Rechte und konkret-praktischen Möglichkeiten von Frauen gekämpft, zum anderen besteht die Hoffnung, eine angemessene Teilhabe und Einflussnahmen von Frauen würde die Gesellschaft zum Positiven verändern. Ein weiteres Anliegen ist die Anerkennung der von Frauen erbrachten Leistungen: z.B. in der Wissenschaft oder im kulturellen Bereich, aber auch in typisch ‚weiblichen' Tätigkeitsfeldern wie Haushalt und Kindererziehung sowie bei anderen fürsorgenden Tätigkeiten.

Neben eher separatistisch vorgehenden Herangehensweisen, die sich im Sinne einer ‚weiblichen Gegenkultur' z.B. für eigene Räume, (Buch-)Läden oder Veranstaltungen einsetzen, gibt es auch integrativ orientierte Konzepte. Mit beiden Ausrichtungen kann der weitreichendere Anspruch der Systemveränderung verbunden sein. Der Separatismus wird dann zumeist nur als zeitweiliger Rückzug verstanden, um neue Ansätze zu entwickeln und Perspektiven zu eröffnen, die letztendlich der gesamten Gesellschaft zugute kommen. Auch bei diesen Versuchen, das System zu verändern finden sich unterschiedliche Strategien: So werden entweder ‚weibliche Werte' stark gemacht, oder aber die Übernahme weiblicher Rollen wird verweigert. Indem es dem Feminismus nicht nur um die Situation einzelner Frauen geht, sondern um die Geschlechterordnung im Ganzen, können Männer in ihr eine ganz maßgebliche Rolle spielen.

Während ‚Feminismus' noch immer einen politischen Begriff darstellt, können die *Gender Studies* eher der Kategorie ‚Grundlagenforschung' zugeordnet werden. VorläuferInnen der heutigen *Gender Studies* aber waren zunächst die Frauen- und bald auch schon die Männerforschung.

## Frauenforschung

**Die namenlosen Frauen**

Ihr namenlosen Frauen, ihr namenlosen Frauen
Aus der Vergangenheit
Ihr Schwestern, wie habt ihr gelebt,
was wissen wir denn von Euch?!
Den Heldentaten der Männer
Lauschen wir nun nicht länger mehr.
Wo ist die Geschichte der Frauen,
wo ist unsere Vergangenheit?

Ihr ungezählten Frauen, ihr ungezählten Frauen,
die für Frauenrechte gekämpft.
Zurück an den Herd gedrängt
Hat man stets Euch, wenn ihr erwachtet.
Wenn Gewalt nicht half, half Gesetzesmacht,
um Frauenkraft zu brechen.
Und was ihr getan, wurde ausgelöscht
In den Büchern der Vergangenheit.

Ihr starken tapfren Frauen, ihr starken tapfren Frauen
Der französischen Revolution.
Zur Freiheit, Gleichheit, Brüderlichkeit
Habt ihr gefordert Schwesterlichkeit!
Im Kerker und auf dem Schafott habt ihr Frauen
Für unsere Sache gelitten.
Gelöscht hat man eure Taten
Und gelöscht die Geschichte der Frauen.

Wir neu erwachten Frauen, wir neu erwachten Frauen
Suchen unsere Vergangenheit.
Zwischen Lügen und zwischen Zeilen
Sind Spuren noch zu finden.
Die Fetzen unserer Geschichte werden wir zusammensetzen, ja.
Denn wissen wir, was wir Frauen taten, wissen wir auch was wir tun.[6]

Dieser Liedtext der Gruppe „Schneewittchen“ führt anschaulich die politische Aufbruchstimmung vor Augen, die die Anfänge der ‚Frauenforschung‘ in den 1970er und 80er Jahren prägte. Gleichzeitig weist er auch auf die (oben schon angesprochenen) früheren Frauenbewegungen hin („ihr ungezählten Frauen, die für Frauenrechte gekämpft“ oder auch „ihr starken tapfren Frauen der französischen Revolution“), die ein zentrales Thema der frühen Frauenforschung waren. Der Liedtext macht damit deutlich, worum es in der (hier: geschichtswissenschaftlichen) Frauenforschung vor allem ging (und teilweise auch noch geht): den bisher ausgeblendeten, oder auch ‚verschwiegenen

Anteil‘ von Frauen (an der Geschichte) und dabei vor allem die Wahrnehmung von Frauen als Akteurinnen.[7]

Neben ‚bedeutenden‘ Frauen in der gesellschaftspolitischen Geschichte wurde im Rahmen der Frauenforschung der Beitrag von Frauen zur Literatur- oder auch Wissenschaftsgeschichte erforscht, bzw. ihre systematische Ausgrenzung. Ein weiterer Gegenstand waren darüber hinaus die zuvor als wissenschaftlich uninteressant erachteten, gegenwärtigen Lebenszusammenhänge von Frauen, die nun z.B. in der Soziologie, der Psychologie, der Volks- und der Völkerkunde bearbeitet wurden.

Im Rahmen der Frauenforschung wurde schon früh aufgedeckt , dass bereits die Wahl der Forschungsgegenstände von einem geschlechtlichen ‚Bias‘[8] geprägt ist, der sich in der ‚Färbung‘ der jeweiligen Betrachtung fortsetzt. Wie Annemarie Pieper formuliert, ist

> „die vorgebliche Neutralität der Vernunft erschlichen ..., insofern sie sich als Konstrukt spezifisch männlicher Erkenntnisinteressen erweist, die unhinterfragt als allgemeinmenschliche ausgegeben werden“.[9]

Ein Sachverhalt, der in der feministischen und *gender*-theoretischen Diskussion als ‚Androzentrismus‘, also ‚Männerzentriertheit‘ oder auch Dominanz der männlichen Perspektive, bezeichnet wird, und der die gesamte Gesellschaft – Wissenschaft, Kultur, Politik etc. – betrifft.

Als Konsequenz wurde innerhalb der Frauenforschung zunächst nach einer frauenspezifischen Betrachtungsweise gesucht oder aber zumindest der Versuch unternommen, die männergeprägte einseitige Perspektivierung sichtbar zu machen.[10] Um die männlich dominierte Wissenschaft zu revolutionieren bzw. zumindest zu korrigieren, wurde vor allem in der frühen Frauenforschung auf die mittlerweile berühmt-berüchtigte ‚Parteilichkeit‘, ‚Betroffenheit‘ und ‚Empathie‘ von Frauen als methodische Herangehensweise gesetzt. In der Frauenforschung waren damit männliche Forscher zunächst einmal undenkbar. Mittlerweile wirkt eine solche Herangehensweise etwas antiquiert. Nachvollziehbar und vor allem historisch zu verstehen ist sie jedoch, führt man sich den „historischen Überhang androzentrischer Diskurse [insbesondere, M.P.] zum Thema ‚Geschlecht‘“[11] vor Augen.[12]

Dass Frauenforschung nur von Frauen betrieben werden könne, blieb nicht unwidersprochen. Eine längere Debatte kreiste um die Frage, ob es sich bei ‚Frauenforschung‘ um Forschung von, für oder über Frauen handelte oder auch (normativ betrachtet) handeln sollte.[13] Entsprechend der Kritik an androzentristischen Betrachtungsweisen beliebiger Forschungsgegenstände ist eine Eingrenzung der Frauenforschung auf den Gegenstand ‚Frauen‘ (und was mit ihnen in Zusammenhang steht) inzwischen obsolet. Die Überlegung, Frauenforschung solle nur für Frauen betrieben werden, erübrigt sich mit einem gesamtgesellschaftlichen Veränderungsanspruch: Bei einem solchen ist es durchaus erwünscht, dass auch Männer Frauenforschung rezipieren – und auch betreiben.

Hier stellt sich dann auch die Frage, ob eine separate Frauenforschung durch ihre bloße Anwesenheit die herkömmliche Forschung als ‚Männerforschung' kenntlich macht, oder ob sie sich in ein ‚Frauenghetto' begibt,[14] so dass die Beschäftigung mit Männern weiterhin als allgemeine oder auch neutrale Forschung erscheint, diejenige mit Frauen dagegen als orchideenhafte Besonderheit. ‚Frausein' und ‚Weiblichkeit' erschiene dabei als ein reflektions- und erklärungsbedürftiger Gegenstand, während ‚Mannsein' und ‚Männlichkeit' einmal wieder erst gar nicht in Erscheinung träte.

## (Kritische) Männerforschung

‚Männerforschung' gibt es mittlerweile jedoch auch als ‚kritische Männerforschung', die Mannsein, Männlichkeit und auch die von Feministinnen und Frauenforscherinnen kritisierte Männergeprägtheit und männliche Dominanz konventioneller Wissenschaft, Kultur etc. thematisiert und hinterfragt. In den USA entstand sie – in Auseinandersetzung mit der feministischen Literatur – bereits in den 70er Jahren, und auch in Deutschland gibt es mittlerweile einige Vertreter.[15] Das Nebeneinander alternativer Begriffe, mit denen diese Fachbereiche bezeichnet werden, drückt die Vielzahl unterschiedlicher Ansätze aus.[16] Im Gegensatz zur ‚alten', insbesondere ihrer eigenen Geschlechtlichkeit gegenüber blinden ‚Männerforschung' ist die ‚neue' pro-feministische Männerforschung geschlechtssensibel und -reflektiv. ‚Kritische Männerforschung' ist insofern ‚pro-feministisch' als dass auch sie das oben eingeführte zweite feministische Ziel der Veränderung der bisherigen, als einschränkend erlebten Geschlechterordnung verfolgt.

## *Gender Studies*/Geschlechterforschung

Frauen- und Männerforschung werden unter dem Begriff ‚Geschlechterforschung' zusammengefasst. Alternative Begriffe, die für diesen im Vergleich zu den vorgenannten umfassenderen Bereich verwendet werden, sind *Gender*-Forschung oder auch Geschlechterverhältnisforschung. Diese unterschiedlichen Begriffe sind allerdings nicht synonym, verbinden sich damit doch je unterschiedliche Schwerpunkte, auch weisen sie verschiedene Vor- und Nachteile auf:

Ein Vorteil des Begriffes ‚Geschlechterverhältnisforschung' besteht darin, dass durch ihn deutlich wird, dass die Kategorie ‚Frauen' die So-Bezeichneten jeweils durch deren Abgrenzung gegen so genannte ‚Männer' charakterisiert.[17] In dieser Abgrenzung gegen und gleichzeitigen Bezogenheit auf das andere Geschlecht liegt zugleich aber auch ein Nachteil des Begriffes: Er lenkt den Blick in erster Linie auf den berühmten ‚kleinen Unterschied'. Differenzen innerhalb der Gruppe der Frauen (s.o.) können dadurch marginalisiert oder gar übersehen werden. Problematisch ist an dem Begriff Geschlechterverhältnisforschung darüber hinaus, dass er die Beziehung zwischen ausschließlich zwei Geschlechtern – eben ‚Männern' und ‚Frauen' – suggeriert. Der Plural ‚Geschlechter' bietet aber eigentlich Raum für mehr als nur zwei Geschlechter (s.u.).

Eine Geschlechterforschung, die sich auf die Untersuchung von Männern und Frauen beschränkt, unterwirft sich einer vom gesellschaftlichen Diskurs induzierten ‚Heteronormativität', die nur zwei Geschlechter für möglich erachtet und die in der *Queer*-Forschung (s.u.) infrage gestellt wird. Programmatisch lässt sich sagen: Geschlechterforschung sollte mehr sein als lediglich eine Zusammenfassung von Frauen- und Männerforschung.

Häufig wird aus dem Amerikanischen auch der Begriff *Gender Studies* übernommen. Dabei handelt es sich um keinen überflüssigen Anglizismus: Durch den Begriff *Gender* wird es möglich, das ‚biologische' (*sex*) gegenüber dem ‚sozialen Geschlecht' (*gender*) abzugrenzen. Somit eröffnet die Bezeichnung *Gender*-Forschung die Möglichkeit, sofort deutlich zu machen, dass es in diesem Forschungsbereich zumindest nicht in erster Linie um die Untersuchung biologischer Geschlechtsunterschiede geht.[18]

## EXKURS: *sex, gender* und *desire*

> „Die Italienerin wirbelte unterdessen mit nahezu waagrecht fliegendem Rocksaum über die Tanzfläche. Vivian ertappte sich dabei, nach ihrem Penis Ausschau zu halten... (...) Daß Angela Stövers Schwanz weiblichen Geschlechts war, machte die Sache nicht weniger kompliziert: Konnte Vivians Blick womöglich ein lesbischer gewesen sein?"[19]

Anders als die deutsche Sprache bietet die englische Sprache die Möglichkeit zwischen einem biologischen und einem sozialen Geschlecht zu unterscheiden. Diese Differenzierungsmöglichkeit wird im Rahmen der feministischen Theorie und der *Gender*-Forschung vielfach genutzt: Während der Begriff *sex* für das ‚biologische' oder auch ‚anatomische Geschlecht', für ‚Sexualität' und ‚Geschlechtsakt' steht, bezeichnet der Begriff *gender* im Englischen ursprünglich das grammatikalische Geschlecht von Substantiven.

Deutsche Übersetzungsvarianten für *gender* sind neben ‚soziales Geschlecht' oder ‚soziokulturelles Geschlecht', ‚Geschlechtsrolle' ‚Geschlechtsidentität' ‚Genus' oder auch ‚Geschlechterverhältnis'. Die Verwendung der Kategorie *Gender* innerhalb der feministischen Diskussion ist allerdings keine Neuerung der letzten Jahre oder auch Jahrzehnte, so verwendete ihn z.B. schon die amerikanische Theoretikerin Gayle Rubin 1975 in ihrer Theorie vom „Sex-*Gender*-System".[20] Er gewann aber hier wie in den USA erst in den 80er-Jahren seine heutige Relevanz. In den 90ern erfuhr er dann durch die Verbindung mit der dekonstruktivistischen und diskurstheoretischen Theoriebildung eine neue Einbindung und einen enormen Bedeutungszuwachs. Dass im Deutschen bisher noch keine kohärente Übersetzung für *gender* eingeführt wurde, macht deutlich, dass keiner der oben aufgeführten Begriffe das Bedeutungsfeld des englischen Wortes vollständig deckt, weshalb der Begriff *Gender* auch häufig in deutschsprachigen Texten verwendet wird.

Die Einführung des Begriffpaares *sex* und *gender* gilt als wichtiger Fortschritt in der feministischen Theoriediskussion, da der Begriff *Gender* es ermöglicht, unmissverständlich auf das soziale Geschlecht Bezug zu nehmen. So kann deutlich gemacht werden, dass nicht etwa die (vermeintlich) ahistorischen körperlich-biologischen Unterschiede zwischen Männern und Frauen Thema sind. Durch diese Loslösung von biologischen Erklärungen erscheint die Anatomie nicht mehr als ‚Schicksal'. Mit Beauvoir gesprochen: „Man wird nicht als Frau geboren, sondern wird es."[21] Oder auch (mit Ursula Scheu): „wir werden dazu gemacht"[22] – wodurch auch immer: Durch die (gezielte) Erziehung oder auch (genereller) die Sozialisation, durch Erwartungen, bestimmte Tätigkeitsfelder, durch Diskurse, oder auch ‚die Kultur' im Allgemeinen.

Die amerikanische Rhetorikprofessorin Judith Butler kritisiert, dass zwar die Möglichkeit der begrifflichen Unterscheidung zwischen *sex* und *gender* genutzt werde, dabei aber weiterhin ganz selbstverständlich davon ausgegangen werde, dass ein weibliches biologisches Geschlecht auch mit einem weiblichen sozialen Geschlecht gekoppelt wäre und männliches *sex* mit männlichem *gender*.[23] *Gender* sei jedoch kein expressiver Ausdruck eines biologischen Geschlechts sondern stattdessen eine performative Inszenierung. Es seien darum auch durchaus Subjekte mit weiblichem *sex* und männlichem *gender* denkbar – und auch umgekehrt. Butler stellte auch infrage, dass es (parallel zur klassischen ‚biologischen' Zweigeschlechtlichkeit) auch auf der Ebene von *gender* lediglich zwei Geschlechter geben solle und beschrieb Subversionen der Heteronormativität.

Darüber hinaus radikalisierte Butler die *Gender*-Herangehensweise, indem sie deutlich machte, dass sich das vermeintlich vorkulturelle Geschlecht *sex* unseren Erkenntnismöglichkeiten entzieht: Was wir als *sex* wahrnehmen, sei im Grunde immer schon *gender*, denn *sex* sei *gender* nicht vorgängig, sondern einer seiner Effekte: Auch *sex* konstituiere sich erst durch wirklichkeitsstiftende Inszenierung.[24] Butler stellt also die saubere Abgrenzung von *sex* und *gender* wieder infrage.[25]

Neben den beiden Kategorien *sex* und *gender* bringt Butler eine dritte Kategorie ins Spiel, die ebenfalls für die Vorstellung von Geschlechtern eine überaus wichtige Rolle spielt: Die Größe *desire*, also das (sexuelle) Begehren, das sich auf das gleiche, das andere oder auch auf beide Geschlechter richten kann. Hinsichtlich der Kategorie *desire* gibt es neben der hetero- und homosexuellen Ausrichtung die Bisexualität.

Betrachtet man die unterschiedlichen Kategorien *sex*, *gender* und *desire* als frei miteinander kombinierbar, so ergeben sich schon bei der einfachsten Annahme von nur zwei Möglichkeiten je Kategorie, z.B. den traditionellen Zuordnungen ‚männlich' und weiblich' (sowohl auf der Ebene von *sex* als auch von *gender*), bzw. männer- oder frauenorientiert (auf der Ebene von *desire*) schon $2^3$, also 2 mal 2 mal 2 und damit 8 Geschlechter. Wird dann z.B. auf der Ebene von *desire* die Möglichkeit der Bisexualität mit einbezogen oder auf allen Ebenen zwar von zwei Polen, aber nicht von einer binären Opposition sondern einem Kontinuum ausgegangen,[26] also einem Übergang zwischen ‚männlich' und ‚weiblich' (sowohl auf der Ebene von *sex* als auch der von *gender*), männer- und frauen-orientiert, steigt die Kombinationsmöglichkeit ins Unermessliche: Es kommt damit zu der viel diskutierten ‚Vervielfältigung' der Geschlechter.

## Queer Studies

Mehr noch als innerhalb der *Gender Studies* ist diese Vielfalt unterschiedlicher Geschlechter Gegenstand der *Queer Studies*.[27] Das Wort *queer*, das im Englischen ursprünglich ‚eigenartig', ‚seltsam', ‚komisch' oder auch ‚kauzig' bedeutet, wurde zunächst als eine abwertende Bezeichnung, eine Art Schimpfwort verwendet, dann aber ganz ähnlich wie das Schwarz-Sein in der Formel „black is beautiful" offensiv aufgegriffen und positiv gewendet.

Die unterschiedlichen Ausformungen sexueller ‚Abweichung' von der heterosexuellen Norm soll im Rahmen der *Queer*-Forschung jedoch nicht wie in einer Art ‚Exotenkabinett' vorgeführt werden. Statt dessen geht es darum, deutlich zu machen, dass die Abweichung erst durch eine Normsetzung als solche überhaupt hervorgebracht wird. Es ist die so genannte ‚Heteronormativität' oder auch, die „heterosexuelle Matrix"[28], d.h. der Zwang zur Angleichung an eine heterosexuelle Norm und einen damit in Zusammenhang stehenden Heterosexismus die die Möglichkeit einer ,Abweichung' überhaupt erst generiert. Aus der Tradition der *Gay-* and *Lesbian Studies* übernehmen die *Queer Studies* darüber hinaus die Erforschung und Thematisierung homosexueller Literatur und Kultur. Wichtige Namen in diesem Zusammenhang sind neben Judith Butler z.B. die Vorläuferinnen Adrienne Rich mit ihrem Aufsatz „Zwangsheterosexualität und Lesbische Existenz",[29] die von Butler stark rezipierte französische Theoretikerin Monique Wittig oder auch die Amerikanerin Judith Halberstam.

Beschränkt sich *Gender*-Forschung nicht auf Männer- und Frauenforschung und auf die Erforschung des Geschlechterverhältnisses zwischen Männern und Frauen, sind *Queer Studies* in ihnen eigentlich schon mitenthalten. Innerhalb dieser werden *Queer Studies* aber auch als ein eigenständiges Themengebiet betrachtet. In der gegenwärtigen *Gender*-Theorie und insbesondere im Rahmen einer ,Kritik an der Kategorie Geschlecht'[30] spielen queere Subjekte[31] als radikale Denkfigur allerdings eine so prominente Rolle, dass dieser Fachbereich regelrecht auf sie angewiesen ist. Fragen lässt sich indessen, ob sie in den Theoriediskussionen, in denen sie quasi zur geschlechterpolitischen Avantgarde erklärt werden, nicht „romantisiert"[32] oder sogar vereinnahmt und funktionalisiert werden.

Manchmal wird der Begriff *queer* auch auf andere ,uneindeutige' und ,hybride' Identitäten ausgeweitet, besonders hinsichtlich der Kategorie *race* oder auch ethnisch-kultureller Zugehörigkeit. Parallelen und Zusammenhänge sind nicht von der Hand zu weisen: Nicht nur hinsichtlich Geschlecht, Geschlechterrolle und Begehren findet eine Ausgrenzung des vom zur Norm erhobenen Abweichenden statt. Trotzdem muss sich erst noch herausstellen, inwieweit sich diese Begriffsausweitung als produktiv erweist.

## Heterogenität

Sowohl bei den *Gender Studies* als auch beim Feminismus handelt es sich nicht um eine einheitliche Theorie, sondern um einen weit ausgefächerten Diskurs, an dem nicht nur vielfältige, sondern oft auch unvereinbare Denkrichtungen beteiligt sind.

War bis Ende der 1980er Jahre noch die Grobeinteilung in einen ,liberalhumanistischen', einen ,sozialistischen' und einen ,radikalen' Feminismus relevant, so spricht man heute in erster Linie von einer Dreiteilung der *Gender Studies* in Gleichheit, Differenz und Dekonstruktion. Diese Dreiteilung wird oft – etwas vereinfachend – als zeitliche Abfolge dargestellt und in etwa den

1970er, 80er und 90er Jahren zugeordnet. Alternativ zum Begriff ‚Dekonstruktion' sind auch die Ausdrücke ‚Konstruktivismus', ‚Kulturalismus', ‚Poststrukturalismus', ‚Diskurstheorie' oder auch ‚Postmoderne' gängig (s.u.). Eine andere aktuelle, stark polarisierende Strukturierung stellt der (de-)konstruktivistischen Herangehensweise essentialistische, ontologische oder auch biologische Argumentationen polar gegenüber, wobei Letztere so gut wie durchgängig als Negativbezeichnung verwendet werden.

## Unzulässige Identifizierungen

Essentialistische (etc.) Argumentationen werden vielfach mit Differenztheorien gleichgesetzt. Damit droht jedoch eine problematische Vereinfachung: Eine differenztheoretische Position muss nicht unbedingt biologisch-essentialistisch begründet sein: Differenzen können auch durch die Sozialisation, durch gesellschaftliche Rollenzuweisung oder durch Diskurse zustande kommen.

So sprechen sich manche Autorinnen für eine Aufwertung ‚weiblicher Werte' insbesondere durch Frauen aus, begründen diese Zielsetzung aber gerade nicht durch eine ‚natürliche' Nähe zwischen Frauen und diesen Werten. Vielmehr machen sie die Kultur dafür verantwortlich, dass diese Werte vor allem Frauen zugeordnet wurden, was überhaupt erst eine Etikettierung als ‚weiblich' nahe legt. Dass sowohl die Frauen als auch die vermeintlich ‚weiblichen' Werte dann aber sehr schnell marginalisiert worden sind, sei sicherlich kein Zufall.

Anders herum betrachtet ist auch die verbreitete Annahme, dass aus der Feststellung biologischer Unterschiede zwangsläufig eine differenztheoretische Position folgen müsse nicht haltbar. Die Einordnung des ‚Gleichheitsfeminismus' in die Polarisierung Essentialismus/Konstruktivismus ist dagegen weniger eindeutig. Es macht allerdings mehr Sinn, ihn dem Konstruktivismus zuzuordnen, da essentielle Gegebenheiten hinter dem angestrebten Ziel ‚Gleichheit' zurücktreten.

## Unterschiedliche Positionen

Die Begriffe Gleichheits-, Differenz- und dekonstruktiver Ansatz wurden zunächst vor allem zur Bezeichnung unterschiedlicher feministischer Strömungen eingeführt, mittlerweile werden sie aber auch auf die Klassifikation von Forschungsarbeiten zum Thema *Gender* übertragen, was zu einigen Verwirrungen führt.

Im *Gleichheitsfeminismus* geht es um das Ermöglichen oder auch das tatsächliche Erreichen von Gleichheit (Gleichberechtigung bzw. Gleichstellung). Von einer bestehenden Gleichheit wird dabei nicht ausgegangen, stattdessen wird sie als Ziel angestrebt. Im Kern geht es in den Gleichheitsansätzen somit immer darum, vor der Folie einer als Ideal gesetzten Utopie den gegenwärtigen Stand der Dinge zu kritisieren. Der Sinn von Gleichheitsansätzen besteht gerade darin, bestehende Ungleichheit zu kritisieren: Die Benachteiligung von Frauen soll aufgehoben werden, Frauen sollen tatsächlich (Gleichstellung) die gleichen Möglichkeiten haben und nicht nur theoretisch (Gleichberechtigung). Eine noch vor der kulturell bedingten Ungleichheit liegende Gleichheit ist also keineswegs erforderlich. Eine Argumentationslinie, die davon ausgeht, dass nur aufgrund einer biologischen Gleichheit auch eine gesellschaftliche Gleichheit möglich ist, ist am Ende zunächst einmal unreflektiert biologistisch.

Auch der feministische *Differenzansatz* fordert eine Neubewertung von Differenz ein und bleibt somit nicht beim Konstatieren von Unterschieden stehen. Zentral ist hier der Gedanke, Differenzen nicht einzuebnen, sondern sie produktiv zu wenden. So spielen bisher untergeordnete ‚weibliche' Werte als anzustrebende Ideale in feministischen Utopien oft eine maßgebliche Rolle.

Entscheidend für die Einordnung einer Argumentationsfigur als dem Differenzansatz zugehörig, ist, ob die mit dem Geschlecht in Verbindung gesetzten Differenzen als anstrebenswert erachtet werden – oder auch als erhaltenswert, wie auch immer sie zustande gekommenen sind.

Obwohl es eine Kontinuität von der Frauenbewegung zum Feminismus und der *Gender*-Forschung gibt, ist es problematisch, Begriffe direkt aus dem ‚politischen' Feminismus in die ‚wissenschaftliche' *Gender*-Forschung zu transferieren. Derart dekontextualisiert provozieren sie leicht Missverständnisse.

So genügt heute für die Einordnung von *Forschungsarbeiten* als ‚differenzfeministisch' oftmals schon, dass von etwaigen Differenzen ausgegangen oder überhaupt nach ihnen gefragt wird. Sowohl für die Position des feministischen Gleichheits- wie auch des Differenzansatzes ist jedoch in erster Linie die Zielsetzung entscheidend, also der politische Soll- und nicht ein festgestellter Ist-Zustand. Die vorschnelle Einordnung von Forschungsdesigns anhand ihrer Fragestellung oder ihrer Befunde – aus der Frage nach oder Beobachtung von Unterschieden folgt die Einordnung als Differenzansatz und aufgrund derjenigen von Gleichheit die als Gleichheitsansatz – birgt die Gefahr das Gegebene als ‚natürlich' und deshalb gut zu betrachten. Genau diese Gleichsetzung hat der Feminismus aber seit jeher zu bekämpfen versucht.

Um Missverständnissen dieser Art vorzubeugen ist es hilfreich zwischen der ‚deskriptiven' und der ‚programmatischen' Ebene zu unterscheiden.

Sowohl Gleichheits- wie Differenzpositionen sind nicht ohne Kritik geblieben:

Der am häufigsten gegenüber dem feministischen Gleichheitsansatz erhobene Vorwurf lautet, dass damit eine Angleichung von Frauen an Männer und deren Normen und Ziele betrieben werde. Der Differenzansatz dagegen wurde zunächst dafür kritisiert, dass er Frauen oft doch wieder auf eine altbekannte ‚Weiblichkeit', z.B. eine friedlich sorgende Rolle, festlegt. Darüber hinaus lässt sich gegen eine bloße Aufwertung der weiblichen Differenz, wie sie u.a. durch den Buchtitel *Die Stärke weiblicher Schwäche* eingefordert wurde,[33] auch einwenden, dass Frauen durch die Übernahme dieser Position nicht nur ihre eigene Lage geschwächt haben, sondern auch die destruktive Männlichkeit erst ermöglicht haben. Wie Christina Thürmer-Rohr in ihren Ausführungen zur Mittäterschaft, die Ende der 80er Jahre in Deutschland diskutiert wurden, deutlich macht, wurden Frauen gerade durch die Übernahme der ‚weiblichen' (d.h. hier: der traditionell Frauen zugeschriebenen) Rolle zu Mittätern, da sie es Männern ermöglichten, sich auf den ‚männlichen' Part zurückzuziehen.[34] Dies kann nicht ohne Folgen für die Zielbestimmung bleiben: Geht man davon aus, dass die klassisch männliche Rolle nur durch die komplementäre weibliche möglich ist und *vice versa*, muss ein Feminismus, in dem Frauen ihre traditionelle Rolle aufkündigen keine Angleichung an ‚männliche' Werte bedeuten.

Gegenüber Orientierung auf Differenzen (insbesondere zwischen Männern und Frauen) im Bereich der *Gender*-Forschung wird oft der Vorbehalt geäußert, die Feststellung von Differenzen würde zwangsläufig mit einer Hierarchisierung einhergehen. Darüber hinaus konstituiere zwangsläufig gerade die Fragen nach Differenzen (nicht nur zwischen den Geschlechtern) diese Unterschiede. Wird nach Differenzen gefragt, dann würden sie auch gefunden, unabhängig von einem etwaigen Vorhandensein *per se*. Vermutlich liegt das Problem aber etwas anders: Nicht die Frage nach Differenzen ist der Fehler, wohl aber die implizite Annahme, könnten keine Differenzen ausgemacht werden, so sei das kein Ergebnis. Anstatt davon auszugehen, dass es auf alle Fälle Differenzen gibt, sollte besser nach etwaigen Differenzen gefragt werden, d.h. die Fragestellung muss auch gegenüber dem Ergebnis offen sein, dass es eben doch keine Differenzen gibt. Entscheidend kann es darüber hinaus auch sein, nicht nur nach den klassischen Geschlechterkategorien ‚Mann' und ‚Frau' zu fragen und auch für weitere Parameter, wie z.B. Alter oder gesellschaftliche Position, offen zu sein.

Erst dem dekonstruktiven Ansatz, der im folgenden Kapitel vorgestellt wird, gelingt es, das so genannte ‚Wollstonecraft-Dilemma' zwischen der individuellen und kollektiven feministischen Zielsetzung zu überwinden. Es besteht darin, dass, um Geschlechtergerechtigkeit zu erreichen, Frauen nicht mehr auf eine traditionelle ‚Weiblichkeit' festgelegt werden dürfen (Gleichheitsfeminismus), während gleichzeitig die androzentristische Prägung der Gesellschaft bekämpft werden muss (Differenzfeminismus) .

## Unterschiedliche Argumentationslinien oder auch Ansätze

Als Argumentationslinien möchten wir unterschiedliche Herangehensweisen bezeichnen, die sich auf verschiedene Theoriegebäude wie z.B. die (Evolutions-)Biologie, die Psychoanalyse, den Marxismus, die postmoderne Theoriediskussion oder auch Sozialisationstheorien beziehen. Von Argumentationslinien sprechen wir, weil es mittlerweile zumeist nicht mehr darum geht, diese Herangehensweisen empirisch zu verifizieren oder auch zu falsifizieren. Eher ist davon zu sprechen, dass hier unterschiedliche Sprachen bzw. Sprachspiele vorliegen, innerhalb derer sich WissenschaftlerInnen jeweils bewegen. Innerhalb der diversen Argumentationslinien kommen wiederum unterschiedliche Methoden zum Tragen, es ist also auch auf dieser Ebene eher von Diskursen zu sprechen.

Wir werden uns im Folgenden auf die Gegenüberstellung des konstruktivistischen und des biologistischen Ansatzes beschränken.

Momentan dominieren innerhalb der feministischen Theoriediskussion und der *Gender*-Forschung konstruktivistische, diskurstheoretische, poststrukturalistische, dekonstruktivistische, kulturalistische wie auch postmoderne Herangehensweisen. Diese Bezeichnungen werden teilweise beinahe wie Synonyme verwendet, sie stehen in einem engen Zusammenhang, setzen aber unterschiedliche Schwerpunkte und verweisen auf unterschiedliche grundierende Theoriestränge:

- Der ‚Konstruktivismus' lässt sich zunächst in eine ‚sozialkonstruktivistische'[35] und eine ‚kognitionstheoretische' Richtung ausdifferenzieren. Beide gehen davon aus, dass es keine menschenunabhängige Welt gibt, oder sie uns zumindest nicht als solche zugänglich ist. Arbeitet der Sozialkonstruktivismus heraus, dass vermeintlich Naturgegebenes immer schon kulturell geformt ist, hebt die kognitionstheoretische Richtung auf die erkenntnistheoretische Ebene ab. Gegenbegriffe zum Sozialkonstruktivismus sind ‚Essentialismus', ‚Ontologismus' und ‚Biologismus', während sich der kognitionstheoretische Konstruktivismus gegen den philosophischen Realismus und den Positivismus wendet. Beim kognitionstheoretischen Konstruktivismus kann noch einmal zwischen einer diskurstheoretischen und einer biologischen Ausrichtung unterschieden werden. Während im diskurstheoretischen Konstruktivismus die Diskurse, d.h. das, was überhaupt gesagt werden kann, die Perzeption (also das, was als ‚Wirklichkeit' wahrgenommen wird) prägen, ist es beim biologischen (kognitionstheoretischen) Konstruktivismus zunächst die Struktur des menschlichen Wahrnehmungsapparates, die über Wahrnehmbarkeit und Wahrnehmungsform entscheidet. Der biologische Konstruktivismus spielt in der feministischen und *gender*-theoretischen Debatte allerdings nur selten eine Rolle, die beiden anderen Ausrichtungen haben dafür aber einen um so höheren Stellenwert. Dabei wird zwischen den beiden Ebenen, auf die sie jeweils fokussieren, oft nicht wirklich unterschieden.[36]

- Der Begriff ‚Kulturalismus' entspricht inhaltlich in etwa dem Sozialkonstruktivismus. Den Gegenbegriff zu ‚kulturalistisch' stellt die Bezeichnung ‚naturalistisch' dar. Es geht hier also darum, dass z.B. das Geschlecht erst durch die Kultur als solches konstruiert wird und nicht naturgegeben ist.

- ‚Dekonstruktion' bezeichnet das vor allem von Derrida entwickeltes Verfahren der Entverselbständlichung und Entnaturalisierung. Durch das Verfahren der Dekonstruktion wird deutlich gemacht, dass es sich bei vermeintlich Natürlichem im Grunde um kulturelle Konstruktionen handelt. Zentral ist die Kritik am Denken in binären Oppositionen, wie es sich nicht nur in der Gegenüberstellung Mann/Frau, sondern auch in Kultur/Natur, Geist/Materie oder auch Tag/Nacht ausdrückt.

- Der Begriff ‚diskurstheoretisch' stellt ebenfalls die Verbindung zu einem bestimmten Denker her: Zu Michel Foucault und seinem Diskursbegriff.

> „Als Diskurse gelten ... ‚Redeweisen', sprachliche ‚out-fits' von sozialen Klassen und Berufsständen, Generationen, Epochen, literarischen Gattungen, wissenschaftlichen Disziplinen und spezifischen sozialen oder kulturellen Milieus. Zudem wird betont, dass es nicht nur sprachliche Formen – mündliche oder schriftliche – der Bedeutungszuschreibung gibt, sondern auch noch andere, ähnlich funktionierende Zeichensysteme kulturelles Symbolisation. So können architektonische Grundformen ebenso interessieren wie Bestattungsriten oder Kleidermoden. Wenn von diskursiven Praxis oder von diskursiven Formationen die rede ist, ist damit der Komplex einer bestimmten ‚Redeweise' und ihrer institutionellen Bedingungen, die Art und Weise der Medialisierung und der Zusammenhang von Kenntnissen und Wissen innerhalb eines bestimmten historischen Zeitraums gemeint."[37]

Diskurse regeln, was zu einem bestimmten Zeitpunkt sagbar ist. Durch die Zurückverfolgung von Diskursen wird die historische Kontingenz von Begriffen, Kategorien und Theorien aufgedeckt.

- Der Begriff ‚Poststrukturalismus' bezeichnet eine Gruppe von Theorien, die in Frankreich Ende der 60er- und in den 70er-Jahren entstand. Jacques Derrida, Michel Foucault, Jaques Lacan, Julia Kristeva, der späte Roland Barthes, Jean-Francois Lyotard, Gilles Deleuze, Félix Guattari und Luce Irigaray sind hier die maßgeblichen AutorInnen. Gemeinsam setzten sie sich vom ‚Strukturalismus' ab, der insbesondere durch Ferdinand de Saussure und Claude Lévi-Strauss geprägt wurde und das beherrschende Paradigma in den Sozial- und Kulturwissenschaften vor allem im Frankreich der 60er-Jahre war. Während das vorwiegend sprachlich basierte Strukturmodell im Strukturalismus statisch gedacht wurde, gilt es im Postrukturalismus als dynamischer Verweisungsprozess.

- Der Begriff ‚postmodern' bezeichnet eine bestimmte historischen Epoche, der u.a. auch die poststrukturalistische Theorierichtung zuzuordnen ist. Zentrale Gedanken sind u.a. eine Abwendung vom Fortschrittsdenken der so genannten Moderne, ein Plädoyer für Heterogenität (z.B. von Lebens-, Denk- und Handlungsformen) und der Versuch die Kluft zwischen ‚Kunst' und ‚Massenkultur' zu überwinden. Seyla Benhabib charakterisierte das postmoderne Denken durch die drei Thesen vom „Tod des Menschen", dem „Tod der Geschichte" und dem „Tod der Metaphysik".[38] Die Postmoderne drückt sich nicht nur in der Theorie, sondern z.B. auch in der Architektur, der Literatur und der bildenden Kunst aus und insbesondere auch im Lebensgefühl.

Interessant ist hier die Verortung von Judith Butler, die immer noch als zentrale Theoretikerin in den *Gender Studies* gilt, wird sie doch gleichzeitig allen diesen Richtungen zugeordnet. Zentral ist dabei die Annahme von der Konstruiertheit gesellschaftlicher Wirklichkeit. Dass im Anschluss an ihre Thesen oft polemisiert wurde, man könne sich, wenn das Geschlecht doch konstruiert sei, jeden Morgen ‚vor dem Kleiderschrank für eine neue Geschlechtsidentität entscheiden', macht auf eine Problematik dieser Ansätze aufmerksam – und verkennt dabei doch zugleich deren zentrale Implikation: Indem Diskurse als unreflektierte Wahrnehmungsraster und Verhaltensvorgaben wirken, können sie sehr mächtig sein. So schreibt Butler:

> „Wenn aber die jeweilige ‚Kultur', die die Geschlechtsidentität ‚konstruiert', nach Maßgabe des Gesetzes (oder eines Ensembles von Gesetzen) begriffen wird, ist die Geschlechtsidentität ebenso determiniert und festgelegt, wie nach der Formel ‚Biologie ist Schicksal'. Nur hätte hier die Kultur an der Stelle der Biologie die Rolle des Schicksals übernommen."[39]

Das befreiende Moment sieht Butler in der unfreiwillig oder aber auch willkürlich minimal vom ‚Gesetz' abweichenden Wiederholung: Der Parodie, Travestie oder Pastiche, die eine Möglichkeit der Dekonstruktion darstellen.

‚Biologistisch', ‚essentialistisch' oder auch ‚ontologisch' sind Kampfbegriffe, mit denen sich Konstruktivistinnen gegen die von ihnen kritisierte Theorien und Untersuchungen abgrenzen.

Insbesondere die Bezeichnung ‚biologistisch' stellt keine positive oder auch neutrale Selbstbezeichnung dar, sondern wird ausschließlich als pejorative Fremdbezeichnung verwendet. Die Etikettierung einer Herangehensweise als ‚biologistisch' drückt die Einschätzung aus, es würde zu stark – oder an einer unangebrachten Stelle – biologisch argumentiert. Da sich allerdings immer die Frage stellt, wo dieses Zuviel (und damit der Biologismus) anfängt, handelt es sich jedoch um einen höchst relativen Begriff.

In konservativen und anti-feministischen Kontexten wird insbesondere die geschlechtsspezifische Arbeitsteilung häufig ‚biologistisch' begründet: Da Frauen diejenigen seien, die nach wie vor gebären, sei es doch ‚ganz natürlich' dass auch die Aufgabe der Kindererziehung bei ihnen läge. Diese Zuständigkeit wird dann oft gleich auf die gesamte Hausarbeit ausgedehnt. ‚Biologistische' Argumentation gibt es aber auch in feministischen Zusammenhängen: So wird z.B. von manchen Ökofeministinnen aus der ‚weiblichen Biologie', insbesondere der so genannten Gebärfähigkeit, eine besondere Naturnähe von Frauen abgeleitet.

Im Zentrum der Kritik von Feministinnen und *Gender*-Theoretikerinnen stehen biologische Erklärungen, die das Verhalten betreffen. Im Rahmen des konstruktivistischen Diskurses wird mittlerweile aber auch schon die Aussage, es gäbe in irgendeiner Weise biologische Unterschiede (z.B. der Anatomie) als biologistisch kritisiert. Angesichts der in der Vergangenheit zu beobachtenden Konstruktion vermeintlich biologischer ‚Fakten', die der Untermauerung des bürgerlichen Geschlechtverhältnisses dienten, ist dieser Vorbehalt gegenüber angeblicher Tatsachenberichte nachvollziehbar. Der entscheidende Punkt ist aus unserer Sicht aber, inwiefern mit den biologischen Unterschieden auch eine jeweilige Bestimmung oder Einschränkung von Handlungsmöglichkeiten verbunden wird, ob es sich also um einen ‚biologischen Determinismus' handelt.

Die ‚Gleichheitsfeministin' Simone de Beauvoir etwa widmet in ihrem zum feministischen Klassiker avancierten Buch *Das andere Geschlecht40* ein ganzes Kapitel biologischen Unterschieden. Wohlgemerkt geht es Beauvoir hier nicht etwa darum, biologische Unterschiede infrage zu stellen, vielmehr fasst sie die Ergebnisse biologischer Forschung eher affirmativ zusammen und ist dabei in vielen Punkten sogar konservativer als die meisten heutigen Biologen.[41] Obwohl Beauvoir also die in den von ihr rezipierten Texten beschriebenen biologischen Unterschiede nicht anzweifelt, vertritt sie keine biologistische Position und natürlich auch keinen Differenzstandpunkt: Beauvoir erhebt diese Unterschiede nicht zum Programm. Ihr geht es vielmehr um deren Überwindung.

Parallel zu Gayatri Spivaks ‚strategischem Essentialismus' ließe sich vielleicht von einem ‚strategischen Konstruktivismus' sprechen. Entscheidend für ihn wäre nicht, ob die Annahme der Konstruktion verifizierbar ist. Stattdessen ginge er strategisch von Konstruktion aus, um erst einmal alles als diskutier-, hinterfrag- und veränderbar zu betrachten.[42]

## Ebenen und Ebenendurchdringung

Biologische, sozialisationstheoretische oder auch diskursanalytische Erklärungen können auch als Beschreibungen auf unterschiedlichen Ebenen betrachtet werden, die sich dabei nicht unbedingt widersprechen müssen. Klassischerweise gilt dabei die essentialistische Ebene der Biologie als ‚grundlegend'. Insbesondere die feministische Naturwissenschaftsforschung- und -kritik stellt jedoch eine solche Hierarchisierung infrage, sie macht deutlich, dass vermeintlich vorkulturelle Natur eine Illusion ist.

Dass die unterschiedlichen Ebenen jeweils Gegenstand unterschiedlicher Fachbereiche sind und die je fachspezifischen Perspektiven nur selten verlassen werden, erweist sich für eine weiterbringende Diskussion als wenig förderlich. Bestimmte Fächer beschränken sich auf jeweils eine Ebene, was den Blick für die Beziehungen unter ihnen wie auch für ihre ‚Durchdringungen' nicht gerade schärft. So begreifen insbesondere Naturwissenschaftler diskursanalytische (oder auch schon historische Untersuchungen) des von ihnen produzierten Textkorpus als nicht zu ihrem Fach gehörig – und zumeist auch als generell überflüssig. Heftige Reaktionen auf derartige Projekte sind hier eher die Regel als die Ausnahme.

Feministische Naturwissenschaftskritikerinnen kritisieren dieses Selbstverständnis als unreflektiert. *Gender*-Forschung ist also nicht nur durch die Untersuchung von ansonsten von den verschiedensten Fachdisziplinen bearbeiteten

Gegenständen interdisziplinär, sondern auch durch den vielfachen Vollzug von Methodentransfers.

## Grenzüberschreibungen

Eine besondere Nähe weisen die *Gender Studies* nicht nur zu dem jungen Fachbereich *Queer Studies,* sondern auch zu den *Postcolonial* und *Disability Studies* auf. Gemeinsamkeiten gibt es hier insbesondere mit den *Gender Studies* in ihrer poststrukturalistischen Ausprägung: Unter Rückgriff auf diese Theoriebildung beschäftigen sich die neuen Forschungsfelder u.a. mit Kanonisierungs- und Marginalisierungsprozessen, mit der Infragestellung und Reflexion so genannter ‚Normalität', die sich als vermeintliche ‚Natur' unangreifbar macht. Selbstverständliches und vorgeblich ‚Natürliches' wird in allen diesen Fächern unter der formelartigen Prämisse „Alles ist Konstrukt" infrage gestellt, als verhandel- und veränderbar begriffen.

Neben der Kritik an Naturalisierungen steht in diesen jungen Disziplinen das Verhältnis von ‚Fremdem' und ‚Eigenem' im Zentrum der Aufmerksamkeit. Problematisiert werden Grenzziehungen, favorisiert dagegen Grenzüberschreibungen.[43] Nicht das von der Norm abweichende wird als fragwürdig begriffen, sondern die es ausgrenzende Ordnung.[44] Ziel ist deren Infragestellung und die Enthierarchisierung der Gegenüberstellungen von Normalem und Deviantem, von Fremden und Eigenem. Gefragt wird, ob Identität erst durch die Schaffung von Alterität möglich wird, jedes ‚Eigene' also von seinem ‚eigenen Anderen' abhängig ist, sowie der berühmte ‚Herr' von seinem ‚Knecht' (Hegel).

Obwohl dies aufgrund des theoretischen Hintergrundes eigentlich nicht so sein sollte, spielen bei allen diesen neuen Fächern – ähnlich wie in der frühen Frauen-, Männer und Geschlechterforschung – die eigene Betroffenheit immer wieder eine implizite oder auch explizite Rolle.

## Third Wave

Mittlerweile ist von einer ‚Dritten Welle' des Feminismus die Rede,[45] die den ‚*20 and 30 something's*' zugeordnet wird und die den so genannten ‚Postfeminismus' abgelöst habe. Die Formulierung ‚Dritte Welle' macht (im Gegensatz zur Erklärung einer ‚postfeministischen' Generation oder auch Epoche) deutlich, dass ‚Feminismus' noch nicht als historisch überholter Begriff angesehen wird, der sich nur auf die ältere Generation engagierter Frauen bezöge. Im Gegensatz zum frühen Feminismus oder auch der frühen Frauenforschung erscheint im Feminismus der dritten Welle nicht mehr die Ausgrenzung und Unterordnung von Frauen als Hauptproblem. Im Sinne der *Gender-* und *Queer-*

Forschung ist stattdessen nun die Geschlechterordnung und die Kategorie Geschlecht als solche der zentrale Gegenstand. Daneben spielt aber auch die Öffnung zu den *Queer*, den *Postcolonial* oder auch den *Disability Studies* eine maßgebliche Rolle. Die Dritte Welle ist aus dem Kreis der jüngeren Generation von *Gender*-ForscherInnen entstanden und versteht sich wieder als stärker politisch orientiert.

Indem von einer dritten Welle *des Feminismus* gesprochen wird, wird dieser originär *gender*- und *queer*-theoretische Zusammenhang hier entgegen den eben aufgezeigten Entwicklungslinien dem ‚Feminismus' subsumiert und außerdem von einer aktuellen Welle der *Frauenbewegung* (und nicht der *Gender-Studies)* ausgegangen.

***

Der erste Aufsatz des vorliegenden Bandes stellt die *Gender*-Forschung im Bereich der **Politikwissenschaften** vor. **Gisela Riescher**, Politikwissenschaftlerin mit den Bereichen Politische Theorie und Ideengeschichte an der Albert Ludwigs-Universität Freiburg, macht deutlich, dass der aus den Anfängen der neuen Frauenbewegung stammende Slogan ‚das Private ist politisch' „mitten in's Herz der politischen Theorie" trifft: Er greife nämlich die beiden Kernbegriffe einer 2000-jährigen ideengeschichtlichen Debatte auf. Sicherlich vor allem auch dadurch sei die ursprünglich aus der Frauen*bewegung* stammende Kritik an der Trennung zwischen dem Bereich des ‚Öffentlichen' und des ‚Privaten' mittlerweile ins Zentrum der feministischen Politiktheorie gerückt.

Neben dem einleitenden Überblick über die feministische politische Theorie richtet Riescher deshalb den Fokus ihrer Ausführungen auf eine Darstellung des politiktheoretischen Diskurses um ‚das Öffentliche' und ‚das Private'. Dabei beginnt sie bei Aristoteles, der die Männer der öffentlichen Sphäre der *Polis* zuordnete, Frauen und Kinder dagegen dem privaten Raum des *Oikos*. Durch Thomas von Aquin wurde im Mittelalter, wie Riescher ausführt, diese Geschlechterzuordnung in den christlichen Rezeptionskontext übernommen und gehörte dann bis zum 18. Jahrhundert „zum Unterrichtskanon der philosophischen Fakultäten". Noch „in der neuzeitlichen politischen Theorie [lieferten sie, so Riescher, M.P.] den Gegendiskurs zur absolutistischen Staatslehre Bodins und Hobbes".

Die „radikalfeministischen Positionen in der Mitte des 20. Jahrhunderts", die sich in dem Satz ‚das Private ist politisch' ausdrückten, seien, durch zwei konfligierende Stränge innerhalb der politischen Theorie provoziert worden: Einerseits der Eigentumsproblematik, andererseits die Ideen des politischen Liberalismus mit seinem Bestreben ‚Schutzräume' (gegenüber dem Staat) zu schaffen.

Riescher fasst pointiert die von ihr vorgestellten Positionen innerhalb der feministisch-politikwissenschaftlichen Diskussion um das Öffentliche und das Private zusammen und ordnet sie drei zuvor von ihr eingeführten (‚allgemein')-feministischen Phasen zu: Während in einer ersten „Phase der grundsätzlichen Kritik" in erster Linie „mehr, bzw. eine andere Öffentlichkeit für die Privatsphäre" gefordert worden sei, sei es in einer zweiten Phase um eine andere Form von Privatheit gegangen. In einer dritten Phase sei dann „das Öffentliche im Sinne des Politischen in den Mittelpunkt" gestellt worden.

**Ursula Köbl**, Lehrstuhlinhaberin für Rechtswissenschaft an der Universität Freiburg mit den Schwerpunkten Sozialrecht, Arbeitsrecht, Bürgerliches Recht und Rechtssoziologie, unternimmt bei ihrer Darstellung der „grundlegende[n] Bezüge des Rechts und der **Rechtswissenschaft** zu den *Gender Studies*" [Hervorhebung M.P.] eine Unterscheidung in 5 unterschiedliche Themengebiete, die sie teilweise den unterschiedlichen feministischen ‚Ansätzen' und ‚Argumentationen' zuordnet.

Dem Gleichheitsansatz rechnet sie sowohl die „Durchsetzung der formalen Gleichberechtigung von Frauen" als auch Maßnahmen zur „faktische[n] Gleichstellung und Schutz vor mittelbarer Diskriminierung der Frauen" zu.

Bei der formalen Gleichberechtigung von Frauen steht für Köbl die staatsbürgerliche Gleichberechtigung an erster Stelle. Als entscheidend führt sie daneben aber auch Art. 3 Abs. 2 des Grundgesetzes („Männer und Frauen sind gleichberechtigt") an.

Für die faktische Gleichstellung und den Schutz vor mittelbarer Diskriminierung von Frauen sind, so Köbl, dagegen Maßnahmen wie Quotenregelungen, Frauenförderpläne, Gleichstellungsgesetze und Frauen- und Gleichstellungsbeauftragte von Bedeutung. Köbl sieht in ihnen eine Konsequenz aus der Erkenntnis, dass formale Rechtsgleichheit nicht zu den erwünschten gleichheitsfeministischen Zielen führe.

Unter „autonomiezentrierte und differenzfeministische Ansätze" fasst Köbl sehr unterschiedliche Punkte zusammen, die alle mit der Besonderheit von Frauenleben zu tun haben: Liberalisierung des Schwangerschaftsabbruches, das Verbot von Vergewaltigung in der Ehe, den insbesondere auf die Hausfrauen-Ehe ausgerichteten Zugewinn- oder Versorgungsausgleich, aber auch den ausdrücklichen Schutz vor sexueller Belästigung.

Unter das Etikett ‚konstruktivistische Betrachtungsweise' subsumiert Köbl Rechtsfragen, die sich mit „Fundamentalfragen der Geschlechtsidentität und insbesondere d[er] *Zweiteilung der Geschlechter als solche[r]*" befassen: Die immer noch verpflichtend vorgeschriebene Zuordnung des Geschlechts im Personenstandregister direkt nach der Geburt, die auch durch einen geschlechtlich eindeutigen Namen ausgedrückt werden muss, den mittlerweile gelockerten rechtlichen Umgang mit Transsexualität und die Gesetzgebung hinsichtlich Homosexualität (Entkriminalisierung männlicher Homosexualität und die so genannte ‚Homo-Ehe'), außerdem das noch ungelöste Problem der Intersexualität.

Als zwei weitere wichtige Forschungsgebiete stellt Köbl zum einen *Gender Mainstreaming*, zum anderen *gender*-perspektivierte Rechtsgeschichte sowie weltweite Rechtsvergleichung und Rechtspolitik vor.

Im Anschluss an diese Überblicksdarstellung, die nur einen kleinen Teil ihres Aufsatzes einnimmt, konzentriert sich Köbl auf ihre Hauptfrage nach dem „‚gerechten Lohn' für Familienarbeit". Sie berücksichtigt dabei auch die Rechtslage in verschiedengeschlechtlichen nichtehelichen Partnerschaften und in eingetragenen gleichgeschlechtlichen Partnerschaften. Wichtig für Köbl ist vor allem die Proportionalität von Arbeitsleistung und Entgelt. Sie thematisiert dabei sowohl die Rechtslage zwischen den jeweiligen Partnern als auch die Rechtslage gegenüber dem Staat und kommt zu dem Schluss, dass die Position verheirateter Frauen mittlerweile weitaus besser sei als oft angenommen. Die konkreten Ansätze zur monetären Berücksichtigung von Kindererziehung (eine Forderung, die schon die frühe Frauenbewegung stellte), die Köbl abschließend diskutiert, erscheinen ihr jedoch durchgehend als zu weitreichend und dadurch leider nicht umsetzbar.

**Claudia Opitz** geht bei ihrer Darstellung der Frauen- und (später) Geschlechterforschung im Bereich der **Geschichtswissenschaft** zunächst anhand ausgewählter Textbeispiele auf deren Einbettung in den geschichtswissenschaftlichen Gesamtzusammenhang ein: Während die Frauenforschung der siebziger Jahre noch ganz von einer *materialistischen Geschichtsauffassung* geprägt gewesen sei, habe die Hinwendung der Frauen- zur Geschlechterforschung in den späten achtziger Jahren vor dem Hintergrund einer *sprachtheoretischen und (post)strukturalistischen Wende* stattgefunden.

Für die Anfänge der ‚Frauengeschichte', die, so Opitz, als „Gegengeschichte zur männlich dominierten allgemeinen Geschichte" begriffen wurde, sei dabei zunächst der Begriff des ‚Patriarchats', wie er von marxistischen Denkern (vor allem Bachofen, Bebel und Engels) geprägt wurde, von entscheidender Bedeutung gewesen. Vor diesem geschichtstheoretischen Hintergrund seien im Rahmen der frühen Frauenforschung Spekulationen darüber angestellt worden, wie die Geschichte vor der männlichen Geschlechterherrschaft ausgesehen habe, bzw. wie sie in einer frauenbestimmteren Zukunft nach dem Patriarchat aussehen könnte: Dem Begriff des ‚Patriarchats' sei damit der des ‚Matriarchats' gegenüber gestellt worden. Dabei wurde Letzteres oft als differenztheoretisches utopisches Gegenmodell entworfen. Diese Idealisierung, aber auch die „universalhistorischen" Kategorien ‚Patriarchat' und ‚Matriarchat' als solche blieben jedoch selbst innerhalb der feministischer Geschichtswissenschaft nicht lange ohne Kritik.

Als eine entscheidende Wende betrachtet Opitz die Infragestellung eines reinen Opferstatus von Frauen auch in den geschichtswissenschaftlich gut zugänglichen Zeiten: Der Blick für doch vorhandene Handlungsspielräume sei so geöffnet worden und z.B ‚Hexen' oder auch ‚Hysterikerinnen', als Widerständige, als historische Ausnahmeerscheinungen sowie als „Zeichenträgerinnen" und Identifikationsfiguren entdeckt worden. Auch dieser Ansatz sei jedoch schon bald für seine identitätspolitische Ausrichtung kritisiert worden, da diese Frauen ‚Ausnahmefrauen' seien.

‚Postmoderne', das heißt „kulturkritisch-selbstreflexive", Positionen hätten dann zu einem radikalen Umdenken in der feministischen Geschichtswissenschaft geführt. Opitz sieht die Ablösung der Frauen durch die Geschlechtergeschichte vor allem in einem Wechsel der Fokussierungsebene: „Sprache und ‚Diskurs' wurden nun zu den wichtigsten Forschungsgegenständen erhoben, ökonomische Abhängigkeiten und materielle Interessen traten in den Hintergrund". Opitz kritisiert diese Entwicklung wiederum als zu einseitig: Für eine erfolgreiche Weiterführung der ‚Geschlechtergeschichte' sei, so appelliert sie abschließend, eine Vermittlung der – wie sie es nennt – „materiellen" mit der „symbolischen" Ebene von Geschichte unabdingbar.

Die Biologin **Sigrid Schmitz**, die am Freiburger Institut für Informatik und Gesellschaft angesiedelt ist, strukturiert die Bandbreite *gender*-orientierter **Naturwissenschaftsforschung**, indem sie die von Evelyn Fox-Keller eingeführte Klassifikation in drei Felder vorstellt:

- Bei *Women in Science* geht es zum einen um den ‚verleugneten Anteil' von Frauen in der Geschichte der Naturwissenschaften, zum anderen um eine Untersuchung der derzeitigen Situation von Frauen im Bereich der Naturwissenschaften.
- Bei *Science of Gender* werden biologisch-medizinische Aussagen zu Geschlechterdifferenzen kritisch unter die Lupe genommen.
- Und den *Gender in Science* ordnet Fox-Keller die Entlarvung oder auch Dekonstruktion von Geschlechterideologien in wissenschaftlicher Theoriebildung zu.

Das konkrete Beispiel, an dem Schmitz *Gender*-Forschung innerhalb der Naturwissenschaften veranschaulicht, sind die evolutionsbiologischen Theorien zur Menschheitsentwicklung. Indem die Freiburger Biologin explizit macht, welchem der drei Felder die von ihr dargestellten Ausführungen jeweils entsprechen, zeigt sie zugleich auch deren Verknüpfung miteinander auf.

Darüber hinaus legt sie ihren Fokus auf die Unterscheidung der vorliegenden „Befunde“ und der davon abgeleiteten Theorien, oder auch „Geschichten“. So führt sie vor Augen, dass bisher zwar nur die Skelettfragmente eines üblicherweise als weiblich interpretierten *Australopithecus afarensis* vorliegen, die unter dem Namen ‚Lucy‘ bekannt geworden sind, sich aber – „[i]nteressanterweise“ – trotz des Fehlens männlicher Fundstücke häufig die Angabe fände, der männliche Partner habe eine Körperhöhe von 120 cm besessen. Prinzipiell sei es zwar auch möglich, „dass alle Skelett-Teile mit Hominiden-Merkmalen zufällig zu männlichen Individuen gehörten und alle solche mit Australopithecinen-Merkmalen zufällig zu weiblichen“. Es sei allerdings zumindest „relativ unwahrscheinlich“.

Neben diesen „Merkwürdigkeiten“ weißt Schmitz auf weitverbreitete Zirkelschlüsse hin: So werde häufig aus dem Verhalten ‚moderner‘ Menschen auf die Gewohnheiten unserer Vorfahren rückgeschlossen und unter Bezugnahme auf diese ‚Ergebnisse‘ dann wiederum Verhalten von gegenwärtigen Menschen als ‚natürlich‘ gelabelt: Ein Beispiel für den von den *Gender Studies* in den unterschiedlichsten Bereichen kritisierten Prozess der ‚Naturalisierung‘.

Zwischen *Gender Studies* und der Soziologie besteht, so **Nina Degele,** Vorstandsvertreterin des *Zentrums für Anthropologie und Gender Studies* (ZAG) an der Albert-Ludwigs-Universität Freiburg, ein enger Konnex, da beide auf dieselbe „Lieblingsfrage“ fokussierten: „die Frage nach dem ‚wie‘ sozialer Ordnung.“ Beide, so führt die Empirische Sozial- und *Gender*-Forscherin aus, nehmen Grenzziehungen in den Blick, die Funktionsweisen einer Gesellschaft erklären können. Gegenstand der sozialwissenschaftlich orientierten Geschlechterforschung seien die Zusammenhänge von sozialer Ordnung, Grenzziehungen und Geschlecht.

Degele unterscheidet zwei Phasen der Frauen- bzw. Geschlechterforschung: Der essentialistischen und universalistischen Phase der siebziger und frühen achtziger Jahre, in der vor allem Androzentrismen kritisiert worden seien, stellt sie eine dekonstruktivistische gegenüber, in der (seit den späten achtziger Jahren) der Fokus vornehmlich auf Diskurse gerichtet und Geschlecht sowie die Annahme der Zweigeschlechtlichkeit, „ihrer Natürlichkeit entkleidet“ worden seien. Drei Entwicklungslinien haben sich, so Degele, aus der frühen Kritik einer androzentrischen Weltsicht entwickelt: Marxistisch ausgerichtete ‚Standpunkttheorien‘ sowie die später entstandenen und mittlerweile dominierenden diskurstheoretischen und konstruktivistischen Interpretationsansätze. Diese aktuelle *Soziologie der Geschlechterverhältnisse* sei, so die Freiburger Soziologin, die „Verunsicherungswissenschaft par excellence“.

Am Begriff ‚Arbeit‘ veranschaulicht Degele dann die soziologische Perspektive innerhalb der *Gender Studies*. Ein Satz aus einem Buch für die Grundschule, der die Soziologin zum Titel ihres Aufsatzes anregte („Mutter spült, Vater arbeitet"), macht pointiert deutlich, dass in den „auf der Trennung von Haus und Arbeitsstätte fußenden Gesellschaften" Tätigkeiten von Frauen als Nicht-Arbeit abgewertet würden. Zudem sei eine Segregation der Geschlechter bei der Arbeit zu beobachten: Es gebe ‚weibliche', das heißt gering gewertete Arbeit, und ‚männliche', das heißt hoch geachtete Arbeit.

Degele referiert die Beobachtungen der kalifornischen Soziologin Arlie Hochschild, die mit ihren Studien über Stewards und Stewardessen die klassische Geschlechterdichotomie von Gefühl vs. Verstand infragestellt. Nicht weniger wie ihre männlichen Kollegen verhielten sich Stewardessen nach einem „von oben verordneten" *Gender*-Skript. Während der männliche Flugbegleiter in Erscheinung trete, wenn Passagiere ausfallend würden, sei die Stewardess dafür verantwortlich, an Bord eine „Wohnzimmeratmosphäre" zu schaffen, wofür sie „... strategisch das klassische weibliche Verhaltensrepertoire [inszeniere, M.M.]."

Abschließend stellt die Soziologin diese Beobachtung in einen gesellschaftstheoretischen Kontext: In Gegenwartsgesellschaften wird in Organisationen gezielt auf „emotionales Kapital" zurückgegriffen – Gefühlsarbeit spiele für die Modernisierung der Gesellschaft eine entscheidende Rolle. Ob dies jedoch bei aller Angleichung von Arbeitsmöglichkeiten und Erwerbschancen „neue, d.h. nicht-hierarchische Ausdrucksformen vor allem männlicher Differenzierungsbedürfnisse" zeitigen werde, bleibt für Degele „geschlechtersoziologisch eine der spannendsten Fragen der nächsten Jahre".

Globalisierungsprozesse lassen nicht nur territoriale Grenzen fließend werden. **Judith Schlehe,** Professorin für Ethnologie an der Universität Freiburg, weist darauf hin, dass in der modernen **Ethnologie** dadurch auch ein bislang territorial fixierter Kulturbegriff Veränderungen erfuhr.[46] Dabei wird jedoch kaum angesprochen, so stellt die Freiburger Ethnologin fest, wie sich transkulturelle Prozesse auf die Geschlechterverhältnisse auswirken: Werden dadurch Horizonte erweitert oder überwiegt das Risiko, dass Grenzen neu gesteckt werden? Die Kategorie *Gender* ist

> „in zunehmenden Maße auch inter- und transkulturell, translokal und multipel, d.h. unter dem Einfluss diverser Kulturen, Bezugssysteme und damit verbundener Imaginationen [konstruiert und analysierbar, M.M.]."

Wie diese Geschlechterkonstruktionen aussehen und analysiert werden können, macht Schlehe an unterschiedlichen Fallbeispielen aus ihrer eigenen Forschungstätigkeit deutlich. Diese berichten von kurz- oder längerfristigen Beziehungen reisender Frauen aus westlichen Industrieländern mit Männern aus Indonesien.

Die Ergebnisse der Befragungen seien je nach Länge der Beziehung sehr unterschiedlich: Touristische Kurzzeitaffären würden sich bei den Frauen „aus der Attraktivität des Ungewohnten, des als ganz anders bzw. exotisch Imaginierten" speisen. Die Männer hingegen, so führt Schlehe aus, spiegeln diese Bedürfnisse strategisch. Für sie sind die Beziehungen zu Touristinnen vorteilhaft: „Sie bringen Sprach- und interkulturelle Kompetenzen, Welterfahrung, Sex, Unterhaltung, Liebe – und Geld."

Längere Beziehungen würden hingegen Irritationen hervorrufen, die bei den meisten Paaren zu tiefgreifenderen Konflikten führen. Bei den Frauen fände eine Dekonstruktion des Imaginierten statt: Zum einen würde die eigene Hingabe ans ganz ‚Andere' und die vermeintliche Nähe zum ‚Fremden' schrittweise infragegestellt und zum anderen die Vorzüge der eigenen Kultur wiederentdeckt. Bei den Männern hingegen würden Probleme mit ihrem Prestigeempfinden auftreten. Der finanzielle Einfluss und die Selbstständigkeit der westlichen Frauen, Faktoren, die zunächst anziehend wirkten, würden auf Dauer nicht selten als Kränkungen des traditionellen männlichen Statusgefühls empfunden.

Die Ethnologin sensibilisiert durch ihre Ausführungen und die anschaulichen Fallstudien für die auf Imaginationen und Irritationen beruhenden grenzauflösenden Prozesse der Globalisierung und vor allem dafür, wie sie sich in Paarbeziehungen äußern. Sie bezweifelt zwar „keinesfalls die Möglichkeit von Wandlungen", weist jedoch darauf hin:

> „dass Veränderungen im Bereich von Gendermodellen und –praxen sehr viel langsamer vonstatten gehen und widersprüchlicher sind als es der äußere Anschein in einer globalisierten Welt glauben machen will."

Schlehe endet mit einem eindrücklichen Plädoyer für die „Entdeckung der Langsamkeit": Die Chance von interkulturellen Paarbeziehungen begreift sie darin, dass sie ein „unabschließbares Projekt des gegenseitigen Erforschens" sein könnten.

Angesichts einer über 2000-jährigen Philosophie- und Theologietradition mit ihren jeweiligen Begriffen von Geschlecht betont **Angela Kaupp** die Notwendigkeit einer wechselseitigen Kooperation von **Theologie** und *Gender Studies*. Bisher habe die Kategorie *Gender* in der Theologie noch zu wenig Beachtung gefunden. „[D]ie im Christentum grundsätzlich angelegte Gleichwertigkeit von Mann und Frau umfassende Realität" sei dadurch behindert worden. Die katholische Theologin, die selbst über geschlechtsspezifische Unterschiede in der religiösen Entwicklung und Sozialisation bei jungen Menschen zwischen 16 und 25 Jahren forscht, macht deutlich, dass religiöse Traditionen bis heute – bspw. in Werbeslogans und gängigen Sprichwörtern

– gegenwärtig sind und gesellschaftliche Strukturen beeinflussen. Durch eine einseitige Rezeption und Exegese biblischer Texte werde die Abwertung von Frauen dabei christlich untermauert. Eine *gender*-orientierte Relektüre der biblischen Texte sei deshalb dringend erforderlich.

Eine wichtige Voraussetzung für die Herausbildung einer ‚feministischen Theologie' – zunächst in den USA – war die Zulassung von Frauen für das Theologiestudium Mitte des 20. Jahrhunderts. Kaupp veranschaulicht anhand verschiedener Beispiele, wie die Kategorie *Gender* neue Perspektiven hinsichtlich der Bibelhermeneutik und Exegese, Systematischen und Praktischen Theologie eröffnet:

So seien z.B. in der Gottesmethaporik weibliche Sinnbilder, die sich aus den Begriffen *rûah* für Geist oder Kraft und *sophia* für Weisheit herleiten ließen, „durch den grammatisch maskulinen Logosbegriff christologisch absorbiert" worden. Durch eine stärkere Rezeption der biblischen Tradition von *rûah* und *sophia* könne jedoch „die Gefahr eines einseitig männlichen Gottesbildes ... gebannt werden".

Auf ihr eigenes Forschungsgebiet eingehend führt die Theologin und Pädagogin aus, dass es merkliche Unterschiede der Gottesbildentwicklung bei Jungen und Mädchen gäbe: So würden Jungen Gott eher anthropomorph (meist als Mann) malen und seine Allwissenheit betonen, während bei Mädchen auch androgyne Gottesvorstellungen zu beobachten seien und die emotionale Beziehung zu Gott hervorgehoben würde. Selbst als Indianergöttin sei Gott für Mädchen vorstellbar – dies verweise auf „eine Spannung zwischen christlich-gesellschaftlich vermittelter Norm und inneren Bedürfnissen oder Erfahrungen".

Abschließend geht Kaupp auf die historische Entwicklung einer besonderen Religiösität von Frauen ein: Sie führt aus, dass die ‚Intimisierung' von Religiosität Ende des 18. Jahrhunderts, die Bindung von Frauen an Religion und Kirche gestärkt habe. Die dadurch verursachte ‚Feminisierung' von Religion sei durch die ‚Familialisierung' der Gesellschaft, das heißt die Entwicklung hin zur bürgerlichen Rollenteilung im 19. Jahrhundert, noch verstärkt worden. In der Folge sei religiöses Engagement nämlich in erster Linie Frauen zugesprochen worden. Noch bis heute, so Kaupp, ließe sich beobachten, dass Frauen zu individuellen Formen von Religiosität neigten und diese zur Stabilisierung des schwierigen Alltags nutzten.

Der Frauenbeauftragten der Theologischen Fakultät Freiburg geht es in ihren Ausführungen vor allem darum, die Aktualität der Wechselseitigkeit zwischen *Gender Studies* und Theologie darzulegen. Sie bestehe darin, sowohl „die Kategorie *Gender* mit einem theologisch angemessenen Reden von Gott und Mensch" zu korrelieren, als auch „theologisches Reden von einengenden Geschlechtsrollenzuweisungen" zu befreien.

Außenstehende, die von der Beteiligung der **Forstwissenschaften** am Freiburger Studiengang *Gender Studies* hörten, äußerten – neben ihrer Überraschung – schon wiederholt die Vermutung, ob es denn da um ‚männliche und weibliche Bäume' ginge, fragten nach, was man sich denn ansonsten unter einer zunächst etwa ‚bizarr' erscheinenden *gender*-orientierter Forstwissenschaft vorstellen könne. Diese Erwartung von Fachfremden macht ein erstes Vorurteil deutlich, das Laien oft gegenüber den Forstwissenschaften haben: Sie stellen sie sich in erster Linie als eine Naturwissenschaft vor, die insbesondere der Biologie sehr ähnlich sei.

Der Freiburger Forstwissenschaftler **Siegfried Lewark**, der in einem den vorliegenden Band abschließenden Aufsatz *Gender*-Ansätze im Bereich der Forstwissenschaften vorstellt, geht in seinen Ausführungen dagegen vor allem arbeitswissenschaftlichen Fragen nach. Er begibt sich damit in einen Forstwissenschaftlichen Bereich, der bei der zu engen und damit falschen Klischeevorstellung von den Forstwissenschaften überhaupt nicht vorkommt.

Im Anschluss kritisiert Lewark dieses nicht angemessene Bild der Forstwissenschaften und konzentriert sich in einem weiteren Schwerpunkt auf eine (*gender*-sensible) Auseinandersetzung mit Bildern und Vorstellungen die mit der Forstwissenschaft verknüpft sind – widmet damit also ein weiteres Mal keineswegs dem vermeintlich für sein Fach typischen Forschungsgegenstand seine Aufmerksamkeit. Ganz besonders wichtig sind Lewark vor allem Vorstellungen und Vorurteile, die im forstlichen Bereich tätige Menschen betreffen. Entscheidend seien aber daneben natürlich auch die Zusammenhänge zwischen den beiden Ebenen, die er in einem weiteren Schritt deutlich macht: Die Bilder berühren auch die in einem Tätigkeitsbereich beschäftigten Menschen. So habe z.B. das lange Zeit mit dem Forstberuf verbundene ‚Jägerimage' Interessentinnen von der Wahl des Studienfaches Forstwissenschaften abgehalten. Bei den derzeitigen Bemühungen der Forstwissenschaften um eine Revision ihres Außenimages, spielen *Gender*-Gesichtspunkte, so Lewark, durchaus eine entscheidende Rolle.

## Anmerkungen

1 Einen chronologischen Überblick über die Entwicklung der Diskussion in der BRD bietet der Aufsatz „Konjunkturen des Geschlechts – Konstitution und Krise des Feminismus in der Bundesrepublik von Nadja Parpart, der in der Ausgabe „Feminismen – Bewegungen und Theoriebildungen weltweit" der *Freiburger FrauenStudien* (Ausgabe 2, Jahrgang 5, S. 21-39) erschienen ist; einen eher essayistischen Einblick in entsprechende Entwicklungen in der DDR vermittelt der im selben Band erschienene Aufsatz von Heidrum Bomke: „Erleben, Erzählen und Erforschen. Oder Von der noch anhaltenden Suche nach den ‚eigenArtigen Ostfrauen'", S. 41-57.

2 Etwa der „Deutsche Hausfrauen-Bund" oder der „Verband katholischer Landfrauen".

3 Judith Butler: *Das Unbehagen der Geschlechter*, übers.: Kathrina Menke, Frankfurt/M. 1991 (amerikanische Originalausgabe: *Gender Trouble*, Routledge 1990).

4 Vgl. z.B. Gloria Joseph: „Black Feminism: Its Relationship to the Black Liberation Struggle and the Women's Movement in the U.S.A"; dies: „The Role of the Black Women in the Black Liberation Movement and the Women's Movement and on to Transnational Feminism", in: *Freiburger FrauenStudien,* Ausgabe 2, Jahrgang 5, S. 79-86. Die Perspektive ‚schwarzer' Frauen in der Bundesrepublik wird unter dem Titel „Migrantinnen in Deutschland. Über die Dialektik von Solidarität und Selbstbestimmung. Frauen in geteilten Welten" von der gebürtigen Iranerin Farideh Akashe-Böhme vertreten (ebd., S. 69-78).

5 Ebd.

6 Liedtext von Bruni Regenbogen, in: *Schneewittchens Liederbuch. Alle Texte der Frauenmusikgruppe mit Noten und Gitarrengriffen*, Reinbek bei Hamburg 1982, S. 36.

7 Wie Claudia Opitz in ihrem Aufsatz ausführt, stieß diese Konzentration auf heldenhafte Ausnahmefrauen in der Frauenforschung schon bald auf Kritik.

8 Aus dem Engl.: (einseitige) Ausrichtung, (Vor-)Eingenommenheit.

9 Annemarie Pieper: *Aufstand des stillgelegten Geschlechts. Einführung in die feministische Ethik*, Freiburg 1993, S. 7.

10 Folgendes Zitat verdeutlicht die unterschiedliche Sprechsituation von Männern und Frauen: „Wenn ich mich ... äußern will, so muss ich zunächst klarstellen: „Ich bin eine Frau"; diese Feststellung liefert den Hintergrund, vor dem jede weitere Behauptung sich abhebt. Ein Mann fängt niemals damit an, sich erst einmal als Individuum eines bestimmten Geschlechtes vorzustellen: Dass er ein Mann ist versteht sich von selbst." Simone de Beauvoir: *Das andere Geschlecht. Sitte und Sexus der Frau*, übers.: Eva Rechel-Mertens/Fritz Montfort, Reinbek bei Hamburg 1968, S. 10 (deutsche Erstausgabe 1951, Originalausgabe: *Le Deuxième Sexe*, Paris 1949). Ganz ähnlich geht es aber auch unter Frauen (auf der ifu) einer

,anderen' Minderheit: „Denn als Minderheit zu sprechen, bedeutet zunächst, von einer fixierten sexuellen Position aus zu sprechen – wie z.B. „für mich als Lesbe stellt sich das Problem aber anders dar..." (Corinna Genschel: „*Queer Meets Trans Studies*: Über den problematischen Stellenwert geschlechtlicher Transgression in *Queer Theorie*", in: *Freiburger FrauenStudien*, Ausgabe „Dimensionen von *Gender Studies* I", Ausgabe 12, 2003, S. 163-185 u. S. 168).

11 Regina Becker-Schmidt und Gudrun Axeli Knapp: *Feministische Theorie. Eine Einführung*, Hamburg 2000, S. 14.

12 Es ist ja nicht so, dass bisher nicht über geschlechtsspezifische Unterschiede und Geschlechtlichkeit geschrieben und gesprochen worden wäre. Eine bei Reclam erschienene Zusammenstellung philosophischer Geschlechtertheorien von Platon, Aristoteles und Aquin, über Hobbes, Locke, Rousseau, Kant, Fichte, Hegel, Humbold, Engels, Simmel, Horkheimer und Marcuse bis zu den drei aufgeführten feministischen Theoretikerinnen de Beauvoir, Irigaray und Butler macht das bisherige Ungleichgewicht deutlich (Sabine Doyé, Marion Heinz, Friederike Kuster (Hrsg.): *Philosophische Geschlechtertheorien. Ausgewählte Texte von der Antike bis zur Gegenwart*, Stuttgart 2002).

13 Eine ganz ähnliche Debatte wurde hinsichtlich der so genannten ,Frauenliteratur' geführt.

14 Auch diese Diskussion gibt es parallel hinsichtlich der Einordnung der Literatur von Frauen als ,Frauenliteratur'.

15 Willi Walter: „Gender, Geschlecht und Männerforschung", in: Inge Stephan/Christina von Braun (Hrsg.): *Gender Studien. Eine Einführung*, Stuttgart/Weimar 2000, S. 97-115.

16 Willi Walter hat eine Auflistung alternativer Begriffe zusammengestellt: „Im englischsprachigen Raum werden die Bezeichnungen *Men's Studies, [The] new Men's Studies, Studies of men/Studies on Men, The Critique of Men, Critical Studies on Men [and Masculinities], research on men [and Masculinities] oder Gender Studies* benutzt. Im Deutschen werden *Männerforschung, [Antisexistische] Männerstudien, Reflexive oder Kritische Männerforschung, Männlichkeitsforschung, Männer und Geschlechterforschung, Geschlechterforschung* oder *geschlechtssensible soziale Ungleichheitsforschung* verwendet." Ebd., S. 97.

17 Joan W. Scott: „Gender: Eine nützliche Kategorie der historischen Analyse", übers.: Robin Mitchell, in: Dorothee Kimmich, Rolf Günter Renner und Bernd Stiegler (Hrsg.): *Texte zur Literaturtheorie der Gegenwart*, Stuttgart 1996, S. 417-440 (deutscher Erstabdruck in: Nancy Kaiser (Hrsg.): *Selbst Bewusst. Frauen in den USA*, Leipzig 1994).

18 Mittlerweile werden, insbesondere auch in Freiburg, Lehrveranstaltungen zu biologischen Themen und aus dem Bereich der biologischen Anthropologie im Rahmen der *Gender Studies* angeboten, in denen auch das biologische

Geschlecht wieder zu einer wichtigen Kategorie wird.

19 Thomas Meinecke: *Tomboy*, Frankfurt/M. 1998, S. 152.

20 Gayle Rubin: „The Traffic in Women: Notes on the ‚Political Economy' of Sex", in: Reyna Reiter (Hrsg.): *Toward an Anthropology of Women*, New York 1995, S. 175-210.

21 Simone de Beauvoir: *Das andere Geschlecht. Sitte und Sexus der Frau*, übers.: Eva Rechel-Mertens/Fritz Montfort, Reinbek bei Hamburg 1968, S. 265. (deutsche Erstausgabe 1951, Originalausgabe: *Le Deuxième Sexe*, Paris 1949).

22 Ursula Scheu: *Wir werden nicht als Mädchen geboren – wir werden dazu gemacht. Zur frühkindlichen Erziehung unserer Gesellschaft*, Frankfurt/M. 1977.

23 Judith Butler: *Das Unbehagen der Geschlechter*, übers.: Kathrina Menke, Frankfurt/M. 1991 (amerikanische Originalausgabe: *Gender Trouble*, Routledge 1990).

24 In eine ähnliche Richtung gehen die Ausführungen der ebenfalls amerikanische Theoretikerin Donna Haraway: Sie führt aus, dass die Gegenüberstellung von *sex* und *gender* den Glauben an eine ahistorisch-vorkulturelle, biologische Zweigeschlechtlichkeit nicht etwa auflöse, sondern stattdessen festige. Die Gegenüberstellung *sex/gender* entspräche der von Feministinnen oft kritisierten binären Opposition Natur/Kultur (Donna Haraway: „Primatologie ist Politik mit anderen Mitteln. Wissenschaft und das Erzählen von Geschichten", in Barbara Orland und Elvira Scheich (Hrsg.): *Das Geschlecht der Natur. Feministische Beiträge zur Geschichte und Theorie der Naturwissenschaften*, Frankfurt/M. 1995, S. 136-198).

25 In der Folge wurde auch die biologische Zweigeschlechtlichkeit infrage gestellt und das Konzept eines Geschlechterkontinuum der binären Zweigeschlechtlichkeit gegenüber gestellt.

26 Denkbar wären auch mehr als zwei ‚Pole'.

27 Der erste Band der Freiburger Einführung in die *Gender Studies* „Dimensionen von *Gender Studies I*" (*Freiburger FrauenStudien* Ausgabe 13, 2003) enthält einen Aufsatz von Corinna Genschel, in dem sie unter dem Titel „*Queer* Meets *Trans Studies*: Über den problematischen Stellenwert geschlechtlicher Transgression in der *Queer Theorie*" in die *Queer Studies* einführt.

28 Judith Butler: *Das Unbehagen der Geschlechter*, übers.: Kathrina Menke, Frankfurt/M. 1991, S. 21 (amerikanische Originalausgabe: *Gender Trouble*, Routledge 1990).

29 Adrienne Rich: „Zwangsheterosexualität und Lesbische Existenz", übers.: Renate Stendhal, in: Elisabeth List und Herlinde Studer: *Denkverhältnisse. Feminismus und Kritik*, Frankfurt/M. 1989, S. 244-278. (deutscher Erstaubdruck in: Dagmar Schulz (Hrsg.): *Macht und Sinnlichkeit*, Berlin 1983, Erstabdruck: „Compulsory Heterosexuality and Lesbian Existence", in: *Signs* 5, 1980, S. 631-660).

30 Vgl. *Feministische Studien*, Nr. 2, 1993: „Kritik der Kategorie Geschlecht".

31 Gemeint sind hier nicht unbedingt Menschen, die sich unter dem Begriff ‚*queer*' politisch organisieren.

32 Hilge Landweer: „Jenseits des Geschlechts? Zum Phänomen der theoretischen und politischen Fehleinschätzung von Travestie und Transsexualität", in: Institut für Sozialforschung Frankfurt/Katharina Pühl (Hrsg.): *Geschlechterverhältnisse und Politik*, Frankfurt/M. 1994, S. 139-167, S. 140.

33 Jean Baker-Miller: *Die Stärke weiblicher Schwäche. Zu einem neuen Verständnis der Frau*, übers.: Roland Fleissner, 3. Auflage, Frankfurt/M. 1982 (deutsche Erstausgabe 1976, amerikanische Originalausgabe: *Toward a new psychology of women*, Boston 1976).

34 Christina Thürmer-Rohr: „Aus der Täuschung in die Enttäuschung. Zur Mittäterschaft von Frauen", in: *Vagabundinnen. Feministische Essays*, S. 38-56.

35 Hier und im Folgenden verwenden wir die Bezeichnung ‚sozialkonstruktivistisch' in einem eher weiteren Sinne.

36 Ian Hacking, der sich als Gegner eines weit verbreiteten Vulgär-Konstruktivismus versteht, fasst die nicht nur mit dem Sozialkonstruktivismus verbundenen Kerngedanken unter der Kapitelüberschrift „Wider den Unvermeidlichkeitsgedanken" polemisierend zusammen: „Die sozial-konstruktionistische Arbeit verhält sich kritisch gegenüber dem Status quo. Soziale Konstruktionisten neigen dazu, folgendes in Bezug auf X zu behaupten: (1) X hätte nicht existieren müssen oder müsste keineswegs so sein, wie es ist. X – oder X, wie es gegenwärtig ist – ist nicht vom Wesen der Dinge bestimmt; es ist nicht unvermeidlich. Häufig gehen sie weiter und behaupten: (2) X ist, so wie es ist, etwas Schlechtes. (3) Wir wären sehr viel besser dran, wenn X abgeschafft oder zumindest von Grund auf umgestaltet würde." Ian Hacking: *Was heißt ‚soziale Konstruktion'? Zur Konjunktur einer Kampfvokabel in den Wissenschaften*, übers: Joachim Schulte, Frankfurt/M. 1999, S.19 (amerikanische Originalausgabe: *The Social Construction of ‚What'?*, Cambrigde 1999).

37 Dorothee Kimmich: Einleitung „Diskursanalyse und New Historicism", in: Dies., Günter Renner und Bernd Stiegler (Hrsg.): *Texte zur Literaturtheorie der Gegenwart*, Stuttgart 1996, S. 224-232.

38 Seyla Benhabib: „Feminismus und Postmoderne. Ein prekäres Bündnis", in: Dies., Judith Butler, Drucilla Cornell, Nancy Fraser: *Der Streit um Differenz. Feminismus und Postmoderne in der Gegenwart*, Frankfurt/M. 1993, S. 9-30.

39 Judith Butler: *Das Unbehagen der Geschlechter*, übers.: Kathrina Menke, Frankfurt/M. 1991, S. 25 (amerikanische Originalausgabe: *Gender Trouble*, Routledge 1990).

40 Simone de Beauvoir: *Das andere Geschlecht. Sitte und Sexus der Frau*, übers.: Eva Rechel-Mertens/Fritz Montfort, Reinbek bei Hamburg 1968, S. 10 (deutsche Erstausgabe 1951, Originalausgabe: *Le Deuxième Sexe*, Paris 1949).

41 Das ist natürlich wenig erstaunlich: Die von ihr verwendeten Forschungsergebnisse sind mittlerweile veraltet.

42 Gayatri Spivak vertritt zwar kein essentialistisches Weltbild, geht aber davon aus, das es für Frauen derzeit politisch noch vorteilhafter sei, essentialistisch zu argumentieren. Diesen Standpunkt bezeichnet sie als ‚strategischen Essentialismus'. Sie warnt allerdings davor, den strategischen Charakter dieser Argumentationsweise aus den Augen zu verlieren, da sonst strategischer Essentialismus rasch zu tatsächlichem Essentialismus werde. Gayatri Chakravorty Spivak: „French Feminism in an International Frame", in: *Yale French Studies* 62, 1981, S.154-84.

43 Hanja Berressem, Dagmar Buchwald, Heide Volkening (Hrsg.): *Grenzüberschreibungen „Feminismus" und „Cultural Studies"*, Bielefeld 2001.

44 Michel Foucault: *Die Anormalen. Vorlesungen am Collège de France (1974-1975)*, übers.: Michaela Ott, Frankfurt/M. 2003.

45 Für den Hinweis auf die im Folgenden aufgeführten Netzseiten zur Dritten Welle möchte ich meiner Kollegin Ursula Degener danken:
http://www.io.com/~wwwave/
http://www.alternet.org/story.html?StoryID=9986 (hier ein Manifest der 3. Welle)
http://www.iftr.org.uk/news/2002/twf.html
http://www.bridgew.edu/DEPTS/ARTSCNCE/JIWS/April03/WoodhullAbstract.pdf
http://www.upress.umn.edu/Books/H/heywood_third.html
Voraussichtlich werden in zukünftigen Bänden der *Freiburger FrauenStudien* auch einige Bücher zum Thema ‚Third Wave' rezensiert werden

46 Da der Aufsatz von Judith Schlehe auf einen in einem späteren Semester gehaltenen Vortrag zurückgeht, in dem die Vorgabe zunächst auf das breite Spektrum der *Gender*-Forschung im jeweiligen Fachbereich einzugehen nicht galt, geht sie gleich auf ein spezielles Thema ein.

## Literatur

**Baker-Miller, Jean:** *Die Stärke weiblicher Schwäche. Zu einem neuen Verständnis der Frau*, übers.: Roland Fleissner, 3. Auflage, Frankfurt 1982. (deutsche Erstausgabe 1976, amerikanische Originalausgabe: *Toward a new psychology of women*, Boston 1976).

**Becker-Schmidt, Regina/Knapp, Gudrun-Axeli :** *Feministische Theorie. Eine Einführung*, Hamburg 2000.

**Benhabib, Seyla:** „Feminismus und Postmoderne. Ein prekäres Bündnis", in: Dies., Judith Butler, Drucilla Cornell, Nancy Fraser: *Der Streit um Differenz. Feminismus und Postmoderne in der Gegenwart*, Frankfurt/M. 1993, S. 9-30.

**Berressem, Hanja/Buchwald, Dagmar/Volkening, Heide (Hrsg.):** *Grenzüberschreibungen „Feminismus" und „Cultural Studies"*, Bielefeld 2001.

**Butler, Judith:** *Das Unbehagen der Geschlechter*, übers.: Kathrina Menke, Frankfurt/M. 1991 (amerikanische Originalausgabe: *Gender Trouble*, Routledge 1990).

**de Beauvoir, Simone:** *Das andere Geschlecht. Sitte und Sexus der Frau*, übers.: Eva Rechel-Mertens/Fritz Montfort, Reinbek bei Hamburg 1968, S. 265 (deutsche Erstausgabe 1951, Originalausgabe: *Le Deuxième Sexe*, Paris 1949).

**Doyé, Sabine/Heinz, Marion/Kuster, Friederike (Hrsg.):** *Philosophische Geschlechtertheorien. Ausgewählte Texte von der Antike bis zur Gegenwart*, Stuttgart 2002.

***Feministische Studien*,** Nr. 2, 1993: „Kritik der Kategorie Geschlecht".

**Foucault, Michel:** *Die Anormalen. Vorlesungen am Collège de France (1974-1975)*, übers.: Michaela Ott, Frankfurt/M. 2003.

***Freiburger FrauenStudien*:** „Feminismen – Bewegungen und Theoriebildungen weltweit", Ausgabe 2, Jahrgang 5.

***Freiburger FrauenStudien*:** „Dimensionen von *Gender Studies* I", Ausgabe 12, 2003.

**Hacking, Ian:** *Was heißt ‚soziale Konstruktion'? Zur Konjunktur einer Kampfvokabel in den Wissenschaften*, übers: Joachim Schulte, Frankfurt/M. 1999 (amerikanische Originalausgabe: *The Social Construction of ‚What'?*, Cambrigde 1999).

**Haraway, Donna:** „Primatologie ist Politik mit anderen Mitteln. Wissenschaft und das Erzählen von Geschichten", in: Barbara Orland und Elvira Scheich (Hrsg.): *Das Geschlecht der Natur. Feministische Beiträge zur Geschichte und Theorie der Naturwissenschaften*, Frankfurt/M. 1995, S. 136-198.

**Dorothee Kimmich:** Einleitung „Diskursanalyse und New Historicism", in: Dies., Rolf Günter Renner und Bernd Stiegler (Hrsg.): *Texte zur Literaturtheorie der Gegenwart*, Stuttgart 1996, S. 224-232.

**Landweer, Hilge:** „Jenseits des Geschlechts? Zum Phänomen der theoretischen und politischen Fehleinschätzung von Travestie und Transsexualität", in: Institut für Sozialforschung Frankfurt/Katharina Pühl (Hrsg.): *Geschlechterverhältnisse und Politik*, Frankfurt/M. 1994, S. 139-167.

**Meinecke, Thomas:** *Tomboy*, Frankfurt/M. 1998.

**Pieper, Annemarie:** *Aufstand des stillgelegten Geschlechts. Einführung in die feministische Ethik*, Freiburg 1993.

**Rich, Adrienne:** „Zwangsheterosexualität und Lesbische Existenz", übers.: Renate Stendhal, in: Elisabeth List und Herlinde Studer: *Denkverhältnisse. Feminismus und Kritik*, Frankfurt/M. 1989, S. 244-278 (Deutscher Erstaubdruck in: Dagmar Schulz (Hrsg.): *Macht und Sinnlichkeit*, Berlin 1983, Erstabdruck: „Compulsory Heterosexuality and Lesbian Existence", *Signs* 5, 1980, S. 631-660.

**Rubin, Gayle:** „The Traffic in Women: Notes on the ‚Political Economy' of Sex", in: Reyna Reiter (Hrsg.): *Toward an Anthropology of Women*, New York 1995, S. 175-210.

**Scheu, Ursula:** *Wir werden nicht als Mädchen geboren – wir werden dazu gemacht. Zur frühkindlichen Erziehung unserer Gesellschaft*, Frankfurt/M. 1977.

**Schneewittchens Liederbuch.** *Alle Texte der Frauenmusikgruppe mit Noten und Gitarrengriffen*, Reinbek bei Hamburg 1982.

**Scott, Joan W.:** „Gender: Eine nützliche Kategorie der historischen Analyse", in: Dorothee Kimmich, Rolf Günter Renner und Bernd Stiegler (Hrsg.): *Texte zur Literaturtheorie der Gegenwart*, übers.: Robin Mitchell, Stuttgart 1996, S. 417-440 (deutscher Erstabdruck in: Nancy Kaiser: *Selbst Bewusst. Frauen in den USA,* Leipzig 1994).

**Spivak, Gayatri Chakravorty:** „French Feminism in an International Frame", in: *Yale French Studies* 62, 1981, S.154-84.

**Thürmer-Rohr, Christina:** „Aus der Täuschung in die Enttäuschung. Zur Mittäterschaft von Frauen", in: Dies.: *Vagabundinnen. Feministische Essays*, S. 38-56.

# Bibliografie zur einführenden Literatur in *Gender Studies*

Diese Literatur ist aus einem Seminar zur Einführung in feministische Theorie und Gender Studies entstanden. Es hat sich gezeigt, dass es insgesamt noch wenig Systematisierungen der Hilfsmittel dieses neu entstandenen Faches gibt, daher hier der Versuch, die Seminarbibliografie zu aktualisieren und zur weiteren Vervollständigung anzuregen. Besonderen Dank schulde ich der englischsprachigen WMST-L-Mailingliste von Joan Korenman (http://www.research.umbc.edu/~korenman/wmst/wmst-l_index.html), in der regelmäßig (Lehr-)Erfahrungen mit einführender und auch spezieller neuerer Literatur diskutiert werden.

## Reader in feministischer Theorie

**C. Gould, Carol (Hrsg.):** *Gender. Key Concepts in Critical Theory*, Amherst, New York 1999.

**Hark, Sabine (Hrsg.) :** *Dis, Kontinuitäten: Feministische Theorie. Lehrbuchreihe zur sozialwissenschaftlichen Frauen- und Geschlechterforschung / Sektion Frauenforschung in der Deutschen Gesellschaft für Soziologie*, 3. Band, Opladen 2001.

**Jackson, Stevi (Hrsg.):** *Women's Studies. A Reader*, New York 1995.

**James, Joy/Sharpley-Whiting, T. Denean (Hrsg.):** *The Black Feminist Reader*, Malden, MA 2000.

**Kauffman, Linda S. (Hrsg.):** *American Feminist Thought at Century's End: A Reader*, Cambridge, MA 1993.

**Kemp, Sandra/Squires, Judith (Hrsg.):** *Feminisms*, Oxford 1997.

**Lloyd, Genevieve (Hrsg.):** *Feminism and history of philosophy*, Oxford 2002

**McCann, Carole R. (Hrsg.):** *Feminist Theory Reader: Local and Global Perspectives*, New York 2003.

**Meyers, Diana T. (Hrsg.):** *Feminist Social Thought: A Reader*, New York/London 1997.

**Nicholson, Linda (Hrsg.):** *The Second Wave: A Reader in Feminist Theory*, New York 1997.

**Oliver, Kelly (Hrsg.):** *French Feminism Reader*, Lanham, MD 2000.

**Phillips, Anne (Hrsg.):** *Feminism and Politics*, Oxford 1998.

**Price, Janet/Shildrick, Margrit (Hrsg.):** *Feminist Theory & The Body: A Reader*, New York 1999.

**Wing, Adrien K. (Hrsg.):** *Global Critical Race Feminism: an International Reader*, New York 2000.

**Phillips, A. (Hrsg.):** *Feminism and Politics*, Oxford University Press, Oxford 1998.

## Einführungen in feministische Theorie

**Becker-Schmidt, Regina/Knapp, Gudrun-Axeli:** *Feministische Theorien zur Einführung*, 2. Ausgabe, Hamburg 2001.

**von Braun, Christina/Stephan, Inge (Hrsg.):** *Gender Studien. Eine Einführung,* Stuttgart/Weimar 2000.

**Brück, Brigitte/Kahlert, Heike/Krüll, Marianne/Osterland, Helga/Wegehaupt-Schneider, Ingeborg:** *Feministische Soziologie. Eine Einführung*, 2. aktual. Ausgabe, Frankfurt/New York 1999.

**Bryson, Valerie:** *Feminist Political Theory: an Introduction*, 2. Ausgabe, Basingstoke 2003.

**Cranny-Francis, Anne/Waring, Wendy/Stavropoulos, Pam/Kirkby, Joan:** *Gender studies : terms and debates*, Basingstoke 2003.

**Evans, Judith A.:** *Feminist Theory Today: An Introduction to the Political Theories of the Second Wave Feminism*, Thousand Oaks 1995.

**Jagose, Annamarie:** *Queer Theory. Eine Einführung*, Berlin 2001.

**Meyer, Ursula I.:** *Einführung in die feministische Philosophie*, 2. überarb. Ausgabe, München 1997.

**Nagl-Docekal, Herta:** *Feministische Philosophie. Ergebnisse, Probleme, Perspektiven*, Frankfurt/M. 1999.

**Patai, Daphne/Koertge, Noretta:** *Professing Feminism*, Oxford 2003.

**Squires, Judith:** *Gender in Political Theory,* Cambridge, MA 1999.

**Tong, Rosemary:** *Feminist Thought: A More Comprehensive Introduction*, Boulder, CO 1998.

**Walby, Sylvia:** *Gender Transformations*, London 1997.

**Wesely, Sabine (Hrsg.):** *Gender Studies in den Sozial- und Kulturwissenschaften. Einführung und neue Erkenntnisse aus Forschung und Praxis*, Bielefeld 2000.

**Weedon, Chris:** *Feminist Practice and Poststructuralist Theory*, Cambridge, MA, 2000.

**Kymlicka, Will:** *Feminism*, in: **Will Kymlicka (Hrsg.):** *Contemporary Political Philosophy: An Introduction*, Oxford 1990.

## Wichtige Monografien und Aufsatzsammlungen

**Benhabib, Seyla/Butler, Judith u.a. (Hrsg.):** *Der Streit um Differenz. Feminismus und Postmoderne in der Gegenwart*, Frankfurt/M. 1993.

**Butler, Judith:** *Gender Trouble*, New York/London 1990.

**Butler, Judith:** *Das Unbehagen der Geschlechter*, Frankfurt/M. 1991.

**Lorber, Judith:** *Gender-Paradoxien*, Opladen 1999.

**Nagl-Docekal, Herta/Pauer-Studer, Herlinde (Hrsg.):** *Politische Theorie: Differenz und Lebensqualität*, Frankfurt/M. 1996.

**Pühl, Katharina/Institut für Sozialforschung Frankfurt (Hrsg.):** *Geschlechterverhältnisse und Politik*, Frankfurt/M. 1994.

**Wobbe, Theresa/Lindemann, Gesa (Hrsg.):** *Denkachsen: zur theoretischen und institutionellen Rede vom Geschlecht*, 2. Aufl., Frankfurt/M. 1996.

## Handbücher

**Andermahr, Sonya/Lovell, Terry/Wolkowitz, Carol (Hrsg.):** *A Concise Glossary of Feminist Theory*, London 1997.

**Bußmann, Hadumod/Hof, Hadumod und Renate (Hrsg.):** *Genus: zur Geschlechterdifferenz in den Kulturwissenschaften*, Stuttgart 1995.

**Code, Lorraine (Hrsg.):** Encyclopedia of Feminist Theories. London 2000.

**Fricker, Miranda (Hrsg.):** *The Cambridge Companion to Feminism in Philosophy*, Cambridge 2000.

**Jaggar, Alison/Young, Iris Marion (Hrsg.):** *A Companion to Feminist Philosophy*, Malden, MA 1998.

**Kroll, Renate (Hrsg.):** *Metzler-Lexikon Gender Studies: Geschlechterforschung: Ansätze, Personen, Grundbegriffe*, Stuttgart/Weimar 2002.

**Meyer, Ursula/Bennent-Vahle, Heidemarie (Hrsg.):** *Philosophinnen-Lexikon*, 2 Bde., Aachen 1994-97.

# Aufsätze

*Gisela Riescher*

# „Das Private ist politisch“: Die politische Theorie und das Öffentliche und das Private

1968 kam es im Sozialistischen Deutschen Studentenbund (SDS), der als Vertreter der Studentenbewegung den Abbau aller autoritären Strukturen, vor allem aber eine liberale Einstellung zur Sexualität und antiautoritäre Erziehung forderte, zu heftigen Auseinandersetzungen zwischen den Geschlechtern, die zu Austritten von Studentinnen und zu feministischen Neuorientierungen z.B. im „Aktionsrat zur Befreiung der Frau“ führten.

Den SDS-Studentinnen – so schreibt Rosemarie Nave-Herz als Beobachterin der Berliner 68er – war nicht verborgen geblieben, dass ihre Kommilitonen von Staat und Gesellschaft antiautoritäre Verhaltensmuster einforderten, sich selbst aber nach innen keineswegs antiautoritär verhielten[1]. Die weiblichen SDS-Mitglieder kamen auf öffentlichen Veranstaltungen kaum zu Wort, sie tippten die Flugblätter, kochten den Kaffee und betreuten die Kinder, während die Kommilitonen die privaten und öffentlichen Diskussionen anführten und als Demonstrationsführer oder wortgewaltige Versammlungsredner auftraten.

In diesen Tagen – ohne es exakt datieren und persönlich zuschreiben zu können – entstand mein Titelzitat „Das Private ist politisch!“. Denn die SDSlerinnen legten auf der folgenden bundesweiten SDS-Konferenz in Hannover eine Resolution vor, in der sie ihren Kommilitonen bourgeoises, an Ausbeutung grenzendes Führerverhalten vorwarfen, und sie forderten für sich und alle Frauen, auch die Unterdrückung im Privatleben nicht ausschließlich als Privatsache zu begreifen, sondern als durch politisch-ökonomische Strukturen bedingt. Es gelte, die bürgerliche Trennung von Privatleben und gesellschaftlichem Leben aufzuheben, das Privatleben qualitativ zu verändern und die Veränderung als politische Aktion, als kulturrevolutionären Akt, und als Teil des Klassenkampfes zu verstehen.

Die Entstehungsgeschichte steht für sich, der Slogan hat sich längst verselbstständigt, wurde zu einer Forderung der Zweiten Frauenbewegung, kam aus der sozialen Bewegung in die Politik und aus der Politik als Reflexionsbasis in die Politikwissenschaft. Hier ist er nicht nur den Kontroversen empirisch-analytischer Teilbereiche unseres Faches zugänglich, sondern er trifft mitten ins Herz der politischen Theorie. Er prallt hier auf eine über 2000-jährige ideengeschichtliche Debatte, die für sich relativ klar definiert, was das Politische und das Private sei, wie das anthropologisch zu begründen sei und welche staatstheoretischen Konsequenzen daraus erwachsen.

Damit rückt mein Untertitel ins Blickfeld: „Die politische Theorie und das Öffentliche und das Private." Denn als Politikwissenschaftlerin, die in Freiburg die Bereiche Politische Theorie und Ideengeschichte vertritt, möchte ich den politisch-theoretischen Diskurs um das Öffentliche und das Private in den Mittelpunkt meines Aufsatzes stellen. Gleichwohl werde ich in einem ersten Teil einen Überblick über die feministische politische Theorie geben und den Stellenwert von *Gender Studies* in der Politikwissenschaft herausarbeiten.

Den Slogan „Das Private ist politisch" werde ich im zweiten Teil des Aufsatzes aus den einleitenden Vorbemerkungen wieder aufnehmen.

## 1. Die Politikwissenschaft und die feministische Theorie

Galt bis in die frühen 90er Jahre die Politikwissenschaft als jenes Fach, dem man in den Sozialwissenschaften die geringste Berücksichtigung feministischer Ansätze zuschrieb, so haben sich im letzten Jahrzehnt die Gewichte deutlich zu ihren Gunsten verschoben. Zwar gilt immer noch, wie Ebbecke-Nohlen und Nohlen im Lexikon der Politik betonen, dass die Politikwissenschaft als handlungsorientierte Wissenschaft auf Akteure und Akteursstrukturen blickt – und das sind in der Politik nach wie vor überwiegend Männer und von Männern geprägte Strukturen und Institutionen.[2] Doch spätestens seit der Gründung des Arbeitskreises „Politik und Geschlecht" auf dem Kongress der Deutschen Vereinigung für Politikwissenschaft in Hannover 1991 ist das Thema auf allen Kongressen präsent und es sind eine Reihe von maßgeblichen Untersuchungen entstanden, die die Kategorie ‚Gender' zum Gegenstand politikwissenschaftlicher Forschung machen.[3] Besonders hervorzuheben ist das aus dem genannten Arbeitskreis hervorgegangene Sonderheft der *Politischen Vierteljahresschrift 28/97*, herausgegeben von Eva Kreisky und Birgit Sauer. Hier werden äußerst facettenreich die „Geschlechterverhältnisse im Kontext politischer Transformation" analysiert und zugleich der Forschungsstand eindrucksvoll dokumentiert.

Die frühere und damit richtungweisende US-amerikanische Forschung von Carol Gilligan, Seyla Benhabib, Anne Phillips, Judith Butler oder der französischen Differenztheoretikerin Luce Irigaray werden im Kontext neuer *Gender*-Konzepte, praxisbezogener Policy-Analysen, staatstheoretischer oder international ausgerichteter Arbeiten kritisch-fundierten Reflexionen unterzogen:[4]

Wir wissen heute um die Gefahr, das ‚Weibliche‘ von ‚männlichen‘ Parametern her zu denken (Irigaray),[5] um die Differenzen im männlich-weiblichen Gerechtigkeitsdiskurs (ausgelöst durch Carol Gilligans Untersuchungen zur weiblichen Moral), um die politisch notwendigen Differenzierungen, wenn wir in der Politischen Theorie von Gleichheit und/oder Differenz sprechen,[6] um feministische Positionen zum Staat und zur Staatstheorie[7] oder um „Geschlechterverhältnisse im Wohlfahrtsstaat“.[8]

Ergänzen wir diese Analysen um empirische Studien, so haben wir heute fundierte Angaben über das Wahlverhalten von Frauen vorliegen,[9] über die „Lebensplanung junger Frauen“,[10] oder aus biografischen Untersuchungen über die Mehrfachorientierung der Politikerinnen.[11] Diese Angaben aus der Literatur sollen lediglich deutlich machen, dass in den letzten Jahren in der Politikwissenschaft ebenso wie in den angrenzenden Sozialwissenschaften eine höchst erfreuliche Bandbreite von z.T. sehr fundierten Untersuchungen zu den Themen ‚Frauen und Politik‘, ‚*Gender Studies* und Politikwissenschaft‘ entstanden ist.

Gleichwohl wissen wir immer noch nicht so genau – und diese Frage ist zwischen politischer Theorie und politischer Praxis angesiedelt – was die Mehrheit der Frauen unter Politik versteht und welche Politikbegriffe ihr politisches Denken und Handeln prägen. Dies ist jedoch m.E. eine entscheidende Frage, wenn wir klären wollen und erklären möchten, warum sich Frauen wesentlich weniger als Männer politisch beteiligen und dem Politischen weniger interessiert gegenüberstehen.[12] Natürlich spielen für diese Entscheidung biografische Kontexte eine wichtige Rolle,[13] ebenso wie die verfestigten Strukturen männlicher Politik. Doch bedeutender noch, weil der Praxis, dem Handeln, bzw. dem Nichthandeln und mithin der politischen Passivität vorgelagert, scheinen mir unterschiedliche Politikbegriffe im Geschlechterkontext zu sein:

So zeigen Molitor und Neu in ihrem 1998 veröffentlichten Artikel in der *Zeitschrift für Parlamentsfragen* signifikante Unterschiede in der Kompetenzzuschreibung politischer Parteien, der Zufriedenheit mit der Demokratie und in der Einschätzung der Gerechtigkeit des Gesellschaftssystems auf. Die Ergebnisse dieser in den alten Bundesländern durchgeführten Umfrage zeigen, dass Frauen den Problemlösungsfähigkeiten der Parteien, jenen Institutionen, die in der Funktionslogik unseres politischen Systems die maßgebliche Rolle einnehmen, reserviert gegenüber stehen:

- 22% der Frauen (bei den Männern sind es nur 12%) glauben nicht, dass die Parteien Arbeitsplätze sichern oder schaffen können;
- 16% der Männer, aber nur 11% der Frauen sind sehr zufrieden mit den demokratischen Implikationen unseres politischen Systems;
- und nur 10% der Frauen finden unser Gesellschaftssystem „eher gerecht”, während hier 23% der Männer positiv zustimmen.

Diese Zahlen korrelieren mit dem Interesse an Politik überhaupt: Nur 23% der Frauen, aber 46% der Männer betonen ihr sehr starkes Interesse an der Politik.[14]

Was ist das für eine Politik, der fast 75% der Frauen relativ uninteressiert gegenüberstehen, und die doch fast alle ihre Lebensbereiche regelt?[15] Ist das Öffentliche für Frauen unpolitisch? Warum weisen Frauen – wie Molitor und Neu betonen – eine größere Distanz zum politischen System auf?

Natürlich kann es keine einfachen Erklärungen geben. Aber ein wichtiger Mosaikstein im Erklärungskontext sind die Begriffe des Politischen und die Einstellungen und Werte, die mit diesen Begriffen verbunden sind. In der über zweitausendjährigen abendländischen Tradition politischen Denkens haben sich (und dies liegt in der Logik der Sache) ‚männliche' Bedeutungsmuster herausgebildet und weiterentwickelt, die mit weiblichen Lebens- und Verhaltensformen und mithin – wenn wir einen weiten, und damit einen eher ‚weiblichen' Politikbegriff zugrundelegen – mit einem ‚weiblichen' Politikverständnis weniger deckungsgleich sind. Ich möchte hier nur zwei Beispiele anfügen:

1. Die ‚Demokratietheorie' Giovanni Sartoris aus dem Jahre 1987 ist eine der letzten großen und umfassenden Demokratietheorien, die die aktuelle mit der klassischen Diskussion verbindet und besonderen Wert auf die Begriffe legt.[16] Diese große Demokratietheorie erwähnt keine weibliche, geschweige denn eine feministische Position zur Demokratie. Nicht nur hier ist der Kanon der aufgeführten Theoretiker seit der griechischen Antike ausschließlich männlich.

2. Hannah Arendt ist eine der wenigen politischen Theoretikerinnen des 20. Jahrhunderts, die den Sprung in die ‚Klassiker' geschafft hat.[17] Obgleich Hannah Arendt der Aspekt ‚Gender' absolut fremd war, definiert sie den Begriff ‚Macht' in einer bislang für die Politikwissenschaft außergewöhnlichen Weise. Macht ist für sie nicht im Max Weberschen Sinn „jede Chance, innerhalb einer sozialen Beziehung den eigenen Willen auch gegen Widerstreben durchzusetzen",[18] sondern ein pluralistischer Begriff. Sie kommt nie einem Einzelnen zu, denn sie entsteht erst „zwischen Menschen, wenn sie zusammen handeln, und sie entschwindet, sobald sie sich wieder zerstreuen."[19] Macht in dieser Form, als gemeinsames Handeln und Sprechen seiner Mitglieder, hält einen politischen Körper zusammen. Machtlosigkeit, also Ohnmacht, die dann entsteht, wenn sich niemand mehr um das Gemeinwesen kümmert, sich verantwortlich fühlt, führt zum Scheitern des Politischen.

Diese beiden ausgewählten Beispiele mögen die Relevanz der *Gender*-Perspektive für die Politikwissenschaft verdeutlichen und zeigen, dass wir immer noch zu wenig über weibliche Vorstellungen von Politik und ihre Politikbegriffe wissen und dass dieses Wissen Erklärungsmuster für weibliches Verhalten in der Politik und damit die Basis für Verhaltensänderungen sein könnte. Von den empirisch-sozialwissenschaftlichen Teilbereichen unseres Faches brauchen wir dafür die Umfragetechniken und die Daten, von der Politischen Theorie, präziser formuliert von der feministischen politischen Theorie, brauchen wir politikwissenschaftliche Erklärungsansätze.

Die Anfänge sind gemacht: Die feministische politische Theorie – wie Beate Rössler schreibt – hat systematisch die traditionellen Themen der Politischen Theorie ins Zentrum gerückt: Gerechtigkeit, Staat, Gleichheit, Freiheit, Demokratie, Öffentlichkeit und Privatheit. Die feministische Perspektive sorgt dabei für eine grundsätzlich andere Herangehensweise und Theoriebildung, da der Ausgangspunkt immer die Frage nach dem Verhältnis der Geschlechter und die Kritik geschlechtshierarchischer Strukturen ist.[20] Diese Orientierung an den Topoi der Politikwissenschaft ist nicht unumstritten, denn sie engt den Politikbegriff – so argumentieren die Kritikerinnen – auf die patriarchalen Strukturen der politischen Theorie ein und vollzieht die traditionelle Grenzziehung zwischen politischer und nicht-politischer Sphäre nach. Gefordert sei vielmehr ein weites Politikverständnis, etwa in dem Sinne, dass jede feministische Theorie auf das Politische ziele und somit Politische Theorie sei.[21] Es kommt darauf an, die oben genannten Topoi der ‚klassischen‘ politischen Theorie nach dem Verhältnis der Geschlechter zu analysieren, dabei die Lebenssituationen von Frauen in historischen und aktuellen Gesellschaften zu berücksichtigen und normativ ein Konzept zu entwickeln, das annäherungsweise die Frage klärt, wie politische Systeme konzipiert sein müssen, die nicht diskriminierend wirken und nicht geschlechtshierarchisch aufgebaut sind.

Als zentrale Themen der feministischen Theoriebildung in der Politikwissenschaft sehe ich die Fragen nach Gleichheit und Differenz, nach Gerechtigkeit in der Dichotomie von Chancengleichheit und Ergebnisgleichheit, nach Demokratie und Öffentlichkeit, der Sicherung substanziell gleicher Freiheiten für beide Geschlechter und die Neubeschreibung dessen, was privat und öffentlich ist.

Der Verlauf der Theoriebildung folgt in etwa jenem Muster, das Andrea Maihofer für die Debatte um Gleichheit oder Differenz entwickelt hat:[22]

Die erste Phase orientiert sich an den klassischen Texten der *Mainstream*-Politikwissenschaft. Maßstab dabei ist das ‚männliche‘ Denken, wie es die Klassiker in Forschung und Lehre vorgegeben haben: Von der antiken Politischen Theorie über die mittelalterliche Lehrmeinung bis zu den Vertragstheoretikern der Frühen Neuzeit und den Theorien der sozialen Gerechtigkeit im 20. Jahrhundert.

In einer zweiten Phase steht die Distanz zum klassisch ‚männlichen‘ Paradigma im Mittelpunkt; es geht nicht mehr vorrangig darum, dass Frauen z.B. gleiche Rechte zukommen sollen, sondern dass Frauen anders behandelt werden sollen, dass sie andere Rechte brauchen, um ihre eigene Identität zu entwickeln und sich frei entfalten zu können. Nicht Gleichheit, sondern Differenz ist das Thema.

Mit der dritten Phase beginnen die innerfeministischen Diskurse. Sie versuchen zwischen den Extrempositionen der ersten und der zweiten Phase zu vermitteln. Dabei rücken neben der Geschlechterdifferenz die Unterschiede zwischen den Frauen in den Mittelpunkt. Wer ist eigentlich mit ‚den' Frauen gemeint? Frauen existieren seit jeher im Plural, es gelte ihre klassenspezifischen und kulturellen Situierungen und ihre verschiedenen Lebensweisen zu beachten und ihnen als Individuen im feministischen politischen Diskurs gerecht zu werden.

Wenn in der aktuellen Diskussion das Subjekt wieder in den Mittelpunkt tritt,[23] so muss aber immer mitgedacht werden, dass es jenseits oder vor jeder subjektiven Bestimmung gemeinsame Erfahrungen und kollektive Diskriminierungen gibt, die Frauen als Frauen und somit als Kollektivsubjekt treffen und betreffen. Das ist gerade für die Verortung der feministischen Theorie in der Politikwissenschaft wichtig, denn zu politisch relevanten Akteurinnen werden Frauen nicht als Einzelsubjekte, sondern als politisch relevante Gruppen.

Ich möchte damit den Überblick über die Themen und die Phasen von *Gender*-Forschung in der Politikwissenschaft abschließen und den Titel des Beitrages wieder in den Mittelpunkt stellen.

## 2. Die politische Theorie und das Öffentliche und Private

In dem Slogan „Das Private ist politisch!" werden zwei Sphären miteinander verbunden: das Öffentliche als das Politische einerseits und der Raum des Privaten auf der anderen Seite. Diese zwei Sphären spielen seit jeher eine fundamentale Rolle für das politische Denken und die politische Praxis, allerdings getrennt voneinander: Der Raum des Öffentlichen ist der Raum, in dem man in der Welt in Erscheinung tritt, in dem man über die öffentlichen Angelegenheiten verhandelt und entscheidet, es ist der Raum der politischen Praxis. Die Sphäre des Öffentlichen ist seit der aristotelischen Politik der Raum der Bürger, derjenigen, die sich politisch betätigen können und dürfen, weil sie frei sind; frei von ökonomischen Notwendigkeiten und Zwängen; frei für das politische Leben, das sie mit anderen Bürgern als Gleiche unter Gleichen teilen. Der Raum des Öffentlichen ist also ein Raum, in dem keine autoritären Untertanenstrukturen vorherrschen, sondern Bürger als Gleiche unter Gleichen über das Politische entscheiden.

Aristoteles beschreibt einen Bürgerzustand, der in der Ausformung der Polis, des griechischen Stadtstaats, bis in die Gegenwart als Idealform demokratischer staatsbürgerlicher Politik gilt. Ihm liegt ein Politikbegriff zugrunde, der alle Angelegenheiten von gemeinsamem Interesse umfasst. Der Pferdefuß dabei ist die Geschlechterdichotomie; denn immer, wenn vom Bürger, vom

Freien und vom Gleichen die Rede ist, ist der Mann gemeint und die Frau ausgeschlossen.[24]

Sie ist zusammen mit Kindern und Sklaven dem *Oikos*, dem Raum des Privaten und des Wirtschaftens zugesprochen, jener Sphäre, in der die Reproduktion des Lebens stattfindet, die nicht frei sein kann, weil sie der Lebensnotwendigkeit geschuldet ist. Hier herrschen autoritäre, patriarchalische Strukturen vor; „das Männliche ist von Natur zur Leitung mehr geeignet als das Weibliche",[25] denn so wie es in der Seele den vernunftbegabten und den vernunftlosen Teil gebe, gebe es in der Natur das Herrschende und das Dienende. Darum herrsche das Männliche über das Weibliche und der Erwachsene über das Kind, denn das Weibliche besitze das planende Vermögen zwar, aber ohne Entscheidungskraft, das Kind besitze es, aber noch unvollkommen.

Ich habe hier Aristoteles zitiert um zu verdeutlichen, dass es nicht zuletzt diese Traditionslinie der Politik und des politischen Denkens ist, gegen die Frauen im 20. Jahrhundert den Slogan „Das Private ist politisch" setzten. Es sind die Mauern dieses *Oikos*, die mit der wortgewaltigen und ideenstiftenden Aristotelesrezeption über das lateinische Mittelalter in die Theorien der Gewaltenteilung und die Praxis der ersten Demokratiegründungen hineinwirken. Die Wirkung von Aristoteles Hauptwerken, der Ethik und der Politik, ist kaum zu überschätzen: Mit Thomas von Aquin wurden sie fester Bestandteil des christlichen Denkens und gehörten bis ins 18. Jahrhundert zum Unterrichtskanon der philosophischen Fakultäten. Sie lieferten in der neuzeitlichen politischen Theorie den Gegendiskurs zur absolutistischen Staatslehre von Bodin und Hobbes. Im 20. Jahrhundert ist es die Neubegründung der Demokratie in Europa nach den totalitären Herrschaftsformen von Faschismus und Nationalsozialismus, die die Verbindung von Politik und aristotelischer Ethik wieder herstellt. Vor allem die politische Theorie Hannah Arendts denkt die Beteiligungsformen der Bürger unter den Bedingungen der Industriegesellschaft und der modernen Demokratie neu. Und jede Epoche hat nach ihren eigenen Notwendigkeiten noch neue Steine in diese bildlichen Mauern des *Oikos* gesetzt, die den Raum des Öffentlichen, des politischen Lebens, vom Privaten trennten, in dem sich die Frauen befanden.

In der politischen Theorie der frühen Neuzeit sind es zwei Stränge, die jene Strukturen schaffen, welche schließlich die radikalfeministischen Positionen in der Mitte des 20. Jahrhunderts provozieren sollten: Es sind die Eigentumsproblematik und die Ideen des politischen Liberalismus, Schutzräume zu definieren, deren Grenzen frei von politischem Einfluss sein sollten. Das Stichwort heißt ‚Nachtwächterstaat'[26]. Mit der ausschließlichen Bindung politischer Rechte an das Eigentum werden die im 17. und 18. Jahrhundert laut werdenden Forderungen nach dem gleichen und allgemeinen Wahlrecht zurückgewiesen.

Die Diskurse gegen das Frauenwahlrecht begründen ihre Position mit der Eigentumsfrage; sie betrachten die Frau als Eigentum des Mannes. Sie verweisen auf die Ungebildetheit von Frauen und vermuten ein Desinteresse für die Politik. Und man wirft Frauen vor, sie leisteten nicht genug für das Vaterland, weil die Männer es seien, die das Vaterland mit der Waffe verteidigten. Bebel weist diesen Vorwurf mit einem Argument zurück, das sich auf die klassische Opferrolle der Frau stützt:

> „Eine Frau, die Kinder gebiert, leistet dem Gemeinwesen mindestens den selben Dienst wie ein Mann, der gegen einen eroberungssüchtigen Feind Land und Herd mit seinem Leben verteidigt. Die Zahl der Frauen, die infolge von Geburten sterben oder siechen, ist weit größer als die Zahl der Männer, die auf dem Schlachtfeld fallen oder verwundet werden."[27]

Bis 1920/22 hat sich die politische Gleichheit in den europäischen Ländern durchgesetzt, wobei die Zeitdifferenz zwischen der Einführung des Männerwahlrechts und des Wahlrechts für Frauen in den meisten Staaten 30 bis 40 Jahre betrug.[28]

In den sechziger Jahren des 20. Jahrhunderts, als unser Titelslogan entstand, waren jene Frauen, die ihn formulierten, also formal politisch gleichberechtigt. Handelt es sich dann mit dieser Forderung nicht um eine private Problematik, die SDS-Frauen besser mit ihren SDS-Männern geregelt hätten? Nein, denn hier wird die zweite wirkungsmächtige Idee des politischen Liberalismus deutlich, die ich oben etwas vorwissenschaftlich mit dem Begriff ‚Nachtwächterstaat' angedeutet habe.

Diesen komplexen, bis in die Bereiche der Rechtsstaatlichkeit und der Ökonomie reichenden Ansatz beschreibt Michael Walzer mit dem Bild der Mauer: Liberalismus heißt Mauern bauen. Diese Mauern grenzen die verschiedenen Sphären des Privaten und der Gesellschaft voneinander, aber auch und vor allem vom Staat ab: Diese abgegrenzten Bereiche bilden Freiräume, die durch ihre Ummauerung dem Einblick, dem Einfluss und vor allem den Eingriffen der staatlichen Macht entzogen sind. Der Staat schützt diese Freiräume (z.B. Religion, Familie, Kunst, Kultur und Bereiche der Wirtschaft) durch seine Gesetze, ohne aber über Eingriffsrechte oder Gestaltungsrechte zu verfügen.[29] Wie alt diese liberalistischen Ideale sind, zeigt ein Blick auf John Lockes Abhandlungen über die Regierung, die dem Staat den Schutz des Eigentums zumisst; wie jung sie ist – und dass sie heute noch liberale Parteien fast zerreißt – zeigte vor wenigen Jahren die Diskussion um den so genannten Großen Lauschangriff, also die Möglichkeit, zur Bekämpfung organisierter Kriminalität auch Privatwohnungen abzuhören. Für den freiheitlich-liberalen Flügel der FDP – im Gegensatz zum wirtschaftsliberalen – ging es damals substanziell um die Frage, ob um eines vermeintlich kriminalistischen Erfolges wegen der Schutz der Privatsphäre, des Hauses, des Wohnraumes verletzt werden dürfe

(Art. 13. GG „Unverletzlichkeit der Wohnung“) und damit um die klassische Frage, ob die Mauer zur Privatsphäre für den Staat geöffnet werden dürfe.

Obgleich sozial- und wohlfahrtsstaatliche Entwicklungen im 20. Jahrhundert das liberale Konzept der Mauer etwas ins Wanken gebracht haben, stehen nach wie vor wirkungsmächtige liberal-bürgerlich-freiheitliche politische Ideen und Werteebenen zur Disposition, wenn Feministinnen fordern: „Das Private ist politisch“. Sie greifen damit die Trennlinie zwischen dem Öffentlichen und dem Privaten an und fordern eine Neubestimmung des Verhältnisses. Diese Forderung kam – wie eingangs gezeigt – nicht aus der Politikwissenschaft, auch nicht aus der feministischen politischen Theorie, sie kam aus der feministischen Bewegung. Und ähnlich wie das von den SDS-Frauen formuliert wurde, kam die Kritik aus der Women‘s Liberation- Bewegung der USA.

Anne Phillips schreibt dazu:

> „Das Politische, auf das die Frauen hiermit Anspruch erhoben, war nicht die Welt der Wahlen, Regierungen oder Staatstheorien. Politik stand für alle Ausbeutungs- und Unterdrückungsstrukturen (damals hieß das ‚Verhältnisse‘), die bekämpft werden mussten. In dem sie das Persönliche als politisch beschrieben, bezogen sie Stellung gegen jene Kampfgenossen, die sich über ihre trivialen Belange lustig machten [...] Andere Feministinnen [...] gebrauchten den Satz ‚das Persönliche ist politisch‘ in einem nüchternen Sinne, da ihnen daran gelegen war, das Verhältnis zwischen beiden Sphären zum Ausdruck zu bringen, statt deren Identität zu behaupten“.[30]

Inzwischen ist die Kritik an der Trennlinie zwischen privatem und öffentlichem Bereich von der feministischen Bewegung ins Zentrum der feministischen Theorie gerückt. Jean Elshtain mit ihrem fast schon als Klassiker zu bezeichnenden Werk: *Public Man, Private Woman* von 1981 und Joan Landes' *Feminism – the Public and the Private* – ein Sammelband von 1998 – stellen prominente Eckpunkte der Debatte dar. Und Carole Pateman formulierte 1989, dass die Dichotomie

> „between the private and the public is central to almost two centuries of feminist writing and political struggle; it is ultimately what the feminist movement is about“.[31]

Wenn Carole Pateman von zwei Jahrhunderten spricht, bezieht sie natürlich die Wahlrechtsbewegung und die Forderungen nach politischer, bürgerlicher Gleichheit mit ein.

Die Forderung für die zweite Hälfte des 20. Jahrhunderts dagegen heißt: Enttabuisierung und Abbau der hierarchisch gestalteten privaten Strukturen, denn ihre Privatheit ist gesellschaftlich-ökonomisch und politisch bedingt und dient der geschlechtsspezifischen Arbeitsteilung. Den Frauen wird damit die gesellschaftlich irrelevante, weil nicht bezahlte Reproduktionsarbeit – die Betreuung von Familie und Kindern – zugewiesen, während sie nach wie vor – faktisch – aus dem öffentlichen, gesellschaftlichen und politischen Leben weitgehend ausgeschlossen sind. Obgleich sich im Zeichen des Sozial- und Wohlfahrtsstaates des 20. Jahrhunderts der staatliche Regelungsbereich verändert hat und Vor- und Fürsorgeregelungen, arbeitsrechtliche Regelungen und Ehe- und Scheidungsrecht bis weit in die Privatsphäre von Ehe und Familie hinein eingreifen, bleiben – so die Kritikerinnen – die hierarchischen Strukturen unverletzt.

Wenn ich im ersten Teil bei der Darstellung feministischer Theorie in der Politikwissenschaft auf Phasen oder Runden verwiesen habe, in denen die feministischen Debatten verlaufen, dann könnte man diese Phase der grundsätzlichen Kritik als erste Phase bezeichnen. Es ist die Forderung nach mehr bzw. einer anderen Öffentlichkeit für die Privatsphäre; es ist die Forderung nach Demokratisierung der Privatsphäre.

Die zweite Phase der Debatte fordert dagegen eine qualitativ andere Form des Privaten. Es geht um die Durchsetzung gleicher privater Freiheitsräume für Männer und Frauen. Jean Cohen verwendet dafür den Begriff der „Neubeschreibung" des Privaten.[32] Frauen sind – so Cohen – um autonom und selbstbestimmt leben zu können, in vergleichbarer Weise wie Männer auf den staatlichen Schutz der Privatsphäre angewiesen. Privatheit ist bei Cohen – ganz im Gegensatz zum Konzept des *Oikos* – nicht ausschließlich familiär und ökonomisch strukturiert gedacht. Cohen definiert vier zentrale Aspekte von Privatheit: die Möglichkeit zu autonomen Entscheidungen, die körperliche Privatheit, die den eigenen Körper als Privatsphäre schützt, die Privatheit der Wohnung und der Schutz privater Beziehungen.[33]

Anne Phillips fasst die Diskussionsergebnisse der zweiten Phase schlicht, aber prägnant zusammen:

> „Aus vielerlei Gründen meine ich also, dass wir *tatsächlich* eine Unterscheidung zwischen dem Öffentlichen und dem Privaten brauchen, und anstatt sie aufzugeben, sollten wir ihr lieber den geschlechtsspezifischen Charakter nehmen."[34]

Diese feministische Theorie von Privatheit hält damit um das oben eingeführte Bild noch einmal aufzunehmen – die liberale Ummauerung aufrecht, fordert aber in dieser geschützten Sphäre gleiche oder vergleichbare Privatheiten für beide Geschlechter.

Die dritte und vorläufig letzte Position im feministischen Diskurs um das Öffentliche und das Private stellt das Öffentliche im Sinne des Politischen in den Mittelpunkt. Ich möchte dabei nicht die Zahlen der parlamentarischen Unterrepräsentation[35] wiederholen, und ich referiere nicht die Young-Phillips-

Kontroverse der Gruppenrepräsentation[36] – also ob Frauen Frauen als Frauen vertreten können.

Interessanter für unsere Reflexionen um das Öffentliche und das Private scheinen mir Theorieansätze zu sein, die das Öffentliche bzw. das Politische neu zu beschreiben versuchen. Seyla Benhabib zeigt in einem soeben erschienen Artikel über Hannah Arendt, wie das Öffentliche und die private Sphäre sich verändert haben:

> „In den westlichen Demokratien ist die öffentliche Sphäre unter dem Einfluss der Unternehmenskonzentration der Massenmedien und des Wachstums von professionell organisierten politischen Gruppierungen stark geschrumpft. Der autonome Bürger, dessen vernünftiges Urteil und dessen Beteiligung zu den Grundvoraussetzungen der Öffentlichkeit gehört, ist zum Konsumenten von abgepackten Informationen und Botschaften geworden oder zum E-Mail-Adressaten von großen Lobbys und Assoziationen.“[37]

Diese Verarmung des öffentlichen Lebens geht einher – so Seyla Benhabib weiter – mit einer Wandlung des Privaten.

> „Wohlfahrtsstaaten sind dadurch charakterisiert, dass die ‚Reproduktion‘ in ihnen öffentlich geworden ist: Anliegen wie das Erziehen von Kindern, die Krankenpflege, die Sorge für Junge und Ältere, die Freiheit Kinder zu haben, Gewalt in der Familie sind öffentlich geworden. Die Sphäre des Öffentlichen hat sich damit erweitert, ohne aber zugleich, was von der feministischen Bewegung mit der Forderung ‚das Private ist politisch‘ intendiert war, demokratischer zu werden. Sie wurde bürokratischer und entzieht sich damit in weiten Bereichen den Formen demokratischer Beteiligung.“[38]

Sie fordert deshalb eine „Rückgewinnung des Politischen“ aus der Bürokratie.

Barbara Holland-Cunz .plädiert nach einer ähnlichen Diagnose dafür, „Demokratie als Lebensform“ zu sehen, eine Lebensform, in der das Private und das Öffentliche sich durchdringen können. Im Privaten müssen demokratische Grundregeln gelten und der politische Raum als ein immens partizipatorischer konzipiert werden; er wird durch Übergänge aus dem Privaten belebt. Holland-Cunz greift dabei auf frühe repräsentationstheoretische Arbeiten von Carole Pateman zurück, argumentiert mit Habermas' kommunikativer Öffentlichkeit und Michael Walzers Zivilgesellschaft.[39]

Beide Positionen, Habermas' kommunikative Öffentlichkeit und vielleicht mehr noch die kommunitaristischen Positionen eines Michael Walzer bieten Anschlusspunkte für eine feministische Theorie der Politik: Die Kommunitaristen plädieren für eine Verbindung von privater Sphäre und Öffentlichkeit. Sie greifen die Idee der Civil Society, der Bürgergesellschaft auf, die Habermas als Idealform seiner deliberativen Öffentlichkeit sieht.[40] Die Bürgergesellschaft verbindet, ideal gesehen, die verschiedenen menschlichen Handlungsräume miteinander durch Netzwerke. Politische, genossenschaftliche, gewerkschaftliche, universitäre, literarische, religiöse, freizeitliche, freundschaftliche und nachbarschaftliche Gruppierungen greifen ineinander über, grenzen Privatsphäre, Arbeitsmarkt und Politik nicht hermetisch gegeneinander ab, sondern öffnen sie füreinander. Es entsteht, so Walzer, „ein Handlungsraum von Handlungsräumen", der die Zwischenräume zwischen den Bereichen des Privaten und des Öffentlichen füllt, indem sich osmotisch Beziehungen und Durchgänge zwischen dem Privaten und dem Öffentlichen vollziehen. Vorpolitische Aktivitäten und Diskussionen verbinden sich mit weiterreichenden Problemlösungsvorschlägen und politischen Entscheidungsvorbereitungen. Denn die Grenzziehung zwischen dem, was öffentlich und was privat ist, ist nicht auf Dauer definitorisch festzulegen. Darüber muss immer wieder neu öffentlich diskutiert werden. Ebenso wie Menschen Ansprüche aus der einen Sphäre in die andere mitbringen, ist es eine Illusion zu glauben, man könne als Mensch nur in einem der Handlungsräume leben.

> „Hier wird uns ein Bild von Menschen präsentiert, die sich freiwillig vereinigen und untereinander kommunizieren, die allerlei Gruppen bilden und umbilden, nicht um irgendeiner besonderen Gestaltung [...] halber, sondern um der Geselligkeit selbst willen. Denn wir sind von Natur aus soziale Wesen, bevor wir politische oder ökonomische sind".[41]

Für mich ist das ein hoffnungsvolles Plädoyer: Sphären hinreichend zu trennen, aber osmotische Durchgänge zu öffnen, so dass der Slogan „das Private ist politisch" seine Berechtigung und seinen Erfolg in der Zeit – also den sechziger und siebziger Jahren – hat, und von ihm ausgehend unter feministischer Perspektive und in demokratietheoretischer Hinsicht viel erreicht wurde.

Heute kommt es mehr denn je darauf an, das Erreichte zu erhalten und sich wieder mehr dem Öffentlichen zuzuwenden. Denn demokratische Politik ist darauf angewiesen, Bürgerinnen und Bürger zu haben, die wenigstens manchmal Interessen verfolgen, die über ihre eigenen hinausgehen.[42]

Wenn dem Slogan der sechziger Jahre „Das Private ist politisch" heute der Slogan von Barbara Holland-Cunz,[43] „Demokratie als Lebensform", folgt, wenn er vielleicht sogar eine Folge davon ist, dann sind Frauenbewegung und feministische politische Theorie gemeinsam auf einem guten Weg.

## Anmerkungen

1 Nach Rosemarie Nave-Herz: *Die Geschichte der Frauenbewegung in Deutschland*, Bonn 1997, S. 29. Siehe auch Ursula Nienhaus: „‚Frauen, erhebt Euch‘. Vom Aktionsrat zur Befreiung der Frauen bis zur ‚Sommeruniversität der Frauen‘ – Frauenbewegung in Berlin“, in: Christine Färber (Hrsg.): *Selbstbewußt und frei: 50 Jahre Frauen an der Freien Universität* Berlin, Königstein im Taunus 1998.

2 Andrea Ebbecke-Nohlen und Dieter Nohlen: „Feministische Ansätze“, in: Dieter Nohlen (Hrsg.): *Lexikon der Politik*, Bd. 2: Methoden, München 1994, S.135. Vgl. auch Eva Kreisky, „Geschlechtliche Fundierung von Politik und Staat“, in: Doris Janshen (Hrsg.): *Blickwechsel. Der neue Dialog zwischen Frauen- und Männerforschung*, Frankfurt/M. 2000, S. 169: „Staat und Politik gelten gemeinhin als geschlechtsneutrales Territorium, und sie werden – insbesondere in der Politikwissenschaft – auch im Sinne dieser Fiktion fortgeschrieben. Alle Sicht- und Verfahrensweisen bleiben an einem entgeschlechtlichten Navigationssystem ausgerichtet, denn jede Geschlechterperspektive würde auch nur männliche Dominanzverhältnisse, weibliche Marginalisierungen und in Institutionen wie Verfahren ‚abgelagerte‘, sedimentierte Männlichkeiten zutage fördern. In diesem Sinne wurde Geschlechtsneutralität zu einem Überlebensparadigma maskuliner Hegemonie in der Politikwissenschaft.“

3 Zu ‚Partizipation‘ vgl. Beate Hoecker: *Politische Partizipation von Frauen*, Opladen 1995 und Beate Hoecker (Hrsg.): *Handbuch Politische Partizipation von Frauen in Europa*, Opladen 1998. Zu ‚Gleichheit‘ vgl. Sieglinde Rosenberger: *Geschlechter – Gleichheiten – Differenzen. Eine Denk- und Politikbeziehung*, Wien 1996 und Andrea Maihofer: *Geschlecht als Existenzweise*, Frankfurt/M. 1995. Zur ‚Vertragstheorie‘ vgl. Birgit Seemann: *Feministische Staatstheorie*, Opladen 1996. Zur „Demokratietheorie“ vgl. Barbara Holland-Cunz: *Feministische Demokratietheorie*, 1998 und Gabriele Abels und Stefanie Sifft: *Demokratie als Projekt. Feministische Kritik an der Universalisierung einer Herrschaftsform*, Frankfurt/M./New York 1999. Zur Verbindung sozialer und politischer Ungleichheit vgl. Reinhard Kreckel: *Politische Soziologie der sozialen Ungleichheit*, Frankfurt/M.1997 und Karin Gottschall: *Soziale Ungleichheit und Geschlecht*, Opladen 2000. Zu ‚Macht‘ vgl. Virginia Penrose und Clarissa Rudolph (Hrsg.): *Zwischen Machtkritik und Machtgewinn*, Frankfurt/M./New York 1996.

4 Luce Irigaray: *Speculum. Spiegel des anderen Geschlechts*, 6. Aufl., Frankfurt/M. 1996 (1974). Carol Gilligan: *Die andere Stimme. Lebenskonflikte und Moral der Frau*, München 1996. Judith Butler: *Das Unbehagen der Geschlechter*. Frankfurt/M. 1991. Seyla Benhabib: *Selbst im Kontext. Kommunikative Ethik im Spannungs-*

*feld von Feminismus, Kommunitarismus und Postmoderne*, Frankfurt/M. 1995. Anne Phillips: *Geschlecht und Demokratie*, Hamburg 1995.

5 Die Frau kann sich nur beweisen als „Überbleibsel oder Ausfälle eines Spiegels, der vom (männlichen) ‚Subjekt' besetzt wird, um sich darin zu spiegeln, sich selbst zu verdoppeln". Luce Irigaray: *Das Geschlecht, das nicht eins ist*, Berlin 1979, S. 29, und S. 31: „[...] keine einzige politische Theorie, geschweige denn Praxis, hat bis zum heutigen Tage dieses historische Problem gelöst, noch ausreichend in Rechnung gestellt [...]".

6 Zusammenfassend Andrea Maihofer: „Gleichheit und/oder Differenz? Zum Verlauf einer Debatte", in: Eva Kreisky und Birgit Sauer (Hrsg.): *Geschlechterverhältnisse im Kontext politischer Transformation.* (Sonderheft der *Politischen Vierteljahresschrift 28/97*) Opladen 1997, 155-176.

7 Zusammenfassend Birgit Seemann: *Feministische Staatstheorie*, Opladen 1997.

8 Maßgeblich und in verschiedenen Publikationen Susanne Schunter-Kleemann: *Wohlfahrtsstaat und Patriarchat: soziale Risiken von Frauen im sich wandelnden Europa*, Herzogenrath 1992.

9 Ute Molitor und Viola Neu: „Wählen Frauen anders? Zur Soziologie eines frauenspezifischen politischen Verhaltens in der Bundesrepublik Deutschland." *Zeitschrift für Parlamentsfragen 2/99*, S. 252-267.

10 Birgit Geissler und Mechthild Oechsle: *Lebensplanung junger Frauen*, Weinheim 1996.

11 Brigitte Geißel: „Innovative Potenziale von Politikerinnen", in: *Aus Parlament und Zeitgeschichte B 31-32/2000*, S. 24-29.

12 Grundlegend: Beate Hoecker: *Handbuch Politische Partizipation von Frauen in Europa*, Opladen 1998. Zum gängigen Bild der politisch uninteressierten Frau vgl. Statistisches Bundesamt: *Datenreport 1999*, München-Landsberg 2000 und Deutsche Shell-Aktiengesellschaft (Hrsg): *Jugend 2000*, Hamburg 2000. Zum männerbündischen Frauenausschluss aus der Öffentlichkeit vgl. Christine Morgenroth: *Die engagierte Frau*, Münster 1996.

13 Zur Konstruktion von Geschlecht vgl. Gildemeister, Regine und Angelika Wetterer: „Wie Geschlechter gemacht werden. Die soziale Konstruktion von Zweigeschlechtlichkeit und ihre Reifizierung in der Frauenforschung", in: Gudrun-Axeli Knapp und Angelika Wetterer (Hrsg.): *Traditionen - Brüche. Entwicklungen feministischer Theorie*, Freiburg i. Br. 1992, S. 201-254. (aus Sicht der Sozialpolitik/des Wohlfahrtsstaates) vgl. Nancy Fraser: *Widerspenstige Praktiken: Macht, Diskurs, Geschlecht*, (Orig.: *Unruly practices*, 1989), Frankfurt/M. 1994.

14 Ute Molitor und Viola Neu: „Das Wahlverhalten der Frauen bei der Bundestagswahl 1998: Kaum anders als das der Männer", in *Zeitschrift für Parlamentsfragen 2/99*, S. 252-267.

15 Am kommunalen Bereich sind Frauen eher interessiert, was aber auch auf andere Politikstile zurückgeführt werden kann. Vgl. Monika Hünert: „Macht- und Politikverständnis von

Frauen und Männern in der Kommunalpolitik", in: Virginia Penrose und Clarissa Rudolph (Hrsg.): *Macht und Machtkritik*, Frankfurt/M. 1996, S. 91-107.

16 „Wenn die Demokratie (von ihren Definierern) falsch definiert wird, so laufen wir alle auf die Dauer Gefahr, etwas abzulehnen, was wir nicht richtig identifiziert haben, und dafür etwas zu bekommen. was wir bestimmt nicht haben wollten." Giovanni Sartori: *Demokratietheorie*, Darmstadt 1992, S. 22.

17 Vgl. Theo Stammen, Gisela Riescher, Wilhelm Hofmann: *Hauptwerke der politischen Theorie*, Stuttgart 1997.

18 Max Weber: *Soziologische Grundbegriffe*, Tübingen 1984, S. 89.

19 Hannah Arendt: *Vita activa oder vom tätigen Leben*, München/Zürich 1981, S. 252.

20 Vgl. Beate Rössler, „Feministische Theorien der Politik", in: Klaus von Beyme und Klaus Offe: *Politische Theorien in der Ära der Transformation.* (Sonderheft der *Politischen Vierteljahresschrift 26/1996*), S. 276.

21 Ebd.

22 Andrea Maihofer: „Gleichheit und/ oder Differenz? Zum Verlauf einer Debatte", in: Eva Kreisky und Birgit Sauer (Hrsg.): *Geschlechterverhältnisse im Kontext politischer Transformation.* (Sonderheft der *Politischen Vierteljahresschrift 28/97*) Opladen 1997, S. 155-176.

23 Erfreulicherweise, weil damit auch Anschlusspunkte für die noch junge, aber m.E. vielversprechende Männerforschung bestehen.

24 Vgl. Seyla Benhabib und Linda Nicholson: „Politische Philosophie und Frauenfrage", in: Iring Fetscher und Herfried Münkler (Hrsg.): *Pipers Handbuch der politischen Ideen*, Band 5: *Neuzeit: vom Zeitalter des Imperialismus bis zu den neuen sozialen Bewegungen*, München 1987, S. 524: „Aristoteles' Politikverständnis hat [jedoch] für Frauen ironische Implikationen. Das öffentliche politische Leben und die Praxis definieren den Menschen als Menschen; die Frauen sind jedoch zusammen mit den Sklaven und den Metöken (Beisassen), die mehr als die Hälfte der Bevölkerung ausmachen, vom öffentlichen Leben ausgeschlossen. Sie sind damit weniger als Menschen."

25 Aristoteles, *Politik*, übers. von Olof Gigon, München 1971, S. 65 (1529b, 12).

26 Der Begriff wird dem Gründer der deutschen Sozialdemokratie, F. Lassalle zugeschrieben, der damit die eng begrenzte Staatstätigkeit im Frühkapitalismus ironisierte, (vor allem Schutz von innerer und äußerer Sicherheit und Eigentum).

27 August Bebel: *Die Frau und der Sozialismus* (1879), Berlin/Bonn 1996, S. 505.

28 Zu den Wahlrechtsdiskursen vor allem Wilhelm Hoffmann und Gisela Riescher: *Einführung in die Parlamentarismustheorie*, Darmstadt 1999, S. 68-72.

29 Michael Walzer: „Liberalismus und die Kunst der Trennung", in: Ders.: *Liberalismus und amerikanische Demokratie*, Berlin 1992, S. 38-63.

30 Anne Philipps, *Geschlecht und Demokratie*, Hamburg 1995, S. 153f.

31 Carole Pateman: *The Disorder of Women*, Cambridge 1989, (zit. n. Rössler 1995, S. 276)

32 Jean Cohen: „Das Öffentliche und das Private neu denken“, in: Margit Brückner und Birgit Meyer (Hrsg.): *Die sichtbare Frau. Die Aneignung der gesellschaftlichen Räume*. Freiburg 1994, S. 300-326.

33 Ebd., S. 326f.

34 Phillips 1995, S. 192.

35 Vgl. Beate Hoecker, 1998.

36 Iris Marion Young: „Das politische Gemeinwesen und die Gruppendifferenz. Eine Kritik am Ideal des Staatsbürgerstatus“, in: Herta Nagl-Docekal und Herlinde Pauer-Studer (Hrsg.): *Jenseits der Geschlechtermoral. Beiträge zur feministischen Ethik*, Frankfurt/M. 1993, S. 267-304.

37 Seyla Benhabib: „Für Feministinnen. Mit Arendt gegen Arendt denken“, in: *DU. Die Zeitschrift für Kultur Oktober 2000*, S. 40-43.

38 Ebd.

39 Barbara Holland-Cunz: *Feministische Demokratietheorie*, Opladen 1998.

40 Michael Walzer: *Die Zivile Gesellschaft und die amerikanische Demokratie*, Hamburg 1992, vgl. auch Charles Taylor: *Multikulturalismus und die Politik der Anerkennung*, Frankfurt/M.1993, S.117-148. Vgl. Cornelia Klinger: „Zwischen allen Stühlen“, in: Erna Appelt und Gerda Neyer (Hrsg.): *Feministische Politikwissenschaft*, Wien 1994. Cornelia Klinger sieht den Feminismus zwischen den Stühlen des Liberalismus, des Sozialismus und des Kommunitarismus. Obgleich sie die Nähe des Feminismus zum Kommunitarismus feststellt, kritisiert sie doch die Familienblindheit jeder (männlichen) politischen Theorie bzw. die Idealisierung der Familie.

41 Michael Walzer: *Die Zivile Gesellschaft und die amerikanische Demokratie*, Hamburg 1992, S. 78f..

42 Vgl. Gisela Riescher: „Die Praxis politischer Freiheit. Individualismus und Gemeinsinn bei Alexis de Tocqueville und den amerikanischen Kommunitaristen“, in: Dirk Berg-Schlosser, Gisela Riescher und Arno Waschkuhn (Hrsg.): *Politikwissenschaftliche Spiegelungen*, Opladen 1998, S. 84-95.

43 Barbara Holland-Cunz: *Feministische Demokratietheorie*, Opladen 1998.

## Literatur


**Abels, Gabriele und Stefanie Sifft (Hrsg.):** *Demokratie als Projekt: feministische Kritik an der Universalisierung einer Herrschaftsform*, Frankfurt, (Reihe „Politik der Geschlechterverhältnisse", Bd. 12) 1999.

**Arendt, Hannah**: *Vita activa oder vom tätigen Leben*, München 1981 (1958).

**Aristoteles:** *Politik,* übersetzt von Olof Gigon, München 1971.

**Augustinus, Aurelius:** *De civitate dei*, Paderborn 1971.

**Babeuf, François Noël:** *Die Verschwörung für die Gleichheit : Rede über die Legitimität des Widerstands*, Hamburg 1988.

**Bebel, August:** *Die Frau und der Sozialismus* (1879) Berlin/Bonn 1980.

**Benhabib, Seyla:** *Kulturelle Vielfalt und demokratische Gleichheit: Politische Partizipation im Zeitalter der Globalisierung*, Frankfurt/M. 1999.

**Benhabib, Seyla und Linda Nicholson:** „Politische Philosophie und Frauenfrage", in: Fetscher, Iring/Herfried Münkler (Hrsg.): *Pipers Handbuch der politischen Ideen*, Band 5: Neuzeit: vom Zeitalter des Imperialismus bis zu den neuen sozialen Bewegungen, München 1987.

**Butler, Judith:** *Das Unbehagen der Geschlechter*, (Orig.: *Gender Trouble*, 1990), Frankfurt/M. 1991.

**Cohen, Jean:** „Das Öffentliche und das Private neu denken", in: Margit Brückner und Birgit Meyer (Hrsg.): *Die sichtbare Frau. Die Aneignung der gesellschaftlichen Räume*, Freiburg 1994, S. 300-326.

**Diderot, Denis:** *Enzyklopädie: philosophische und politische Texte aus der „Encyclopédie" sowie Prospekt und Ankündigung der letzten Bände*, München 1969.

**Ebbecke-Nohlen, Andrea und Dieter Nohlen:** „Feministische Ansätze", in: Dieter Nohlen (Hrsg.): *Lexikon der Politik, Bd. 2: Methoden*, München 1994.

**Fraser, Nancy:** *Widerspenstige Praktiken: Macht, Diskurs, Geschlecht*, (orig.: *Unruly practices*, 1989), Frankfurt/M. 1994.

**Geißel, Brigitte:** „Innovative Potenziale von Politikerinnen. Mehrfachorientierung auf Politik, Beruf und Privatleben", in: *Aus Politik und Zeitgeschichte*, B 31-32/2000, S. 24-29.

**Geissler, Birgit und Mechthild Oechsle:** *Lebensplanung junger Frauen: zur widersprüchlichen Modernisierung weiblicher Lebensläufe*, Weinheim 1996.

**Gildemeister, Regine und Angelika Wetterer:** „Wie Geschlechter gemacht werden. Die soziale Konstruktion von Zweigeschlechtlichkeit und ihre Reifizierung in der Frauenforschung", in: Gudrun-Axeli Knapp und Angelika Wetterer (Hrsg.): *Traditionen-Brüche. Entwicklungen feministischer Theorie*, Freiburg i. Br. 1992, S. 201-254.

**Gilligan, Carol:** *Die andere Stimme. Lebenskonflikte und Moral der Frau*, (orig.: *In a different voice: psycho-*

*logical theory and women's development*, 1982), München 1996.

**Gottschall, Karin:** *Soziale Ungleichheit und Geschlecht. Kontinuitäten und Brüche, Sackgassen und Erkenntnispotentiale im deutschen soziologischen Diskurs*, Opladen 2000.

**Hoecker, Beate (Hrsg.):** *Handbuch Politische Partizipation von Frauen in Europa*, Opladen 1998.

**Hofmann, Wilhelm, Gisela Riescher und Theo Stammen:** *Hauptwerke der politischen Theorie*, Stuttgart, 1997.

**Holland-Cunz, Barbara:** *Feministische Demokratietheorie: Thesen zu einem Projekt*, Opladen 1998.

**Irigaray, Luce:** *Das Geschlecht, das nicht eins ist*, Berlin 1979.

**Irigaray, Luce:** *Speculum: Spiegel des anderen Geschlechts*, 6. Aufl., (orig.: *Speculum de l'autre femme*, 1974), Frankfurt/M. 1996.

**Klinger, Cornelia:** „Zwischen allen Stühlen", in: Erna Appelt/Gerda Neyer (Hrsg.): *Feministische Politikwissenschaft*, Wien 1994.

**Kreisky, Eva:** „Geschlechtliche Fundierung von Politik und Staat", in: Doris Janshen (Hrsg.): *Blickwechsel. Der neue Dialog zwischen Frauen- und Männerforschung*. Frankfurt/M. 2000, S. 167-192.

**Kreckel, Reinhard:** *Politische Soziologie der sozialen Ungleichheit, Theorie und Gesellschaft*, Bd. 25, Frankfurt/M., 1997.

**Locke John:** *Zwei Abhandlungen über die Regierung*, Hrsg. V. Walter Euchner, Frankfurt/M. 1977.

**Maihofer, Andrea:** „Gleichheit und/oder Differenz? Zum Verlauf einer Debatte", in: Eva Kreisky/Birgit Sauer (Hrsg.): *Geschlechterverhältnisse im Kontext politischer Transformation*, PVS-Sonderheft 28/97 Opladen 1997, S. 155-176.

**Maihofer, Andrea:** *Geschlecht als Existenzweise: Macht, Moral, Recht und Geschlechterdifferenz*, Frankfurt/M. 1995.

**Marsilius v. Padua:** *Defensor Pacis*, Darmstadt 1958.

**Molitor, Ute und Viola Neu:** „Das Wahlverhalten der Frauen bei der Bundestagswahl 1998: Kaum anders als das der Männer", in: *Zeitschrift für Parlamentsfragen* 2/99, S. 252-267.

**Montesquieu:** *Vom Geist der Gesetze* (1748), Stuttgart 1994.

**Morgenroth, Christine:** *Die engagierte Frau: Frauen und Interessenorganisationen*, Münster 1996.

**Nave-Herz, Rosemarie:** *Die Geschichte der Frauenbewegung in Deutschland*, Bonn 1997.

**Nikolaus von Kues:** „De concordantia catholica", in: *Opera Omnia*, Hamburg 1963, Band 14.

**Nienhaus, Ursula:** „'Frauen, erhebt Euch'. Vom Aktionsrat zur Befreiung der Frauen bis zur Sommeruniversität der Frauen – Frauenbewegung in Berlin", in: Christine Färber (Hrsg.): *Selbstbewusst und frei: 50 Jahre Frauen an der Freien Universität Berlin*, Königstein, Taunus 1998.

**Penrose, Virginia und Rudolph, Clarissa (Hrsg.):** *Zwischen Machtkritik und Machtgewinn: feministische*

*Konzepte und politische Realität*, Reihe „Politik der Geschlechterverhältnisse", Bd. 7, Frankfurt/M., New York, 1996.

**Phillips, Anne:** *Geschlecht und Demokratie*, (orig.: *Engendering Democracy*, 1991), Hamburg 1995.

**Riescher, Gisela:** „Die Praxis politischer Freiheit. Individualismus und Gemeinsinn bei Alexis de Tocqueville und den amerikanischen Kommunitaristen", in: Dirk Berg-Schlosser, Gisela Riescher und ArnoWaschkuhn (Hrsg.): *Politikwissenschaftliche Spiegelungen*, Opladen 1998, S. 84-95.

**Rössler, Beate:** „Feministische Theorien der Politik", in: Klaus von Beyme und Claus Offe: *Politische Theorien in der Ära der Transformation*, PVS-Sonderheft 26/1996.

**Rosenberger, Sieglinde:** *Geschlechter, Gleichheiten, Differenzen: eine Denk- und Politikbeziehung*, Wien 1996.

**Schunter-Kleemann, Susanne:** *Wohlfahrtsstaat und Patriarchat: soziale Risiken von Frauen im sich wandelnden Europa*, Herzogenrath 1992.

**Seemann, Birgit:** *Feministische Staatstheorie: der Staat in der deutschen Frauen- und Patriarchatsforschung*, Opladen 1996.

**Sartori, Giovanni:** *Demokratietheorie*, Darmstadt 1992.

**Taylor, Charles:** *Multikulturalismus und die Politik der Anerkennung*, Frankfurt/M. 1993.

**Thomas v. Aquin:** „De regimine principum ad regem Cypri", in: *Opera Omnia*, Stuttgart 1990.

**Walzer, Michael:** *Sphären der Gerechtigkeit. Ein Plädoyer für Pluralität und Gleichheit*, Frankfurt/M., 1998.

**Weber, Max:** *Soziologische Grundbegriffe*, Tübingen 1984.

**Young, Iris Marion:** „Das politische Gemeinwesen und die Gruppendifferenz. Eine Kritik am Ideal des Staatsbürgerstatus", in: Herta Nagl-Docekal und Herlinde Pauer-Studer (Hrsg.): *Jenseits der Geschlechtermoral. Beiträge zur feministischen Ethik*, Frankfurt/M. 1993.

*Ursula Köbl*

# Was ist der ‚gerechte Lohn' für Familienarbeit?

## Überblick

## III. Herkömmliche Unterschiede zwischen Erwerbsarbeit (im abhängigen Beschäftigungsverhältnis) und Familienarbeit

1. Außer Ehemündigkeit keine Anforderungen an ‚fachliche Qualifikation'
2. Selbständigkeit in der Haushaltsführungsrolle – keine arbeitgebermäßigen Weisungsbefugnisse des erwerbstätigen Ehegatten gegenüber dem haushaltsführenden Ehegatten
3. Statt leistungsproportionalem ‚Entgeltanspruch' für Familienarbeit Unterhaltsanspruch gegen Ehepartner nach Leistungsfähigkeit und Bedarf
4. Keine originär-eigenständige Altersversorgung aufgrund von Familienarbeit, aber ‚Unterhaltsersatz' durch abgeleitete leistungsunabhängige Hinterbliebenenversorgung – Krasse Ungleichheit der Alterseinkommen in der ‚Hausfrauenehe' und in der ‚Doppelverdienerehe'

## IV. Privatrechtliche Annäherungen von Erwerbs- und Familienarbeit in neuerer Zeit

1. Wegfall der expliziten ehelichen Hilfspflicht im Beruf oder Geschäft des anderen – Anerkennung von regulären Arbeitsverhältnissen zwischen Ehegatten
2. Ersatz des Haushaltsführungsschadens bei Verletzung oder Tod des haushaltsführenden Partners
3. Teilhabe des haushaltsführenden Ehegatten am Einkommen und Vermögen des anderen durch Ausgleichsinstrumente bei Eheauflösung

Im Scheidungsfall:

*a) Zugewinnausgleich sowie Versorgungsausgleich und damit derivativ-eigenständige Altersversorgungskomponente*

*b) Nacheheliche Unterhaltsansprüche insbesondere wegen Betreuung eines Kindes – Kollision mit Unterhaltsansprüchen der ‚neuen' Familie (Phänomen des ‚gebrauchten Mannes')*

Beim Tod eines Ehegatten:

*c) Erhöhung des gesetzlichen Erbteils des Ehegatten (neben Kindern oder Eltern) auf die Hälfte des Nachlasses*

*d) Geringe oder keine Leistungsproportionalität dieser Teilhabe- und Ausgleichsinstrumente – Gefahr von kontraproduktiven Wirkungen durch Eheschließungs- und Familiengründungsabstinenz*

4. Rechtslage in verschiedengeschlechtlichen nichtehelichen Partnerschaften

5. Rechtslage in eingetragenen gleichgeschlechtlichen Partnerschaften

V. Öffentlich-rechtliche Transfers i. w. S., die das eigene Einkommen der Familienarbeit leistenden Person oder das verfügbare Familieneinkommen erhöhen

1. Überblick
2. Elternzeit (bis 31. 12. 2000: ‚Erziehungsurlaub') und Erziehungsgeld nach Bundesrecht (BErzGG) und erweiternd nach einigen landesrechtlichen Bestimmungen
3. Pflegegeld aus der gesetzlichen Pflegeversicherung nach §§ 37, 44 SGB XI und Anrechnung von Pflegezeiten in der gesetzlichen Rentenversicherung
4. Kindergeld/Kinderfreibeträge
5. Steuervergünstigungen nach Familienstand und Unterhaltspflichten (§§ 31 ff. EStG), insbesondere ‚Ehegatten-Splitting'

VI. Neueste Ansätze der Familien- und Bevölkerungspolitik durch monetäre Berücksichtigung der Kindererziehung

1. Offenkundigkeit der demographischen Krisenentwicklung und Begriffswechsel vom ‚Familienlastenausgleich' zum ‚Familienleistungsausgleich'
2. Stärkere Altersvorsorgerelevanz der Familienarbeit

*a) Bisher schon geltendes Recht:*

*b) Neuerungen der Rentenreform des Jahres 2001:*

aa) bei der originär-eigenständigen Rente:
bb) bei der abgeleiteten Hinterbliebenenrente:

*c) Weit darüber hinaus gehende rechtspolitische Postulate*

3. Modelle und Postulate eines Erziehungsgehaltes oder Elterngeldes

*a) Skizze des Meinungsspektrums*

*b) Grundzüge der bislang weitestreichenden Studie*

*c) Grundsatzkritik, Erfolgszweifel und Finanzierungsbedenken*

## C. Gegenkonzepte der Umverteilung und Entlastung von Familienarbeit anstelle von ‚Entlohnung'

I. Entlastung durch innerfamiliäre Arbeitsteilung

1. Statuierung von Rechtspflichten zur partnerschaftlichen Aufgabenteilung im Familienrecht

2. Schaffung besserer Möglichkeiten und Anreize zur partnerschaftlichen Aufgabenteilung

II. Entlastung durch außerfamiliäre Betreuungs- und Pflegeeinrichtungen

**Schlussbemerkung: Realisierungschancen verschiedenartiger Ansätze**

Den Gestaltungsrichtlinien für diese Vortragsreihe folgend seien vor der Behandlung des eigentlichen Vortragsthemas zur Familienarbeit grundlegende Bezüge des Rechts und der Rechtswissenschaft zu den *Gender Studies* stichwortartig umrissen. Mehr als eine kompakte Skizze kann hierzu nicht gegeben werden, da die Allgegenwart des modernen Rechts auf sämtlichen Lebensgebieten in letzter Konsequenz auch die der Geschlechts- und Genderrelevanz in allen rechtlichen Zusammenhängen zur Folge hat, somit schier unübersehbar ist. Aus diesem Grund bildet die „Feministische Rechtswissenschaft" einen rechtswissenschaftlichen Aufbaustudiengang für sich.[1]

## A. Dimensionen von *Gender Studies* in Recht und Rechtswissenschaft – wesentliche Entwicklungslinien[2]

### *I. Die Durchsetzung der formalen Gleichberechtigung von Frauen und Männern*

Formale Gleichberechtigung heißt, dass die Rechtsnormen selbst keinen Unterschied zwischen Männern und Frauen (Ehemännern/-frauen, Müttern/Vätern, weiblichen und männlichen Arbeitnehmern usw.) mehr enthalten oder zulassen.

– Die rechtliche Schlüsselfunktion für die Emanzipation der Frauen – es muss immer wieder betont werden – kommt *der staatsbürgerlichen Gleichberechtigung* zu. Sie war in Deutschland mit der Einführung der *Wahlrechtsgleichheit* durch Art. 109 der Weimarer Reichsverfassung vom 11. 8. 1919 erreicht.

  Die *allgemeine Rechtsgleichheit* wurde erst mit Art. 3 Abs. 2 des Grundgesetzes (GG) vom 23. 5.1949 gewährleistet: „Männer und Frauen sind gleichberechtigt."[3] – Eine Übergangszeit für altes Recht galt noch bis 31. 3.1953 (Art. 117 GG), aber auch danach erfolgte die gleichberechtigungsgemäße Umgestaltung der deutschen Rechtsordnung nur zögerlich und oftmals erst nach Kontrolljudikaten des Bundesverfassungsgerichts. Als wichtige Schritte auf dem Weg zur Gleichberechtigung von Frauen und Männern in der deutschen Rechtsentwicklung sind hervorzuheben:

– Auf dem Gebiet des Familienrechts:

| | |
|---|---|
| 1957: | Aufhebung des alleinigen Entscheidungsrechts des Ehemannes in allen das gemeinschaftliche eheliche Leben betreffenden Angelegenheiten; Gewährung des Rechts zur Erwerbstätigkeit der Ehefrau neben dem Recht und der Pflicht zur Haushaltsführung; Erweiterung der Mitarbeitspflicht in Beruf und Geschäft des anderen auf beide Ehegatten; Abschaffung des Rechts des Ehemannes zur außerordentlichen Kündigung eines Arbeitsverhältnisses seiner Ehefrau; Einführung des Güterstandes der Zugewinngemeinschaft statt der „ehemännlichen Verwaltung und Nutznießung des Vermögens der Frau"; Einführung der gemeinsamen elterlichen Sorge von Vater und Mutter für eheliche Kinder bei Beibehaltung des Stichentscheides des Vaters und der alleinigen Vertretung des Kindes durch ihn;[4] |
| 1959: | Abschaffung der alleinigen Vertretungsmacht und des Stichentscheides durch den Ehemann und Vater für die gemeinsamen Kinder aufgrund eines Verfassungsgerichtsurteils;[5] |
| 1976/77: | Verteilung von Haushaltsführung und Erwerbstätigkeit nach Einvernehmen der Ehepartner; Aufhebung der Mitarbeitspflicht; Einführung der Möglichkeit, als Ehenamen den Familiennamen der Frau zu wählen;[6] |
| 1979: | Gesetzesexplizite Einführung der gemeinschaftlichen Vertretung der ehelichen Kinder durch beide Eltern;[7] |
| 1991-1993: | Aufhebung der Pflicht zur Führung eines gemeinsamen Ehenamens nach Entscheidung des BVerfG und gesetzlicher Neuregelung.[8] |

– Auf dem Gebiet des privaten Arbeitsrechts und des öffentlichen Dienstrechts:

1953: Aufhebung der Zölibatsklauseln im öffentlichen Dienstrecht;[9]

1955: Verbot der *ausdrücklichen* Lohndiskriminierung von Frauen durch das BAG;[10]

1957: Verbot tarifvertraglicher Zölibatsklauseln für Frauen durch das BAG;[11]

1991/92: Aufhebung des Nachtarbeitsverbots für Arbeiterinnen durch EuGH und BVerfG;[12] in den Jahren zuvor schon sukzessive Abschaffung vieler nur Frauen betreffender Arbeitsschutzvorschriften;[13]

2000/01: Aufhebung des Verbots für Frauen, Waffendienst zu leisten.[14]

## II. Bemühungen um faktische Gleichstellung und Schutz vor mittelbarer Diskriminierung der Frauen im Bereich des Erwerbslebens und der Politik

Da die *formale* Rechtsgleichheit allein in den traditionell männlich dominierten Bereichen der Gesellschaft, des Erwerbslebens und der Politik keine hinreichenden Angleichungs- und Mitwirkungseffekte für die Frauen zeitigte, konzentrierten sich die gleichheitsfeministischen Bestrebungen alsbald darauf, die Gleichstellungsanliegen mit den Instrumenten von Quotenregelungen, Frauenförderplänen, Gleichstellungsgesetzen, Frauen- und Gleichstellungsbeauftragten voranzubringen.[15] In diesem Sinne, wenn auch etwas verhalten, wird schließlich im Jahr 1994 der Gleichberechtigungsartikel, Art. 3 Abs. 2 GG, um Satz 2 ergänzt: „Der Staat fördert die tatsächliche Durchsetzung der Gleichberechtigung von Frauen und Männern und wirkt auf die Beseitigung bestehender Nachteile hin."

## III. Der Kampf um Autonomie in der Lebensgestaltung und verstärkte Berücksichtigung der Geschlechter- und Genderdifferenzen

Neben den Bestrebungen um rechtliche und faktische Gleichstellung der Geschlechter verstanden es auch autonomiezentrierte und differenzfeministische Ansätze, sich rechtlich zur Geltung zu bringen. Im Mittelpunkt stand lange Zeit der Kampf um die *Liberalisierung des Schwangerschaftsabbruchs* (§§ 218ff StGB); ferner ist aus dem Strafrechtsbereich die explizite Pönalisierung der ‚Vergewaltigung in der Ehe' (§ 177 StGB n. F.)[16] zu nennen. Aus dem bürgerlichen Recht gehören hierher die Einführung der besonders auf die Hausfrauenehe gemünzten Instrumente von *Zugewinn- und Versorgungsausgleich* sowie die *Beseitigung der Amtsvormundschaft* über nichteheliche Kinder volljähriger Mütter (§ 1707 BGB a. F.) und auch die Einführung eines Anspruchs für die Mutter eines nichtehelichen Kindes auf *Betreuungsunterhalt* (§ 1615l BGB) gegenüber dem Vater des Kindes. Auf dem Sektor des Arbeits- und Dienstrechts ist der ausdrückliche *Schutz vor sexueller Belästigung* bedeutsam.[17]

## IV. Geschlechtsrelevantes Recht außerhalb von Genderhierarchie und -funktionenteilung

Außerhalb des Bereiches der rechtlichen oder tatsächlichen *Benachteiligung* der Frauen oder auch der besseren Berücksichtigung der Geschlechter- und Genderdifferenzen kann noch *eine weitere Dimension* geschlechtsrelevanten Rechts unterschieden werden. Für eine konstruktivistische Betrachtungsweise gehört sie eigentlich ganz an die Spitze, da es um die Fundamentalfragen der Geschlechtsidentität und insbesondere die *Zweiteilung der Geschlechter als solche* geht. Diese Zweiteilung und die zwingende Zuordnung eines jeden Individuums zu einem der beiden Geschlechter ist rechtlich noch immer fest gegründet. Die *geschlechtliche Zuordnung* ist unmittelbar nach der Geburt vorzunehmen[18] und in das Personenstandsregister einzutragen (§ 21 Abs. 1 Nr. 3 Personenstandsgesetz); die Vornamen des Kindes müssen das Geschlecht erkennen lassen.[19]

Eine bedeutende Auflockerung ist allerdings in der rechtlichen *Anerkennung der Transsexualität* seit 1980 zu sehen.[20] Zumindest *Relativierungen* der Geschlechterzweiteilung mag man auch in der Entkriminalisierung der männlichen Homosexualität (früher § 175 StGB[21]) erblicken und in der im Jahre 2001 gewährten Option zur *Eingehung einer gleichgeschlechtlichen Partnerschaft, die der Ehe weitgehend angenähert ist.*[22]

Das Problem der *Intersexualität* ist ungelöst.[23]

## V. Generalisierung der feministischen Rechtskritik zum ,Gender Mainstreaming'

Eine völlig neue Qualität erreicht die feministische Rechtskritik mit dem sog. ,Gender Mainstreaming'. Darunter ist die Überprüfung des gesamten Rechtsbestandes sowie aller politischen Programme und Maßnahmen auf etwaige geschlechtsdifferente, insbesondere frauenbenachteiligende Auswirkungen in der gesellschaftlichen Realität zu verstehen.[24] ,Nur-Juristen' sind mit einer solchen Aufgabenfülle und -komplexität selbstverständlich überfordert. Rechtspolitisches und rechtswissenschaftliches Arbeiten ist hier in sehr hohem Maße auf Fachwissen aus vielen anderen gesellschafts- und naturwissenschaftlichen Disziplinen angewiesen.

## VI. Genderperspektive in der Rechtsgeschichte und in weltweiter Rechtsvergleichung und Rechtspolitik

Schließlich lassen sich zu all den eben genannten Dimensionen, die räumlich auf das Gebiet der Bundesrepublik Deutschland und zeitlich auf die letzten 50 Jahre und eine absehbare Zukunft bezogen sind, Erweiterungen in die *zeitliche Tiefe der Rechtsgeschichte* sowie in die *räumliche Weite* aller gegenwärtigen Rechtskulturen unternehmen. Für die politischen Akteure stellt sich hier vornehmlich die Frage, inwieweit der *Globalisierungsanspruch der Menschenrechte* auch die rechtliche und faktische Gleichheit der Geschlechter umfasst oder durch religiöse und kulturelle Systeme mit ausgeprägter Geschlechterhierarchie eingeschränkt wird.

Kommen wir zum Ende dieser *tour d'horizon*; man könnte sicher andere Schwerpunkte setzen, etwa das *strukturelle Machtungleichgewicht* zwischen Frauen und Männern mehr akzentuieren oder andere Einteilungen treffen. Es soll jetzt aber von unserem besonderen Thema die Rede sein, also dem *materiellen Ertrag von Familienarbeit* für die FamilienarbeiterInnen selbst.

## B. ‚Entlohnung' (i. S. v. materieller Ertrag) von Familienarbeit im Vergleich zur Erwerbsarbeit

### *I. Zum Begriff ‚Familienarbeit'*

Der Begriff ‚Familienarbeit' braucht im vorliegenden Zusammenhang nicht exakt definiert zu werden: Wir alle, gleich welchen Alters, Lebenszuschnitts oder Tätigkeitsbereichs haben ja lebhafte Vorstellungen davon, welche Arbeiten in unseren privaten Haushalten überhaupt anfallen, welche typischer- oder herkömmlicherweise von der Hausfrau und Mutter erledigt zu werden pflegen oder neuerlich auch verstärkt von Männern übernommen werden, und welche ‚auf dem Markt' von externen Produzenten oder Dienstleistern und gegebenenfalls zu welchem Preis diese etwa beschafft werden können.[25] Wir wissen aber auch alle, dass der Zeitaufwand und die Anforderungen an die fachliche Qualifikation für die eigentliche *Haushaltsproduktion* infolge des intensiven Einsatzes von Haushaltsgeräten und (fast) konsumreifen Marktgütern abnehmen[26], so dass die rechtspolitische Aktualität der Thematik im Kernbereich der *familiären Dienstleistungen* wurzelt, insbesondere in der *Kinderbetreuung* und etwa auch noch der *Angehörigenpflege*. Das *Kinderzeugen, -austragen und -gebären* ist marktmäßig überhaupt nicht substituierbar, die *Kinderbetreuung* nur teilweise, und sowohl diese wie die Pflege von hilfsbedürftigen Angehörigen sind auf dem Markt nur zu hohen Preisen zu haben. Daher liegt der Fokus der Auseinandersetzung bei diesen Funktionen.

Vielleicht kann man die eigentlichen Problemschwerpunkte noch treffender mit dem Ausdruck ‚*Sorgearbeit*' bezeichnen, der im Schrifttum neuerlich benutzt wird.[27]

Auf den höchst problemträchtigen Aspekt der sog. *‚Beziehungsarbeit'* sei nur hingewiesen[28]; zumindest in der monetären Perspektive kann er vernachlässigt werden.

Nach den tatsächlichen Marktpreisen für Familienarbeit und deren einzelne Komponenten muss im Rechtsalltag vor allem gefragt werden, wenn wegen der Verletzung oder Tötung einer haushaltsführenden Person *Schadensersatz* zu leisten ist (§§ 842 ff. BGB). Ansonsten aber spielen sie kaum eine Rolle, insbesondere nicht bei der Bemessung von Arbeitsentgelten für Erwerbstätigkeit. Zwar gehört es zu den überkommenen Selbstverständlichkeiten der Arbeitsentgeltbemessung, dass von *einem* Arbeitsverdienst der *Unterhalt für eine Kleinfamilie* bestritten werden kann[29], keinesfalls aber eine marktgerechte *Entlohnung* für eine *externe* haushaltsführende Person, und somit auch nicht ein entsprechender Arbeitslohn für die Familienhausfrau, die freilich nur ‚halb so teuer käme', weil sie ja sich selbst und normalerweise ihre eigenen Kinder mitversorgt.

Weil ,Lohn für Familienarbeit' hier in einem sehr weiten Sinn von ,Vermögensvorteilen' verstanden wird, soll die folgende Betrachtung sich auch auf diese Konnotation beschränken und nicht primär *immaterielle Werte* wie Liebe und emotionale Geborgenheit oder Macht, Anerkennung, gesellschaftlichen Status, Lebenssinn und Ähnliches mehr miteinschließen. Es ist zwar insbesondere Erwerbstätigen mit gehobenen Ausbildungen und Wirkungsbereichen, erst recht politischen Akteuren eine Selbstverständlichkeit, dass ihr Engagement wesentlich vom Streben nach solchen immateriellen Werten genährt wird. In der großen Breite mögen in dieser Hinsicht Erstrebtes und Erreichtes bei Männern und Frauen auch noch verschieden sein, so dass Forderungen nach mehr *gesellschaftlicher Anerkennung* für die besonders von Frauen geleistete Fürsorge[30] ein ernst zu nehmendes Thema sind, aber dies gilt nicht für die juristische Sicht. Denn es handelt sich zum einen um äußerst schwer messbare Werte, zum anderen, und dies vor allem, kann das Recht zu ihrer Verwirklichung unmittelbar nur sehr wenig beitragen, da es eben Anerkennung und Wertschätzung, Liebe und Treue niemandem durchsetzungsfähig befehlen kann.[31]

## II. Das Gleichstellungsprogramm des ,Verbandes der Hausfrauen und -männer e. V.'

Die totale Gleichstellung von Erwerbs- und Familienarbeit in allen Hinsichten des Einkommens und der sozialen Sicherheit postuliert seit vielen Jahren die Deutsche Hausfrauengewerkschaft (dhg), die im Herbst des Jahres 2000 ihren Namen zeitgemäß umgeändert hat in ,Verband der Hausfrauen und -männer e. V.'. Um jeweils den Abstand zwischen dem *früheren Rollentrennungsrecht* und dem – wie ich es nenne – *Rollenannäherungsrecht der Gegenwart* sowie den rechtspolitischen Horizonten unserer Gesellschaft plastischer ermessen zu können, seien die Hauptforderungen dieses Verbandes hier genannt:[32]

1. In erster Linie wird ein *Gehalt für Familienarbeit* verlangt. Es soll sich bis zum vollendeten 6. Lebensjahr des (jüngsten) Kindes am *Durchschnittseinkommen aller Sozialversicherten* orientieren, würde also nach den für die Jahre 2001 und 2002 vorläufig bestimmten Zahlen derzeit 2.376,50 € pro Monat einschließlich aller Beiträge für die verschiedenen Sozialversicherungszweige betragen.
2. Folgerichtig wird auch eine "gerechte Rente für die Erziehungsleistung" verlangt, da die Leistung der Kindererziehung für die Bestandssicherung der Altersvorsorgesysteme ebenso wichtig ist wie die Geldbeiträge der Erwerbstätigen. Ferner sollen Verheiratete ohne

Differenzierung nach der Verdienerrolle über das Familieneinkommen gleichberechtigt verfügen können.

3. Schließlich sollen die in der Familienarbeit geleisteten Stunden regelmäßig erfasst und in allen Arbeitsstatistiken verzeichnet werden, insbesondere auch beim Bruttoinlandsprodukt erscheinen.[33]

## *III. Herkömmliche Unterschiede zwischen Erwerbsarbeit (im abhängigen Beschäftigungsverhältnis) und Familienarbeit*

Betrachten wir nun die Ausgestaltung im geltenden Recht, so fallen unter dem materiellen Aspekt besonders folgende Unterschiede zwischen Erwerbs- und Familienarbeit auf:

### 1. Außer Ehemündigkeit keine Anforderungen an ‚fachliche Qualifikation'

Zunächst kann es m.E. schon nicht als ganz nebensächlich abgetan werden, dass für die Eingehung einer Ehe und die Übernahme von Familienarbeitspflichten (gegenüber dem Ehepartner, § 1356 BGB) keinerlei Anforderungen an eine irgendwie geartete ‚fachliche Eignung' gestellt werden. Man muss lediglich das Ehemündigkeitsalter von 18 Jahren, beziehungsweise – wenn der andere Ehegatte bereits volljährig ist – sogar von nur 16 Jahren erreicht haben (§ 1303 BGB). Hier gilt offenbar seit jeher ‚learning by doing', und das Gelingen wird unterstellt.[34]

### 2. Selbständigkeit in der Haushaltsführungsrolle – keine arbeitgebermäßigen Weisungsbefugnisse des erwerbstätigen Ehegatten gegenüber dem haushaltsführenden Ehegatten

Das seit 1977 geltende Eherecht nimmt keine Aufgabenverteilung zwischen den Ehegatten mehr vor. Sie sind nicht nur ermächtigt, Erwerbstätigkeit und Haushaltsführung im gegenseitigen Einvernehmen zu regeln,[35] darüber hinaus wird die Haushaltsführerrolle explizit mit Autonomie ausgestattet. In § 1356 BGB heißt es: „Ist die Haushaltsführung einem der Ehegatten überlassen, so leitet dieser den Haushalt in eigener Verantwortung." Das heißt, dem Erwerbstätigen, der ‚das Geld nach Hause bringt', stehen keineswegs *arbeitgeberähnliche Weisungsbefugnisse* gegenüber dem haushaltsführenden Ehegatten zu (§§ 1356 Abs. 1 S. 2, 1357 BGB).

## 3. Statt leistungsproportionalem ‚Entgeltanspruch' für Familienarbeit Unterhaltsanspruch gegen Ehepartner nach Leistungsfähigkeit und Bedarf

Andererseits hat der Haushaltsführende auch keinen arbeitnehmermäßigen ‚Entgeltanspruch' für seine Tätigkeit im Haushalt, sondern einen Anspruch auf Geldunterhalt gegen den Ehepartner, dessen Umfang sich aber vor allem nach der Leistungsfähigkeit des Unterhaltsschuldners und dem Bedarf der Familie richtet (§§ 1360, 1360a BGB). Weder sind hierfür der tatsächliche Zeitaufwand für die Arbeit im Haushalt noch die fachliche Qualifikation irgendwie relevant.[36]

Zugleich unterstellt das Gesetz die *Gleichwertigkeit von Erwerbstätigkeit und Familienarbeit,* indem es dem einvernehmlich bestimmten Haushaltsführer „in der Regel" keine sonstige Pflicht auferlegt, durch Erwerbsarbeit zum Unterhalt der Familie beizutragen (§ 1360 BGB).[37]

Der angemessene Unterhalt umfasst neben dem persönlichen Bedarf für Unterkunft, Nahrung, Kleidung auch ein *Taschengeld,* das von den Gerichten auf etwa 5% des Nettoeinkommens des erwerbstätigen Ehegatten angesetzt wird.[38] Da in der *intakten Ehe* aber über Unterhaltsansprüche zumindest *nicht vor Gericht gestritten wird,* ist juristische Arbeit hier nicht weiter vonnöten.[39] Nur zu häufig gerichtsnotorisch wird allerdings der *Getrenntlebendenunterhalt.* Insoweit kann als Faustregel für das kinderlose Paar gelten: Dem erwerbstätigen Partner stehen $4/7$, dem nichterwerbstätigen Partner $3/7$ des Einkommens des Erwerbstätigen zu. Beruht das Einkommen nicht auf Erwerbstätigkeit, ist es sogar hälftig zu teilen.[40] Die Praxis bedient sich zur Berechnung des Unterhalts, der auch einen Vorsorgeunterhalt[41] umfasst, weitestgehend von Oberlandesgerichten zusammengestellter Tabellen; die meistverbreitete ist die sog. *Düsseldorfer Tabelle,* die jährlich aktualisiert wird.[42] Kinder stehen im Rang Ehegatten gleich. In Mangelfällen verbleibt dem Verdiener stets sein notwendiger Selbstbehalt.[43] Für den über den anteilig gekürzten Anspruch hinausgehenden Bedarf der Unterhaltsberechtigten werden diese auf die Sozialhilfe verwiesen.

## 4. Keine originär-eigenständige Altersversorgung aufgrund von Familienarbeit, aber ‚Unterhaltsersatz' durch abgeleitete leistungsunabhängige Hinterbliebenenversorgung – Krasse Ungleichheit der Alterseinkommen in der ‚Hausfrauenehe' und in der ‚Doppelverdienerehe'

War bis vor kurzer Zeit die Lebens- und Einkommensgestaltung während der aktiven Phase, in die ja auch die Zeit der Betreuung der Kinder fällt, für einen großen Teil der Bevölkerung noch relativ zufriedenstellend, und wird es von vielen noch immer für richtig gehalten, dass lediglich für die *Unterhaltskosten der Kinder* stärker die Gesellschaft aufkomme, sei es in Gestalt von Kindergeldzahlungen oder alternativ bzw. kumulativ hinzutretenden Steuerermäßigungen, so werden die Einkommensunterschiede in der Ruhestandsphase zwischen der ‚Hausfrauenehe' und der ‚Doppelverdiener-Ehe' ohne Kinder schon seit geraumer Zeit und zunehmend als krass ungerecht empfunden. Herkömmlich hat *Erwerbsarbeit* und nur diese die *Sozialversicherungspflicht* und damit den Aufbau einer eigenständigen Altersversorgung zur Folge. Dabei ist nach deutschem Rentenrecht für die Höhe der Rente – ähnliches gilt auch für die beamtenrechtlichen Pensionen – in erster Linie neben der *Höhe der Beiträge* auch *die Dauer* der Beitragszahlung von Belang (§ 63 Sechstes Buch Sozialgesetzbuch (SGB VI), § 14 Abs. 1 Beamtenversorgungsgesetz (BeamtVG)). Die Benachteiligung von Elternpaaren, in denen sich typischerweise die Mutter der Erziehung mehrerer Kinder gewidmet hat, gegenüber den Doppelverdiener-Ehepaaren ist evident. Auf diesem Gebiet sind aber Veränderungen im Gange, auch kommt verstärkt Druck vom Bundesverfassungsgericht.[44] Aber das gehört eher zum Thema des Ausbaus *öffentlich-rechtlicher Transfers* für Familienarbeit (s. u. V.).

Das Bild wäre jedoch unvollständig und würde die pekuniäre Stellung des nichterwerbstätigen Ehegatten als allzu dürftig erscheinen lassen, wenn nicht auch die in den letzten Jahrzehnten durchgeführten Neuerungen des Familienrechts angesprochen würden.

## *IV. Privatrechtliche Annäherungen von Erwerbs- und Familienarbeit in neuerer Zeit*

### 1. Wegfall der expliziten ehelichen Hilfspflicht im Beruf oder Geschäft des anderen – Anerkennung von regulären Arbeitsverhältnissen zwischen Ehegatten

Es ist zunächst erwähnenswert, dass der noch bis 1977 im Gesetz umschriebene Bereich der ehelichen Pflichten auch die Pflicht zur Mitarbeit im Beruf oder Geschäft des anderen umfasste. Bis 1956 traf dies einseitig nur die *Ehefrau* (§ 1356 BGB a. F.), von 1957 bis 1977 formal dann beide Ehegatten. Der einst sehr weite Bereich der nicht unmittelbar bezahlten Familienarbeit hat sich also beträchtlich vermindert. Mitarbeit im Beruf oder Geschäft des anderen pflegt heute in aller Regel als *reguläres Arbeitsverhältnis* zwischen den Ehegatten, auch mit voller *steuerlicher Anerkennung* der daraus resultierenden Lohnkosten als Betriebsausgaben, ausgestaltet zu werden.

## 2. Ersatz des Haushaltsführungsschadens bei Verletzung oder Tod des haushaltsführenden Partners

Der höchste Geldwert wird der Haushaltsführung im Rahmen des modernen Schadensersatzrechts zugemessen. Bei Verletzung durch einen schadensersatzpflichtigen Dritten steht dem haushaltsführenden Ehegatten ein eigener Anspruch[45] wegen seines Haushaltsführungsschadens zu (§ 843 BGB), für den je nach Schwierigkeit der Tätigkeit ein Nettostundenlohn[46] zwischen BAT IXb und BAT VII zugrunde gelegt wird.[47] Den *Zeitbedarf* für die Haushaltsführung ermittelt die Praxis anhand von Tabellen,[48] in welchen vor allem die Zahl der dem Haushalt angehörenden Personen, aber auch der praktizierte Aufwand, das Alter der Kinder und die Größe der Wohnung eine Rolle spielen.[49] In einem 2-Personen-Haushalt, in welchem in einer kleinen Wohnung ein mittlerer Aufwand betrieben wird, ergeben sich so schon 30,8 Stunden, in einem 4-Personen-Haushalt dieses Niveaus 52,7 Stunden, bei sechs Personen gar 63,1 Stunden pro Woche.[50] Für den 4-Personen-Haushalt ergibt sich so ein ‚Nettolohn' von über 1500 €[51]. Hintergrund dieser großzügigen Handhabung dürfte sein, dass diese Schäden regelmäßig von Verkehrsunfällen herrühren und daher von *Versicherungen* übernommen werden müssen.

## 3. Teilhabe des haushaltsführenden Ehegatten am Einkommen und Vermögen des anderen durch Ausgleichsinstrumente bei Eheauflösung

Auch ohne aktive Mitwirkung am Einkommens- und Vermögenserwerb des erwerbstätigen Ehegatten in dessen Beruf oder Geschäft zuerkennt das unter der Ägide des Gleichberechtigungsgrundsatzes umgestaltete Familienrecht dem Haushaltsführenden eine Teilhabe am Vermögen des anderen, die sich freilich erst im Zeitpunkt der *Eheauflösung,* sei es durch Scheidung oder sei es durch Tod, realisiert.

**Im Scheidungsfall:**

*a) Zugewinnausgleich sowie Versorgungsausgleich und damit derivativ-eigenständige Altersversorgungskomponente*

Bei Scheidung wird – falls keine ehevertraglich vereinbarte Gütertrennung vorliegt – der *Zugewinnausgleich* (§§ 1373–1390 BGB)[52] durchgeführt, der sich auf das Privatvermögen der Ehegatten erstreckt, sowie seit 1977 auch der sog. *Versorgungsausgleich,* der vornehmlich das *öffentlich-rechtlich gebundene Altersvorsorgevermögen* erfasst (§§ 1587–1587p BGB)[53]. Sowohl das während der Ehezeit erworbene Privatvermögen wie auch das Vorsorgevermögen werden errechnet, und derjenige Ehegatte, der mehr erworben hat, muss jeweils – in sehr rudimentärer Betrachtung – die Hälfte davon an den anderen abgeben. Beiden liegt also ebenfalls die erwähnte *Fiktion der Gleichwertigkeit von Erwerbs- und Familienarbeit* zugrunde.

### b) Nacheheliche Unterhaltsansprüche insbesondere wegen Betreuung eines Kindes – Kollision mit Unterhaltsansprüchen der ‚neuen' Familie (Phänomen des ‚gebrauchten Mannes')

Für die wirtschaftliche Lebenslage der Betroffenen nach einer Scheidung sind häufig nacheheliche Unterhaltsansprüche von größter Tragweite (§§ 1569 ff. BGB). Solche Ansprüche bestehen in erster Linie dann, wenn der zur wirtschaftlichen Selbstversorgung nicht fähige geschiedene Ehegatte noch ein *gemeinsames Kind* betreut (§ 1570 BGB); auch auf Krankheit, Alter, Ausbildungsbedarf und im Gesetz nicht genauer umschriebene Billigkeitsgründe kann ein Unterhaltsanspruch gestützt werden, so dass die nicht selten sich ergebende Kettenwirkung gleichsam zur ‚Scheidung auf Lebenszeit' ausarten kann.

Das deutsche Familienrecht lässt auch in diesem Bereich eine hohe Präferenz für die *Ehe mit Funktionenteilung* (und für die familiär häusliche Kinderbetreuung) erkennen. Bis das betreute Kind das achte Lebensjahr vollendet bzw. das zweite Schuljahr beendet hat, kann vom betreuenden Elternteil eine Erwerbstätigkeit überhaupt nicht erwartet werden,[54] erst danach gilt eine Teilzeittätigkeit, die nicht den Umfang einer Halbtagstätigkeit erreichen muss, als zumutbar, und dies bleibt nach Ansicht vieler Familiengerichte auch noch so, bis das Kind etwa 15 Jahre alt ist.[55]

Auch das Maß des nachehelichen Unterhaltes richtet sich nach den ehelichen Lebensverhältnissen, § 1578 BGB. Bislang wurden bei Alleinverdienerehen Einkünfte, welche der ehemals haushaltsführende Partner nach der Scheidung erzielte, nicht als eheprägend angesehen und somit voll von seinem Unterhaltsanspruch abgezogen (sog. Anrechnungsmethode).[56] Konsequenz war, dass der Unterhaltsberechtigte mit der Aufnahme einer Erwerbstätigkeit zunächst ausschließlich in die Tasche des Unterhaltspflichtigen wirtschaftete. Nunmehr hat der BGH eine Wende vollzogen und entschieden, dass die durch eine spätere Erwerbstätigkeit erzielten Einkünfte als *Surrogat für die Haushaltsführung* anzusehen und somit eheprägendes Einkommen sind. Im Effekt kommen sie hierdurch zu gleichen Teilen dem Verpflichteten und dem Berechtigten zugute (sog. Differenzmethode).[57]

Es liegt auf der Hand, dass wirtschaftliche Bewegungsfreiheit und persönliche Bindungsfähigkeit eines erwerbstätigen geschiedenen Ehegatten durch die unterhaltsmäßigen ‚Altlasten' äußerst beengt werden, vor allem hinsichtlich der Möglichkeit, eine neue Familie zu gründen, in der, und sei es auch nur gegenüber einem Kind, ja neue Unterhaltspflichten entstehen können. Solche Defizitsituationen wurden deshalb in der Literatur mit dem Etikett des ‚gebrauchten Mannes' angeprangert.[58]

**Beim Tod eines Ehegatten:**

*c) Erhöhung des gesetzlichen Erbteils des Ehegatten (neben Kindern oder Eltern) auf die Hälfte des Nachlasses*

Anzumerken bleibt noch, dass auch für den Fall der Auflösung der Ehe durch den Tod eines Gatten die Stellung des überlebenden Ehegatten vermögensmäßig sehr hoch dotiert wird: Ohne Verfügung von Todes wegen und beim Regelgüterstand der Zugewinngemeinschaft steht dem überlebenden Ehegatten die Hälfte des Nachlasses zu (§§ 1931, 1371 BGB). Freilich kann insoweit von jedem Ehegatten *einseitig* für seinen Nachlass durch Testament auch anders verfügt werden; der äußerstenfalls verbleibende Pflichtteil beträgt aber immerhin noch die Hälfte des Wertes des gesetzlichen Erbteils (§ 2303 Abs. 1 S. 2 BGB).

*d) Geringe oder keine Leistungsproportionalität dieser Teilhabe- und Ausgleichsinstrumente – Gefahr von kontraproduktiven Wirkungen durch Eheschließungs- und Familiengründungsabstinenz*

Betrachten wir diese aus verschiedenen Rechtsepochen stammenden Teilhabe- und Ausgleichsinstrumente speziell unter dem Kriterium des ‚gerechten Lohnes' für Familienarbeit, so fällt abermals auf, dass die aus dem Erwerbsbereich vertraute *Proportionalität von Arbeitsleistung und Entgelt* hier allenfalls teilweise und bei Vorliegen besonderer Umstände zu finden ist. Am wenigsten eignet sie dem *Ehegattenerbrecht,* denn hier löst der tödliche Schlaganfall unmittelbar nach dem Ja-Wort vor dem Standesbeamten genau dieselbe hälftige Nachlassbeteiligung des eben angetrauten Ehegatten aus wie die bis zur eisernen Hochzeit fortdauernde Ehe.[59] Beim Versorgungsausgleich spielt immerhin die Ehedauer wegen der Zeitabhängigkeit der meisten Versorgungsanwartschaften mittelbar eine maßgebliche Rolle (§ 1587 Abs. 1 BGB)[60], während weder bei diesem noch beim Zugewinnausgleich irgendwelche *erwerbsmäßig relevanten Verhaltensweisen und Lebensumstände,* sei es die Unterstützung bei der Ausbildung, im beruflichen Fortkommen oder bei der Geschäftstätigkeit des anderen, seien es Kinderzahl, Angehörigenpflege oder sonstige Belastungen und Erwerbshindernisse aufgrund der Ehe von Belang sind.

Wenn das hohe Einkommen eines Ehegatten etwa wesentlich auf *vor der Ehe* (und der Partnerschaft) liegender Ausbildung beruht, so erlangt der spätere Ehegatte daran ebenso Anteil, wie er umgekehrt leer ausgeht oder vom Eigenen sogar etwas abgeben muss, wenn der Partner wirtschaftlichen Misserfolg erleidet. Prägend ist bei all dem das Leitbild der Ehe als *umfassende Schicksalsgemeinschaft.*

Für Durchschnittsverdiener und Ehepartner mit etwa gleichen Erwerbschancen mag eine solche extrem pauschalierende Sicht durchaus annehmbar sein; zu welch grotesken Ergebnissen aber diese Schematisierungen führen können, kann etwa eine Scheidungsgeschichte wie die von Boris und Barbara Becker zeigen. Unabhängig von besonderen ehevertraglichen Vereinbarungen nähme eine geschiedene Frau wie Barbara Becker aus ihrer Ehe ein zweistelliges Millionenvermögen mit, obwohl sie sich selbst vielleicht, nimmt man alles in allem, nur wie eine durchschnittliche Ehefrau verhalten haben mag.

Insgesamt dürften aber ohnehin die Grenzen erreicht sein, in denen Konzepte schierer *Teilung zwischen den Ehegatten* noch sinnvoll und zuträglich sind. Allzu viele Belastungen und Nachwirkungen aufgrund einer Eheschließung könnten zunehmend kontraproduktive Folgen in der Richtung haben, dass immer mehr Menschen von ihrer *Eheschließungfreiheit* nurmehr in *negativer* Weise Gebrauch machen. Das aber kann nicht im derzeitigen Interesse der Mehrheit unserer Bevölkerung liegen.

Fassen wir diesen Abschnitt zusammen: Nach dem bürgerlichen Familien- und Erbrecht ergibt sich insgesamt durchaus nicht die finanziell schlimme Defizitsituation für den Gatten, der sich der Familienarbeit widmet, wie es zuweilen in der öffentlichen Diskussion gebrandmarkt wird, wenn auch Leistungsproportionalität nach den Maßstäben des Erwerbslebens weithin nicht gewährleistet ist. Die eigentlichen Risiken der Familienarbeit liegen denn auch weniger auf pekuniärem Gebiet als vielmehr in der extrem hohen persönlichen Abhängigkeit vom Wohl und Wehe des Partners und vom *Fortbestand der Partnerschaft*. Aber das ist ein ganz anderes Thema.

## 4. Rechtslage in verschiedengeschlechtlichen nichtehelichen Partnerschaften

Bezüglich der Rechtslage in verschiedengeschlechtlichen nichtehelichen Partnerschaften besteht derzeit noch ein weiter Abstand zur Ehe. Hier gibt es kraft Gesetzes weder einen regulären Unterhaltsanspruch noch im Trennungsfalle Zugewinn-[61] oder Versorgungsausgleich und ebensowenig gesetzliches Erbrecht und Hinterbliebenenrente.[62]

Eine begrenzte Unterhaltspflicht entsteht jedoch bei Schwangerschaft und nach der Geburt eines Kindes.[63] Sogar unabhängig vom Bestehen einer Lebensgemeinschaft schuldet der Vater des Kindes der Mutter, mit der er nicht verheiratet ist, Unterhalt für die Dauer von sechs Wochen vor und acht Wochen nach der Geburt des Kindes und gegebenenfalls für weitere Zeiten von schwangerschafts- oder entbindungsbedingter Erkrankung und Erwerbslosigkeit (§ 1615l BGB). Wirtschaftlich weit bedeutsamer ist noch die erst vor einigen Jahren eingeführte Ausdehnung in Übereinstimmung mit dem dreijährigen Erziehungsurlaub: Der das Kind betreuende Elternteil, also Mutter oder Vater, der wegen dieser Betreuung einer Erwerbstätigkeit nicht nachgeht, hat gegen den anderen Elternteil Anspruch auf Unterhalt, welcher sich jedoch – anders als bei Ehegatten – nach den Verhältnissen nur des Berechtigten bemisst (sog. Betreuungsunterhalt, § 1615 l Abs. 2 S. 2, Abs. 5 S. 3 BGB).

### 5. Rechtslage in eingetragenen gleichgeschlechtlichen Partnerschaften

Das neu geschaffene, der Ehe sehr weit angenäherte Institut der eingetragenen Lebenspartnerschaft[64] enthält die *ehegleiche gegenseitige Unterhaltsverantwortlichkeit der Partner* sowie die Option auf eine nachpartnerschaftliche *Teilhabe am Privatvermögen*, jedoch nicht am öffentlichen Vorsorgevermögen; auch sind derzeit keine abgeleiteten Renten- oder Pensionsansprüche nach dem Tode des Partners vorgesehen. Die Lebenspartner *können* vorerst nur eine sog. ‚*Ausgleichsgemeinschaft*' durch ausdrückliche Erklärung begründen und haben dann die Stellung wie Ehegatten in der Zugewinngemeinschaft (§ 6 LPartG).

Es besteht ferner ein *gesetzliches Erbrecht* des überlebenden Lebenspartners, das in der Höhe mindestens dem Erbteil des Ehegatten im vertraglichen Güterstand der Gütertrennung entspricht, also ¼ der Erbschaft ausmacht (§ 10 LPartG), im Fall der Ausgleichsgemeinschaft sogar die Hälfte.

## V. Öffentlich-rechtliche Transfers i. w. S., die das eigene Einkommen der Familienarbeit leistenden Person oder das verfügbare Familieneinkommen erhöhen

### 1. Überblick

Wenden wir uns nun den aus öffentlichen Kassen für Familienarbeit gewährten Geldmitteln zu. Einem strengen *Gender*-Trennungsdenken entspricht es zwar nicht, wohl aber der *Lebensrealität in der intakten Familien- und Haushaltsgemeinschaft,* wenn man hier eine *Gesamtbetrachtung* anstellt und sowohl die Mittel, die der Familienarbeit leistenden Person selbst zukommen oder verbleiben, wie auch die Mittel, die das verfügbare Familieneinkommen erhöhen, in Ansatz bringt.[65]

Es sind im Wesentlichen die nachfolgend aufgelisteten Transferleistungen und -effekte[66]:

- *Erziehungsgeld:* Es wird nach Bundesrecht und in verschiedenen Varianten auch nach einigen Landesrechten unmittelbar an den erziehenden Elternteil gezahlt.

- *Pflegegeld:* Seit Einrichtung der Pflegeversicherung im Jahr 1994 wird in bescheidenem Maße, aber immerhin auch die Pflege von pflegebedürftigen Personen im Haushalt, also nicht in stationären Einrichtungen, finanziell honoriert. Rechtlich ist Anspruchsinhaber allerdings die pflege*bedürftige* Person selbst.

- *Steuervorteile*: Landläufig am bekanntesten und finanziell am gewichtigsten ist die Relevanz des Familienstandes und der Unterhaltspflichten im Einkommensteuerrecht; hier wiederum hat das sog. *‚Ehegatten-Splitting'* inzwischen ein zweifelhaftes Renommee gewonnen. Hierher gehören jedoch auch die Kinderfreibeträge bzw. das Kindergeld.

- *Anrechnungsvorteile bei Sozialleistungen*: Bei *staatlichen Sozialleistungen*, die, wie vor allem das Wohngeld und die BAföG-Leistungen, *einkommensabhängig* ausgestaltet sind, wirkt sich das Fehlen von Erwerbsarbeit *mittelbar* leistungsbegründend oder leistungserhöhend aus.

Zu all diesen Leistungszweigen existieren detaillierte Rechtsvorschriften, Regeln, Ausnahmen, Gegenausnahmen und dergleichen, daher an dieser Stelle nur wenige Angaben, damit sich in etwa die Größenordnung einschätzen lässt.

### 2. Elternzeit (bis 31. 12. 2000: ‚Erziehungsurlaub') und Erziehungsgeld nach Bundesrecht (BErzGG) und erweiternd nach einigen landesrechtlichen Bestimmungen

Am unübersichtlichsten gestaltet sich das Erziehungsgeld, zumal es mehrfach, zuletzt Mitte des Jahres 2002 Änderungen erfahren hat. Markant ist nach wie vor, dass es im Unterschied zur *dreijährigen* Elternzeit (§§ 15 ff. BErzGG) nur maximal bis zu 24 Monaten gewährt wird. Es kann nun für 12 oder für 24 Monate beantragt werden und beträgt bei einer Laufzeit von 12 Monaten 460 €, bei 24 Monaten Laufzeit maximal 307 € pro Monat. Es ist allerdings *einkommensabhängig;* bei zusammenlebenden Elternteilen kommt es auf das Einkommen beider an (§§ 1-14 BErzGG).

Im dritten Lebensjahr des Kindes wird in den Ländern Baden-Württemberg, Bayern, Mecklenburg-Vorpommern, Sachsen und Thüringen ein *‚Anschluss'-Erziehungsgeld* gewährt. Es beträgt in Baden-Württemberg 205 € für die ersten beiden Kinder und für das dritte und jedes weitere Kind bis zu 307 €.

Die *Verkoppelung des Erziehungsgeldes mit dem Erziehungsurlaub* zielte ursprünglich darauf ab, die Mütter aus dem Erwerbsleben wieder zurück in die Familie zu holen, ein Ziel, das zunächst auch in hohem Maße erreicht wurde. Für den Anfangszeitraum 1986-1988 sah dies wie folgt aus:[67]

Die meisten Mütter nahmen seinerzeit den vollen dreijährigen Erziehungsurlaub in Anspruch, nur knapp 10% unterbrachen weniger als 6 Monate. Erstaunlich ist auch die ursprünglich geringe Rückkehrquote an den Arbeitsplatz: Nur knapp die Hälfte der Mütter kamen nach dem Erziehungsurlaub wieder an ihren Arbeitsplatz zurück, und hiervon wechselte noch einmal fast *ein Drittel* von Vollzeit auf *Teilzeit*. Inzwischen liest man jedoch die Auffassung, dass der *‚Hausfrauisierungseffekt'* deutlich nachgelassen habe, was jedoch mit den mir vorliegenden Zahlen nicht eindeutig zu belegen ist.[68] Den zunehmenden Wünschen der jüngeren Frauen nach Vereinbarkeit von Familien- und Erwerbsarbeit kommt denn auch die seit 1. Januar 2001 geltende Neuerung entgegen, wonach der Anspruch auf das Erziehungsgeld erhalten bleibt, wenn eine Erwerbstätigkeit von nicht mehr als 30 Stunden ausgeübt wird (§ 2 Abs. 1 BErzGG); zuvor lag die Verlustschwelle schon bei 19 Stunden, also etwa einer Halbtagsbeschäftigung.

## 3. Pflegegeld aus der gesetzlichen Pflegeversicherung nach §§ 37, 44 SGB XI und Anrechnung von Pflegezeiten in der gesetzlichen Rentenversicherung

Einfacher ist das Pflegegeld aus der Pflegeversicherung ausgestaltet: Es beträgt – seit 1994 unverändert – 205 € für die Pflegestufe I, 410 € für die Pflegestufe II und 665 € für die Pflegestufe III, und bleibt damit um mehr als die Hälfte hinter dem zurück, was für eine *erwerbsmäßige* Pflegekraft zu bezahlen wäre. Allerdings knüpfen sich an Pflegezeiten auch rentenrechtliche Anwartschaften.

## 4. Kindergeld/Kinderfreibeträge

Es wird vielen in Erinnerung sein, dass das Bundesverfassungsgericht im letzten Jahrzehnt mehrfach beim Gesetzgeber anmahnte, das *Existenzminimum* steuerfrei zu lassen und auch *Betreuungskosten für Kinder* steuermindernd zu berücksichtigen.[69] Diese Vorgaben sind mittlerweile umgesetzt. Die Berücksichtigung erfolgt nach einer von Amts wegen durchzuführenden Günstigerprüfung über die Zahlung von Kindergeld (§ 31 EStG) oder die Anrechnung von Kinderfreibeträgen (§ 32 EStG). Der Freibetrag für ein Kind beläuft sich im Jahr 2002 auf insgesamt 5.808 € und setzt sich zusammen aus der Berücksichtigung eines *sächlichen Existenzminimums* iHv 3.648 € und – was hier von Interesse ist – einem *Betreuungsfreibetrag* iHv 2.160 €. Zu berücksichtigen ist allerdings, dass der Betreuungsfreibetrag auch einen *Erziehungsfreibetrag* beinhaltet (etwas über 600 € jährlich), welcher für monetäre Aufwendungen im Rahmen der Erziehung (etwa Vereinsbeiträge, Musikunterricht) gedacht ist. Für die eigentliche „Betreuung" verbleiben demnach ca. 1560 €, wodurch anerkannt wird, dass Kindererziehung Arbeitskraft beansprucht und deshalb die steuerliche Leistungsfähigkeit mindert.[70] Ist das Kindergeld günstiger, wird dieses ausgezahlt (derzeit 154 € monatlich für das 1.-3. Kind, 179 € für jedes weitere Kind).

Auch im Verhältnis der dem Kind unterhaltspflichtigen Elternteile zueinander macht das Gesetz deutlich, dass der Kinderbetreuung ein Wert beigemessen wird: Nach der Regelung des § 1612b Abs. 5 BGB darf vom Kindergeld maximal die Hälfte[71] auf den Kindesunterhalt angerechnet werden; die andere Hälfte des Kindergeldes steht dem betreuenden Elternteil zu.

## 5. Steuervergünstigungen nach Familienstand und Unterhaltspflichten (§§ 31 ff. EStG), insbesondere ‚Ehegatten-Splitting'

Wenden wir uns nun dem überkommenen Ehegatten-Splitting zu. Dieses geht von derselben Grundidee aus wie auch die zuvor skizzierten familienrechtlichen Ausgleichsinstitute, nämlich der Fiktion, dass das einem Ehepaar zur Verfügung stehende Einkommen ohne Rücksicht darauf, wer es im Rechtssinne erworben hat, als gleichmäßig von beiden Ehepartnern erwirtschaftet anzusehen und damit für die Steuerbemessung hälftig auf beide zu verteilen sei. In unserem System des progressiven Einkommensteuertarifs ergeben sich damit erkleckliche Steuerermäßigungen:

Bei einem zu versteuernden Jahreseinkommen von 25.000 €, was etwas unter dem derzeitigen Durchschnittseinkommen liegt, ergibt sich in der Alleinverdienerehe eine Steuerersparnis von 48,7 % (2.319 €), bei 50.000 € sind es immerhin noch ein Drittel der Steuerlast, also ca. 5000 €, und bei 100.000 € etwa ein Viertel der Steuerlast (ungefähr 10.000 €). Angesichts dieser Beträge kann man sich vorstellen, welche Haushaltshilfen man beispielsweise damit bezahlen kann.[72]

Dieses Aufteilungssystem ist in neuerer Zeit in die Kritik geraten, nicht so sehr vom Grundansatz her, als vielmehr wegen seiner *ausschließlichen Anknüpfung an die Ehe*; viele namhafte Politiker, Wissenschaftler und Publizisten fordern daher, es zu einem *‚Familien-Splitting'* zu erweitern oder umzugestalten[73]

## VI. Neueste Ansätze der Familien- und Bevölkerungspolitik durch monetäre Berücksichtigung der Kindererziehung

*„Das Private wird zunehmend öffentlich."*

### 1. Offenkundigkeit der demographischen Krisenentwicklung und Begriffswechsel vom ‚Familienlastenausgleich' zum ‚Familienleistungsausgleich'

Unter dem Eindruck der immer augenfälliger werdenden Überalterung unserer Gesellschaft wegen Kinderarmut und zunehmend angetrieben auch durch eine dezidiert familienfreundliche Rechtsprechung des Bundesverfassungsgerichts hat sich inzwischen das Thema der Familienförderung zum zentralen, von allen Parteien besetzten Politikfeld entwickelt.[74] Bezeichnenderweise hat sich auch ein Begriffswandel vollzogen: Statt des ursprünglichen Ausdrucks ‚Familien*lasten*ausgleich',[75] der alle staatlichen Leistungen umfasst, die dazu dienen, die Unterschiede der wirtschaftlichen Lagen von kinderlosen Alleinstehenden und kinderlosen Paaren einerseits und Alleinstehenden sowie Paaren mit Kindern andererseits mehr oder minder stark auszugleichen, wird nun bevorzugt der Terminus ‚Familien*leistungs*ausgleich' gebraucht, um deutlich zu machen, dass in erster Linie die von den Familien erbrachten, für die Gesellschaft hochbedeutsamen *Leistungen* Anerkennung finden sollen.[76] So trägt § 31 EStG seit dem Jahressteuergesetz 1996[77] den Titel „Familienleistungsausgleich".[78]

### 2. Stärkere Altersvorsorgerelevanz der Familienarbeit

Eine der in der politischen Auseinandersetzung seit Jahrzehnten am stärksten vertretenen Forderungen richtet sich auf eine *eigenständige Altersversorgung* aller Frauen,[79] womit eigentlich nur diejenigen gemeint sind, die familiär bedingt überwiegend oder doch in erheblichem Umfang in ihrem Leben *keine Erwerbstätigkeit* ausüben, eben die *‚Familienarbeiterinnen'*. In diesem Kontext hat das Attribut ‚eigenständig' etwa so viel Richtigkeitsevidenz und Strahlkraft erlangt wie im allgemeinem Geschlechterverhältnis das Attribut ‚gleichberechtigt'. Inzwischen befinden wir uns hinsichtlich der Relevanz von Familienarbeit für eine eigenständige Altersversorgung auch nicht mehr auf dem Nullpunkt.

a) Bisher schon geltendes Recht:

Es erfolgt eine rentenrechtliche Anrechnung von

- einer *dreijährigen Kindererziehungszeit* (mit Durchschnittsverdienstwertigkeit = 1 Entgeltpunkt) für jedes ab 1992 geborene Kind (§§ 56, 70 Abs. 2 SGB VI),[80] sowie einer bis zur Vollendung des 10.

Lebensjahres dauernden *Berücksichtigungszeit* mit rentenerhöhender Wirkung (§ 57 SGB VI) und beliebig langen Zeiten der Pflege einer pflegebedürftigen Person im Sinne des Pflegeversicherungsrechts mit einer Wertigkeit bis zu 85% des Durchschnittsverdienstes (§ 44 SGB XI, § 166 Abs. 2 SGB VI).

*b) Neuerungen der Rentenreform des Jahres 2001:*[81]

*aa) bei der originär-eigenständigen Rente:*[82]

- Bei unterdurchschnittlichem Verdienst gibt es nun eine Quasi-Verlängerung des Kindererziehungszeitraumes bis zur Vollendung des 10. Lebensjahres mit maximalem Anrechnungseffekt von 2 ⅓ Jahren, genauer: 2 ⅓ Entgeltpunkten, (§§ 57, 70 Abs. 3a SGB VI); in concreto:
  - bei einem Kind: Zuschlag von 50% auf die bei Teilzeiterwerbstätigkeit anfallenden Entgeltpunkte,
  - bei zwei oder mehr Kindern: maximale Gutschrift von 2 ⅓ Entgeltpunkten ohne Erwerbstätigkeit;
- Möglichkeit eines freiwilligen Rentensplittings bei bestehender Ehe und nach dem Tod des Ehegatten (§§ 120a-120c SGB VI);
- Vermeidung von Sozialhilfebedürftigkeit bei der Rente (Gesetz über eine bedarfsorientierte Grundsicherung im Alter und bei Erwerbsminderung (GSiG), eingeführt durch Art. 8a AVmG);
- Förderung der neuen Privatvorsorge nach Kinderzahl (§ 85 EStG n. F.).

*bb) bei der abgeleiteten Hinterbliebenenrente:*[82]

- Relevanz der Kindererziehung für die Höhe der Rente (nurmehr 55% bei kinderloser Ehe; §§ 67 Nr. 6 n. F., 78a SGB VI).

*c) Weit darüber hinaus gehende rechtspolitische Postulate*

Für Furore in der rechtspolitischen Diskussion sorgen seit längerer Zeit vollends *systemsprengende Forderungen*, die sich auf die Gewährung von ‚gleichwertigen Elternrenten' richten. Danach soll etwa die Rente für die Erziehung von *zwei Kindern* dieselbe Höhe wie die Rente für *durchschnittliche Lebenserwerbsarbeit* haben.[83]

## 3. Modelle und Postulate eines Erziehungsgehaltes oder Elterngeldes

*„Das Private wird fast vollends öffentlich“*

### a) Skizze des Meinungsspektrums[84]

Am längsten und meistfordernd tritt, wie schon erwähnt (s. o. B II), der Hausfrauen- und Hausmännerverband e. V. für die Zahlung eines Gehaltes für Familienarbeit, insbesondere für Kindererziehung ein. Der Kuriosität halber sei angemerkt, dass auch bereits Josef Beuys auf der ‚documenta (5)' 1972 die Forderung nach einem Hausfrauengehalt erhoben hat.[85]

In der Koalitionsvereinbarung zwischen SPD und Bündnis 90/Die Grünen von 1998 ist die Weiterentwicklung des Erziehungsgeldes zu einem „Elterngeld“ vorgesehen, ohne dass dies aber konkretisiert wird.[86] Gleiches gilt für die Regierungserklärung vom 10. 11. 1998.[87] (Koalitionsvertrag und Regierungserklärung von 2002 betonen demgegenüber den Ausbau von Betreuungseinrichtungen für Kinder).

Neuen Schub erhielt inzwischen die Diskussion um ein Elterngeld/Erziehungsgehalt/Familiengeld und um sonstige Maßnahmen der Familien- und Bevölkerungspolitik durch Vorstöße gerade aus dem konservativen politischen Lager.[88] Insgesamt hat im Jahr 2001 ein regelrechter Wettlauf der Parteien um (wähler-)wirksame Konzepte der Familienförderung eingesetzt.

Es gibt zahlreiche Vorschläge, wie ein solches Familiengeld oder -gehalt oder wie immer man es nennt, aussehen könnte.[89] Allen Ansätzen ist die Idee gemeinsam, durch die Sicherung eines angemessenen Einkommens schon *während der Zeit der Kindererziehung* dieses höchstrangige öffentliche Gut zu sichern. Die Rede ist auch davon, allen Männern und Frauen die Möglichkeit zu geben, frei zwischen Familien- oder Erwerbsarbeit zu wählen, und eine bessere Vereinbarkeit von Familie und Beruf zu bewerkstelligen.

Mehrere deutsche Modelle versuchen dies dadurch zu erreichen, dass Erziehende von drei Kindern eine staatliche Transferleistung in Höhe des *Durchschnittseinkommens* aller sozialversicherungspflichtig Vollzeitbeschäftigten erhalten sollen.[90] Manche Modelle beziehen nicht nur die Kindererziehung, sondern auch die Pflege von Angehörigen mit ein.[91] Überall ist vorgesehen, dass die Zeiten, in denen Erziehungsgehalt geleistet wird, auch sozialversichert sind; teilweise sollen die Transferleistungen auch steuerpflichtig sein.

### b) Grundzüge der bislang weitestreichenden Studie[92]

Im Folgenden sei beispielhaft über das Modell von Michael Leipert und Christian Opielka etwas näher berichtet, da es insbesondere wegen seiner detaillierten Finanzierungsberechnungen häufig zitiert wird. Die 1998 von den genannten Autoren vorgestellte Studie unter dem Titel „Erziehungsgehalt 2000: Ein Weg zur Aufwertung der Erziehungsarbeit“ wurde vom Institut für Sozialökologie (ISÖ) in Auftrag gegeben. Vorgeschlagen wird darin die

Schaffung eines von einem zu gründenden *Bundesfamilienfonds* getragenen Erziehungsgehaltes in *drei Phasen.*

In einer *ersten Phase* soll der erste Teil des *Erziehungsgehalts I* eingeführt werden. Von der Geburt bis zum vollendeten dritten Lebensjahr eines Kindes erhalten danach Eltern 2000 DM für das erste und 1000 DM für jedes weitere Kind. *Für Alleinerziehende* wird ein Zuschlag von 15% vorgesehen. Der *Kostenaufwand* allein für diese erste Phase wird auf ca. *57 Mrd. DM* jährlich beziffert.

Die *zweite Phase* soll den *zweiten Teil des Erziehungsgehalts I* bringen, das Eltern von *Kindern zwischen 3 und 7 Jahren* gezahlt wird. Nach einer Variante soll ein Teil davon (etwa 600 DM) als *‚Erziehungsgutschein'* für die Nutzung außerhäuslicher Kinderbetreuungseinrichtungen ausgezahlt werden.

Was die Relevanz einer *Erwerbstätigkeit* der Erziehungspersonen anbelangt, so soll nach einer Variante das Erziehungsgehalt I *erwerbsunabhängig* geleistet werden, nach einer anderen Variante soll der Zahlbetrag *entsprechend dem zeitlichen Umfang* der Erwerbsarbeit (nicht der Einkommenshöhe) *gemindert* werden.

Für die *erwerbsunabhängige* Variante des Erziehungsgehalts I wird insgesamt *ein Kostenaufwand von 115 Mrd. DM* jährlich veranschlagt.

In einer *dritten Phase* soll dann das *Erziehungsgehalt II* gezahlt werden, das in einer Variante für Familien mit *Kindern von 7 bis 18 Jahren 1400 DM* monatlich für das erste und 600 DM für jedes weitere Kind betragen soll. Sonstiges Einkommen soll dabei nach Abzug der Sozialversicherungsbeiträge zu 50% angerechnet werden. Nach einer anderen Variante würde das Erziehungsgehalt II einkommensunabhängig, aber dafür im Niveau reduziert gewährt.

Der Kostenaufwand für das Erziehungsgehalt II wird auf 10,7 Mrd. DM pro Jahr geschätzt.

Schließlich soll in der *dritten Phase* auch noch eingeführt werden, dass Erziehende *im Anschluss an das Erziehungsgehalt II* nach dem 18. Lebensjahr des jüngsten Kindes *bis zum Rentenzugang* eine *einkommensabhängige Grundsicherung iHv 1400 DM* monatlich erhalten. Hierfür wird mit Kosten in Höhe von 7,3 Mrd. DM gerechnet.

Hinsichtlich der Finanzierung erhoffen die Autoren vor allem Einsparungen bei staatlichen Transferleistungen, außerdem positive Einnahmeeffekte aus einer stärkeren Binnennachfrage. Zur Auffüllung des Rests schlagen sie vor, Alterseinkommen und Vermögen zu besteuern sowie die Erbschaftsteuer zu erhöhen. Darüber hinaus soll das Ehegattensplitting eingeschränkt werden. In der Finanzierungsfrage sehen die Autoren aber selbst die größte Schwäche ihres Konzepts.

### c) Grundsatzkritik, Erfolgszweifel und Finanzierungsbedenken[93]

Entlohnung für Erziehungsarbeit bedeutet bis zu einem gewissen Grad ihre Entprivatisierung, also die *Sozialisierung von Erziehungsarbeit*;[94] daran führt kein Weg vorbei. Die traditionelle Sicht, dass das Aufziehen eigener Kinder sowohl betreuungsmäßig wie finanziell ganz überwiegend Privatsache sei[95], hat in Deutschland erst unter dem Druck der demographischen Krise und verfassungsgerichtlicher Entscheidungen einem anderen Verständnis allmählich zu weichen begonnen. Über die *politische Sinnhaftigkeit*, für Kindererziehungslasten verstärkt öffentliche Verantwortung zu übernehmen, muss also hinreichend politischer Konsens bestehen;[96] die Auspizien hierfür sähen wohl nicht schlecht aus.

Zweifellos liegt aber das größte Hindernis in der Finanzierung; sowohl die Aufbringung der gewaltigen Summen überhaupt, wie auch die Verteilung der Kosten zwischen den öffentlichen Körperschaften, Bund, Ländern und Kommunen, sind hochgradig konfliktträchtig. Je mehr Mittel über *Steuererhöhungen* aufgebracht werden müssen, desto schwieriger gestaltet sich eine effektvolle Umsetzung substanziell gewichtiger Konzepte.

Sieht man von den immensen Kosten einmal ab, die auf absehbare Zeit eine annähernd umfassende Realisierung als unwahrscheinlich erscheinen lassen, so liegen auch Zweifel nicht fern, ob durch bloße Geldleistungen nennenswerte Wirkungen auf die Geburtenrate erzielt werden könnten.[97] Diese Fragen mögen hier aber dahingestellt bleiben; andere Bedenken aus ‚gendersensibler' Betrachtungsweise drängen sich auf.

Von gleichheitsfeministischen Standpunkten aus ist vor allem einzuwenden, Erziehungsgehalt führe zur Bindung von Frauen und Müttern an ‚Haus und Herd'.[98] Zwar greifen solche Bedenken vermutlich um so weniger, je einkommens- und erwerbszeitunabhängiger ein Erziehungsgehalt ausgestaltet würde,[99] dennoch spräche aus heutiger Sicht vieles dafür, dass, wenn überhaupt, weit mehr Mütter als Väter sich veranlasst sähen, die traditionelle Familienrolle wieder zu übernehmen; Befürchtungen von Rückschlägen der Durchsetzung einer *egalitären Rollenverteilung* in der Gesellschaft liegen nahe. Es liegt auch die Besorgnis nicht fern, dass ein neuer Niedriglohnsektor geschaffen werden könnte.[100] Kommen wir daher abschließend wenigstens noch pauschal auf Alternativvorschläge zur Bewältigung der Probleme der nicht marktmäßig bezahlten Familienarbeit zu sprechen.

## C. Gegenkonzepte der Umverteilung und Entlastung von Familienarbeit anstelle von ‚Entlohnung'

### I. Entlastung durch innerfamiliäre Arbeitsteilung

#### 1. Statuierung von Rechtspflichten zur partnerschaftlichen Aufgabenteilung im Familienrecht

In der bunten Palette von Überlegungen zur Förderung der egalitären Rollenverteilung zwischen den Geschlechtern in unserer Gesellschaft finden sich auch *familienrechtliche* Ansätze, und zwar in zweierlei Hinsicht: in Bezug auf das Verhältnis von Eltern und Kindern und auf das Verhältnis der Ehegatten. Um den erforderlichen Bewusstseinswandel in der Gesellschaft zu fördern, wurde daran gedacht, den Eltern nicht nur – wie das Gesetz es jetzt bestimmt – die Pflicht für die Befähigung ihrer Kinder zu einer *angemessenen Berufstätigkeit* aufzuerlegen (§ 1610 Abs. 2 BGB), sondern auch die Pflicht zur *Befähigung zur Familienarbeit.* Zum anderen wurde gelegentlich die Forderung erhoben, dass jeder Ehegatte *rechtlich verpflichtet* sein sollte, den Wunsch des anderen nach beruflicher Tätigkeit zu respektieren und ihm bei der Realisierung behilflich zu sein.[101]

Dies sei hier mehr zur Abrundung erwähnt, denn es wäre naiv zu meinen, man könnte mit Rechtsvorschriften in die privatesten Beziehungen der Menschen steuernd eingreifen, solange diese einigermaßen intakt sind. Derartigen ‚Rechtspflichten' käme kaum mehr als eine Art von programmatischer oder symbolischer Bedeutung zu.[102]

#### 2. Schaffung besserer Möglichkeiten und Anreize zur partnerschaftlichen Aufgabenteilung

Will man in unserer Gesellschaft die egalitäre Rollenverteilung voranbringen, so wird man – was ja auch schon seit vielen Jahren und von vielen Seiten betont wird – die Rahmenbedingungen der Erwerbsarbeit familienfreundlicher gestalten müssen.[103] Zum einen müsste wohl das Leitbild des Vollzeitarbeitsverhältnisses, welches kontinuierlich von der Ausbildung bis zum Ruhestand andauert, seine Dominanz verlieren. Auf diesem Felde ist bereits einiges im Gange: Im *öffentlichen Dienst* begann schon Ende der 60er Jahre die Flexibilisierung mit Möglichkeiten der Teilzeitarbeit oder der Arbeitsfreistellung für einige Jahre aus familiären Gründen.[104] Seit Beginn des Jahres 2001 ist ein *Recht auf Teilzeitarbeit auch in der Privatwirtschaft* gesetzlich festgeschrieben.[105] Freilich steht diesem Recht, welches der gesamten Arbeitnehmerschaft zunächst voraussetzungslos eingeräumt wird (§ 8 Abs. 1 TzBfG), die *Blankett-einschränkung der ‚betrieblichen Erfordernisse‘* entgegen (§ 8 Abs. 4 TzBfG). Es wird also viel darauf ankommen, wie man in der Wirtschaft damit umgeht, und welche Akzeptanz infolgedessen die Neuregelung allgemein in der Gesellschaft finden wird. Auf der Hand liegen freilich auch insoweit Bedenken, dass weiterhin mehrheitlich die Frauen um Teilzeitarbeit nachsuchen und die Männer die Karrierechancen wahrnehmen werden.[106] Dennoch erscheint die Schaffung von Spielräumen für Rollenwechsel und Rollenkombinationen für die Entfaltungschancen der Frauen auf allen Lebensgebieten vorteilhaft.

Für *längere Erwerbsunterbrechungen* oder auch berufliche Umstiege müssen wirksame *Arbeitsförderungsmaßnahmen* bereit gehalten werden, um die Erwerbsrisiken von längeren Phasen der Familienarbeit zu vermindern.[107]

### II. Entlastung durch außerfamiliäre Betreuungs- und Pflegeeinrichtungen

So bleibt als *ceterum censeo* die sattsam bekannte Klage über das Defizit an außerfamiliären Betreuungs- und Pflegeeinrichtungen (Kinderkrippen, Tageseltern, Kindergärten und -horten sowie Ganztagsschulen u.ä.) in unserem Land anzustimmen. Die derzeitige Bundesregierung pariert denn auch recht geschickt die neueren Postulate aus dem Oppositionslager auf Zahlung von Erziehungsgeldern (in welcher Höhe auch immer) mit Ankündigungen für den Ausbau von Betreuungseinrichtungen, wie etwa Ganztagsschulen, die die Eltern von Betreuungsarbeit entlasten sollen.[108] Diese Art der Förderung der Vereinbarkeit von Familie und Beruf dürfte sich bevölkerungspolitisch (und allmählich auch arbeitsmarktpolitisch) am aussichtsreichsten erweisen, denn ausländische Erfahrungen, etwa aus Frankreich oder Skandinavien, belegen eindrucksvoll, dass die Versorgung mit Betreuungseinrichtungen sowohl mit der Höhe der Geburtenrate wie auch mit der Quote der Frauenerwerbstätigkeit positiv korreliert.[109]

## Schlussbemerkung: Realisierungschancen verschiedenartiger Ansätze

Es war primär das Anliegen dieser Ausführungen, eine Art Bestandsaufnahme vorzulegen sowohl über Einrichtungen des *geltenden Rechts* wie über die *vorausgegangene Entwicklung* und vor allem auch über *aktuelle Änderungen und Zukunftsprogramme*. Mit eigenen Bewertungen hielt ich nicht hinter dem Berg, und Sie alle werden Ihre persönlichen Ansichten haben. Wenn ich noch eine Einschätzung über die Realisierungs- und Weiterführungschancen vorhandener Ansätze wagen sollte, so würde ich meinen, dass die Individualisierung in unserer Gesellschaft noch fortschreiten wird und im Gefolge davon auch die weitere Ausdifferenzierung im Bereich der Familienbeziehungen, so dass die demokratische Politik, die sich diesen Wandlungsprozessen und unterschiedlichen Werthaltungen anpassen muss und darüber hinaus politikinternen Profilierungs- und Polarisierungszwängen unterliegt, wohl weiterhin mit pluralistischen Zielsetzungen und einem vielgestaltigen Instrumentarium arbeiten wird.

## Anmerkungen

Der Vortragsstil des Textes ist im Wesentlichen beibehalten. – Meinem Mitarbeiter, Rechtsreferendar Andreas Pattar, verdanke ich intensive Hilfe bei Beschaffung und Auswertung des Materials; wegen dessen Fülle mussten die folgenden Anmerkungen gleichwohl sehr selektiv ausfallen. Infolge des langen zeitlichen Abstandes zwischen Vortrag und Veröffentlichung wurden einige Anpassungen notwendig oder erschienen zumindest nützlich; hierbei half mir meine Mitarbeiterin, Rechtsreferendarin Johanna Kemper.

1 So z. B. an der Berliner Humboldt-Universität, s. dazu Susanne Baer: „Rechtswissenschaft", in: Christina von Braun, Inge Stephan (Hrsg.): *Gender Studien. Eine Einführung,* Weimar 2000, S. 155-168, (158).

2 Für einen Überblick zur Rechtsentwicklung auf genderrelevantem Gebiet bis 1994 vgl. Ursula Köbl: „Recht und Rechtswissenschaft", in: Deutsche Forschungsgemeinschaft (Hrsg.): *Sozialwissenschaftliche Frauenforschung in der Bundesrepublik Deutschland. Bestandsaufnahme und forschungspolitische Konsequenzen,* Berlin 1994, S. 168-189; historisch ausgreifend Ute Gerhard: *Gleichheit ohne Angleichung. Frauen im Recht,* 1990 (Habilitationsschrift, Hannover 1987) u. in anderen Werken; s. a. Susanne Baer (N. 1).

3 Zur dramatischen Vorgeschichte Barbara Böttger: *Das Recht auf Gleichheit und Differenz. Elisabeth Selbert und der Kampf der Frauen um Art. 3 II GG,* Münster 1990 (Diss., Münster 1989).

4 Durch das sog. Gleichberechtigungsgesetz vom 18. 6.1957, Bundesgesetzblatt (BGBl.) 1957 I, S. 609.

5 Bundesverfassungsgericht (BVerfG) 29. 7.1959: *Sammlung der Entscheidungen des Bundesverfassungsgerichts (BVerfGE)* 10, S. 59.

6 Durch das sog. Erste Eherechtsänderungsgesetz v. 14. 6.1976, BGBl. 1976 I, S. 1421.

7 Durch das Gesetz zur Änderung der elterlichen Sorge vom 18. 7.1979, BGBl. 1979 I, S. 1061.

8 BVerfG 5. 3. 1991, BGBl. 1991 I, S. 807; Familiennamensrechtsgesetz v. 16. 12.1993, BGBl. 1993 I, S. 2054.

9 Bis dahin bestimmte § 63 Abs. 1 des Deutschen Beamtengesetzes vom 26. 1.1937 in der Fassung des Gesetzes zur vorläufigen Regelung der im Dienst des Bundes stehenden Personen vom 17. 5. 1950 (BGBl. 1950 I, S. 207): „Ein weiblicher Beamter kann, wenn er sich verehelicht, entlassen werden. Er ist zu entlassen, wenn er es beantragt. Er darf ohne Antrag nur entlassen werden, wenn seine wirtschaftliche Versorgung nach der Höhe des Familieneinkommens dauernd gesichert erscheint; die wirtschaftliche Versorgung gilt als dauernd gesichert, wenn der Ehemann in einem Beamtenverhältnis steht, mit dem ein Anspruch auf Ruhegehalt verbunden ist."

10 Bundesarbeitsgericht (BAG) 15. 1.1955: *Sammlung der Entscheid-*

*ungen des Bundesarbeitsgerichts (BAGE)* 1, S. 258.

11 BAG 10. 5.1957, *BAGE* 4, S. 274.

12 Zuerst durch den Europäischen Gerichtshof (EuGH) 25. 7. 1991 – Rs. C-345/89 (Stoeckel): *Sammlung der Entscheidungen des Europäischen Gerichtshofs (Slg.)* 1991 I, S. 4047; für Deutschland BVerfG 28. 1. 1992, *BVerfGE* 85, S. 191.

13 Vgl. zu dieser Entwicklung einerseits noch Ursula Köbl: *Frau und Beruf,* 1. Aufl., München 1975, und andererseits dies.: *Frau und Beruf,* 3. Aufl., München 1995, jeweils Abschnitt Arbeitsschutz.

14 Zuerst durch den EuGH 11. 1. 2000 – Rs. C-985/98 (Tanja Kreil gegen Bundesrepublik Deutschland), *Slg.* 2000 I, S. 69; in Deutschland ausdrücklich umgesetzt mit Wirkung vom 23. 12. 2000 durch Gesetz zur Änderung des GG (Art. 12a) v. 19. 12. 2000, BGBl. 2000 I, S. 1755.

15 Aus dem reichhaltigen Schrifttum nur die wichtigsten Monographien: Ernst Benda: *Gutachten im Auftrag der Leitstelle Gleichstellung der Frau. Notwendigkeit und Möglichkeit positiver Aktionen zugunsten von Frauen im öffentlichen Dienst,* Hamburg 1986; Michael Sachs: *Grenzen des Diskriminierungsverbotes,* München 1987; Heide M. Pfarr: *Quoten und Grundgesetz. Notwendigkeit und Verfassungsmäßigkeit von Frauenförderung,* Baden-Baden 1988; Vera Slupik: *Die Entscheidung des Grundgesetzes für Parität im Geschlechterverhältnis. Zur Bedeutung von Art. 3 Abs. 2 und 3 GG in Recht und Wirklichkeit,* Berlin 1988 (Diss., Frankfurt/M. 1987); Ulrich Maidowski: *Umgekehrte Diskriminierung. Quotenregelungen zur Frauenförderung im öffentlichen Dienst und in den politischen Parteien,* Berlin 1989; Robert Francke/Bettina Sokol/Elke Gurlit: *Frauenquoten in öffentlicher Ausbildung,* Baden-Baden 1991; Sybille Raasch: *Frauenquoten und Männerrechte. Eine rechtsdogmatische Untersuchung zu Art. 3 Abs. 2 des Grundgesetzes,* Baden-Baden 1991 (teilw. Diss., Hamburg 1990); Ute Sacksofsky: *Das Grundrecht auf Gleichberechtigung. Eine rechtsdogmatische Untersuchung zu Art. 3 Abs. 2 des Grundgesetzes,* 2. Aufl., Baden-Baden 1996 (ursprgl. Diss., Heidelberg 1990).

16 Zur alten und neuen Rechtslage: Theodor Lenckner, Walter Perron: „Vorbemerkung zu § 174 ff" Rn 4 ff, in: Adolf Schönke, Horst Schröder: *Strafgesetzbuch Kommentar*, 26. Auflage, München 2001.

17 Niedergelegt im sog. Beschäftigtenschutzgesetz v. 24. 6. 1994, BGBl. 1994 I, S. 1406; Susanne Baer: *Würde oder Gleichheit? Zur angemessenen grundrechtlichen Konzeption von Recht gegen Diskriminierung am Beispiel sexueller Belästigung am Arbeitsplatz in der Bundesrepublik Deutschland und den USA,* Baden-Baden 1995 (Diss., Frankfurt/M.).

18 Vgl. nur Helmut Heinrichs, in: *Palandt Bürgerliches Gesetzbuch,* 60. Aufl., 2001, § 1 Rn. 10.

19 Vgl. nur Uwe Diederichsen, in: *Palandt Bürgerliches Gesetzbuch,* 60. Aufl., 2001, Einführung v. § 1616 Rn. 14.

20 In der Folge eines Beschlusses des BVerfG vom 11. 10. 1978, *Neue Juristische Wochenschrift (NJW)* 1979, S. 595, erging das „Gesetz über die Änderung der Vornamen und die Feststellung der Geschlechtszugehörigkeit in besonderen Fällen – Transsexuellengesetz" vom 10. 9. 1980 (BGBl. 1980 I, S. 1654), zuletzt geändert durch Gesetz v. 4. 5. 1998 (BGBl. 1998 I, S. 833), das die rechtliche Anerkennung der Transsexualität ermöglicht. Zuletzt entschied das BVerfG 1982, dass die frühere starre Altersgrenze von 25 Jahren gegen das Grundgesetz verstößt, BVerfG, Beschluss v. 16. 3. 1982, *(BVerfGE* 60, S. 123) und Beschluss v. 26. 1. 1993, (*BVerfGE* 88, S. 87). Die Beziehungen zu Kindern und Ehegatten bleiben durch die Feststellung der Transsexualität als solche unberührt, Günter Weick, Norbert Habermann, in: *J. von Staudingers Kommentar zum Bürgerlichen Gesetzbuch,* 12. Aufl., 1995, § 12 Rn. 185-187; eine Ehe bleibt formell bestehen, OLG Hamburg 8. 4. 1980, *Entscheidungen der Oberlandesgerichte in Zivilsachen (OLGZ)* 1980, S. 431.

21 Durch das „Vierte Gesetz zur Reform des Strafrechts" v. 23. 11. 1973 (BGBl. 1973 I, S. 1725) wurden zunächst homosexuelle Handlungen unter Männern im Allgemeinen entkriminalisiert und nur noch homosexuelle Handlungen eines volljährigen mit einem minderjährigen Mann bestraft. Durch das „29. Strafrechtsänderungsgesetz" v. 31. 5. 1994 (BGBl. 1994 I, S. 1168) wurde § 175 StGB vollständig aufgehoben und damit die Schutzalter für homo- und heterosexuellen Geschlechtsverkehr einander angeglichen.

22 Am 1. 8. 2001 trat das „Gesetz zur Beendigung der Diskriminierung gleichgeschlechtlicher Gemeinschaften: Lebenspartnerschaften" v. 16. 2. 2001 (BGBl. 2001 I, S. 266) in Kraft; s. auch u. B. IV. 5. – Vgl. zur Diskussion hierüber Sabine Hark: „ ‚Vor dem Gesetz': Kämpfe um die Homo-Ehe. BRD und USA", in: *Freiburger FrauenStudien (FFS)* 1/2000, S. 81-98; die Beiträge von Bea Verschraegen, Kerstin Strick, Wilfried Schlüter, Jasmin Heckes und Sonja Stommel in Heft 2/2000 der Zeitschrift *Deutsches und Europäisches Familienrecht (DEuFamR)*; Günter Krings: „Die ‚eingetragene Lebenspartnerschaft' für gleichgeschlechtliche Paare", in: *Zeitschrift für Rechtspolitik (ZRP)* 2000, S. 409-415; Johann Braun: „Gleichgeschlechtliche Partnerschaft und Ehe", in: *ZRP* 2001, S. 14-18, jew. m. Nachw.

23 Weick/Habermann (Fn. 20), § 12 Rn. 188.

24 Vgl. programmatisch die „Empfehlung des Ministerkomitees des Europarates an die Mitgliedstaaten über Gender-Mainstreaming" Nr. R (98) 14 vom 7. 10.1998, www.coe.fr/cm/ta/rec/1998/98r14.htm; Beate Hoecker: „Geschlechterdemokratie im europäischen Kontext. Die Konzepte der Europäischen Union zur Förderung der politischen Beteiligung von Frauen", in: *Aus Politik und Zeitgeschichte* B 31-32/2000, S. 30-38. – Polemisch-kritisch zur ‚Frauenbevorzugung' Georg Friedenberger: *Die Rechte der*

*Frauen. Narrenfreiheit für das weibliche Geschlecht? Wie Feministinnen Gesetze diktieren. §♀§,* Königsbrunn 1999.

25 Zu Versuchen der Bestimmung des Begriffs ‚Familienarbeit' in der Literatur vgl. Irmhild Kettschau: *Wieviel Arbeit macht ein Familienhaushalt? – Zur Analyse von Inhalt, Umfang und Verteilung der Hausarbeit heute,* Dortmund 1980 (Diss., PH Dortmund), S. 42 f. und Dieter Schäfer, Norbert Schwarz, in: Bundesministerium für Familie, Senioren, Frauen und Jugend (BMFSFJ) (Hrsg.): *Zeit im Blickfeld: Ergebnisse einer repräsentativen Zeitbudgetstudie,* Stuttgart 1996, S. 23-37. Vgl. auch Rosemarie von Schweitzer, H. Hagemeier: „Die ‚werteschaffenden Leistungen' und Belastungen durch Familientätigkeiten", in: Gerhard Kleinhenz (Hrsg.) *Festschrift für Heinz Lampert,* Berlin 1995, S. 247-274.

26 Dazu repräsentativ Heinz Peter Galler, Notburga Ott: *Empirische Haushaltsforschung – Erhebungskonzepte und Analyseansätze angesichts neuer Lebensformen,* Frankfurt/M. 1993, Kap. 5. – Ulrike Horn vertritt in ihrem „streitbaren Buch" (so der Klappentext): *Neue Mütter hat das Land. Selbstbewusst und gleichberechtigt,* Stuttgart 2000, S. 33, Vollzeiteltern erledigten die Hausarbeit „wie jeder berufstätige Mensch" nebenher; nicht die Haushaltsführung, sondern die Kindererziehung, werde zum Beruf gemacht, ebd. S. 32.

27 So vor allem Kirsten Scheiwe: *Kinderkosten und Sorgearbeit im Recht. Eine rechtsvergleichende Studie,* Frankfurt/M. 1999 (Habilitationsschrift„ Frankfurt/M. 1998). – Für einen wirtschaftswissenschaftlichen Ansatz Silvia Zendron: „Kinder – Wer trägt die Kosten, wer hat den Nutzen? Volkswirtschaftliche Betrachtungen zum Thema", in: Ursula Floßmann, Barbara Trost (Hrsg.): *Aktuelle Themen der Frauenpolitik,* Linz 1994, S. 33-51.

28 Vgl. hierzu Kettschau (N. 25), S. 42 und Schäfer/Schwarz (N. 25), S. 28-33.

29 Zu religiösen und ethischen Grundlagen der Lohnbemessung s. u. N. 65. – Versuche der Bestimmung der wirtschaftlichen Wertigkeit der Haushaltsproduktion finden sich bei Schäfer/ Schwarz (N. 25), S. 38-54.

30 Vgl. hierzu etwa das Extraheft der *Feministischen Studien 2000* unter dem Titel „Fürsorge – Anerkennung – Arbeit", Ulrike Horn (N. 26), S. 139 ff., und mit Vorschlägen für konkrete Maßnahmen Daniel O'Sullivan: *Ambulante Pflege und Betreuung in Familie und neuem Ehrenamt,* Berlin 2000 (Diss., Hamburg 1999), S. 335.

31 So gibt zwar § 1353 des Bürgerlichen Gesetzbuchs (BGB) dem Ehegatten einen Anspruch gegen den anderen auf, ‚Herstellung der ehelichen Lebensgemeinschaft', der auch eingeklagt werden kann (Ausnahme: rechtsmissbräuchliche Geltendmachung), dazu Andreas Wacke, in: *Münchener Kommentar zum Bürgerlichen Gesetzbuch,* Band 7, 4. Aufl., München 2000, § 1353 Rn. 34-38, doch kann ein solches Urteil nach § 888 Abs. 2 der Zivilprozessordnung (ZPO) nicht vollstreckt werden.

32 Zu finden unter http://www.dhg-frauen.de.

33 Ähnlich auch Schäfer/Schwarz (N. 25), S. 15-19.

34 Ulrike Horn, (N. 26) S. 133 f. stellt ein „Anforderungsprofil für Vollzeitmütter" auf.

35 Grundlegende wirtschaftswissenschaftliche Analysen solcher Verteilungsentscheidungen nahm insbesondere Gary S. Becker vor – vgl. von seinen zahlreichen Werken nur Gary S. Becker: *Human Capital. A Theoretical and Empirical Analysis, with Special Reference to Education,* Columbia 1964; Gary S. Becker: *Ökonomische Erklärung menschlichen Verhaltens,* 2. Aufl., Tübingen 1993 – mit ähnlichen Kategorien arbeitend Notburga Ott: *Intrafamily Bargaining and Household Decisions,* Berlin, Heidelberg 1992 (Diss., Bielefeld 1989); dies.: „Die Rationalität innerfamiliärer Entscheidungen als Beitrag zur Diskriminierung weiblicher Arbeit", in: Gerd Grözinger, Renate Schubert, Jürgen Backhaus (Hrsg.): *Jenseits von Diskriminierung. Zu den institutionellen Bedingungen weiblicher Arbeit in Beruf und Familie,* Marburg 1993, S. 113-146.

36 Gernhuber/Coester-Waltjen (N. 61), § 21 I 8 (S. 230 ff.).

37 In gewissen Grenzen umfasst der Naturalunterhalt auch die Pflicht zur Pflege des Ehegatten, vgl. Daniel O'Sullivan (N. 30), Teil D.

38 Heinz Hübner, Reinhard Voppel, in: *J. von Staudingers Kommentar zum Bürgerlichen Gesetzbuch,* 13. Aufl., Berlin 2000, § 1360a Rn. 17-26; Christian Müller: *Unterhaltsrecht,* Baden-Baden 1998, Rn. 226-228 m. Nachw.; Gernhuber/Coester-Waltjen (N. 61), § 21 I 16 (S. 236); kritisch gegen die Verselbständigung eines Taschengeldanspruchs Tobias Haumer: *Der Taschengeldanspruch zwischen Ehegatten im Recht des Familienunterhaltes,* Berlin 1995.

39 Siehe hierzu jedoch die Bundestagsdrucksache 14/1518: Dieser Gesetzentwurf des Bundesrates sieht vor, dass in den §§ 1360 und 1360a BGB ausdrücklich festgeschrieben wird, dass beide Ehegatten einen „Anspruch auf angemessene Teilhabe" an den Familieneinkünften haben und dass der nicht verdienende gegen den verdienenden Ehegatten bzgl. der Einkünfte einen Auskunftsanspruch hat.

40 Hübner/Voppel (N. 38), § 1361 Rn. 160; für grundsätzliche Halbteilung auch bei Erwerbstätigkeit des Unterhaltsschuldners Anne Röthel: „Erwerbstätigenbonus und Halbteilungsgrundsatz", in: *Zeitschrift für das gesamte Familienrecht (FamRZ)* 2001, S. 328-334.

41 Zur Problematik des Vorsorgeunterhalts s. a. Bernd Baron von Maydell: „Altersvorsorgeunterhalt. Zum schwierigen Verhältnis von Familienrecht und Sozialrecht", in: *Festschrift für Joachim Gernhuber,* Tübingen 1993, S. 725-735.

42 Hübner/Voppel (N. 38), § 1361 Rn. 162 f. Die Düsseldorfer Tabelle von 2002 findet sich in *FamRZ* 2001, S. 810 (Stand: 1.1.2002). – Der Freiburger Familiensenat des OLG Karlsruhe verwendet diese Tabelle mit Modifikationen, vgl. etwa

Röse Häußermann/Peter Gerhard „Unterhaltsrechtliche Leitlinien der Familiensenate in Süddeutschland" *FamRZ* 2002, S. 508; Klaus Riegner „Anmerkungen zu den Süddeutschen Unterhaltsleitlinien" *FamRZ* 2002, S. 511. Er setzt den Erwerbstätigenbonus mit $^{1}/_{10}$ fest und gewährt somit dem erwerbstätigen Ehegatten $^{11}/_{20}$ und dem nicht erwerbstätigen $^{9}/_{20}$ des Einkommens des Erwerbstätigen, wobei aber zuvor 5 % des Einkommens als berufsbedingte Pauschale vom Einkommen abgesetzt werden.

43 Höhe derzeit für Nichterwerbstätige 730 €, für Erwerbstätige 840 €, Düsseldorfer Tabelle (N. 42) Anm. 5.

44 Bahnbrechend BVerfG, Urteil v. 7. 7. 1992, *BVerfGE* 87, S. 1 (41): „[Es] ist jedenfalls sicherzustellen, daß sich mit jedem Reformschritt die Benachteiligung für die Familie tatsächlich verringert. Dem muß der an den Verfassungsauftrag gebundene Gesetzgeber erkennbar Rechnung tragen." Neuerdings fordert das BVerfG die Berücksichtigung der Kindererziehungsleistung bei der Bemessung der Beitragssätze zur Pflegeversicherung, BVerfG 3. 4. 2001, Az. 1 BvR 1629/ 94, *NJW* 2001, S. 1707ff. – Einen Überblick über die Kindererziehungsleistungen im Sozialversicherungsrecht bietet Wolfgang Gitter: „Familien- und Kindererziehungsleistungen im Sozialversicherungsrecht", in: Hermann Lange (Hrsg.): *Festschrift für Joachim Gernhuber,* Tübingen 1993, S. 651-665; zu den familien- und sozialversicherungsrechtlichen Sicherungsinstrumenten Hans-Joachim Reinhard: „Küche, Kinder, Kirche – Karriere? Notwendigkeit von Veränderungen der sozialen Sicherung der Frau in einer sich wandelnden Gesellschaft", in: Bernd Baron von Maydell (Hrsg.): *Gedächtnisschrift Czesław Jackowiak,* Warschau 1999, S. 429-453.

45 Ständ. Rechtssprech. seit BGH GS Beschl. v. 09.07.1968 Z 50, S. 304 und ganz h.M.

46 BGH Urt. v. 08.02.1983 Z 86, S. 372 = *NJW* 1983, S. 1425. (str.); zum Meinungsstand vgl. Ursula Stein (N. 48), § 844 Fn. 125. Bei Einstellung einer Ersatzkraft wird deren Bruttolohn geschuldet.

47 Dies scheint die gängige Einstufung zu sein. Je nach den Anforderungen der Tätigkeit in Einzelfall kann sich Abweichendes ergeben. Prinzipiell kommt eine Einstufung zwischen BAT VI (vereinzelt wird sogar BAT V für angemessen erachtet) und BAT IXb in Betracht.

48 BGH Urt. v. 29.03.1988 Z 104, S. 113 = *NJW* 1988, S. 1783 mwN; Ursula Stein, in: Karl Rebmann (Hrsg.): *Münchener Kommentar zum Bürgerlichen Gesetzbuch, Schuldrecht,* Besonderer Teil III, 3. Aufl., München 1997, § 844 Fn. 123.

49 Gebräuchlich sind die Tabellen von Hermann Schulz-Borck: *Schadensersatz bei Ausfall von Hausfrauen und Müttern im Haushalt mit Berechnungstabellen*, 6. Aufl., Karlsruhe 2000, S. 25ff.

50 Hermann Schulz-Borck (N.49) Tab. 1 S. 25; wird mehr Aufwand betrieben, können ohne sonstige Zuschläge wegen Wohnungsgröße oder Kindesalter

bis zu 120,5 Stunden zugrunde gelegt werden!

51 Vgl. Hermann Schulz-Borck (N.49) Tab. 5 S. 39.

52 Eingeführt durch das Gleichberechtigungsgesetz v. 18. 6. 1957 (BGBl. 1957 I, S. 609).

53 Eingeführt durch das sog. Erste Eherechtsänderungsgesetz v. 14. 6. 1976 (BGBl. 1976 I, S. 1421).

54 Gerd Brudermüller, in: *Palandt Bürgerliches Gesetzbuch*, 61. Aufl., 2002 § 1570 Rn 9 mwN, BGH *NJW* 1995, S. 1148 (1149); unterhaltsrechtliche Leitlinien des OLG Köln vom 01.01.2002 Nr. 19; unterhaltsrechtliche Leitlinien der Familiensenate in Süddeutschland vom 01.01.2002 Nr. 18; OLG Koblenz Urt. v. 12.02.2001 *FamRZ* 2001, S. 1617 geht sogar von der Unzumutbarkeit jeglicher Erwerbstätigkeit bis zum 10. Lebensjahr des Kindes aus. Unklar BGH Urt. v. 12.03.1997 *FamRZ* 1997, S. 671 (673).

55 Bea Verschraegen, in: *J. von Staudingers Kommentar zum Bürgerlichen Gesetzbuch,* 12. Aufl., 1999, § 1570 Rn. 36-46; Hans-Ulrich Maurer, in: *Münchener Kommentar zum Bürgerlichen Gesetzbuch, 4. Aufl. 2000,* § 1570 Rn. 10-13 m. Nachw. – Bei Betreuung mehrerer Kinder sind noch großzügigere Maßstäbe anzulegen. Werden drei und mehr Kinder betreut, „wird eine Erwerbsobliegenheit nur in seltenen Ausnahmefällen in Betracht kommen.“, Ebd., Rn. 14 f. m. Nachw.; Christina Eberl-Borges: „Ausgleich für kinderbetreuungsbedingten Verdienstausfall nach Scheitern der Lebensgemeinschaft“, in: *DEuFamR* 2000, S. 245-256 (255).

56 BGH Urt. v. 14.11.1984 *FamRZ* 1985, S. 141, Urt. v. 23.04.1986 *FamRZ* 1986, S. 783 = *NJW* 1987, S. 58, st. Rspr., zuletzt OLG Hamm Urt. v. 15.06.2000 *FamRZ* 2001, S. 102.

57 BGH Urt. v. 13.06.2001 Z 148, S. 105 = *FamRZ* 2001, S. 986 = *NJW* 2001, S. 2254. Die bis zu diesem Zeitpunkt praktizierte Berechnung des Unterhalts nach der sog. Anrechnungsmethode wurde kurz darauf vom Bundesverfassungsgericht als verfassungswidrig gebrandmarkt, BVerfG Beschl. v. 05.02.2002 *FamRZ* 2002, S. 527 = *FuR* 2002, S. 134.

58 So Karin Jäckel: *Der gebrauchte Mann,* München 1997. – Dieses Phänomen rührt vor allem daher, dass der geschiedene Ehegatte nach § 1582 BGB in der Regel im Rang dem neuen Ehegatten vorgeht. Nur wenn der neue Ehegatte bei entsprechender Anwendung der Scheidungsunterhaltsregeln unterhaltsberechtigt wäre, geht er dem geschiedenen Ehegatten vor, es sei denn, der geschiedene Ehegatte hätte einen Unterhaltsanspruch wegen Kindererziehung oder aus Billigkeitsgründen. Nach § 1609 Abs. 2 S. 2 BGB steht der geschiedene Ehegatte minderjährigen unverheirateten Kindern und volljährigen unverheirateten Kindern bis zur Vollendung des 21. Lebensjahres gleich, solange diese im Haushalt eines Elternteils leben und sich in der allgemeinen Schulausbildung befinden; den anderen Kindern und den übrigen Verwandten des Unterhaltspflichtigen geht er vor. Christian Müller (N. 38, Rn. 361-364) bringt folgendes Beispiel: W hatte bei Scheidung ein monatliches

Einkommen von 3000 DM. Seine geschiedene Ehefrau kann wegen Krankheit nicht erwerbstätig sein und erhält Krankheitsunterhalt gem. § 1572 BGB in Höhe von 1285,71 DM monatlich (= 3/7 von 3000 DM). W heiratet erneut, und zwar die Mutter eines 6-jährigen Kindes, die vor der Eheschließung erwerbstätig gewesen war. Legt man einen angemessenen Selbstbehalt des W in Höhe von 1650 DM zugrunde, wird evident, dass W seine Verpflichtungen gegenüber beiden Unterhaltsgläubigerinnen nicht erfüllen kann, ohne seinen eigenen angemessenen Selbstbehalt zu gefährden. Da die neue Frau des W ihm gegenüber nicht unterhaltsberechtigt wäre, wenn sie von W geschieden wäre, ist die geschiedene Frau vorrangig zu befriedigen, § 1582 BGB. An seine neue Frau kann und muss W daher nur 64,29 DM bezahlen. Der Nachrang des neuen Ehegatten gilt auch dann, wenn aus beiden Ehen Kinder hervorgegangen sind. Zwar wäre die neue Frau unterhaltsberechtigt, wenn sie geschieden wäre. Für den Fall, dass die geschiedene Frau betreuungsunterhaltsberechtigt ist oder die Ehe lange gedauert hat (ca. 10 Jahre, Zeiten der Kinderbetreuung sind hinzuzurechnen!), ordnet aber § 1582 BGB ausdrücklich den Vorrang der Geschiedenen an. Hier ist nur zu beachten, dass die minderjährigen unverheirateten Kinder aus allen Ehen und außerhalb von Ehen auf der gleichen Rangstufe stehen wie die geschiedene Frau, so dass der neuen Frau also noch weniger verbleibt; ebd., Rn. 365-367.

59 Fast ausschließlich bedingt durch den bloßen *Status* der Ehe ist übrigens gegenwärtig noch die Ausgestaltung und Bemessung der gesetzlichen Hinterbliebenenrente (§ 46 Abs. 1 SGB VI). Ansätze zu anderem Denken finden sich allerdings schon im geltenden Beamtenrecht, das immerhin bei großem Altersunterschied der Partner zur Gewährung des vollen Witwen-/Witwergeldes eine gewisse Ehedauer voraussetzt, § 20 Abs. 2 BeamtVG, und in dem durch die Rentenreform 2001 in § 46 eingefügten Abs. 2a SGB VI, welcher den Bezug einer Witwenrente für sog. Versorgungsehen ausschließt. Siehe auch unten bei N. 81.

60 Bei stetigem Vermögenszuwachs auch beim Zugewinnausgleich, §§ 1373-1375 BGB.

61 Unter sehr engen Voraussetzungen ist ausnahmsweise eine Vermögensauseinandersetzung nach den Regeln der Auseinandersetzung einer Gesellschaft bürgerlichen Rechts möglich, vgl. Joachim Gernhuber, Dagmar Coester-Waltjen: *Lehrbuch des Familienrechts*, 4. Auflage, München 1994, S. 657ff.

62 Zur nichtehelichen Lebensgemeinschaft allgemein Wolfram Müller-Freienfels: „Rechtsfolgen nichtehelicher Gemeinschaften und Eheschließungsrecht", in: Hermann Lange (Hrsg.): *Festschrift für Joachim Gernhuber*, Tübingen 1993, S. 737-779; Wacke (N. 31), Nach § 1302 Rn. 1-61.

63 Vgl. zur Frage, ob darüber hinaus gehende Betreuungsunterhaltsansprüche bestehen, verneinend Eberl-Borges (N. 55), S. 245-256; Wacke (N. 31), Nach § 1302 Rn. 27-31 m. Nachw.;

Hans-Wolfgang Strätz, in: *J. von Staudingers Kommentar zum Bürgerlichen Gesetzbuch,* 13. Aufl., Berlin 2000, Anhang zu §§ 1297 ff., Rn. 71.

64 Eingeführt durch „Gesetz zur Beendigung der Diskriminierung gleichgeschlechtlicher Gemeinschaften: Lebenspartnerschaften" v. 16. 2. 2001 (BGBl. 2001 I, S. 266), Inkrafttreten am 1. 8. 2001; vgl. zur Diskussion o. N. 22.

65 Diese Gesamtbetrachtung des Familieneinkommens wird auch angestellt, wenn über Mindestlöhne und Mindestarbeitsbedingungen nachgedacht wird. Insbesondere aus christlichen und sozialethischen Gesichtspunkten wird postuliert, dass der Arbeitslohn ausreichen müsse, damit ein Arbeitnehmer davon den Lebensunterhalt für sich selbst, seine Frau und sein(e) Kind(er) bestreiten kann. Vgl. insbes. Enzyklika *Rerum Novarum* von Papst Leo XIII. (1891), Rn. 34 f.; Enzyklika *Quadragesimo Anno* von Papst Pius XI. (1931), Rn. 71-75; Enzyklika *Mater et Magistra* von Papst Johannes XXIII. (1961), Rn. 71; Heinrich Pesch: *Lehrbuch der Nationalökonomie,* 5. Band, Freiburg 1923, S. 638. Dieses Mindestlohnerfordernis wird mit dem Erhaltungsgebot begründet. In der evangelischen Sozialethik wird zwar tendenziell eher der Gleichwertigkeitsaspekt betont und nicht explizit die Ausdehnung des Unterhaltslohn-Gedankens auf die Familie gefordert, da aber das Individuum zum Liebesdienst am nächsten Menschen verpflichtet ist, erhöht sich sein Bedarf. Vgl. Otto Nickler: *Der gesetzliche Mindestlohn,* Zürich 1950 (Diss., Handels-Hochschule St. Gallen), S. 17 m. Nachw. Vgl. für einen Überblick ebd., S. 15-45, sowie aus jüngerer Zeit Roland Frieling: *Gibt es einen sittlichen Mindestlohn für Arbeitnehmer?,* Köln 1991 (Diss., Köln), und Gabriele Peter: *Gesetzlicher Mindestlohn. Eine Maßnahme gegen Niedriglöhne von Frauen,* Baden-Baden 1995 (Diss., Bremen 1994); Art. 4 Nr. 1 der Europäischen Sozialcharta vom 18. 10. 1961 (BGBl. 1964 II, S. 1262) – hierzu Herbert Schambeck: *Grundrechte und Sozialordnung. Gedanken zur Europäischen Sozialcharta,* 1969, S. 64 f. –, Art. 7 Buchst. a) Ziff. i) des Internationalen Paktes über wirtschaftliche, soziale und kulturelle Rechte vom 19. 12. 1966 (BGBl. 1973 II, S. 1570) und einige deutsche Länderverfassungen – etwa Art. 33 S. 1 HessVerf, Art. 56 Rh-PfVerf, 24 NWVerf, 18 u. 168 BayVerf, und 52 BremVerf wie im Übrigen auch Art. 36 der Verfassung der Italienischen Republik – greifen diese Idee auf und garantieren dem Arbeitnehmer ein leistungsgerechtes Einkommen, das ausreicht, sich und seiner Familie ein Auskommen zu sichern.

66 Auf einkommensabhängige Transferleistungen, für die Familienarbeit mittelbar relevant ist (z.B. Wohngeld, Baukindergeld, BAföG-Leistungen u.a.m.), soll hier nicht näher eingegangen werden.

67 Zahlen aus dem *Bericht der Bundesregierung über die in den Jahren 1986 bis 1988 gemachten Erfahrungen mit dem Gesetz über die Gewährung von Erziehungsgeld und Erziehungsurlaub,* Bundestagsdrucksache Nr. 11/

8517 vom 4. 12. 1990, S. 9-15. Vgl. a. Scheiwe (N. 27), S. 307 f.

68 Die Zahlen stammen aus einer repräsentativen Umfrage des Instituts für Arbeitsmarkt- und Berufsforschung der Bundesanstalt für Arbeit aus dem Jahr 2000 unter Frauen, die nach 1992 ein Kind bekommen hatten. Sie werden hier zitiert nach Petra Beckmann, Gerhard Engelbrech „Die schwierige Balance: Frauen zwischen Beruf und Famlie“ in: *Personalführung* 2001, S. 118-129. Zu beachten ist, dass hier verschiedene Faktoren, wie z.B. auch die schlechte Arbeitsmarktsituation in Ostdeutschland, eine gewichtige Rolle spielen.

69 Etwa BVerfG, Beschl. v. 29. 5. 1990, *BVerfGE* 82, S. 60; 12. 6. 1990, *BVerfGE* 82, S. 198; 14. 6. 1994, *BVerfGE* 91, S. 93; 10. 11. 1998, *BVerfGE* 99, S. 216; *BVerfGE* 99, S. 246; *BVerfGE* 99, S. 268; *BVerfGE* 99, S. 273; jüngst bestätigt durch BVerfGv., 23. 8. 1999, *NJW* 1999, S. 3478 f. – Vgl. auch den Grundfreibetragsbeschluss BVerfG, Beschl. v. 25. 9. 1992, *BVerfGE* 87, 153; vgl. a. Ulrich Sartorius: *Das Existenzminimum im Recht,* Baden-Baden 2000 (Diss., Freiburg 2000), S. 172-177 u. 180-183.

70 BVerfG Beschl. v. 10.11.1998 E 99, S. 216 (S. 233).

71 Volle 50 % des Kindergeldes darf der geldunterhaltspflichtige Elternteil nur anrechnen, wenn er Unterhalt in einer bestimmten Mindesthöhe (135 % des sog. Regelsatzes) tatsächlich leistet, liegt die Unterhaltszahlung darunter, wird der Anrechnungsbetrag entsprechend gekürzt. Vielfach wird bezweifelt, dass die Norm verfassungsgemäß ist. Vgl. zuletzt Heinrich Schürmann: „§ 1612b V BGB: Einkommen, Kindergeld und das Bundesverfassungsgericht“, *FamRZ* 2002, S. 1440-1445.

72 Quelle: Eigene Berechnungen auf der Basis der Online-Steuerberechnungen, die auf der Seite www.bundesfinanzministerium.de/fach/steuerber/start.htm angeboten werden. – Zur Problematik der Verfestigung tradierter Rollenmuster durch steuerliche Förderung aus österreichischer Sicht Helga Hieden-Sommer: „Steuerliche Familienförderung festigt die ökonomische Ungleichheit – auch zwischen Mann und Frau“, in: Ursula Floßmann, Barbara Trost (Hrsg.): *Aktuelle Probleme der Frauenpolitik,* 1994, S. 73-106 und als Darstellung eines Gegenmodells Siv Gustafsson: „Getrennte Besteuerung und subventionierte Kinderbetreuung. Warum schwedische Frauen häufiger erwerbstätig sind als Frauen in Deutschland, den Niederlanden und den USA“, in: Grözinger/Schubert/Backhaus (N. 35), S. 237-260.

73 Etwa der saarländische Ministerpräsident Peter Müller, nach *Süddeutsche Zeitung,* 22. 1. 2001, S. 6; der Vorsitzende der CDU-Fraktion im Deutschen Bundestag Friedrich Merz nach *Frankfurter Allgemeine Zeitung,* 3. 1. 2001, S. 13; ebenso Bert Rürup, Herwig Birg, Jürgen Krophardt, und Karl Heinz Däke nach *Berliner Zeitung,* 17. 4. 2001 „Wirtschaftsweise fordern deutliche Steuerentlastung für Familien. Ehegattensplitting soll um eine Kinderkomponente erweitert werden“, Ressort Wirtschaft; Marc Beise: „Wie geht es weiter in der

Steuerpolitik? Der Streit der Experten lässt die Politik orientierungslos", in: *Süddeutsche Zeitung,* 7. 4. 2001, S. 23. – Wegen Verfassungswidrigkeit sogar für die Abschaffung des Splittings für kinderlose Ehen: Ute Sacksofsky: „Steuerung der Familie durch Steuern" in: *NJW* 2000, S. 1896-1903; Hartmut Söhn: „Ehegattensplitting und Verfassungsrecht", in: *FS Alois Oberhauser,* Berlin 2000, S. 413-437 sieht das Ehegattensplitting hingegen als gerechtfertigt an.

74 Dazu nur *Der Spiegel* Nr. 15, 9. 4. 2001 mit dem Titelthema „Zurück zur Familie", S. 100-116.

75 Zur Entwicklung des Familienlastenausgleichs s. Wilfried Wolff: *Die Rechtsgestaltung des Kinderlastenausgleichs. Eine systemübergreifende Studie,* Frankfurt/M. 1995 (Diss., Heidelberg 1994). – Vgl. zum Familienlastenausgleich auch Alois Oberhauser: „Familienlastenausgleich und Familienbesteuerung", in: Gerhard Kleinhenz (Hrsg.): *Festschrift für Heinz Lampert,* Berlin 1995, S. 185-194.

76 Heinz Lampert: *Lehrbuch der Sozialpolitik,* 5. Aufl., Berlin, Heidelberg 1998, S. 338 f.

77 Vom 11. 10. 1995, BGBl. 1995 I, S. 1249 f.

78 Zum Begriffswandel Yvonne Renner: *Familienlasten- oder -leistungsausgleich?,* Berlin 2000 (Diss., Tübingen 1998), S. 1, die allerdings eine Unterscheidung nach Familien*lasten*ausgleich (= Freistellung des Existenzminimums der Kinder) und Familien*leistungs*ausgleich (= Kindergeld für die von der Familie über das Kinderexistenzminimum hinaus erbrachten Familienleistungen) fordert, S. 103 f.

79 S. hierzu nur den Tagungsband von Ursula Rust (Hrsg.): *Eigenständige Alterssicherung von Frauen,* Wiesbaden 2000 (Sozialpolitik in Europa Bd. 5) und darin insbesondere Hans-Jürgen Krupp: „Eigenständige Sicherung der Frau als Alternative zum Hinterbliebenenrentenrecht", S. 183-188 und Gabriele Rolf: „Ansatzpunkte für eine Verbesserung der eigenständigen Alterssicherung von Frauen – Beispiele aus anderen Ländern", S. 66-75. Zum Reformmodell des ‚Voll eigenständigen Systems der Altersvorsorge' Monika Rahn: „Ansätze zur Verbesserung der eigenständigen Alterssicherung von Frauen und zur Reform der Hinterbliebenenversorgung", in: Verband Deutscher Rentenversicherungsträger (Hrsg.): *Soziale Sicherung der Frau,* Frankfurt/M. 2000, S. 38-45 (47-49); Hans-Jürgen Krupp: „Das Modell der voll eigenständigen sozialen Sicherung der Frau – Probleme und Ergebnisse", in: Christof Helberger, Gabriele Rolf (Hrsg.): *Die Gleichstellung von Mann und Frau in der Alterssicherung. Ergebnisse eines Colloquiums zu den Alternativen der Rentenreform '84,* Frankfurt/M. 1982, S. 173-201; Bernd Baron von Maydell: „Das Modell der voll eigenständigen sozialen Sicherung der Frau. Korreferat", ebd., S. 203-213. Vgl. auch die Beschlüsse des Deutschen Frauenrats, http://deutscher-frauenrat.de/beschluesse.html. – Weniger weitgehend Winfried Schmähl: „Familienorientierte Weiterentwicklung

der staatlichen Alterssicherung in Deutschland", in: Gerhard Kleinhenz (Hrsg.): *Festschrift für Heinz Lampert,* Berlin 1995, S. 225-245.

80 Zur Ausweitung der Kindererziehungszeiten von ursprünglich einem auf drei Jahre vgl. Kommission des Verbandes Deutscher Rentenversicherungsträger: *Verbesserung der sozialen Sicherung der Frau,* Frankfurt/M. 1993.

81 Zu frauen- und familienspezifischen Änderungen Franz Ruland: "Reform der sozialen Sicherung der Frau",in: *FamRZ* 2001, S. 129 ff.; ders.: „Rentenversicherung vor der Reform – nach der Reform", in: *NZS* 2001, S. 393 ff., Ursula Rust: „Geschlechtsspezifische Neuregelungen der Rentenreform", in: *MittLVA OberfrMittfr* 2001, S. 737 ff.; dies.: „Alterssicherung der Frau", SGb 2001, S. 649 ff; Friedhelm Hase: „Familienspezifische Neuregelungen in der Rentenreform", in: *MittLVA OberfrMittfr* 2001, S. 728 ff; Ursula Köbl: „Reform der Hinterbliebenenrenten usw." ZFSH/SGB 2002, S. 594 ff.

82 Hierzu Ursula Köbl: „Die Alterssicherung der Frauen in der Rentenreform", in: *MittLVA OberfrMittfr* 2000, S. 439-451; Klaus Michaelis: „Alterssicherung von Frauen – Bestandsaufnahme und Reformüberlegungen für die gesetzliche Rentenversicherung", in: Winfried Schmähl, Klaus Michaelis (Hrsg.): *Alterssicherung von Frauen,* Wiesbaden 2000, S. 147-163.

83 Als Vorkämpfer Ernst-Jürgen Borchert: *Die Berücksichtigung familiärer Kindererziehung im Recht der gesetzlichen Rentenversicherung. Ein Beitrag zur Rentenreform,* Berlin 1981 (Diss., FU Berlin 1980), zustimmend Ferdinand Oeter, „Das Grundgesetz gebietet familiengerechte Renten", in: *Die Sozialversicherung (SozVers)* 1995, S. 228-231 (231); Jürgen Borchert, „Man muß kein Extremist sein... Familie im Transferrecht – Nur ein sozialpolitisches Problem?", in: *Familie und Recht (FuR)* 1992, S. 88-98; Jürgen Borchert: *Renten vor dem Absturz, Frankfurt/M.* 1994. In diese Richtung geht jetzt auch zielstrebig das Bundesverfassungsgericht mit seiner jüngsten Entscheidung zur Pflegeversicherung vom 3. 4. 2001 – 1 BvR 1629/94 (vorläufig nur zu finden über www.bundesverfassungsgericht.de). – S. hierzu auch u. 3. die Modelle zum Erziehungsgehalt.

84 Eine umfassende Übersicht über die verschiedenen Modelle findet sich bei Margit Tünnemann: *Der verfassungsrechtliche Schutz der Familie und die Förderung der Kindererziehung im Rahmen des staatlichen Kinderleistungsausgleichs*, Berlin 2000, S. 218ff.

85 Vgl. Michael Opielka: „Das Konzept ‚Erziehungsgehalt 2000'", in: *Aus Politik und Zeitgeschichte,* B 3-4/ 2000, S. 13-20. – Die Forderung der Anerkennung der Vollzeitelternschaft als freien Beruf erhebt Horn (N. 26), S. 45 f. Allerdings sieht sie den Erfolg und den Lohn der vollzeitmütterlichen Tätigkeit in gelungenen Kindern und damit im immateriellen Bereich, ebd., S. 141-144.

86 Sozialdemokratische Partei Deutschlands/Bündnis '90/Die Grünen: *Koalitionsvereinbarung v. 20. 10. 1998,* Pkt. VII.3. a. E.

87 Bundesregierung: *Die Regierungserklärung von Bundeskanzler Gerhard Schröder, 10. 11. 1998,* Pkt. 11.

88 Zu Jahresanfang 2001 plädierte der bayerische Ministerpräsident und CSU-Vorsitzende Edmund Stoiber, eine im CSU-Grundsatzpapier *Unsere Kinder – Unsere Zukunft* vom März 2000 enthaltene Forderung aufgreifend, für die Zahlung von 1000 DM pro Kind für die ersten drei Jahre, vgl. Wilfried Scharnagl: „Ohne Kinder keine Zukunft", in: *Bayernkurier* 11. 1. 2001, S. 1. Die Unionsfraktion im Deutschen Bundestag hat sich daraufhin das Thema ebenfalls zu eigen gemacht und 1200 DM pro Kind bis zum dritten, 600 DM bis zum 18. Lebensjahr, bei Kindern in Ausbildung darüber hinaus 300 DM vorgeschlagen, *Frankfurter Allgemeine Zeitung,* 26. 1. 2001, S. 4; „CDU-Sozialausschüsse für ‚Familiengeld'", *Frankfurter Allgemeine Zeitung,* 20. 2. 2001, S. 4. – Jürgen Borchert, sicher nicht im Ruf eines Familienfeindes stehend, sieht darin „Spendierhosengaukelei", *Süddeutsche Zeitung,* 24. 2. 2001, S. 26.

89 Ein Überblick hierzu bei Max Wingen: „Aufwertung der elterlichen Erziehungsarbeit in der Einkommensverteilung", in: *Aus Politik und Zeitgeschichte,* B 3-4/2000, S. 3-12 (5 ff.).

90 Von Wingen (N. 89) aufgeführt: Modell von CDA (S. 8), Diözesanverband der Deutschen Katholiken (S. 9), ISÖ (S. 9), Deutsche Hausfrauengewerkschaft (dhg) (S. 9), Katholische Arbeitnehmer-Bewegung Deutschlands (S. 9), ödp (S. 9 f.) und dem sächsischen Sozialminister Hans Geisler (S. 10). – Die Modelle des Österreichischen Instituts für Familienforschung orientieren sich dagegen am „Karenzgeld" beziehungsweise am Existenzminimum und sind unabhängig von der Kinderzahl (Wingen (N. 89), S. 10). – Am tatsächlich ausgefallenen Einkommen knüpfen dagegen Modelle an, die eine Elternversicherung nach schwedischem Vorbild errichten wollen (S. 9; zur Situation in Schweden Scheiwe (N. 27), S. 298-302).

91 So das Modell der Ökologisch-demokratischen Partei Deutschlands (ödp), Wingen (N. 89), S. 9 f.

92 Christian Leipert, Michael Opielka: *Erziehungsgehalt 2000. Ein Weg zur Aufwertung der Erziehungsarbeit,* Bonn/Freiburg 1998; vgl. auch Jens Grütz, Monika Rahn: „ ‚Erziehungsgehalt 2000': Ein Weg zur Aufwertung der Erziehungsarbeit?, Anmerkungen zu dem Gutachten von Christian Leipert und Michael Opielka", in: *Deutsche Rentenversicherung (DRV),* 1999, S. 166-167.

93 Zu allen diesen Punkten Grütz/Rahn (N. 92), S. 166-167.

94 So noch krit. Kurt Faltlhauser, in: *Bayernkurier,* 9. 1. 1999, nach Opielka (N. 85), S. 13 ff.

95 S. hierzu und zur Kritik auch Ulrich Beck: *Risikogesellschaft – Auf dem Weg in eine andere Moderne,* Frankfurt/M. 1986, S. 181 ff.

96 Wingen (N. 89), S. 11.

97 So etwa Bundeskanzler Gerhard Schröder, in: *Süddeutsche Zeitung,* 18. 1. 2001, S. 15 in der Entgegnung auf Stoibers Vorschlag: Es sei klar, „dass staatliche Prämien – gleich, in

welcher Höhe – keinen Kinderreichtum auslösen werden"; Grütz/Rahn (N. 92), S. 166-167.

98 So auch Schröder (N. 97), *Süddeutsche Zeitung,* 18. 1. 2001, S. 15; *Der Spiegel* Nr. 15 v. 9. 4. 2001: „Zurück zur Familie", S. 114 f. – Gegen dieses Negativ-Klischee der Vollzeitmütter, das Frauen Angst vor dem „Beruf Vollzeitmutter" einjage, Horn (N. 26), S. 45-47 und 139-144.

99 Wingen (N. 89), S. 10.

100 Angelika Koch: „Neubewertung der Familienarbeit in der Sozialpolitik", in: *Feministische Studien – Geschlecht und Politik in Europa*, 2001, S. 56.

101 So im *Fünften Familienbericht* 1994, BT-Drucks. 12/7560, S. 103; ein überspitzt ironischer Kommentar zu dergleichen Bestrebungen bei Klaus Adomeit: „Hausarbeit: Männersache!", in: *NJW* 1996, S. 299 f.

102 So schon Ursula Köbl: „Welche Maßnahmen empfehlen sich, um die Vereinbarkeit von Berufstätigkeit und Familie zu verbessern?", in: *Juristenzeitung (JZ)* 1994, S. 840-851 (849 ff.).

103 Empirisch untersucht die Vereinbarkeit von Familie und Beruf Wera Hemmerich: *(K)eine Chance für ein neues Geschlechterverhältnis? Widersprüche und Ambivalenzen im partnerschaftlichen Alltag,* Bielefeld 1991 (Diss., (Politikwissenschaft) Berlin (FU) 1991). – Einen geradezu revolutionären Ansatz, die gesellschaftsweite Einführung eines Fünf-Arbeitsstunden-Tages, verfolgt Esther Vilar: *Der dressierte Mann/ Das polygame Geschlecht/Das Ende der Dressur,* 9. Aufl., München 1998 und Esther Vilar: *Die Fünf-Stunden Gesellschaft,* München 1978, über „institutionelle Wiedervereinigungsmöglichkeiten von Arbeit und Leben" etwa auch Ulrich Beck: *Risikogesellschaft. Auf dem Weg in eine andere Moderne,* Frankfurt/M. 1986, S. 201-204.

104 Beispielsweise in § 79a Bundesbeamtengesetz, § 48a Deutsches Richtergesetz. Deutliche Verbesserungen durch das in Art. 1 des „Gesetzes zur Durchsetzung der Gleichberechtigung von Frauen und Männern" vom 24. 6. 1994, BGBl. 1994 I, S. 1406 enthaltenen „Gesetz zur Förderung von Frauen und der Vereinbarkeit von Familie und Beruf in der Bundesverwaltung und den Gerichten des Bundes"; hierzu Ursula Köbl: *Frau und Beruf. Arbeitsrecht für Frauen,* 3. Aufl., München 1995, S. 452-460.

105 Durch das Gesetz über Teilzeitarbeit und befristete Arbeitsverträge (Teilzeit- und Befristungsgesetz – TzBfG) vom 21. 12. 2000, BGBl. 2000 I, S. 1966.

106 Herbe Kritik daher bei Barbara Vinken: *Die deutsche Mutter. Der lange Schatten eines Mythos,* München, Zürich 2001.

107 Sedes materiae hierfür ist das Sozialgesetzbuch III (SGB III – Arbeitsförderungsrecht), derzeit §§ 45-85.

108 Schröder (N. 97), in: *Süddeutsche Zeitung,* 18. 1. 2001, S. 15. Seit Neuestem fordern dies auch die Unionsparteien und bezeichnen diesen Wandel als „Paradigmenwechsel in unserer Sozialpolitik" (Friedrich Merz); „CDU-Sozialausschüsse für ‚Familiengeld'", in: *Frankfurter Allgemeine Zeitung,* 20. 2. 2001, S. 4.

– Zum schwedischen Modell der stark staatlich geförderten Kinderbetreuungseinrichtungen Siv Gustafsson (N. 72), S. 237-260.

109 Vgl. *Der Spiegel* Nr. 15, 9. 4. 2001, S. 100 (115); Bert Rürup, in: *Frankfurter Allgemeine Sonntagszeitung,* 20. 5. 2001, S. 5.

## Literatur


**Adomeit, Klaus:** „Hausarbeit: Männersache!“, in: *Neue Juristische Wochenschrift (NJW)* 1996, S. 299 f.

**Baer, Susanne:** *Würde oder Gleichheit? Zur angemessenen grundrechtlichen Konzeption von Recht gegen Diskriminierung am Beispiel sexueller Belästigung am Arbeitsplatz in der Bundesrepublik Deutschland und den USA,* 1995 (Diss., Frankfurt/M.).

**Dies.:** „Rechtswissenschaft“, in: Christina von Braun, Inge Stephan (Hrsg.): *Gender Studien. Eine Einführung,* 2000, S. 155-168.

**Becker, Gary S.:** *Human Capital. A Theoretical and Empirical Analysis, with Special Reference to Education,* 1964.

**Ders.:** *Ökonomische Erklärung menschlichen Verhaltens,* 2. Aufl. 1993.

**Benda, Ernst:** *Gutachten im Auftrag der Leitstelle Gleichstellung der Frau. Notwendigkeit und Möglichkeit positiver Aktionen zugunsten von Frauen im öffentlichen Dienst,* 1986.

**Borchert, Ernst-Jürgen:** *Die Berücksichtigung familiärer Kindererziehung im Recht der gesetzlichen Rentenversicherung. Ein Beitrag zur Rentenreform,* 1981 (Diss., FU Berlin 1980).

**Ders.:** „Man muß kein Extremist sein… Familie im Transferrecht – Nur ein sozialpolitisches Problem?“, in: *Familie und Recht (FuR)* 1992, S. 88-98.

**Ders.:** *Renten vor dem Absturz,* 1994.

**Böttger, Barbara:** *Das Recht auf Gleichheit und Differenz. Elisabeth Selbert und der Kampf der Frauen um Art. 3 II GG,* 1990 (Diss., Münster 1989).

**Braun, Johann:** „Gleichgeschlechtliche Partnerschaft und Ehe“, in: *Zeitschrift für Rechtspolitik (ZRP)* 2001, S. 14-18.

**Bundesministerium für Familie, Senioren, Frauen und Jugend (BMFSFJ) (Hrsg.):** *Zeit im Blickfeld: Ergebnisse einer repräsentativen Zeitbudgetstudie,* 1996.

**Bundesregierung (Hrsg.):** *Die Regierungserklärung von Bundeskanzler Gerhard Schröder, 10. 11. 1998,* 1998.

**Eberl-Borges, Christina:** „Ausgleich für kinderbetreuungsbedingten Verdienstausfall nach Scheitern der Lebensgemeinschaft“, in: *Deutsches und Europäisches Familienrecht (DEuFamR)* 2000, S. 245-256.

***Feministische Studien:*** „Fürsorge – Anerkennung – Arbeit“, in: Extraheft der *Feministischen Studien* 2000.

**Francke, Robert / Sokol, Bettina/ Gurlit, Elke:** *Frauenquoten in öffentlicher Ausbildung,* 1991.

**Friedenberger, Georg:** *Die Rechte der Frauen. Narrenfreiheit für das weibliche Geschlecht? Wie Feministinnen Gesetze diktieren. §♀§,* 1999.

**Frieling, Roland:** *Gibt es einen sittlichen Mindestlohn für Arbeitnehmer?*, Köln 1991.

**Galler, Heinz Peter/Ott, Notburga:** *Empirische Haushaltsforschung – Erhebungskonzepte und Analyseansätze angesichts neuer Lebensformen,* 1993.

**Gerhard, Ute:** *Gleichheit ohne Angleichung. Frauen im Recht,* 1990 (Habilitationsschrift Hannover 1987).

**Gernhuber, Joachim/Coester-Waltjen, Dagmar:** *Lehrbuch des Familienrechts,* 4. Aufl. 1994.

**Gitter, Wolfgang:** „Familien- und Kindererziehungsleistungen im Sozialversicherungsrecht", in: *Festschrift für Joachim Gernhuber,* 1993, S. 651-665.

**Grütz, Jens/Rahn, Monika:** „‚Erziehungsgehalt 2000': Ein Weg zur Aufwertung der Erziehungsarbeit?, Anmerkungen zu dem Gutachten von Christian Leipert und Michael Opielka", in: *Deutsche Rentenversicherung (DRV)* 1999, S. 166-167.

**Gustafsson, Siv:** „Getrennte Besteuerung und subventionierte Kinderbetreuung. Warum schwedische Frauen häufiger erwerbstätig sind als Frauen in Deutschland, den Niederlanden und den USA", in: Gerd Grözinger, Renate Schubert, Jürgen Backhaus (Hrsg.): *Jenseits von Diskriminierung. Zu den institutionellen Bedingungen weiblicher Arbeit in Beruf und Familie,* 1993, S. 237-260.

**Hark, Sabine:** „‚Vor dem Gesetz': Kämpfe um die Homo-Ehe. BRD und USA", in: *Freiburger FrauenStudien (FFS)* 1/2000, S. 81-98.

**Hase, Friedhelm:** „Familienspezifische Neuregelungen in der Rentenreform", in: *Mitteilungen der Landesversicherungsanstalt Oberfranken und Mittelfranken* 2001, S. 728-736.

**Haumer, Tobias:** *Der Taschengeldanspruch zwischen Ehegatten im Recht des Familienunterhalts,* 1995.

**Häußermann, Röse/Gerhardt, Peter:** „Unterhaltsrechtliche Leitlinien der Familiensenate in Süddeutschland", in: *Zeitschrift für das gesamte Familienrecht (FamRZ)* 2002, S. 508-511.

**Hemmerich, Wera:** *(K)eine Chance für ein neues Geschlechterverhältnis? Widersprüche und Ambivalenzen im partnerschaftlichen Alltag,* 1991 (Diss., FU Berlin).

**Hieden-Sommer, Helga:** „Steuerliche Familienförderung festigt die ökonomische Ungleichheit – auch zwischen Mann und Frau", in: Ursula Floßmann, Barbara Trost (Hrsg.): *Aktuelle Probleme der Frauenpolitik,* 1994, S. 73-106.

**Hoecker, Beate:** „Geschlechterdemokratie im europäischen Kontext. Die Konzepte der Europäischen Union zur Förderung der politischen Beteiligung von Frauen", in: *Aus Politik und Zeitgeschichte* B 31-32/2000, S. 30-38.

**Horn, Ulrike:** *Neue Mütter hat das Land. Selbstbewusst und gleichberechtigt,* 2000;

***J. von Staudingers Kommentar zum Bürgerlichen Gesetzbuch***, 12. Auflage 1978-1999 und 13. Auflage 1993-2002 (gepl.).

**Jäckel, Karin:** *Der gebrauchte Mann,* 1997.

**Johannes XXIII. (Papst):** Enzyklika *Mater et Magistra,* 1961.

**Kettschau, Irmhild:** *Wieviel Arbeit macht ein Familienhaushalt? – Zur Analyse von Inhalt, Umfang und Verteilung der Hausarbeit heute,* 1980 (Diss., PH Dortmund).

**Köbl, Ursula:** *Frau und Beruf,* 1. Aufl. 1975 und 3. Aufl. 1995.

**Dies.:** „Recht und Rechtswissenschaft", in: Deutsche Forschungsgemeinschaft: *Sozialwissenschaftliche Frauenforschung in der Bundesrepublik Deutschland. Bestandsaufnahme und forschungspolitische Konsequenzen,* 1994, S. 168-189.

**Dies.:** „Welche Maßnahmen empfehlen sich, um die Vereinbarkeit von Berufstätigkeit und Familie zu verbessern?", in: *Juristenzeitung (JZ)* 1994, S. 840-851.

**Dies.:** „Die Alterssicherung der Frauen in der Rentenreform", in: *Mitteilungen der Landesversicherungsanstalt Oberfranken und Mittelfranken* 2000, S. 439-451.

**Dies.:** „Reform der Hinterbliebenenrenten, Ausbau der eigenständigen Sicherung der Frauen und der Familienkomponente in der Rentenversicherung", in: *Sozialrecht in Deutschland und Europa, ZFSH/SGB* 2002, S. 594-602.

**Dies.:** „Familienleistungen in der Alterssicherung", in: *Deutsche Rentenversicherung (DRV)* 2002, S. 686-696.

**Kommission des Verbandes Deutscher Rentenversicherungsträger:** *Verbesserung der sozialen Sicherung der Frau,* 1993.

**Krings, Günter:** „Die ‚eingetragene Lebenspartnerschaft' für gleichgeschlechtliche Paare", in: *Zeitschrift für Rechtspolitik (ZRP)* 2000, S. 409-415.

**Krupp, Hans-Jürgen:** „Das Modell der voll eigenständigen sozialen Sicherung der Frau – Probleme und Ergebnisse", in: Christof Helberger, Gabriele Rolf (Hrsg.): *Die Gleichstellung von Mann und Frau in der Alterssicherung. Ergebnisse eines Colloquiums zu den Alternativen der Rentenreform '84,* 1982, S. 173-201.

**Ders.:** „Eigenständige Sicherung der Frau als Alternative zum Hinterbliebenenrentenrecht", in: Ursula Rust (Hrsg.): *Eigenständige Alterssicherung von Frauen,* 2000, S. 183-188.

**Lampert, Heinz:** *Lehrbuch der Sozialpolitik,* 5. Aufl. 1998.

**Leipert, Christian/Opielka, Michael:** *Erziehungsgehalt 2000. Ein Weg zur Aufwertung der Erziehungsarbeit,* 1998.

**Leo XIII (Papst):** Enzyklika *Rerum Novarum,* 1891.

**Maidowski, Ulrich:** *Umgekehrte Diskriminierung. Quotenregelungen zur Frauenförderung im öffentlichen Dienst und in den politischen Parteien,* 1989.

**Maydell, Bernd Baron von:** „Das Modell der voll eigenständigen sozialen Sicherung der Frau. Korreferat", in: Christof Helberger, Gabriele Rolf (Hrsg.): *Die Gleichstellung von Mann und Frau in der Alterssicherung. Ergebnisse eines Colloquiums zu den Alternativen der Rentenreform '84,* 1982, S. 203-213.

**Ders.:** „Altersvorsorgeunterhalt. Zum schwierigen Verhältnis von Familienrecht und Sozialrecht", in: *Festschrift für Joachim Gernhuber,* 1993, S. 725-735.

**Michaelis, Klaus:** „Alterssicherung von Frauen – Bestandsaufnahme und Reformüberlegungen für die gesetzliche Rentenversicherung", in: Winfried Schmähl, Klaus Michaelis (Hrsg.): *Alterssicherung von Frauen,* 2000, S. 147-163.

**Müller, Christian:** *Unterhaltsrecht,* 1998.

**Müller-Freienfels, Wolfram:** „Rechtsfolgen nichtehelicher Gemeinschaften und Eheschließungsrecht", in: *Festschrift für Joachim Gernhuber,* 1993, S. 737-779.

***Münchener Kommentar zum Bürgerlichen Gesetzbuch,*** 3. Aufl. 1992-1999 und 4. Aufl. ab 2000.

**Nickler, Otto:** *Der gesetzliche Mindestlohn,* 1950 (Diss., Handels-Hochschule St. Gallen).

**Oberhauser, Alois:** „Familienlastenausgleich und Familienbesteuerung", in: *Festschrift für Heinz Lampert,* 1995, S. 185-194.

**Oeter, Ferdinand:** „Das Grundgesetz gebietet familiengerechte Renten", in: *Die Sozialversicherung (SozVers)* 1995, S. 228-231.

**Opielka, Michael:** „Das Konzept ‚Erziehungsgehalt 2000'", *Aus Politik und Zeitgeschichte,* B 3-4/2000, S. 13-20.

**O'Sullivan, Daniel:** *Ambulante Pflege und Betreuung in Familie und neuem Ehrenamt,* 2000 (Diss., Hamburg 1999).

**Ott, Notburga:** *Intrafamily Bargaining and Household Decisions,* 1992 (Diss., Bielefeld 1989).

**Dies.:** „Die Rationalität innerfamiliärer Entscheidungen als Beitrag zur Diskriminierung weiblicher Arbeit", in: Gerd Grözinger, Renate Schubert, Jürgen Backhaus: *Jenseits von Diskriminierung. Zu den institutionellen Bedingungen weiblicher Arbeit in Beruf und Familie,* 1993, S. 113-146.

**Palandt: *Bürgerliches Gesetzbuch,*** 60. Aufl. 2001.

**Pesch, Heinrich:** *Lehrbuch der Nationalökonomie,* 5. Band, 1923.

**Peter, Gabriele:** *Gesetzlicher Mindestlohn. Eine Maßnahme gegen Niedriglöhne von Frauen,* 1995 (Diss., Bremen 1994).

**Pfarr, Heide M.:** *Quoten und Grundgesetz. Notwendigkeit und Verfassungsmäßigkeit von Frauenförderung,* 1988.

**Pius XI. (Papst):** Enzyklika *Quadragesimo Anno,* 1931.

**Raasch, Sybille:** *Frauenquoten und Männerrechte. Eine rechtsdogmatische Untersuchung zu Art. 3 Abs. 2 des Grundgesetzes,* 1991 (teilw. Diss., Hamburg 1990).

**Rahn, Monika:** „Ansätze zur Verbesserung der eigenständigen Alterssicherung von Frauen und zur Reform der Hinterbliebenenversorgung", in: Verband Deutscher Rentenversicherungsträger (Hrsg.): *Soziale Sicherung der Frau,* 2000, S. 38-49.

**Reinhard, Hans-Joachim:** „Küche, Kinder, Kirche – Karriere? Notwendigkeit von Veränderungen der sozialen Sicherung der Frau in einer sich wandelnden Gesellschaft", in: *Gedächtnisschrift für Czesław Jackowiak*, 1999, S. 429-453.

**Renner, Yvonne:** *Familienlasten- oder -leistungsausgleich?,* 2000 (Diss., Tübingen 1998).

**Riegner, Klaus:** „Anmerkungen zu den Süddeutschen Unterhaltsleitlinien", in: *Zeitschrift für das gesamte Familienrecht (FamRZ)* 2002, S. 511-518.

**Rolf, Gabriele:** „Ansatzpunkte für eine Verbesserung der eigenständigen Alterssicherung von Frauen – Beispiele aus anderen Ländern", in: Ursula Rust (Hrsg.): *Eigenständige Alterssicherung von Frauen,* 2000, S. 66-75.

**Röthel, Anne:** „Erwerbstätigenbonus und Halbteilungsgrundsatz", in: *Zeitschrift für das gesamte Familienrecht (FamRZ)* 2001, S. 328-334.

**Ruland, Franz:** „Reform der sozialen Sicherung der Frau", in: *Zeitschrift für das gesamte Familienrecht (FamRZ)* 2001, S. 129-134.

**Ders.:** „Rentenversicherung vor der Reform – nach der Reform", in: *Neue Zeitschrift für Sozialrecht (NZS)* 2001, S. 393-401.

**Rust, Ursula (Hrsg.):** *Eigenständige Alterssicherung von Frauen,* 2000.

**Rust, Ursula:** „Geschlechtsspezifische Neuregelungen der Rentenreform", in: *Mitteillungen der Landesversicherungsanstalt Oberfranken und Mittelfranken* 2001, S. 737-742.

**Dies.:** „Alterssicherung der Frau", in: *Die Sozialgerichtsbarkeit* 2001, S. 649-659.

**Sachs, Michael:** *Grenzen des Diskriminierungsverbotes,* 1987.

**Sacksofsky, Ute:** *Das Grundrecht auf Gleichberechtigung. Eine rechtsdogmatische Untersuchung zu Art. 3 Abs. 2 des Grundgesetzes,* 2. Aufl. 1996 (ursprgl. Diss., Heidelberg 1990).

**Dies.:** „Steuerung der Familie durch Steuern", in: *Neue Juristische Wochenschrift (NJW)* 2000, S. 1896-1903.

**Sartorius, Ulrich:** *Das Existenzminimum im Recht,* 2000 (Diss., Freiburg).

**Scheiwe, Kirsten:** *Kinderkosten und Sorgearbeit im Recht. Eine rechtsvergleichende Studie,* 1999 (Habilitationsschrift, Frankfurt/M. 1998).

**Schlüter, Wilfried/Heckes, Jasmin/Stommel, Sonja:** „Die gesetzliche Regelung von außerehelichen Partnerschaften gleichen und verschiedenen Geschlechts im Ausland und die deutschen Reformvorhaben", in: *Deutsches und Europäisches Familienrecht (DEuFamR)* 2000, S. 1-18.

**Schmähl, Winfried:** „Familienorientierte Weiterentwicklung der staatlichen Alterssicherung in Deutschland", in: *Festschrift für Heinz Lampert,* 1995, S. 225-245.

**Schürmann, Heinrich:** „§ 1612b V BGB: Einkommen, Kindergeld und das BVG", in: *Zeitschrift für das gesamte Familienrecht (FamRZ)*2002, S. 1440-1445.

**Schulz-Borck, Hermann:** *Schadensersatz bei Ausfall von Hausfrauen* *und Müttern im Haushalt,* 6. Aufl., 2000.

**Schweitzer, Rosemarie von/Hagemeier, H.:** „Die ‚werteschaffenden Leistungen' und Belastungen durch Familientätigkeiten", in: *Festschrift für Heinz Lampert*, 1995, S. 247-274.

**Slupik, Vera:** *Die Entscheidung des Grundgesetzes für Parität im Geschlechterverhältnis. Zur Bedeutung von Art. 3 Abs. 2 und 3 GG in Recht und Wirklichkeit,* 1988 (Diss., Frankfurt/M. 1987).

**Söhn, Hartmut:** „Ehegattensplitting und Verfassungsrecht", in: *Festschrift für Alois Oberhauser*, 2000, S. 413-437.

**Sozialdemokratische Partei Deutschlands/Bündnis '90/Die Grünen:** *Koalitionsvereinbarung v. 20. 10. 1998,* 1998.

**Strick, Kerstin:** „Gleichgeschlechtliche Partnerschaft – Vom Straftatbestand zum Status", in: *Deutsches und Europäisches Familienrecht (DEuFamR)* 2000, S. 82-94.

**Tünnemann, Margit:** *Der verfassungsrechtliche Schutz der Familie und die Förderung der Kindererziehung im Rahmen des staatlichen Kinderleistungsausgleichs,* 2002.

**Verschraegen, Bea:** „Gleichgeschlechtliche Beziehungen im Spiegel des Rechts", in: *Deutsches und Europäisches Familienrecht (DEuFamR)* 2000, S. 64-75.

**Vilar, Esther:** *Die Fünf-Stunden-Gesellschaft,* 1978.

**Dies.:** *Der dressierte Mann/Das polygame Geschlecht/Das Ende der Dressur,* 5. Aufl. 1993.

**Vinken, Barbara:** *Die deutsche Mutter. Der lange Schatten eines Mythos,* 2001.

**Wingen, Max:** „Aufwertung der elterlichen Erziehungsarbeit in der Einkommensverteilung", in: *Aus Politik und Zeitgeschichte,* B 3-4/2000, S. 3-12.

**Wolff, Wilfried:** *Die Rechtsgestaltung des Kinderlastenausgleichs. Eine systemübergreifende Studie,* 1995 (Diss., Heidelberg 1994).

**Zendron, Silvia:** „Kinder – Wer trägt die Kosten, wer hat den Nutzen? Volkswirtschaftliche Betrachtungen zum Thema", in: Ursula Floßmann, Barbara Trost (Hrsg.), *Aktuelle Probleme der Frauenpolitik,* 1994, S. 33-51.

Claudia Opitz

# Von der Patriarchatskritik zum *'linguistic turn'*. Ältere und neuere Entwicklungen in der Frauen- und Geschlechtergeschichte

Die ,Neue Frauenbewegung' der (späten) 70er-Jahre ist – wie übrigens die meisten sozialen Bewegungen des 20. Jahrhunderts – mit dem Anspruch aufgetreten, eine radikale Veränderung der Gesellschaft bewirken zu wollen; sie wollte das erklärtermaßen hinsichtlich der herrschenden Geschlechterverhältnisse tun. Dieser Anspruch sollte durch den ,Blick zurück', d.h. durch die Betrachtung der Vor-Geschichte der modernen Geschlechterbeziehungen profiliert und legitimiert werden. Die Idee eines Jahrtausende alten Patriarchats, d.h. des hierarchischen Mit- oder sogar: Gegeneinanders der Geschlechter war der Hintergrund dieser Beschäftigung mit Geschichte, der gegenüber den auf Egalität von Männern und Frauen und/oder auf weibliche Autonomie zielenden Ideen und Utopien der Frauenbewegung als umso radikalerer Bruch erscheinen musste. In einem zweiten Schritt wandten sich feministische Aktivistinnen auch der Vergangenheit zu, um dort Identifikationsmöglichkeiten und utopische Potentiale zu finden für die eigenen politischen Forderungen oder auch einfach für die persönlichen Lebensverhältnisse. ,Große Frauen', Göttinnen und Gelehrte, Amazonen und ,das Matriarchat' waren in diesem Zusammenhang Orientierungs- oder gar Identifikationsobjekte. Geschichte hatte also eine starke Konjunktur im Rahmen dieser Bewegung.

Ich möchte hier die Beweggründe, Potentiale und Probleme dieser feministischen ,Spurensuche' an einigen Beispielen aufzeigen. Davon ausgehend werde ich dann die allmähliche Herausbildung einer akademischen feministischen Geschichtsforschung nachzeichnen: Ich gehe dabei zunächst auf die erwähnte dominante Idee vom Patriarchat ein, die mit der Idee eines vorgeschichtlichen Matriarchats eng verbunden ist. Anschließend komme ich auf die Beschäftigung mit weiblichen Widerstandsformen zu sprechen. In einem dritten Teil wende ich mich dann den Voraussetzungen und Hintergründen der ,postmodernen Wende' (des *linguistic turn*) in der feministischen Geschichtswissenschaft zu. Sie hat sich hier als Wechsel von der Frauen- zur Geschlechtergeschichte niedergeschlagen. Letztere ist mittlerweile der in der Universität am stärksten präsente Zweig der ‚feministischen Geschichtswissenschaft'.

## 1. Vom Patriarchat zum Matriarchat zum Patriarchat

Schon lange bevor sich die Neue Frauenbewegung im Kontext der sozialkritischen Aufbruchsstimmung der Studentenbewegung (in der BRD und Frankreich) bzw. des *Civil-rights-movement* (in den USA) Ende der 60er-Jahre formierte, hat eine der großen Vordenkerinnen dieser Bewegung, Simone de Beauvoir, einen kritischen Blick auf die Lage der Frauen im Nachkriegseuropa (und v.a. in Frankreich) geworfen. Ihre etwa 700 Seiten umfassende Analyse der Geschlechterverhältnisse der Gegenwart begründete sie im Ersten Buch des *Deuxième Sexe* mit einer kenntnisreichen Betrachtung der biologischen, psychischen und schließlich materiellen (Not-)Lage des weiblichen Geschlechts – und deren Genese. Dabei ging sie von der Grundüberzeugung aus, dass „in der Gegenwart ... die Vergangenheit [lebt], und in der Vergangenheit ... die gesamte Geschichte von den Männern gemacht worden [ist]"[1]

Frauen haben nach Beauvoir keine (eigene) Geschichte, sondern ihre Geschichte ist die der Abhängigkeit einer „Lehnsmännin", wenn auch nicht die einer Sklavin – „eine Geschichte der Passivität, des Verzichts, der Unterordnung unter einen fremden Willen, Mangel an Selbsterfüllung und Drangabe der Würde", wie sie schreibt.[2]

Die Anfänge dieses für die Frau so entwürdigenden und entmündigenden Verhältnisses der Geschlechter sieht Beauvoir im Vor- bzw. genauer im Außergeschichtlichen, nämlich in der anthropologischen Konstitutionierung des Menschen als zweigeschlechtlichem Wesen. Immerhin soll dies aber, so Beauvoir, gerade nicht als Biologismus, sondern – vermittelter – eher als „Psychologismus" verstanden werden, da ihrer Auffassung nach die Abhängigkeit der Frau vom Mann, anders als die des Arbeiters vom Kapitalisten, insbesondere eine psycho-soziale ist, keine rein materiell-ökonomische.

Die Frage, „woher [es] kommt, dass diese Welt immer den Männern gehört hat und dass heute erst die Dinge in einer Wandlung begriffen sind", versucht Beauvoir, trotz ihres im Prinzip ahistorischen Grundkonzepts, dennoch mittels einer fulminanten Reise durch Zeiten und Orte der Weltgeschichte bis hinein in die jüngste Vergangenheit und die Geschichte der französischen Frauenbewegung zu beantworten. Sie bietet dabei ein komplexes Bündel an Erklärungsmomenten in historisch spezifischen Situationen an, bleibt jedoch insgesamt bei ihrer Grundannahme, dass die „Teilung der Geschlechter [...] tatsächlich etwas biologisch Gegebenes, nicht ein Moment der Menschheitsgeschichte" ist. „Das Paar", so resümiert sie, „ist eine Grundeinheit, deren beide Hälften aneinander geschmiedet sind; es ist nicht möglich, eine Spaltung der Gesellschaft nach Geschlechtern vorzunehmen."[3]

Gerade in dieser letzten Überlegung steckt aber auch die ganze Problematik ihres Geschichtsbildes, das dann in der Folge recht weit verbreitet war – und das sie selbst von sozialistischen Autoren (Engels, Bebel) übernommen hat: Wenn die Abhängigkeit der Frau vom Mann und die Hierarchie zwischen den Geschlechtern schon immer vorhanden war – woher kommt dann die Veränderung, die Beauvoir bei der Abfassung ihres Buchs 1949 so deutlich spürte? Und: wie dauerhaft würde eine solche Veränderung sein, die in der Erfahrung Beauvoirs v.a. durch die verfassungsrechtliche Gleichstellung von Mann und Frau und die Einführung des Wahlrechts für Frauen in Frankreich 1944 begründet war? Beauvoir selbst deutet in ihrem Buch die Richtung zaghaft an, die die Frauen- und Geschlechterforschung erst viel später einschlug, wenn sie festhält:

> „Man versteht, dass die Zweiheit der Geschlechter wie jede Zweiheit in einem Konflikt offenbar geworden ist. Man versteht, dass, wenn es einem der beiden gelungen ist, seine Überlegenheit durchzusetzen, diese absolut werden musste. Zu erklären bleibt aber, dass der Mann es war, der zu Beginn den Kampf gewonnen hat. Es scheint, dass die Frauen den Sieg hätten davontragen können; oder es hätte der Kampf sich nie zu entscheiden brauchen."[4]

Die nachfolgende Generation von Feministinnen, die sich mit der Vergangenheit befasst haben, haben dies ähnlich wie Beauvoir meist im Hinblick auf die Genese der modernen Geschlechterbeziehungen oder genauer: Geschlechterungleichheit getan. Ihre Grundannahme, dass es einen „ursprünglichen" oder „urzeitlichen Kampf" gegeben haben muss, in dem die Frauen ihre gleichberechtigte oder sogar Vormachtstellung eingebüßt haben, entstammt der marxistischen Tradition, besonders Friedrich Engels' Studie über die „Entstehung der Familie, des Privateigentums und des Staats" von 1884[5]. Sie ist in den späten Sechziger Jahren von Feministinnen aus der ‚Neuern Frauenbewegung' weitgehend übernommen worden, die dann auch gleich noch ein wirkungsvolles Etikett für die ununterbrochene Unterdrückung der Frau durch den Mann fand, nämlich das ‚Patriarchat'. So skizzierte die amerikanische Aktivistin Kate Millet in ihrem für die Neue Frauenbewegung diesseits wie jenseits des Atlantiks bahnbrechenden Buch *Sexual politics* 1969 u.a. die Umrisse einer „Patriarchatstheorie".[6] Es sei an der Zeit, die Beziehungen zwischen den Geschlechtern als Herrschaftsverhältnis zu begreifen und die Gesellschaft als Patriarchat, forderte sie. Denn alle Macht liege in den Händen der von Geburt an privilegierten Männer. Allerdings war in ihren Augen die Frage nach dem Ursprung des Patriarchats weniger wichtig als seine jüngste Geschichte und Gegenwart. Die marxistische Soziologin Juliet Mitchell hielt allerdings schon damals in ihrer Schrift *The Woman's Estate* dagegen, dass derartige Patriarchats-Theorien über Räume und Zeiten hinweg das Patriarchat als Universalie behaupteten und damit die Geschichte stillstellten, bzw. zum Mythos entstellten.[7] Dies sei dem Anliegen von Frauen, ihre politischen Rechte einzufordern und zu realisieren, eher hinderlich als förderlich, da sie aus der Geschichte keinerlei Anhaltspunkte für eine eigene Welt- und Wertvorstellung gewinnen könnten. Sie plädierte deshalb dafür, feministischen Widerstand gegen das Patriarchat ernst zu nehmen – auch dies in Anlehnung an die sozialistische Theorie und ihre Betonung des Klassenkampfes als treibender Kraft in der Geschichte.

In der Folge haben sich nicht wenige Frauen aufgemacht, um eben solche Anhaltspunkte in der Geschichte zu suchen. Die Erforschung der Alten Frauenbewegung und ihrer Leistungen und Probleme, die bis heute unvermindert andauert, hat hier ihre Wurzeln.[8]

## Matriarchatstheorien und ihr Ende

Vor allem aber die Vor-Geschichte der männlichen Geschlechtsherrschaft genoss – trotz aller Bedenken von Millet, Mitchell und anderen – seit Mitte der Siebziger Jahre wachsende Aufmerksamkeit. Elizabeth Gould Davis z.B. verkündete 1976 selbstbewusst: „Am Anfang war die Frau“ – und präsentierte eine Gegen-Geschichte des Patriarchats, das hier als relativ späte Degeneration einer Jahrtausende alten menschlich-weiblichen Kulturtradition erscheint, die wieder rückgängig zu machen sei.[9] Etwas differenzierter, aber mit ähnlicher Stoßrichtung diskutierte eine interdisziplinäre ForscherInnengruppe um die Prähistorikerin Marie König über das Verhältnis von „Weib und Macht“ aus sprach-, kultur- und psychohistorischer Sicht und rekonstruierte „fünf Millionen Jahre Urgeschichte der Frau“.[10] Das Neuaufleben von Matriarchatstheorien, die in diversen Publikationen und in Deutschland vor allem durch Heide Göttner-Abendroths Studie *Die Göttin und ihr Heros* Popularität erlangt haben, ist in diesem Zusammenhang zu sehen. In ihrer Studie versuchte die Münchner Religionswissenschaftlerin ein „Strukturschema matriarchaler Mythologie“ zu entwickeln – in kritischer Rezeption und Erweiterung der um 1860 vom Basler Altertumsforscher Johann Jakob Bachofen ausformulierten Hypothesen, die auch bei Engels' Abhandlung Pate gestanden hatten.[11] Dieses Strukturschema stellt ein komplexes Umkehrbild zur christlichen Religion („Triade“, Braut und Bräutigam usw.) dar. Laut Auffassung von Göttner-Abendroth beruht es auf tatsächlichen Erfahrungen und religiösen Praktiken von Frauen und Männern längst vergangener Zeiten, die in den europäischen Mythentraditionen (bis hinein in die Grimm'schen Märchen) noch in Spuren auffindbar seien. Sie ging zwar davon aus, dass „uns diese unverstellten Bilder von matriarchaler Weiblichkeit und matriarchaler Männlichkeit heute abhanden gekommen [sind].“

Sie hoffte aber

> „in einer historischen Analyse – die einem Nachgraben in den untersten Sedimenten unserer Traditionen gleicht – [...] die Dimensionen unserer Weiblichkeit ohne die Verzerrungen der patriarchalen Epoche wiederzuerkennen. Denn zu ihrer Erkenntnis verhilft uns weniger abstrakte Spekulation oder intensive psychische Introspektion, sondern vor allem die Wiederentdeckung der historischen Formen, in denen sie sich ungehindert entwickelt hat [...]„[12]

Heide Göttner-Abendroth hat diese ‚Spurensuche' noch in etlichen weiteren Studien u.a. auch in einem umfangreichen Werk über „Das Matriarchat" weitergeführt und eine gläubige Fangemeinde um sich scharen können – allerdings nicht im akademischen Rahmen, sondern (wie übrigens die meisten der frühen Theoretikerinnen der Frauenbewegung) in einer universitätsfernen feministischen Öffentlichkeit. Denn innerhalb der Frauenbewegung blieb ein gerütteltes Maß Skepsis gegenüber solchen Ideen wach, insbesondere bei den marxistisch geschulten, politisch argumentierenden Vordenkerinnen. So konstatierte die Publizistin Marieluise Janssen-Jurreit, die 1976 ein – an Umfang wie Aussagekraft gewaltiges – Buch über „Sexismus" veröffentlicht hatte:

> „Diejenigen, die die Vorstellungen von frauendominierten Gesellschaften wieder beleben, haben die Matriarchate der Frühzeit in einem geschichtslosen Raum angesiedelt, ohne eine Erklärung dafür zu liefern, welche Bedingungen zur Entstehung frauendominierter Gesellschaften geführt haben können und welche zu ihrem Verschwinden. Allein mit Hilfe der Mythologie antiker Völker ist diese matriarchalische Vergesellschaftung kaum zu rekonstruieren, sondern nur durch eindeutige archäologische Funde. [...] Für die Entwicklung einer feministischen Theorie scheint es wenig sinnvoll, sich spekulativ mit einer möglich erscheinenden Phase matriarchalischer Vergesellschaftung auseinanderzusetzen, [sondern wir sollten uns lieber] mit der Herrschaftsentwicklung beschäftigen, über die wir konkrete Informationen und ein gesichertes Faktenwissen besitzen, nämlich mit dem Patriarchat."[13]

Noch schärfer fasst die Althistorikerin Beate Wagner das Problem der Matriarchatsforschung, dem sie einen ganzen Band gewidmet hat, der sicherlich dazu angetan ist, das Thema als (nicht nur) feministische Mythenbildung endgültig zu den Akten zu legen.[14] Sie schreibt:

> „Kaum eine Konzeption, die in der Altertumswissenschaft entwickelt worden ist, hat so sehr über die Grenzen des Faches hinausgewirkt wie die Idee des Matriarchats. [...] Die mit der Idee verbundenen Konnotationen sind so zahlreich und widersprüchlich wie die Theorien und die wissenschaftlichen Schulen sowie politischen Bewegungen, die die Idee des Matriarchats aufgegriffen haben [...]. Moderne Matriarchatsmythen...haben stets damit zu tun, den Widersprüchen der Moderne, den Konflikten zwischen moralischem und ökonomischem Fortschritt, zwischen Naturbeherrschung und Naturzerstö-

> rung, Ausdruck zu verleihen. Indem dieser Gegensatz anthropologiert und geschlechtsspezifisch aufgespalten ist, entlastet er das ,moralische [d.h. weibliche] Geschlecht' von der Verantwortung für die Schreckensseiten des Projekts ,Moderne' und verleiht der weiblichen Hälfte, als Retterin der Menschheit stilisiert, scheinbaren Sinn, auf den die Menschen auf dem Weg zur neuzeitlichen Wissenschaft Verzicht leisten. Ohnmachts- und Machtphantasien eröffnete der Mythos gleichermaßen Raum. Dies erklärt seine Resonanz in Teilen der Neuen Frauenbewegung. Einen Weg zur Überwindung der Probleme der Moderne weist er nicht."[15]

Ist damit die Matriarchatsdebatte – aus historiografischer Sicht zumindest – erledigt (nicht aber z.B. in der Ethnologie oder Theologie), so gilt dasselbe zunächst nicht für das ,Patriarchat'. Eine sehr umfang- und kenntnisreiche Studie zur „Entstehung des Patriarchats" hat 1986 die amerikanische Historikerin Gerda Lerner vorgelegt, deren grundlegende feministische Fragestellungen sie aber, nach eigener Aussage, schon seit 1977 beschäftigten.[16] Ihr Interesse richtet sich zunächst auf die Entstehung des Patriarchats, wie sie sich aus den Quellen über die alten Kulturen des Vorderen Orients herauslesen lässt. Sie kommt allerdings zu dem – wenig überraschenden – Ergebnis:

> „In einem fast 2500 Jahre währenden Prozess ist das Patriarchat von Männern und Frauen geschaffen worden. Die früheste Form des vollentwickelten Patriarchats war der archaische Staat, die Keimzelle seiner Organisation war die patriarchale Familie, die seine Regeln und Wertvorstellungen sowohl zum Ausdruck brachte als auch ständig aufs Neue entstehen ließ [...] Die Sexualität der Frau, bestehend aus ihren sexuellen und fortpflanzungsrelevanten Fähigkeiten und Diensten, wurde schon vor den Anfängen der westlichen Kultur verdinglicht und zum Tauschobjekt [...] Den Ertrag dieser Verdinglichung der Frauen zu Waren – Brautpreis, Verkaufspreis, Kinder – eigneten sich die Männer an. Das kann sehr wohl als die erste Form der Akkumulation von Privateigentum betrachtet werden [...]"[17]

Ganz unverkennbar haben bei ihren Überlegungen dieselben männlichen Autoritäten Pate gestanden wie schon bei Beauvoir: Die marxistische Theorie (besonders die bereits erwähnte Studie von Friedrich Engels über die Entstehung der Familie, des Privateigentums und des Kapitalismus) und die Thesen des Strukturanthropologen Claude Lévy-Strauss mit seinem „Frauentausch"-Konzept.[18]

Wozu also dieser ganze Aufwand, so könnte man fragen – denn das Buch ist ein enormer Forschungs- und Leistungsausweis der amerikanischen Professorin –, wenn der Ertrag doch aufs Haar dem ähnelt, was Beauvoir schon vier Jahrzehnte früher schrieb? Nicht zuletzt aus diesem Grund hat die deutsche Geschichtsprofessorin Karin Hausen im gleichen Jahr öffentlich über das Konzept ,Patriarchat' und dessen „Nutzen und Nachteil... für die Frauengeschichte und Frauenpolitik" nachgedacht.[19] Sie sieht den Nutzen des Konzepts ‚Patriarchat' für die Frauenpolitik vor allem darin, dass es als Fechtwort und Kampfansage gegen die herrschenden Verhältnisse wirkungsvoll war, weil es prägnant auf ein gesellschaftliches Ärgernis zielte, nämlich

> „dass Frauen ungeachtet der formalen Gleichberechtigung bislang weder in sozialstaatlichen Demokratien noch in sozialistischen Gesellschaften tatsächlich den Männern gesellschaftlich gleichrangig sind; dass sie immer noch geringere soziale, wirtschaftliche und politische Einflusschancen haben; dass sie nach wie vor in einer Gesellschaft leben, die nach Maß des Mannes eingerichtet ist [...]. Dieses [...] und die Wende zum Bessern ist gemeint, wenn die Neue Frauenbewegung das ‚Patriarchat' verantwortlich macht, angreift und mit ihrem Entwurf einer humaneren Gesellschaft ansetzt bei der Überwindung des ‚patriarchalischen' Geschlechterverhältnisses."[20]

Die – erheblichen – Nachteile des Konzepts liegen ihrer Ansicht nach aber gerade auch darin, dass der Begriff zur ubiquitären Formel verkam und

> „dass diese Rede- und Denkweise die gemeinten Phänomene und Probleme eher verdeckt als aufdeckt und deshalb auf lange Sicht sehr wohl zum Hindernis werden kann für die Durchsetzung von Fraueninteressen".[21]

„Denn woher sollen Frauen den Mut und das ‚Prinzip Hoffnung' für ihr politisches Engagement nehmen", so schreibt sie weiter,

> „wenn der Rückblick in die Jahrtausende der Geschichte nichts anderes zutage fördert als in trostloser Gleichartigkeit Frauen, die immer und ewig Opfer oder schlimmer noch Kollaborateurinnen eines männlichen Kollektiv-Subjekts mit Namen Patriarchat waren, und dieser Übermacht einzig der mythische Traum vom Matriarchat entgegenzusetzen bleibt?"[22]

Sie fordert infolgedessen eine Abkehr von dieser „universalhistorischen" Kategorie und eine Hinwendung zur Entschlüsselung der „historisch sehr verschiedenen, aber immer als Männerdominanz gestalteten Geschlechterverhältnisse in allen gesellschaftlichen Teilbereichen und im Gesellschaftsganzen." Des Weiteren plädiert sie insbesondere auch für die Öffnung des feministischen Blicks dafür,

> „dass Frauen nicht weniger als Männer die vorgefundenen Wertorientierungen und Handlungsspielräume sehr wohl auch im Sinne ihrer eigenen Interessen umzudeuten, auszunutzen und umzugestalten verstehen."[23]

## 2. Die Ubiquität weiblichen Widerstandes

Eine Möglichkeit, den Schwächen des Patriarchats-Konzepts zu begegnen, war infolgedessen die Suche nach widerständigen oder jedenfalls eigen-sinnigen Frauen in der Geschichte. Die Erforschung der sogenannten ‚Alten Frauenbewegung' des ausgehenden 19. und frühen 20. Jahrhunderts, ihrer großen Vordenkerinnen und ihrer Erfolge und Misserfolge war dazu ein wichtiger Schritt.[24] Was aber war mit Querdenkerinnen und Widerständigen in früheren Zeiten? Gab es keine Verbindung zwischen den machtvollen Urmüttern und den Kämpferinnen für Frauenrechte in der unmittelbaren Vergangenheit?

Tatsächlich begannen hie und da einige weibliche Stimmen hör- bzw. sichtbar zu werden, die sich schon in der Antike und vor allem im Mittelalter zu Wort meldeten: Die Achtziger Jahre sind die goldene Ära der Wiederentdeckung „schreibender", dichtender, komponierender, malender, philosophierender usw. Frauen, die – meist als Töchter und Schwestern berühmter Männer – einen privilegierten Zugang zur eigentlich verschlossenen (Männer-)Welt der Bildung erhielten.[25] Die Achtziger Jahre waren überhaupt eine Zeit der Entdeckungsgeschichten aus weiblicher Sicht und Feder, wie zahlreiche Buchtitel aus diesem Zeitraum bezeugen: *Becoming Visible* heißt die erste umfangreichere frauengeschichtliche Darstellung von 1976; *Frauen suchen ihre Geschichte,* hatte ein von Karin Hausen 1983 herausgegebener Sammelband zum Titel, *Auf der Suche nach der Frau im Mittelalter* ein anderer Band von 1991, ein Rundblick über das gesamte Forschungsfeld aus dem gleichen Jahr trägt den Titel *Frauengeschichte gesucht-gefunden!*.[26]

Aber, so fragten sich weiterhin einige Skeptikerinnen, lässt nicht diese additive Art der Geschichte der (großen) Frauen, die recht unverbunden neben der vermeintlich allgemeinen, aber eigentlich nur von Männern gemachten Geschichte steht, Letztere in ihrer Eigendynamik bestehen und bestätigt eigentlich nur Beauvoirs Feststellung, Männer machen Geschichte, Frauen sind bestenfalls auch dabei, schlechtestenfalls deren Opfer? Rationalitätskritische Vordenkerinnen des postmodernen Feminismus, etwa Luce Irigaray oder Hélène Cixous fragten darüber hinausgehend, ob nicht vielmehr diejenigen Frauen die wirklich Eigenwilligen und also Widerständigen gewesen seien, die sich den Gesetzen und Zwängen der patriarchalischen Weltordnung ganz grundsätzlich durch Verweigerung entzogen? Jene Frauen, die als Mystikerinnen oder Hysterikerinnen dem männlichen Rationalitätskult bzw. dem „Phallogozentrismus" (also der Herrschaft des männlichen Logos) die Gefolgschaft verweigerten? Oder jene „weisen Frauen", die im Zuge des okzidentalen Rationalisierungsprozesses als Hexen diffamiert, verfolgt und verbrannt worden waren, die Trägerinnen eines alternativen, weiblichen Wissens gewesen waren? Von ihnen hatte schon der französische Historiker Jules Michelet Mitte des 19. Jahrhunderts zu berichten gewusst, sie seien die wahren „Ärztinnen des Volkes" gewesen, bevor die akademisch gebildete Ärzteschaft sie denunziert und ausgelöscht hätte.[27] Im Zuge der Radikalisierung der Neuen Frauenbewegung stiegen diese „weisen Frauen" allenthalben zu neuen Identifikationsfiguren empor.[28]

Bis zu dieser Umdeutung hatten die Hexen als sichtbarste Opfer des Patriarchats und als Beweis für seinen mörderischen Frauenhass herhalten müssen.

Dieser recht unvermittelte (Be-)Deutungs-Umschwung vom Opfer zur triumphierenden Heldin war allerdings nicht unumstritten. Kritisch fragte deshalb schon 1976 die Frankfurter Kulturhistorikerin Silvia Bovenschen in ihrem bahnbrechenden Aufsatz über „Die aktuelle Hexe, die historische Hexe und de[n] Hexenmythos":

> „Sind die Hexen für den Feminismus das, was Spartakus, die aufständischen Bauern, die französischen Revolutionäre und die Bolschewiki für die sozialistischen Bewegungen sind?"

Sie verneint diese Frage indirekt, indem sie den Zusammenhang zwischen modernen Hexenbildern und den historischen Hexen als identifikatorisch-projektiven darstellt:

> „Die empirischen Hexen von heute – jene Frauen, die sich selbst mit diesem Wort charakterisieren – haben mit der historischen Hexe, die auf dem Scheiterhaufen verbrannte, zunächst wenig gemein. Sie hatten bis vor kurzem sicher nicht einmal eine klare Vorstellung von deren vergangener Existenz (in den Schulstuben wurde davon zumeist nichts berichtet). Ihre Form der situativen Aneignung von Vergangenheit unterscheidet sich qualitativ von der wissenschaftlich-archivarischen – jedenfalls was deren geläufige Erscheinung betrifft. Sie nimmt etwas anderes auf, als uns die überlieferten Quellen, Daten und Kommentare zu bieten haben. In ihr vermischen sich Elemente historischer und sozialer Phantasie, die für das Untergrunddasein verbotener Bilder sensibel ist; sie ist anarchisch, aufsässig im Verzicht auf Chronologie und historische Sorgfalt."[29]

Genau daran nahmen akademisch geschulte Feministinnen und insbesondere Historikerinnen Anstoß – und belebten, wie Silvia Bovenschen, Claudia Honegger oder – etwas später – Eva Labouvie die wissenschaftlich-archivalische Hexenforschung neu.[30] Sie widerlegten dabei die Vermutung vom Widerstandspotential der historischen Hexen, während sie wertvolle Erkenntnisse gewannen für die Sozialgeschichte von Frauen und von männlich besetzten Institutionen wie Kirche, Gerichtswesen, Staat.

Andere Forscherinnen suchten auf dieselbe Weise und zur gleichen Zeit weitere, konkretere Zeugnisse weiblicher Widerstandsformen. So konnten etwa die Kultursoziologinnen Claudia Honegger und Bettina Heintz 1981 in einem vielbeachteten und vielgenutzten Sammelband sehr unterschiedliche „Listen der Ohnmacht" dokumentieren.[31] Die beiden Autorinnen rufen in ihrem einleitenden Kommentar allerdings zur Vorsicht im Umgang mit „weiblichen Widerstandsformen" auf:

> „Die Preisgabe des großen Strukturdurchblicks zugunsten kleiner Reisen ins Labyrinth von Alltag und Lebenswelt, die neuen sozialen Bewegungen und der unaufhaltsame Vormarsch der Frauen in die Schneehöhen der Wissenschaft haben auch in der Historiographie einen Perspektivenwechsel eingeleitet. Die Behandlung der Frauen als majorité négligeable [...] ist einem akuten Interesse an ihrer historischen Präsenz gewichen. Über die schimärenhafte Gestalt eines bloßen Anhängsels schieben sich Bilder von produktiven Wesen und rebellischen Weibern, die ausgiebig gekeift und gekämpft, ihre Machtbereiche verteidigt und ihre Erdenschwere lange Zeit bewahrt haben, aber auch von sanften Rebellinnen, die sich mit stiller Schläue neue Handlungsräume zu erschleichen wussten. Kurz, die Frau taucht vermehrt als handelndes Subjekt, als arbeitsames, widerspenstiges, listiges Geschöpf auf.
>
> Diese schöne Entdeckung sollte allerdings nicht dazu verleiten, aus der Frau vorschnell ein autonom handlungsfähiges Subjekt zu machen – ein idealistisches Postulat, dem bekanntlich Männer seit knapp zwei Jahrhunderten nur mit mäßigem Erfolg hinterherhecheln."[32]

Honegger/Heintz setzen dagegen die Forderung, die vielfältigen Bedingungen weiblicher Macht zu sehen und den

> „verschlungenen Beziehungen zwischen objektiven Strukturen, kulturellen Deutungen, sozial verbindlichen Normen und Werten einerseits, weiblichen Handlungspotentialen, Mustern der Selbstwahrnehmung, konformem wie abweichendem Verhalten andererseits [genügend Aufmerksamkeit zu schenken].[33]

Honegger/Heintz begaben sich damit – unausgesprochen – in die Fußstapfen feministischer Vordenkerinnen einer postmodernen Kulturkritik, deren vielleicht anregendste Vertreterin, die französische Kulturtheoretikerin Cathérine Clément ihrerseits schon 1976 auf die Widersprüche innerhalb dieser Kultfiguren eines spezifisch weiblichen Widerstands einging. In einem kleinen, programmatischen Text über „Hexe und Hysterikerin" schrieb sie:

> „Die weibliche Rolle der Hexe und der Hysterikerin ist doppeldeutig, ist Widerstand und Bewahren zugleich. [...] Denn jede Hexe wird schließlich zerstört, und nichts bleibt von ihr übrig als mythische Spuren. Und jede Hysterikerin gewöhnt eines Tages die anderen an ihre Symptome, der Kreis der

> Familie schließt sich von neuem um sie [...] Das, was sich im einen wie im anderen Falle auflöst, ist die Kausalität der Frau: Sie wechselt den Standort, ändert den Namen, während die geistig-historische Entwicklung die kulturellen Normen weitertreibt."[34]

Die „abnormen" Frauen sind insofern nicht Heldinnen weiblichen Widerstands, sondern Zeichenträgerinnen, sie stehen für die „Wiederkehr des Verdrängten", sind Modell oder Allegorie des „Abnormen" innerhalb eines gesellschaftlichen Symbol- und Wertesystems und zeigen dessen Bruchstellen auf. Clément schlussfolgert deshalb (auch in kritischer Abkehr von den Positionen einer Luce Irigaray):

> „Subversives Gewicht der Rückkehr des Verdrängten, Bewertung der Macht des Archaischen, Herrschaft oder Nicht-Herrschaft des Imaginären über das Symbolische und das Reale: das ist der Kern der Geschichte, die die Gestalt der Hexe mit derjenigen der Hysterikerin verbindet. Dabei darf nicht vergessen werden, dass diese Frage nur insofern relevant ist, als diese beiden Frauen als Verweis dienen, als Modell, als Allegorie. Zu den Tatsachen übergehen, [...] zur Einschreibung des Symbolischen in das Reale, das heisst wirkliche Strukturveränderungen hervorrufen, das ist der einzig mögliche Ausweg für die Hexerei und Hysterie."[35]

– und, so wäre zu ergänzen, auch für die Frauenbewegung.

## 3. Von der Frauen- zur Geschlechtergeschichte: der ‚*linguistic turn*' in der feministischen Geschichtsforschung

Mit diesen Überlegungen, die Clément auf der Basis der Schriften des Psychoanalytikers Siegmund Freud, des Strukturanthropologen Claude Lévy-Strauss und des Religionsanthropologen Marcel Mauss entwickelte, nahm sie schon den Großangriff vorweg, den die postmoderne Theoriebildung dann gegen Ende der Achtziger Jahre auf die feministische Identitätspolitik und deren zentrale Kategorien ‚Frau' bzw. ‚weiblich' zu führen begann. Bereits hier tauchen schon die zentralen Begriffe und Denkbilder auf, die dann zehn Jahre später zur Kritik und Ablösung der marxistisch gefärbten Paradigmen der frühen feministischen Geschichtsforschung führten: symbolische Ordnung, Repräsentation, Wahrnehmung und schließlich die Denkfigur des Gegensätzlichen oder Widersprüchlichen, das Paradox. Die Übernahme dieser theoretischen und methodischen Grundorientierung erfolgte indes auf Umwegen – vor allem über die US-amerikanische feministische Theorie und Praxis.

Gerade im US-amerikanischen Frauenforschungs- und Frauenbewegungskontext nämlich war die Kategorie ‚Frau' bzw. ‚Frauen' von afro-amerikanischen Feministinnen zunehmend in Frage gestellt worden: Welche Frauen würden denn überhaupt in der von WASPs (d.h. von weißen englischstämmigen protestantischen Forscherinnen) dominierten akademischen Debatte wahrgenommen? Wo blieben die grundlegenden Unterschiede zwischen Frauen verschiedener Klassen oder Ethnien und sexueller Orientierung, wenn der homogenisierende Begriff ‚Frau' ununterschieden und undifferenziert für alle Angehörigen des weiblichen Geschlechts gesetzt und damit alle Abweichungen wiederum unsichtbar gemacht würden? In der Tat hatte die feministische Forschung (wie übrigens auch die Frauenbewegung selbst) in den Achtziger Jahren die Tatsache zu verarbeiten, dass es mindestens so viele Unterschiede zwischen Frauen gab wie zwischen Männern und Frauen.[36] War damit nicht das Projekt der Frauenbewegung im Kern getroffen – oder war es schlicht verfehlt?

In dieser prekären Frage der innerfeministischen Konfrontationen und Abgrenzungen (die sich im übrigen in einem breiteren gesellschaftlichen Feld sich etablierender Identitätspolitik abspielten), versuchte 1986 eine jüngere Vertreterin im feministisch-historischen Feld, Joan Scott, eine neue Strategie vorzuschlagen. Statt die Kategorie ‚Frau' durch immer neue Unterkategorien und Differenzierungen gleichsam von innen zu entleeren, sei diese vielmehr durch die Kategorie ‚Geschlecht' als Grundeinheit der historischen Forschung zu ersetzen. Scott definiert Geschlecht (bzw. *gender)* erstens als „konstitutives Element von gesellschaftlichen Beziehungen", das „auf wahrgenommene Unterschiede zwischen den Geschlechtern" gründet; und zweitens als

> „eine wesentliche Art und Weise, um Machtbeziehungen Bedeutung zu verleihen. Veränderungen in der Organisation gesellschaftlicher Beziehungen entsprechen immer auch Veränderungen in der Repräsentation der Macht, die Richtung der Veränderung ist jedoch nicht unbedingt immer dieselbe."[37]

In Anlehnung an die französischen Geschichts- und Kulturtheoretiker Jacques Rancière und Jacques Derrida formulierte sie im Weiteren eine Position der kritischen Reflexion aller wissenschaftlichen bzw. historiografischen Kategorien, insbesondere aber die der ‚Frau' und der ‚Frauengeschichte':

> „Wenn wir, statt nach der Behandlung von Frauen in einer früheren Zeit zu fragen, uns darum kümmern, wie und unter welchen Umständen die Geschlechterdifferenz sich auf ihre Behandlungen auszuwirken begann, hätten wir die Basis für eine Analyse von Frauen gelegt, die keine bloße Wiederentdeckung unserer selbst in der Vergangenheit darstellt."[38]

Das bedingt allerdings, wie sie weiter schreibt,

> „eine gewisse Ent-Identifizierung von den Objekten unserer Untersuchung, eine bewusste Anstrengung, uns von den uns gleich erscheinenden Anderen zu trennen. Das Verhältnis von Identität und Identifizierung verändert sich.

> Wenn Identität als kontingentes historisches Ereignis und nicht als unveräußerbares Eigentum betrachtet wird, entsteht analytische Distanz nicht nur zwischen uns selbst und unseren Objekten, sondern auch gegenüber unserem Selbstverständnis."[39]

Umgekehrt bewirkt eine homogenisierte Identitätsbildung, nach Joan Scott, Stillstand, Ghettoisierung, A-Historizität.[40]

Damit waren der ‚Frauengeschichte' als Unterdrückungs- wie als Gegengeschichte zur männlich dominierten allgemeinen Geschichte eigentlich die Grundlagen entzogen. In der Folge setzte sich der Begriff ‚Geschlecht' und der postmoderne selbstreflexive Ansatz, den Scott vorschlug, auch im deutschsprachigen Raum sukzessive durch. Seit Mitte der 90er Jahre wurden bevorzugt die ‚Geschlechterdifferenz' und die ‚Geschlechterordnung' untersucht, die ‚Konstruktion von Geschlecht' in verschiedenen Kontexten wurde nun zur bevorzugten Themenwahl. Die Frauengeschichte wurde abgelöst durch die ‚Geschlechtergeschichte' – Sprache und ‚Diskurs' wurden nun zu den wichtigsten Forschungsgegenständen erhoben, ökonomische Abhängigkeiten und materielle Interessen traten in den Hintergrund. Gleichzeitig gewann diese neue Spielart feministischer Geschichtsforschung an Akzeptanz und positivem Echo in der akademischen (Männer-)Welt. Dies ging allerdings nicht ohne Widerspruch vonstatten. Schon 1985 publizierte eine der Begründerinnen der Frauengeschichte in der BRD, Anette Kuhn, ein flammendes Plädoyer für „Identitätsgewinnung durch Frauengeschichte"[41]; in den USA tobt der Flügelkampf von ‚modernen' (d.h. marxistisch-identitätspolitischen) und ‚postmodernen' (also kulturkritisch-selbstreflexiven) Feministinnen seit fünfzehn Jahren. Neben allen möglichen Abgrenzungen und Polemiken auf beiden Seiten zeigt sich mittlerweile eine ebenso pragmatische wie hoffnungsvolle Kompromiss-Position zwischen beiden Extremen: Es ist im Wesentlichen die Überzeugung, dass Sprache und Repräsentationen durchaus die Geschlechterordnung bestimmen, aber nicht allein, sondern dass diese durch andere Institutionen ergänzt oder konterkarriert werden. Demzufolge sollte „die postmoderne Infragestellung essentialisierender Metanarrative an die feministische Analyse von Makrostrukturen sozialer Ungerechtigkeit" gekoppelt werden, forderte jüngst Ulrike Strasser, eine der Vertreterinnen dieser Kompromissposition.[42]

> „Das Ergebnis wäre eine gesellschaftspolitisch engagierte Sozialtheorie ohne Rekurs auf die Philosophie – im Konkreten verortet, pluralistisch und komparatistisch, und gleichzeitig dazu fähig, ein komplexes Phänomen wie Sexismus, das sich durch lokale Zusammenhänge hindurchzieht, mit Hilfe von übergreifenden Narrativen mittlerer Größenordnung fassbar zu machen."

Tatsächlich bedarf das von Scott als einer Vertreterin einer äußerst literaturtheoretisch orientierten Geschichtsforschung und –schreibung entworfene Programm eines gewissen Korrektivs. Wenn sie nämlich schreibt:

> „Im Gegensatz zu einer Geschichtsschreibung, die die Wurzeln politisierter Identitäten in verschiedenen kulturellen Kontexten und Erfahrungen verankert sieht und diese Identitäten damit essentialisiert, schlage ich vor, Geschichten zu schreiben, die die Produktion von Identität durch einen zugleich homogenisierten und differenzierenden Prozess untersuchen [...]“[43],

dann stellt sie damit die Geschichtsschreibung generell, aber insbesondere die feministische Geschichtsschreibung vor ein unlösbares Problem: Sie müsste dann von der Geschlechterdifferenz ausgehen, ohne sie aber als solche ‚dingfest‘ zu machen. Das ist allenfalls in einzelnen Texten (etwa den von ihr untersuchten Schriften französischer Feministinnen des 19. Jahrhunderts) möglich, aber nicht bei der Rekonstruktion von größeren gesellschaftlichen Zusammenhängen. Die ‚Entsorgung‘ der Geschichte weiblicher Diskriminierung und männlicher Privilegierung lässt sich so nicht (oder zumindest nicht so einfach) erreichen. Oder, um es noch einmal mit der hellsichtigen Catherine Clément zu sagen:

> „Zu den Tatsachen übergehen, ...zur Einschreibung des Symbolischen in das Reale, das heißt wirkliche Strukturveränderungen hervorrufen, das ist der einzig mögliche Ausweg [...]“[44]

Es braucht also beide Ebenen, die materielle wie die symbolische, um das hoffnungsvolle Projekt einer feministischen Geschichtswissenschaft auch als ‚Geschlechtergeschichte‘ erfolgreich weiterführen zu können.

## 4. Fazit

Die Debatte um die Kategorie ‚Geschlecht‘ treibt heute insbesondere die akademische Diskussion um, die sich mittlerweise ein gutes Stück weit von den ‚Niederungen‘ feministischer Identitätspolitik entfernt hat und auf dem Weg ist, als ‚Geschlechtergeschichte‘ oder *gender history* zu einer anerkannten akademischen (Teil-)Disziplin zu werden. Die überkommenen Kategorien der feministischen wie auch der sog. ‚allgemeinen‘ Geschichtsbetrachtung werden einer kritischen Sichtung unterzogen und meist ebenso massiv infrage gestellt, wie die frühe feministische Theorie ‚das Patriarchat‘ angeprangert und infrage gestellt hat. Damit einher geht selbstredend auch eine massive Infragestellung dessen, was ‚feministisch‘, ja was überhaupt ‚politisch‘ ist – ganz zu schweigen davon, dass Utopien, denen eine wie auch immer geartete Frauenbewegung nachstreben könnte oder wollte, kaum mehr erdacht und entwickelt werden können, wo die „Ortslosigkeit der Frau" (jedenfalls in der symbolischen Ordnung) mittlerweise ein anerkanntes Faktum ist.[45] Unleugbar hat die solcherart institutionalisierte kritische Selbstreflexion dem Projekt der feministischen Geschichtsbetrachtung ein gutes Stück weit den Boden entzogen – wenn auch mit dem Versprechen, die feministische Forschung wie die Frauenbewegung (oder was von ihr übrig ist) vor *falschen* Gewissheiten und *falschen* Geschichtsbildern zu bewahren.

Wie auch immer man bzw. frau die Wirkungen des *linguistic turn* und der postmodernen Theorieansätze auch einschätzen mag – als politische Radikalisierung oder als Ende der feministischen Politik –, sie haben jedenfalls einen Prozess weiter beschleunigt, der schon in der ,modernen' feministischen Diskussion angelegt war und ihr – und der Frauenbewegung hierzulande wie andernorts – zu einigem Schwung verholfen hat, der bis heute das Geschäft mit der Erinnerung eher beflügelt denn behindert. Dass dabei ,die Geschichte' einer Vielfalt von ,Geschichten' und Deutungsmöglichkeiten weichen musste – und die akademischen historischen Disziplinen, allen voran die Frauen- und die Geschlechtergeschichte permanent zur Neuorientierung gezwungen waren und sind, ist eine der Nebenwirkungen dieses Prozesses. Gerade dafür erscheint mir ein permanenter Rückgriff auf Geschichte – die wissenschaftlich-institutionelle wie auch die persönliche – ein unverzichtbares Projekt, an dem aber weiterhin akademisch ausgebildete Historikerinnen ebenso mitwirken sollten wie Interessierte anderer Fächer und Institutionen. Nur dies wird uns auch in Zukunft erlauben, unsere wissenschaftlichen und auch unsere politischen Potentiale weiter zu entwickeln und uns (nicht nur) als Forschende – immer wieder neu – zu verorten.

## Anmerkungen

1 Simone de Beauvoir: *Das andere Geschlecht. Sitte und Sexus der Frau,* Hamburg 1951, hier: S. 14.

2 Ebd.

3 Ebd. S. 13.

4 Ebd. S. 15.

5 Friedrich Engels: *Die Entstehung der Familie, des Privateigentums und des Staats* (1884), in: Karl Marx, Friedrich Engels: *Werke,* Bd. 21, Berlin 1972, S. 25-173.

6 Kate Millet: *Sexual Politics,* Garden City/NY 1970.

7 Juliet Mirchell: *The Woman's Estate,* Harmondsworth 1971.

8 Erst neulich hat die amerikanische Historikerin Joan Scott eine Re-Lektüre der Geschichte des (französischen) Feminismus im 19. Jahrhundert vorgelegt: Joan Scott: *Only Paradoxes to Offer. French Feminists and the Rights of Man,* Harvard Univ. Press, Cambridge/Mass. u. London 1996.

9 Elizabeth Gould-Davis: *Am Anfang war die Frau,* München 1977 (am. Version 1976); eine etwas abgeschwächte Form dieser These liefert z.B. Rosalind Miles in ihrem Sachbuch *The Women's History of the World,* London 1988 u.ö.

10 Richard Fester, Marie E.P. König, Doris F. Jonas u. A. David Jonas: *Weib und Macht. Fünf Millionen Jahre Urgeschichte der Frau,* Frankfurt/M. 1979.

11 Vgl. Johann Jakob Bachofen: *Das Mutterrecht,* Stuttgart 1861.

12 Heide Göttner Abendroth: *Die Göttin und ihr Heros,* Verlag Frauenoffensive, München 1980, hier S. 8; s. dazu auch das Folgeprojekt von ders.: *Das Matriarchat I. Geschichte seiner Erforschung,* Stuttgart 1988.

13 M. Janssen-Jurreit: „Die Grundlagen des Patriarchats – Thesen zu einer Theorie des Sexismus", in: *Mythos Frau. Projektionen und Inszenierungen im Patriarchat*, hrsg. v. B. Schaeffer-Hegel u. Brigitte Wartmann, TU Berlin 1984, S. 104-128, hier: S. 113f.; auch dies.: *Sexismus. Über die Abtreibung der Frauenfrage,* München 1976.

14 Beate Wagner-Hasel (Hg.): *Matriarchatstheorien der Altertumswissenschaft,* Darmstadt 1992.

15 B. Wagner-Hasel: „Das Matriarchat und die Krise der Modernität", in: *Feministische Studien,* 9. Jg., Mai 1991, S. 80-95.

16 Gerda Lerner: *The Creation of Patriarchy,* Oxford University Press 1986 (dtsch.: *Die Entstehung des Patriarchats,* Frankfurt/New York 1993).

17 Ebd. S. 263.

18 Vgl. Claude Lévy-Strauss: *Les structures élémentaires de parenté,* Paris 1949 (dtsch: *Die elementaren Strukturen der Verwandtschaft,* Frankfurt/M. 1980); s. dazu auch Ramona Schugens u. Bettina Sommerburg: „Patriarchatsmagie. Zum Sexismus in der Theorie von Claude Lévy-Strauss", in: Brigitte Kossek u.a. (Hrsg.): *Verkehren der Geschlechter: Reflexionen und Analysen von Ethnologinnen,* Wien 1989, S. 14-35.

19 Karin Hausen: „Patriarchat. Vom Nutzen und Nachteil eines Konzepts für Frauengeschichte und Frauen-

politik", in: *Journal für Geschichte* 5/1986, S. 12-21 u. 58.

20 Ebd. S. 12f.

21 Ebd. S. 13.

22 Ebd. S. 18f.

23 Ebd. S. 19.

24 Die historische Erforschung der Frauenbewegungen ist mittlerweise ein fast unüberschaubar großes Forschungsfeld. Einen ersten Einblick bieten Ute Frevert: *Frauen-Geschichte. Zwischen bürgerlicher Verbesserung und Neuer Weiblichkeit,* Frankfurt/M. 1986; Ute Gerhard: *Unerhört. Die Geschichte der deutschen Frauenbewegung,* Hamburg 1990; Gisela Bock: *Frauen in der europäischen Geschichte. Vom Mittelalter bis zur Gegenwart,* München 2000.

25 Ein recht anschauliches Bild der Möglichkeiten ‚vormoderner', von Frauen getragener Widerspruchsmöglichkeiten zeichnet Gerda Lerner: *Die Entstehung des feministischen Bewusstseins,* Frankfurt/New York 1993 (am. Original 1991).

26 Renate Bridentahl/Claudia Koonz (Hrsg.): *Becoming Visible. Women in European History,* Boston 1977; Karin Hausen (Hrsg.): *Frauen suchen ihre Geschichte,* München 1983; Bea Lundt (Hrsg.): *Auf der Suche nach der Frau im Mittelalter,* München 1991; Beate Fieseler/Birgit Schulze (Hrsg.): *Frauengeschichte gesucht – gefunden? Auskünfte zum Stand der Historischen Frauenforschung,* Köln/ Weimar u. Wien 1991.

27 Jules Michelet: *Die Hexe,* München 1974 (frz. Original 1861).

28 Dies dokumentiert u.a. die kleine Kampfschrift von Barbara Ehrenreich und Deirde English: *Hexen, Hebammen und Krankenschwestern – The witches are back,* München von 1975 (am. Original 1973).

29 Silvia Bovenschen: „Die aktuelle Hexe, die historische Hexe und der Hexenmythos", in: Becker, Bovenschen, Brackert u.a.: *Aus der Zeit der Verzweiflung. Zur Genese und Aktualität des Hexenbildes,* Frankfurt/M. 1976, S. 259-312; wieder in: C. Opitz (Hrsg.): *Der Hexenstreit. Frauen in der frühneuzeitlichen Hexenverfolgung,* Freiburg 1995, S. 36-99, hier: S. 38.

30 Diese Forschungsgeschichte ist dokumentiert und kommentiert in Claudia Opitz (Hrsg.): *Der Hexenstreit. Frauen in der frühneuzeitlichen Hexenverfolgung,* Freiburg/Basel 1995.

31 C. Honegger und B. Heintz (Hrsg.): *Listen der Ohnmacht. Zur Sozialgeschichte weiblicher Widerstandsformen,* Frankfurt/M. 1981 (u.ö.).

32 Ebd. S. 7.

33 Hier wird denn auch erstmals konstatiert, dass es „an der Zeit [sei], sich um die Männerfrage zu kümmern, historisch, politisch, sittlich und so weiter – vom stehenden Herr über Maschinerie und Männlichkeit bis zum Vaterschaftskult." (Ebd. S. 49). Diese Forderung ist jedoch erst etwa zehn Jahre später aufgenommen worden (S. dazu Thomas Kühne (Hrsg.): *Männergeschichte – Geschlechtergeschichte. Männlichkeit im Wandel der Moderne,* Frankfurt/New York 1996; Martin Dinges (Hrsg.): *Hausväter, Priester, Kastraten. Zur Konstruktion von Männlichkeit in Spätmittelalter und Früher Neuzeit,* Göttingen 1998.

34 Cathérine Clément, „Hexe und Hysterikerin", in: *Alternative 19,* 1976, H. 108/109, S. 148-154.

35 Ebd. S. 154.

36 S. dazu die div. Aufsätze von Gerda Lerner in: dies.: *Frauen finden ihre Vergangenheit. Grundlagen der Frauengeschichte,* Frankfurt/New York 1995, sowie Hanna Schissler (Hrsg.): *Geschlechterverhältnisse im historischen Wandel,* Frankfurt/New York 1993, bes. die Einleitung.

37 Joan Scott: „Gender – a useful category of historical analysis", in: *American Historical Review* 91, 1986, S. 1053-1075 (dtsche Übersetzung, in: *Selbst bewusst. Frauen in den USA,* hrsg. u. eingel. v. Nancy Kaiser, S. 27-75, hier: S. 53).

38 Joan W. Scott „Nach der Geschichte?", in: *Werkstatt Geschichte 17,* 1997, S. 5-23, hier: S. 18.

39 Ebd.

40 „In diesen Geschichten [...] erscheint das Leid der Gegenwart dauerhaft und anhaltend, und es erscheint daher umso intensiver und unmoralischer. Aus der Perspektive einer langen Geschichte erscheinen Forderungen umso legitimer. Doch gleichzeitig überlagern sich Vergangenheit und Gegenwart, und Identität wird als universale, ahistorische Erzählung von Ausschluss und Leiden verdinglicht. Wenn aber Identität zum Synonym für Ausschluss und Leiden wird, bedeuten Wiedereingliederung und ein Ende des Leidens auch ein Ende von Identität. Daher lässt sich aus dieser Perspektive keine Zukunft vorstellen." (ebd. S. 17)

41 Annette Kuhn: „Identitätsgewinnung durch Frauengeschichte – Gefahren, Grenzen, Möglichkeiten", in: *Geschichtsdidaktik,* H. 2, 1985, S. 117-128.

42 Ulrike Strasser: „Intime Antagonisten. Postmoderne Theorie, feministische Wissenschaft und die Geschichte der Frauen", in: *Traverse* 2000/1, S.37-49.

43 Scott, „Nach der Geschichte?", wie Anm. 38, S. 17.

44 Cathérine Clément, „Hexe und Hysterikerin", in: *Alternative 19,* 1976, H. 108/109, S. 148-154.

45 S. dazu Rosi Braidotti: *Nomadic Subjects: Embodiment and Sexual Difference in Contemporary Feminist Theory,* New York 1994.

## Literatur


**Bachofen, Johann Jakob:** *Das Mutterrecht*, Stuttgart 1861.

**de Beauvoir, Simone:** *Le deuxième Sexe*, Paris 1949.

**Dies.:** *Das andere Geschlecht. Sitte und Sexus der Frau*, Hamburg 1951 (u.ö.).

**Bock, Gisela:** *Frauen in der europäischen Geschichte. Vom Mittelalter bis zur Gegenwart*, München 2000.

**Bovenschen, Silvia:** „Die aktuelle Hexe, die historische Hexe und der Hexenmythos", in: Becker, Bovenschen, Brackert u.a.: *Aus der Zeit der Verzweiflung. Zur Genese und Aktualität des Hexenbildes*, Frankfurt/M. 1976, S. 259-312; (wieder in: C.Opitz (Hrsg.): *Der Hexenstreit. Frauen in der frühneuzeitlichen Hexenverfolgung*, Freiburg 1995, S.36-99).

**Braidotti, Rosi:** *Nomadic Subjects: Embodiment and Sexual Difference in Contemporary Feminist Theory*, New York 1994.

**Bridenthal, Renate/Koonz, Claudia (Hrsg.):** *Becoming Visible. Women in European History*, Boston 1977.

**Clément, Catherine:** „Hexe und Hysterikerin", in: *Alternative* 19, 1976, H. 108/109, S. 148-154.

**Dinges, Martin (Hrsg.):** *Hausväter, Priester, Kastraten. Zur Konstruktion von Männlichkeit in Spätmittelalter und Früher Neuzeit*, Göttingen 1998.

**Ehrenreich, Barbara/English, Deidre:** *Hexen, Hebammen und Krankenschwestern. The witches are back!*, München 1975 (am. Original 1974).

**Engels, Friedrich:** *Die Entstehung der Familie, des Privateigentums und des Staats* (1884), in: Karl Marx, Friedrich Engels: *Werke*, Bd. 21, Berlin 1972, S. 25-173.

**Fester, Richard/König, Marie E. P./Jonas, Doris F./Jonas, A. David:** *Weib und Macht. Fünf Millionen Jahre Urgeschichte der Frau*, Frankfurt/M. 1979.

**Fieseler, Beate / Schulze, Birgit (Hrsg.):** *Frauengeschichte gesucht – gefunden? Auskünfte zum Stand der Historischen Frauenforschung*, Köln/Weimar u. Wien 1991.

**Frevert, Ute:** *Frauen-Geschichte. Zwischen bürgerlicher Verbesserung und Neuer Weiblichkeit*, Frankfurt M. 1986.

**Gerhard, Ute:** *Unerhört. Die Geschichte der deutschen Frauenbewegung*, Hamburg 1990.

**Göttner-Abendroth, Heide:** *Die Göttin und ihr Heros*. München 1980.

**Dies.:** *Das Matriarchat I. Geschichte seiner Erforschung*, Stuttgart 1988.

**Gould-Davis, Elizabeth:** *Am Anfang war die Frau. Die neue Zivilisationsgeschichte aus weiblicher Sicht*, München 1977 (am. Original 1976).

**Hausen, Karin (Hrsg.):** *Frauen suchen ihre Geschichte*, München 1983.

**Dies.:** „Patriarchat. Vom Nutzen und Nachteil eines Konzepts für Frauengeschichte und Frauenpolitik", in: *Journal für Geschichte* 5/1986, S. 12-21 u. S. 58.

**Honegger, Claudia u. Heintz, Bettina (Hrsg.):** *Listen der Ohnmacht. Zur Sozialgeschichte weiblicher Widerstandsformen,* Frankfurt/M. 1981.

**Janssen-Jurreit, Marie-Luise:** *Sexismus. Über die Abtreibung der Frauenfrage*, Frankfurt/M. 1976.

**Dies.:** „Die Grundlagen des Patriarchats – Thesen zu einer Theorie des Sexismus", in: B. Schaeffer-Hegel u. Brigitte Wartmann (Hrsg.): *Mythos Frau. Projektionen und Inszenierungen im Patriarchat*, TU Berlin 1984, S.104-128.

**Kühne, Thomas (Hrsg.):** *Männergeschichte – Geschlechtergeschichte. Männlichkeit im Wandel der Moderne*, Frankfurt/New York 1996.

**Kuhn, Annette:** „Identitätsgewinnung durch Frauengeschichte – Gefahren, Grenzen, Möglichkeiten", in: *Geschichtsdidaktik*, H. 2, 1985, S. 117-128.

**Lerner, Gerda:** *The Creation of Patriarchy*, Oxford Univ. Press 1986.

**Dies.:** *Die Entstehung des Patriarchats*, Frankfurt/New York 1991.

**Dies.:** *The Creation of Feminist Consciousness*, Oxford Univ. Press 1993.

**Dies.:** *Die Entstehung des feministischen Bewusstseins*, Frankfurt/New York 1993.

**Lévy-Strauss, Claude:** *Les structures élémentaires de parenté*, Paris 1949.

**Ders.:** *Die elementaren Strukturen der Verwandschaft*, Frankfurt/M. 1980.

**Lundt, Bea (Hrsg.):** *Auf der Suche nach der Frau im Mittelalter*, München 1991.

**Michelet, Jules:** *La sorcière*, Brüssel u. Leipzig 1863.

**Miles, Rosalind:** *The Women's History of the World*, London 1988.

**Millet, Kate:** *Sexual Politics*, Garden City/NY 1970.

**Mitchell, Juliet:** *The Woman's Estate*, Harmondsworth 1971.

**Opitz, Claudia (Hrsg.):** *Der Hexenstreit. Frauen in der frühneuzeitlichen Hexenverfolgung*, Freiburg 1995.

**Schugens, Ramona u. Sommerburg, Bettina:** „Patriarchatsmagie. Zum Sexismus in der Theorie von Claude Lévy-Strauss", in: Brigitte Kossek u.a. (Hrsg.): *Verkehren der Geschlechter: Reflexionen und Analysen von Ethnologinnen*, Wien 1989, S.14-35.

**Scott, Joan:** „Gender – a useful category of historical analysis", in: *American historical Review* 91, 1986, S. 1053-1075 (dtsche Übersetzung in: Nancy Kaiser (Hrsg.): *Selbst bewusst. Frauen in den USA*, eingel. v. Nancy Kaiser, Leipzig 1994, S. 27-75).

**Dies.:** *Only Paradoxes to Offer. French Feminists and the Right of Man*, Cambridge/Mass. u. London 1996.

**Dies.:** „Nach der Geschichte?", in: *Werkstatt Geschichte* 17, 1997, S. 5-23.

**Strasser, Ulrike:** „Intime Antagonisten. Postmoderne Theorie, feministische Wissenschaft und die Geschichte der Frauen", in: *Traverse* 2000/2001, S.37-49.

**Wagner-Hasel, Beate (Hrsg.):** *Matriarchatstheorien in der Altertumswissenschaft*, Darmstadt 1992.

**Dies.:** „Das Matriarchat und die Krise der Modernität", in: *Feministische Studien*, 9.Jg., Mai 1991, S.80-95.

*Sigrid Schmitz*

# *Man the Hunter/Woman the Gatherer* – Dimensionen der *Gender*-Forschung am Beispiel biologischer Theoriebildung

Dieser Beitrag soll einen Einblick in die verschiedenen Dimensionen der *Gender*-Forschung geben, die seit Beginn der 80er Jahre innerhalb der Naturwissenschaften entwickelt wurden. Anhand eines Beispiels (den Theorien zur Evolution des Menschen und hier insbesondere zur Entstehung der geschlechtsspezifischen Arbeitsteilung) werden diese verschiedenen Dimensionen im Folgenden miteinander verknüpft.

## Erster Teil: Dimensionen der *Gender*-Forschung in den Naturwissenschaften

Evelyn Fox Keller[1] klassifizierte für die *Gender*-Forschung in den Naturwissenschaften drei Dimensionen als Analysekategorien von Geschlecht, die untereinander in Beziehung stehen:

- *Women in Science* (Frauen in den Naturwissenschaften),
- *Science of Gender* (biologisch-medizinische Konstruktion von Geschlechterdifferenzen),
- *Gender in Science* (Geschlechterideologie in wissenschaftlicher Theoriebildung).

Eine kleine Anekdote soll zu Beginn die Besonderheiten der naturwissenschaftlichen *Gender*-Forschung im Vergleich zu den Kultur- und Gesellschaftswissenschaften hervorheben. Ich beschäftige mich seit den 80er Jahren mit feministischer Naturwissenschaftsforschung. Nach einigen Jahren in begeisterten Arbeitsgruppen begann ich mit einer Kollegin eine Seminarreihe an der Universität Marburg zu Themen der *Gender*-Forschung in der Biologie. Das erste Seminar trug den Titel: „Frauen in Naturwissenschaften – Wissenschaftskritik und neue Ansätze feministischer Forschung". Es sollte einen allumfassenden Blick auf Theoriebildung und Methodik der Naturwissenschaften vermitteln, also das eigene Fachgebiet und seine Forschungspraxis von der Meta-Ebene her beleuchten. Es war ein Desaster! Die Studierenden waren vollkommen überfordert, Meta-Studien[2] textanalytisch zu bearbeiten, zu verstehen und dann auch noch auf das eigene Fachgebiet anzuwenden. Sie waren überfordert, weil in den Naturwissenschaften solch eine kritische Betrachtung von außen auf das eigene Fachgebiet nicht gelehrt oder gelernt, geschweige denn innerhalb der eigenen Fachkultur betrieben wird.

Denn nach naturwissenschaftlichem Paradigma sind naturwissenschaftliche Tatsachen – durch wiederholte Experimente reproduziert – objektiv. Warum sollte dann die eigene Forschungspraxis hinterfragt werden, im Gegensatz zu den weniger objektiven geisteswissenschaftlichen Forschungsbereichen?

Wir haben aus diesem Desaster gelernt und daraufhin in einer Reihe von Seminaren einen anderen Weg beschritten. Zunächst wurde jeweils innerhalb eines Themengebietes, z.B. „Geschlecht und Körper", „Geschlecht und Verhalten", „Geschlecht und Gehirn" oder eben „Geschlecht und Evolution des Menschen" erarbeitet, wo Geschlecht innerhalb dieses Gebietes vorkommt, wo Geschlechterzuschreibungen vorgenommen und wie sie begründet werden, welche Befunde und welche Theorien es hierzu gibt. Am Ende eines solchen Seminars konnten wir dann hinterfragen: Warum erfolgt gerade eine bestimmte Theoriebildung, warum eine bestimmte Bewertung von Geschlecht in verschiedenen Themenbereichen? Welche Auswirkungen hat dies auf die weitere Theoriebildung innerhalb und außerhalb der Naturwissenschaften? Wie stellt sich der Objektivitätsmythos der Naturwissenschaften in diesem Spannungsfeld dar?

Wir sind also mit diesem Vorgehen von der wissenschaftsimmanenten Ebene eines bestimmten Themengebietes (s. o. zweite Dimension) jeweils auf die Meta-Ebene (s. o. dritte Dimension) vorgedrungen. Und dieses Vorgehen erweist sich bis heute als erfolgreich bei der Vermittlung von *Gender Studies* in den Naturwissenschaften.

Daher soll zunächst eine kurze Übersicht über die drei Dimensionen der naturwissenschaftlichen *Gender Studies* gegeben werden, um diese dann auf die Evolutionsforschung anzuwenden.

Die erste Dimension, *Women in Science,* möchte zunächst einmal deutlich und sichtbar machen: Wo waren und sind Frauen in den Naturwissenschaften gestern und heute? Solche historisch-bibliografischen Recherchen haben nicht nur den oft verleugneten Anteil von Frauen in der Geschichte naturwissenschaftlicher Forschung aufgezeigt, sie machen auch traditionelle und aktuelle, strukturelle wie symbolische Barrieren für Frauen in diesen Fächern sichtbar.

Hierzu gehören eine Vielzahl von Arbeiten über historische Frauen.[3] Wer das *Lexikon der Naturwissenschaftlerinnen und naturkundigen Frauen Europas*[4] zurate zieht, findet eine Fülle von Frauen, die naturwissenschaftlich tätig waren, aber ebenso häufig aus der Geschichtsschreibung ‚verschwanden'.

Zu dieser Dimension gehören auch Analysen über die aktuellen Anteile von Frauen auf verschiedenen Ebenen der wissenschaftlichen Institutionen, über die ‚verschlungenen Gänge im Wissenschaftsbetrieb'. So liegt in der Biologie der Anteil von Frauen bei den Studierenden über 50%. Über 35% der Promovierten und 9% der Habilitierten sind Frauen. Aber immer noch (und das gleich bleibend seit den 80er Jahren) dümpelt der Professorinnenanteil um die 5%-Marke. Eine Erhebung in Marburg anfang der 90er Jahre zeigte, dass Frauen zu einem wesentlich geringeren Teil als Männer den Sprung von der Ausbildung zur Anstellung im Unibetrieb schaffen: 36% der promovierten Frauen haben diese Qualifikation über eine Stelle im universitären Mittelbau erreicht, dagegen 52% der Männer. Hier findet sich auch ein deutlicher Widerspruch zum gängigen Vorurteil, Frauen wollten nicht promovieren oder habilitieren. Denn umgekehrt bedeuten diese Zahlen auch, dass Frauen zu einem größeren Teil ihre Qualifikationsarbeiten ohne Festanstellung an der Universität (also über Stipendien oder Eigenfinanzierung) bewerkstelligen. Spricht das etwa für Motivationsdefizite?

So beschäftigen sich diese *Gender Studies* bis heute damit, welche Strukturen, Symbolismen und Barrieren Frauen aus den Naturwissenschaften ausschließen, wie ihre Karrierewege verlaufen und warum Frauen häufig aus den Naturwissenschaften aussteigen. Aktuelle Brisanz hat diese Dimension erneut mit den Berichten über unterschiedliche Review-Kriterien für Publikationen von Frauen und Männern in wissenschaftlichen Zeitschriften erfahren.[5]

Die Analysen darüber, in welchen Gebieten Frauen gearbeitet haben und welche ‚Entdeckungen' sie gemacht haben, beziehen häufig auch schon die zweite Dimension ein. *Science of Gender* beschäftigt sich mit denjenigen Wissenschaften und ihren Theorien, welche die Kategorie Geschlecht explizit behandeln und Differenzen zwischen Frauen und Männern zu erklären suchen. Die kritische Analyse dieser Forschungsbereiche hat aufgezeigt, dass die klassische Geschlechterdifferenzforschung vorwiegend Kontraste in Weiblichkeits- und Männlichkeitsbildern herausstellt und zumeist die männliche Genus-Gruppe zum Referenzpunkt nimmt.[6] Als Ergebnis werden vielfach Geschlechterzuschreibungen und Geschlechterbeziehungen auch in der menschlichen Gesellschaft als natürliche Ordnungen unreflektiert festgeschrieben. Ziel der feministischen Forschung zu biologisch-medizinischen Konstruktionen von Zweigeschlechtlichkeit ist es, dieser ‚Naturalisierung' gesellschaftlicher Machtverhältnisse, der wechselseitigen Auf- und Abwertung, der Hierarchisierung und Komplementarisierung qua Geschlecht entgegenzuwirken.

Als Beispiel für solche *Gender Studies* seien hier zunächst die Primatenforscherinnen Jane Goodall, Diane Fossey, Linda Fedigan und insbesondere Donna Haraway genannt.[7] Sie haben implizit oder explizit den Blick auf die Bedeutung und Aktivität der weiblichen Tiere in Primatensozietäten gelenkt, die bis dato gar nicht der Analyse Wert befunden wurden, es sei denn als Sexualpartnerinnen der Männchen. Sie haben gezeigt, dass diese Wahl nicht allein Sache der als dominant angesehenen männlichen Tiere der Gruppe ist, sondern dass sich die weiblichen sehr wohl eine eigene Wahl, eine ‚female choice' erlauben; dass sie mitbestimmen, wer der Vater ihres Nachwuchses wird. Diese Untersuchungen stammen vielfach aus den 80er Jahren und inzwischen werden sie auch anerkannt, denn neue Methoden der genetischen Analyse haben aufgezeigt, dass ein Teil der Nachkommen eben nicht den Pascha der Gruppe zum Vater hat, sondern andere, z.T. unscheinbarere Affenmännchen. Nicht nur die Primatenforschung befindet sich seitdem in einen Paradigmenwechsel. Female choice ist das neue Mainstream-Wort in der verhaltensanalytischen Literatur – wenn auch nicht immer zum Nutzen der *Gender Studies*.

Insgesamt beschäftigt sich diese Dimension der Naturwissenschaftsforschung also mit den Prozessen des ‚Gendering' fachspezifischer Inhalte und Methoden. In der Biologie haben solche Analysen androgene Verzerrungen, Ausschlüsse weiblicher Perspektiven und die häufig unreflektierte Naturalisierung von Geschlechterunterschieden in vielen Gebieten offen gelegt, nicht nur in der Verhaltensforschung, sondern auch in der Hirnforschung,[8] der Entwicklungsbiologie, der Endokrinologie sowie der Soziobiologie[9] und last but not least der noch zu behandelnden Evolutionsforschung.[10] Sie stellen Fragen nach den methodischen Regeln der Analyse und der Interpretation der Ergebnisse. Sie machen deutlich, dass generalisierende Interpretationen von Einzelergebnissen auf allgemeine Gesetzmäßigkeiten der Andersartigkeit von Frauen und Männern nicht gerechtfertigt sind. Sie fordern ergänzende Forschungen aus entwicklungspsychologischer und sozialwissenschaftlicher Sicht.

Die dritte Dimension, *Gender in Science,* schließlich betrachtet die Meta-Ebene der Forschung. Sie untersucht generelle Aspekte der Methodologie und Forschungspraxis und dekonstruiert die Herstellung naturwissenschaftlicher Erkenntnisse als gesellschaftlich eingebundenen und damit auch immer vergeschlechtlichten Prozess.

Ihre klassischen Vertreterinnen[11] haben aufgezeigt, wie eng die Entwicklung der experimentellen Naturwissenschaft und die Formulierung der rationalen Erkenntnistheorie mit der Schaffung eines Dualismus zwischen dem erkennenden, aktiven Subjekt (dem Forscher) und dem zu betrachtenden, passiven Objekt (der Natur) zusammenhängt, und wie eindeutig Aktivität/Forscher mit dem männlichen und Passivität/Natur mit dem weiblichen Prinzip assoziiert wird. Klassische Wissenschaftskonzepte postulieren naturwissenschaftliche

Erkenntnisse des Subjekts über ein Objekt als das ‚Entdecken' (der Wahrheit). Kritische Analyse enthüllt naturwissenschaftliche Erkenntnisse als Konstruktion von Subjekten innerhalb eines bestimmten psychosozialen und kulturellen Hintergrunds – als gesellschaftliches Unternehmen. Auch naturwissenschaftliche Forschungsprozesse waren und sind also eingebunden in einen kulturellen und historischen Rahmen gesellschaftlicher Prozesse und Veränderungen.

*Gender in Science* untersucht diese Zusammenhänge zwischen gesellschaftlich-kulturell ausgeprägten Geschlechterverhältnissen und den geschichtlichen, sozialen und wissensgenetischen Konstellationen, auf denen die Art und Weise beruht, in der Wissenschaft betrieben wird. Diese Dimension dekonstruiert den Objektivitätsmythos der Naturwissenschaften[12] und untersucht, wie auch hier soziale Werte und Normen, unterschiedliche gesellschaftliche Interessen, Schwerpunktsetzungen, Sichtweisen und methodische Orientierungen die wissenschaftliche Theoriebildung, Untersuchungskonzeption und Ergebnisinterpretation beeinflussen.

Analysen aus dieser Dimension haben zudem aufgezeigt, wie die individuelle Psyche der Forschenden von diesen Prägungen beeinflusst wird[13] und ihren wissenschaftlichen Blick auf das lenkt, was ihnen in diesem Gebäude plausibel erscheint, was ihnen nahe liegt: das eigene Geschlecht, die ‚same-sex-sympathy'. Damit wird auch der Bogen von der ersten zur dritten Dimension geschlagen. Schon *Women in Science* fragt nach der dritten Dimension, z.B. ob Frauen im Wissenschaftsbetrieb anders arbeiten oder gearbeitet haben als Männer. Welche Forschungsgebiete haben sie belegt? Haben sie aus ihrer Position als primär Ausgeschlossene (und damit der Reflexion über das eigene Tun eher Zugängliche) andere Fähigkeiten eingebracht? Ein Beispiel sind die Analysen zur Arbeits- und Denkweise der Zytogenetikerin und Nobelpreisträgerin Barbara McClintock.[14]

Schließlich soll nicht unerwähnt bleiben, dass in den letzten Jahren weitere Dimensionen der Naturwissenschaftsforschung entstanden sind. So versuchen manche Autorinnen gerade in biologischen Unterscheidungen die Stärke der Frauen wieder aufzuwerten und zu betonen, so die Wissenschaftsjournalistin Natalie Angier.[15]

In allen ihren Dimensionen hat die feministische Analyse das Ziel, das ‚Unternehmen Naturwissenschaft' als gesellschaftliches Unterfangen zu kennzeichnen, seine Eingebundenheit in kulturelle Wertesysteme aufzudecken und insbesondere die oft verdeckte Einbindung von Geschlecht als gesellschaftliche Strukturkategorie in die verschiedenen Fassetten der Wissenschaft (Inhalt, Methode, Methodologie) sichtbar zu machen und zu dekonstruieren.[16]

## Zweiter Teil: Geschichten zur Evolution des Menschen

Ansetzend an der zweiten Dimension werden im Folgenden eine Reihe von z.T. sehr gegensätzlichen Theorien zum Themengebiet der Evolution des Menschen vorgestellt. Daraus sollten Rückschlüsse auf die dritte Dimension zu ziehen sein, insbesondere hinsichtlich der Einflüsse moderner Gesellschaftstheorien auf die naturwissenschaftliche Theoriebildung und umgekehrt hinsichtlich der Implikationen aus Soziobiologie/Verhaltensökologie/evolutionärer Psychologie auf gesellschaftliche Geschlechterrollen. Und auch die erste Dimension, die *Women in Science,* werden hierbei immer wieder eine Rolle spielen.

Ich möchte die folgenden Theorien der Evolutionsforschung als Geschichten bezeichnen, nicht, um sie abzuwerten, sondern um deutlich zu machen, wie auf der gleichen Befundlage durch menschliche Argumentationsketten unterschiedliche Erklärungskonzepte entwickelt werden.

Wie war das also mit der Menschwerdung, mit den ‚männlichen Jägern' (*man the hunter*) und den ‚weiblichen Sammlerinnen' (*woman the gatherer*) vor vielen Millionen von Jahren?

Zunächst seien einige Grundthesen und Forschungsfragen, welche die Evolutionsforschung zum Menschen kennzeichnen, ausgeführt:

1. Es gibt mindestens eine Errungenschaft, die allein die menschliche Evolution verzeichnet und die sie damit gegen alle anderen Evolutionsprozesse im Tierreich, insbesondere gegenüber den nicht-menschlichen Primaten abgrenzt. Welche war/waren das?
2. Die ökologischen Gegebenheiten während der Hominidenentwicklung haben die Ausbildung und Manifestation neuer Verhaltensweisen induziert, die mit veränderter Morphologie (Körperbau) in Zusammenhang stehen.[17]
3. Welche Anforderung hat primär so ausgeprägte kognitive Leistungen erfordert, dass komplexe Kommunikation, Erfindungen, Werkzeuggebrauch und Sprachentwicklung zum Motor der Hominidenevolution wurden?
4. Welche Bedeutung kommt hierbei der sexuellen Selektion zu? Welchen Impetus haben männliche und weibliche Individuen mit ihrem Verhalten auf den Evolutionsmotor ausgeübt?

Alle *Theorien* der Evolutionsforschung können sich nur auf eine Reihe von Befunden beziehen, die Aufschluss darüber geben sollen, welches denn nun die speziell menschlichen Errungenschaften gewesen sein könnten, die uns einen solchen Evolutionsvorteil brachten. Auf welches *Material* kann sich eine solche Theoriebildung stützen? Sicherlich nicht auf menschliche Verhaltensweisen, wie sie dem heutigen Menschen nach 4 bis 5 Millionen Jahren zu eigen sind. *Fossile Funde* von menschlichen und tierischen Knochen sagen uns vielleicht etwas über die körperlichen Merkmale unserer menschlichen Vorfahren und deren Bearbeitungsmethoden von Tieren. Das Alter der Erdschichten dieser Fundstücke sagt uns etwas über die Zeiträume der Entwicklungsprozesse. *Artefakte* sind künstliche (vom Menschen?) hergestellte Produkte, aber nur diejenigen aus Stein oder Metall haben den Verwesungsprozessen standgehalten, nicht solche aus pflanzlichem, weil ja verwesendem Material (es gibt einige Ausnahmen im Holzbereich). Schließlich können wir in begrenztem Ausmaß Aussagen über die *ökologischen Gegebenheiten* zu bestimmten Zeiten der Erdgeschichte machen.

Einige der spezifischen Hominiden-Merkmale, die uns von nicht-menschlichen Primaten (also insbesondere den großen Affenarten) abgrenzen, seien hier zusammengestellt, da sich alle folgenden Theorien auf genau diese Merkmale beziehen.

Das erste Merkmal ist der aufrechte Gang auf zwei Beinen – die *Bipedie*, im Gegensatz zur vorwiegenden Quadrupedie anderer Primaten (diese können nur kurzzeitig aufrecht stehen und gehen). Was kennzeichnet Bipedie im Knochenbau? Oder anders gefragt, wie können wir anhand von Knochenfunden auf den aufrechten Gang zurückschließen? Die Wirbelsäule wird von einem gewölbten Brückenbogen zu einer federnden Säule, die über Mehrfachschwingungen (Lordosen und Skyphosen) den verstärkten Druck ausgleichen soll. Gleichzeitig verbreitert sich das Becken und das Kreuzbein knickt ab. Die Beinknochen verlängern sich, der obere Teil des Schienbeines verdickt sich und das Kniegelenk ist durchstreckbar. Das Sprungbein und die Fußwölbung vergrößern und die erste Zehe verlängert sich. Der Fuß wird von einem Lauf-Greif-Fuß – wie bei den Affen – zu einem prominenten *Lauf- und Sprungfuß.*

Der *Schädel* und hier insbesondere der Unterkiefer verkürzt sich, das Hinterhauptsloch wandert nach unten und die Schädeldecke wölbt sich auf. Bei den Hominiden finden wir im Vergleich zu nicht-menschlichen Primaten eine zunehmende Reduktion der Eckzähne und eine Verstärkung der Backenknochen. Diese *Kiefer- und Zahnmerkmale* lassen Rückschlüsse dahingehend zu, dass der Fleischanteil der Nahrung abnimmt (reißende Bearbeitung) und harte vegetarische Kost von weichen Blättern zu harten Gräsern, Samen etc. (mahlende Bearbeitung) zunimmt.

Die Hand wird von einer Greif-Lauf-Hand zu einer immer besseren *Greif-Hand,* dadurch, dass sich die Relation der Finger zum Daumen verkürzt (insbesondere das erste Daumenglied wird ausgeprägter). Auch Primaten benutzen ihre Vorderextremitäten als Greifhand, jedoch immer noch mit anliegendem

Daumen. Erst durch Verstärkung der Daumensehne wird eine Abspreizung des Daumens und damit eine komplexere Manipulation möglich.

Die Menschwerdung zeichnet eine enorme (relativ zu Körpergewicht und -größe) Zunahme des *Hirnvolumens* aus. Im Vergleich zu anderen Primaten mit einem Hirnvolumen von ca. 300-400 $cm^3$ liegt das Hirnvolumen des Menschen bei ca. 1300 $cm^3$. Diese Veränderung bezieht sich vor allem auf den Neocortex, der sich zudem durch Auffaltung und Furchung vergrößert. Auch innerhalb des Kortexgewebes weist eine erhöhte Neuronendichte auf eine gesteigerte kognitive Leistungsfähigkeit des Gehirns hin.

Veränderungen der Relationen im *Mund-Rachen-Raum* und eine Verlagerung des Kehlkopfes um 1,5 cm nach unten ermöglichen erstmals, dass vom Kehlkopf produzierte Laute durch den Rachenraum moduliert werden können. Zur Vokalisationsfähigkeit trägt auch der hohe Gaumen und die nun geschlossene Zahnreihe mit gleich großen Zähnen bei. Diese Veränderungen sind essenziell als Voraussetzung *vokalisierter Sprache*. Affen können zwar mit sprachlichen Symbolen umgehen, sie können aber aufgrund ihrer Mund-Kehlkopf-Morphologie diese nicht vokalisieren.

Und schließlich finden wir bei den Menschen im Vergleich zu nichtmenschlichen Primaten eine *Reduktion der körperlichen Geschlechtsunterschiede*, die schon bei frühen Hominidenformen (den Australopithecinen, die im Folgenden noch genauer vorgestellt werden) u.a. in einer Verringerung des Eckzahn-Dimorphismus zu erkennen ist. Interessanterweise ist es in der Australopithecinen-Gruppe die Abnahme des Körpergewichtes der männlichen Individuen (im Vergleich zu früheren Formen), die zur Reduktion des Sexualdimorphismus in der Körpergröße beiträgt, während bei der später auftretenden Homo-sapiens-Gruppe eine Größenzunahme der weiblichen Individuen die Geschlechterunterschiede verringert. Also kurz gesagt, zuerst schrumpfen die Männer, dann wachsen die Frauen.

Die zweiten Gruppe der Befunde bilden die *Artefakte*. Die ältesten gefundenen und erhaltenen ‚Werkzeuge' sind bearbeitete Steine (die ältesten bis zu 2,5 Millionen Jahre alt), so genannte *Abschlagsteine*, deren Ende durch wenige Abschläge eine Art Schneide erhält. Im Laufe der Jahrmillionen hat sich ihre Bearbeitung enorm verfeinert. Bis zu 1,5 Millionen Jahre alt sind die präzisen, keilförmigen Steine aus dem Fundort Acheul in Frankreich. Die Abschlagsteine werden in einfacher Form *choppers* (Hackbeil oder Hackmesser) genannt oder auch Faustkeile. Allerdings ist der Begriff Faustkeil etwas irreführend, verweist er doch schon auf eine Nutzungsart, die nicht eindeutig geklärt ist. Neben Theorien, die diese Faustkeile als Hacker, Schaber, Messer oder Sägen sehen, gibt es andere, die sie eher als Wurfkeile, also als Wurfgeschosse definieren.[18] Komplexere, aus Stein und Holz zusammengesetzte Werkzeuge, also Handäxte oder Wurfspeere, finden sich erst vor ungefähr 400.000 Jahren. Als weiteres

Artefakt (im weitesten Sinne) finden wir jedoch schon vor ca. 800.000 Jahren Reste von *Feuerstellen* in Südfrankreich.

Als jüngste Artefakte will ich schließlich die Funde von vor 60.000-100.000 Jahren (in der Zeit der NeandertalerInnen) einbeziehen: *Grabstätten* und Totenbeigaben, die als Zeichen für Totenkult und Kulturbeginn allgemein gewertet werden können.

Auf dieser Befundlage stehen die vier großen Fragen der Evolution: *Wann, Wo, Warum, Wer*?

- Wann treten die Merkmale erstmals auf, bzw. wann verbreiten sie sich?
- Wo, d. h. in welcher Umwelt, geschieht dies?
- Warum können sich diese Errungenschaften durchsetzen, bzw. welche Vorteile bieten sie der jeweiligen Art?
- Wer, Mann oder Frau, hat diese Errungenschaften entwickelt, benutzt und damit den Evolutionsimpetus zu verantworten?

Was das ‚Wann' und ‚Wo' angeht, kann uns die *Ökologie* zur Zeit der Hominidenentwicklung eventuell einige Aufschlüsse geben, z.B. welche Umweltereignisse die Evolution der Hominiden begünstigt haben könnten. Vor 18 Millionen Jahren lebte im ostafrikanischen Urwald eine Affenart namens *Dryopithecus africanus* – auch genannt Proconsul. Diese Art wird als gemeinsamer Vorfahre der Schimpansen und des Menschen angenommen. Ein Skelett von den Inseln des Viktoriasees weist Merkmale von Greifhänden auf, noch als typischer Baumschwinger mit angelegtem Daumen. Es besitzt allerdings schon Stirnhöhlen, wie sie nur bei Schimpansen und Menschen vorkommen, nicht jedoch beim Orang Utan. Letztere Spezies müsste sich also schon vorher abgezweigt haben. Es gibt aus diesen alten Zeiten kaum Funde, die uns etwas über die Aufspaltung zwischen Schimpansen und Hominiden verraten können.

Erst 15 Millionen Jahre später, im ausgehenden Tertiär, einer Zeitspanne namens Pliozän (vor 3-5 Millionen Jahren), finden sich einige Knochenfunde, die einer neuen Spezies-Gruppe zugeordnet werden, den *Australopithecinen.*

Was war zwischenzeitlich passiert? Die herannahende Eiszeit brachte eine erste Abkühlung des tropischen Klimas und zunehmende Trockenheit. Der Dschungel trat zurück und machte Platz für Galeriewälder, Baum- und Strauchsavannen. Das hatte bedeutende Auswirkungen auf das Nahrungsangebot und die Nahrungsverteilung im Lebensraum. Während im Dschungel weiche Blätter und Früchte ganzjährig mehr oder weniger gleichmäßig verteilt waren, wurden mit zunehmender Trockenheit Gräser, Samen und Wurzeln in der Savanne hartes Brot – sie mussten gemahlen werden. Dazu kam Wassermangel. Die Wasserstellen waren unregelmäßig verteilt, und ebenso wie kleine

Beutetiere vorwiegend im Bereich der Restwälder zu finden. Der Dschungel war zwar unüberschaubar, bot aber auf den Bäumen gute Deckung und Rückzug vor großen Raubfeinden. Dagegen war die Savanne zwar für große Tiere und aufgerichtete Wesen gut überschaubar, bot aber für wenig wehrhafte Wesen auch wenig Deckung. Außerdem stellte die Abkühlung (insbesondere die Temperaturschwankungen im Tag-Nacht-Rhythmus) zunehmend ein Problem für alle Arten mit geringem Kälteschutz, also wenig Fell, dar.

Aus dieser Zeit der zunehmenden Versteppung, also aus dem Pliozän vor 3-5 Millionen Jahren, stammen Teile eines Skeletts, das Donald Johanson 1974 in Äthiopien fand. Diese Skelettfragmente gingen unter einem berühmt gewordenen Namen in die Geschichte ein. *Lucy*, als Vertreterin der Art *Australopithecus afarensis*, wurde lange Zeit als älteste Hominide gepriesen. Lucy wies sowohl Merkmale der Baumhangler auf (lange Arm- und kurze Beinknochen) als auch der Bipedie (Lendenlordose, verkürztes Kreuzbein). Lucy wird auf 107 cm Körpergröße geschätzt, und aus der Form der Beckenknochen wird auf ein weibliches Individuum geschlossen. Interessanterweise finden sich häufig Angaben auf 120 cm Körpergröße der männlichen Partner, obwohl es keine eindeutig zugehörigen männlichen Funde gibt.

Ein weiterer Fund ist in diesem Zusammenhang sehr interessant. 1978 entdeckte Mary Leakey in der Vulkanasche von Laetoli (Tansania) versteinerte Fußspuren mit einem geschätzten Alter zwischen 3,6 und 3,8 Millionen Jahren, die aufgrund der Fußform ebenfalls auf bipeden Gang schließen lassen. Anhand der Spur größerer und kleineren Füße wird in zugehörigen Beschreibungen häufig das schöne Bild eines männlichen Australopithecinen heraufbeschworen, der den Arm um seine kleine Frau legt. Könnte es nicht auch eine weibliche Australopithecine mit Kind gewesen sein?

In jedem Fall lassen diese und einige weitere Funde den Schluss zu, dass spätestens Individuen von *Australopithecus afarensis* zumindest teilweise ihre Bäume verließen und sich aufrecht durch die Savanne bewegten. 1992 und 1995 wurden in Äthiopien und in Kenia Fossilien gefunden, deren Alter von über 4,4 Millionen Jahren schon auf einen noch früheren Beginn der Bipedie hinweisen.

Wie ging es weiter? Es besteht bis heute ein Streit, ob Lucy, bzw. *Australopithecus afarensis,* schon zu den Hominiden gezählt werden sollen oder erst ihre Nachfahren, die Art *Australopithecus africanus*. Neben diesen Gruppen lassen Funde in Ostafrika vermuten, dass eine ganze Anzahl von Australopithecinen-Arten vor knapp 3-1,5 Millionen Jahren die Savanne bevölkert hat. Ihnen allen war gemeinsam: Ihr Gehirnvolumen war immer noch verhältnismäßig klein mit 430-550 cm$^3$. Sie wiesen noch Eck- bzw. Reißzähne auf, wenn auch schon verkürzt gegenüber verstärkten Mahl- und Backenzähnen, sowie einen verstärkten Kiefer. Das heißt, sie waren zumindest zu einem großen Teil Pflanzenfresser und mussten Körner, Wurzeln, Gräser und Äste zermahlen. Fleisch war anscheinend nicht gerade die Hauptmahlzeit dieser ersten Menschen. Die wohl ausgeprägtesten Vegetarier-Spezies, *A. robustus* und *A. bosei*, werden einer ausgestorbenen Linie zugerechnet.

Erst vor rund 1,6 Millionen Jahren trat eine neue Form in Erscheinung. Im Osten Tansanias (dort wo schon Mary Leakey die Fußspuren von Laetoli entdeckte) ließen eine ganze Reihe von Funden aus der Olduvai-Schlucht erstmals eine neue Spezies vermuten – *Homo erectus*. Die modernen Knochenproportionen der Arme und Beine lassen auf vorwiegend aufrechten Gang schließen. Diese Hominiden besaßen einen zunehmend aufgewölbten Schädel mit einer Schädelkapazität von immerhin schon 800-900 cm³ sowie einen parabolischen Unterkiefer mit geschlossener Zahnreihe. Aus dieser Zeit stammen wohl auch die ersten der keilförmig bearbeiteten Abschlagsteine – die Faust- oder Wurfkeile.

Die *Homo erectus*-Gruppe wird zwischen 1,6 Millionen und 500.000 Jahren als erste eindeutige Hominiden-Spezies gehandelt.[19] Sie scheinen als erste Werkzeuge und Feuer (es sei hier an die ältesten Fundstellen vor 800.000 Jahren erinnert) genutzt zu haben. An dieser Stelle wird es nun interessant nach dem bedeutenden menschlichen Evolutionsimpetus zu fahnden. Setzte hier die Jagd-Tradition an, welche die Ausbildung der besonderen kognitiven Leistungen des Menschen beschleunigt haben soll? Eines ist verwunderlich: Das Schädelvolumen dieser frühen Hominiden-Gruppe veränderte sich im Zeitraum von nahezu 1 Millionen Jahren kaum, von ca. 850 cm³ bei einem 1,5 Millionen Jahre alten Schädel auf 900-1000 cm³ beim so genannten Pekingmenschen von vor 500.000 Jahren. Die Werkzeuge blieben merkwürdig primitiv.

Hilde Neunhöffer[20] beschreibt diesen Zustand eher als Evolutionsstillstand denn als Evolutionsimpetus. Sie geht auch auf ein anderes Phänomen ein, auf die Geschlechtszuschreibung bei Lucy mit 107 cm Körpergröße im Gegensatz zu ihrem virtuellen Gefährten von 120 cm Körperlänge sowie auf die Fußspuren vom großem Mann und seiner kleinen Frau in Laetoli. Die Evolutionsgeschichtsschreibung konnte nur durch das Postulat eines solchen Geschlechtsdimorphismus folgendes Phänomen erklären: Aus der Zeit der Australopithecinen, vor nahezu 2 Millionen Jahren, datieren Skelettreste, die schon Hominidenmerkmale (aufgewölbte Schädel und längere Beinknochen) aufwiesen. Da die Forschung gleichzeitig eine direkte Linie von *A. africanus* zu *H. erectus* postuliert, wurden diese Unterschiede durch einen Geschlechtsdimorphismus erklärt, der jedoch durch Funde nicht belegt ist. Mag es auch sein, dass alle Skelett-Teile mit Hominiden-Merkmalen zufällig zu männlichen Individuen gehörten und alle solchen mit Australopithecinen-Merkmalen zufällig zu weiblichen, so ist das doch relativ unwahrscheinlich. Nicht zuletzt deuten Vergleiche unter den Australopithecinen eher auf einen Rückgang der Geschlechtsdimorphismen hin. Hilde Neunhöffer unterstützt die Theorie, dass es keine direkte Linie vom *A. africanus* zum *H. erectus* gab, sondern dass diese beiden Arten schon sehr früh nebeneinander vorkamen. Die Australopithecinen waren kleine Aas- und Pflanzenfresser ohne Bedarf an Jagdwerkzeugen. Die größeren Hominiden dagegen benutzten zunehmend Wurfkeile zur Jagd.

Das mag so gewesen sein oder auch nicht. Eines macht diese Kontroverse in jedem Fall deutlich. Trotz einer Reihe von Widersprüchen ist eine Erklärung der Größenunterschiede qua Geschlecht schnell bei der Hand und hält sich lange, auch wenn Befunde eigentlich damit nicht vereinbar sind oder sie zumindest unwahrscheinlich machen.

Zurück zu unseren Hominiden, die sich letztendlich gegen die Australopithecinen durchgesetzt haben.[21] Nutzten die Individuen der Art *Homo erectus* das Feuer als Wärmequelle oder zur Fleischzubereitung? Nutzten sie Abschlagsteine als Wurfgeschosse, zur Fleischbearbeitung oder zur gemeinsamen Jagd? Letzteres ist bis heute fraglich, finden sich doch komplexe Jagdwerkzeuge erst später, und auch das Abbrennen der Steppe zum Hetzen von Wildtieren ist nach Funden erst vor 400.000 Jahren zu belegen. Hinzu kam, dass auch *Homo erectus* zumindest Mischköstler, wenn nicht vorwiegend Pflanzenfresser war, was die Zahnveränderungen vermuten lassen. Aber sie wanderten von Afrika nach Europa und Asien, und damit breitete sich die Hominidengattung aus.

Irgendwann jedoch verschwanden auch sie, und vor 60.000 bis 100.000 Jahren tauchte als neue Art *Homo sapiens* auf, am bekanntesten vertreten durch *Homo sapiens neanderthalensis*, die Neandertaler. In dieser Gruppe lassen die Funde nun auf weitere wichtige Errungenschaften schließen. Die NeandertalerInnen besaßen Wohnstätten mit Feuerstellen. Aus dieser Zeit datieren Steinkeile, die zur Fleisch- und Hautbearbeitung geeignet waren, ebenso Wurfkeile, aber auch viele Steinwerkzeuge, die als Bohrer und Stichel zum Nähen benutzt werden konnten. Vielen Bearbeitungswerkzeugen steht also eine erstaunlich geringe Anzahl von Fernjagdwerkzeugen, wie z.B. Speeren, gegenüber.

Das Gehirn erreicht mit ca. 1100 $cm^3$ schon fast moderne Ausmaße. Sprachmorphologische Voraussetzungen zur Vokalisation waren in dieser Gruppe vorhanden. Die Totenbestattung trat als wichtiges Merkmal hinzu, als Zeichen für eine beginnende Kultur. Knochenfunde lassen darauf schließen, dass auch kranke Individuen lange leben konnten, weil sie von der Gruppe versorgt wurden, ein Zeichen für soziale Fürsorge über die eigenen Nachkommen hinaus und ein Zeichen für Empathie.

Ich will hier auf dem Weg abbrechen[22] und mich nach dem ‚Wann' und ‚Wo' jetzt noch einmal genauer mit dem ‚Warum' und ‚Wer' beschäftigen.

Warum konnten sich bestimmte Errungenschaften durchsetzen, bzw. welchen Evolutionsimpetus boten sie? Wer, Mann oder Frau, hat diese Errungenschaften entwickelt, benutzt und damit diesen Evolutionsimpetus zu verantworten?

Beginnen wir mit der klassischen Evolutionstheorie zur Menschwerdung oder besser zur Mann-Werdung: Mitte der 60er Jahre stellt Samual Washburne die Theorie *Man the Hunter* vor.[23]

Nach Washburnes Theorie stellt die Jagd auf große Tiere einen starken Selektionsdruck dar. Sie soll der entscheidende evolutionäre Schritt gewesen sein, denn die Jagd bringt viel Fleisch mit hohem Proteingehalt. Nach Washburne war dieser Selektionsdruck auf die Jagd so stark und so andauernd, dass Homo-Populationen bis heute (ersichtlich an der Lebensweise so genannter ursprünglicher Ethnien) in ihrer Organisation ähnliche Züge tragen.

Die Jagd der Männer war schon zentraler Bestandteil der Australopithecinen. Die gemeinsame Jagd förderte die Entwicklung von Mut, Ausdauer, Aggressivität, Erfolgsstreben, Orientierungsfähigkeit und Entschlossenheit. Sie induzierte die Erfindung von Jagdwerkzeugen und sie erforderte Kooperation, soziales Verhalten und Sprachentwicklung unter den Jagdteilnehmern. Und all das induzierte und wurde unterstützt durch eine Evolution des Gehirns. Nur die erfolgreichsten und genetisch ‚besten' Männer (die aggressivsten, mutigsten etc.) kamen zur Fortpflanzung. Die Evolution fand also am Mann statt und er gab diese Errungenschaften an seine männlichen und natürlich auch an seine weiblichen Nachkommen weiter.

Die Frauen nahmen an der Jagd nicht teil. Sie war zu anstrengend und gefährlich für Schwangere und stillende Mütter und infolge der langen Abhängigkeit der Nachkommen mussten die Frauen ‚zu Hause' bleiben. Dadurch konnten sie größer werden und größere Kinder zur Welt bringen, in deren Aufzucht sie mehr investieren konnten. Die lange Abwesenheit der Männer förderte diese geschlechtsspezifische Arbeitsteilung, wobei zu bemerken ist, dass Washburne über die Arbeit der Frauen wenig Aussagen macht. Allerdings beschreibt er die Entwicklung einer Axt oder eines Speeres als spezifischere technische Fähigkeit als die Entwicklung eines Grabstocks.

Washburne macht noch eine weitere Implikation: Die psychologische Freude an der Jagd ließe sich daran ablesen, dass auch heute noch Jungen mehr Freude am Töten von Tieren haben. Während die Männer also zunehmend aggressiv und dominant wurden und auf die Jagd gingen, mussten sie doch gleichzeitig sichern, dass ihre Nachkommen auch die ihren waren. Es entwickelten sich die Monogamie, die enge und andauernde Paarbindung, und die männliche Eifersucht. Gleichzeitig blieb und bleibt (nach Washburne) bis heute den Männern ein Hang zur Promiskuität eigen, denn sie sind ja bemüht, möglichst viele Nachkommen, auch mit verschiedenen Frauen zu zeugen. Die Frauen wiederum wurden zurückhaltend, scheu, versuchten anhand körperlicher Merkmale den ‚besten' (in diesem Fall den stärksten) Mann zur Paarung zu finden und förderten dann noch stärker die Monogamie, damit dieser Mann sie und ihre Nachkommen nun zeitlebens versorge.

All dies wird rückgeschlossen aus dem Verhalten des ‚modernen' Menschen, welches nun selber wiederum aus der Evolutionsgeschichte seine natürlichen und biologischen Ursprünge erhält. An dieser Stelle greift eine Kritik an, die aus der dritten Dimension der *Gender Studies* kommt, die Kritik an der *Zirkelschluss-Praxis*. Aus dem sehr variablen und komplexen Verhalten der modernen Menschen werden bestimmte Strukturen ausgewählt, zu allgemeinen und generellen Mechanismen (ohne die Vielfalt zu berücksichtigen) erklärt, die deshalb den Evolutionsprozessen zu Grunde liegen müssten und die nun wiederum die ‚Naturalisierung' von menschlichem Verhalten aus der Evolutionsgeschichte heraus erklären.

Aber auch innerhalb der Evolutionsforschung wird diesem Modell eine ganze Reihe von Argumenten entgegengehalten. Der gemeinschaftlichen Jagd kommt auch in modernen Jäger/Sammler-Ethnien nicht unbedingt die herausragende Bedeutung zu, die Washburne postulierte. Die Befundlage lässt eine Prominenz der Jagd und der Jagdwerkzeuge bei Australopithecinen und frühen Hominiden fraglich erscheinen. Und wie schon ausgeführt, findet die deutliche Hirnvergrößerung erst Jahrmillionen später statt.[24]

1976 treten zwei *Women in Science,* Nancy Tanner und Adrienne Zihlman auf den Plan mit einer neuen Theorie.[25] Sie stellen die weiblichen Sammlerinnen, W*omen the Gatherer,* in den Vordergrund des Evolutionsgeschehens und kritisieren im Kern die Aussage Washburnes, dass die generelle Umstellung auf fleischliche Nahrung und damit die männliche Jagd der entscheidende Evolutionsimpetus der Hominidenentwicklung gewesen sei. Sie argumentieren, dass nicht permanenter Fleischverzehr und Jagd, sondern die enge Mutter-Kind-Beziehung sowie die damit verbundene Sammel- und Teilungstätigkeit Ausgangspunkt für spezifisch menschliche Erfindungen, Orientierungs- und Kommunikationsleistungen, für die Ausbildung der Sprache und komplexer Sozialstrukturen waren.

Stellen wir uns vor, was beim zunehmend aufrechten Übergang von Bäumen in die Savanne passierte. Schimpansenweibchen, die bei der Fortbewegung ihren Nachwuchs tragen, laufen zumindest teilweise auf drei Beinen und halten das Kind mit einem Arm. Das Kind klammert sich mit allen vier Extremitäten fest. Durch die Umbildung der Klammerfüße in reine Lauf-Füße bei den frühen Hominiden ging das nun nicht mehr. Erste ‚Werkzeuge' waren daher nach Tanner und Zihlman nicht Jagdwerkzeuge, sondern Tragegefäße aus Blättern und Zweigen für den Nachwuchs und auch zum Mitführen der gesammelten Früchte und Wurzeln, die mit Grabstöcken gefunden wurden. All diese Artefakte aus pflanzlichem Material sind natürlich nicht mehr erhalten.

Tanner und Zihlman argumentieren auch: Das Sammeln erforderte komplexe kognitive Leistungen der Orientierungsfähigkeit. Insbesondere das Teilen der Nahrung erforderte soziale Leistungen, wie Kooperation und Kommunikation. Nach ihrer Theorie waren die Frauen prädestiniert zur Weiterentwicklung dieser Leistungen von Kooperation und Kommunikation, denn sie bestimmten die soziale Struktur zwischen einer Mutter und ihren Nachkommen. Das Teilen, der freundliche Austausch, Beschwichtigung und Aggressionsabbau förderte die Kommunikation, die Sprachentwicklung, das Wiedererkennen und allgemein kognitive Leistungen. Die Fähigkeiten der Frauen schufen also über die Vererbung die Grundlagen zu einer solchen Lernfähigkeit, die letztendlich die Evolution voranbrachte. Und diese Frauen wählten als Sexualpartner nicht unbedingt die stärksten Männer, sondern solche, die soziale Kompetenzen aufwiesen und mit in den Nachwuchs investierten. Somit wurden auch durch die Männer gerade solche Fähigkeiten vererbt, die eher aggressionsmindernd denn aggressionsfördernd waren. Auch hier spielt die Monogamie eine Rolle, denn Investitionen in den Nachwuchs waren nur dann sinnvoll, wenn die Männer sich dieses Nachwuchses als eigenem sicher waren.

Nancy Tanner und Adrienne Zihlman führen außerdem Vergleiche mit Sozialstrukturen nicht-menschlicher Primaten (insbesondere Schimpansen) zur Unterstützung ihrer Theorie an. Sie verweisen darauf, dass gerade Schimpansen-Männchen unter den Primaten am wenigsten aggressiv sind, die Weibchen eine eigene Sozialordnung unabhängig von derjenigen der Männchen entwickeln und neuere Untersuchungen belegen, dass Kopulation und Vermehrung zu einem nicht unerheblichen Teil auf die Wahl der Weibchen zurückzuführen ist.

Die Frage der Vermehrung steht auch im Zentrum der dritten Geschichte, der Theorie von Owen Lovejoy.[26] Er greift zunächst das Problem auf, dass komplexe Werkzeuge und Gehirnzunahme erst sehr spät in der Hominiden-Entwicklung prominent wurden, dagegen das erste und zentrale Hominiden-Merkmal die Bipedie war. Aber, so fragt Lovejoy, was für einen Vorteil hatten die bipeden Hominiden, die sich noch ungeschickt bewegten, gegenüber ihren vierbeinigen Konkurrenten? Was machte sie so durchsetzungsfähig? Antwort: Sie konnten mit den frei werdenden Händen Nahrung sammeln und tragen. Und damit konnten sie versorgen. Wer versorgte wen? Natürlich versorgten die Männer die Frauen. Warum? Weil dadurch die Fortpflanzungszeiten verkürzt werden konnten.

Etwas ausführlicher geht die Argumentationskette wie folgt. Affen haben eine Fortpflanzungsrate von ungefähr 4 Jahren/Kind. Wenn die Zweibeiner nun ihre Fortpflanzungsrate steigern konnten, waren sie infolge von mehr Nachkommen im Evolutionsvorteil. Diese Verkürzung erforderte aber mehr Energie, primär von den Frauen, die diese Energie in den Nachwuchs stecken mussten. Wenn es nun durch Arbeitsteilung gelänge, die unangetasteten Energiereserven der Männer für diese Fortpflanzungsverkürzung und nicht für die weitere Verstreuung deren Gene an andere Frauen zu nutzen, dann war dies ein Evolutionsvorteil. Die Entwicklung der monogamen Kleinfamilie stand für Lovejoy am Anfang der Menschheitsevolution, denn nur sie garantierte dem Mann Zeugungssicherheit und gleichzeitig der Frau seine Bereitschaft, in den Nachwuchs zu investieren. Der Mann war Nahrungssammler und später auch Jäger (Lovejoy hat also schließlich alles für den Mann subsummiert – Jagd und Sammeln), die Frau war mit der Aufzucht des ständigen Nachwuchses beschäftigt. Erst auf der Grundlage dieses stabilen Sozialgefüges entstand schließlich Werkzeugentwicklung, Kommunikation und Intelligenz.

Auch hier greift die Kritik insbesondere an der Rückschlusspolitik von Lovejoys Argumentation an. Er begründet sein monogames Modell aus der angeblichen Tatsache einer generellen Monogamie des modernen Menschen, was aber nachweislich für gerade einmal 20% moderner Sozietäten zutrifft.[27] Die strikte Trennung von Nahrungsbeschaffung und Familienaufzucht läuft allen Erkenntnissen zuwider, die über menschliche und nicht-menschliche Primatensozietäten vorliegen, in denen auch immer weibliche Individuen an der Nahrungsbeschaffung beteiligt sind. Trotz dieser scharfen Kritik war und blieb die Lovejoy-Theorie lange Zeit die prominenteste der neueren Evolutionstheorien – vielleicht auch, weil sie in einem so ‚wissenschaftlich objektiven' Journal wie *Science* publiziert wurde und damit den Nimbus der Theorie hinter sich ließ?

Anfang der 90er Jahre gewinnen theoretische Überlegungen an Bedeutung, die einen anderen Aspekt einbeziehen, das *Aasfressen*.[28] Vielleicht hat es so lange gedauert, bis diese Überlegungen Fuß fassen konnten, weil es sicher etwas unangenehm ist, sich das spezifisch Menschliche und den wichtigsten Evolutionsimpetus aus einer Entwicklung heraus vorzustellen, die uns zumindest nahrungsstrategisch in eine Gruppe mit Kojoten, Hyänen und Geiern stellt.

Aber die Theorie von Robert Blumenshine und John Cavallo gewinnt zunehmend an Bedeutung. Sie argumentieren folgendermaßen. Nicht die gefährliche Jagd, sondern das ungefährlichere Aasräubern war die erste Strategie der bipeden Hominiden in der afrikanischen Savanne. Denn das Ausfindigmachen und Zerlegen von Kadavern war weniger energieaufwändig und risikoreich als das Hetzen und Jagen schneller und z.T. doch recht wehrhafter Tiere. Besonders in der Trockenzeit sammelten sich an den verbleibenden Wasserstellen am Rande der Restwälder das Großwild und seine Jäger – die Raubkatzen. Im Schutz der Bäume konnten Australopithecinen abwarten, bis die Räuber gerissenes aber nicht völlig verzehrtes Wild zurückließen, um dann schnell Reststücke zu holen und an anderer, sicherer Stelle zu verzehren. Dafür spricht, dass an Plätzen, an denen Reste tierischer Knochen gefunden wurden, dies häufig nur die fleischärmeren, unteren Teile der Extremitäten waren, die Verzehrstelle also entfernt von der Beute lag und die Raubtiere schon vorher die größeren, fleischreichen Teile der Beute für sich beansprucht hatten. Weiterhin werden Funde von Tierknochen angeführt, die sowohl Bissspuren von Raubtieren als auch Kerben von Werkzeugbearbeitung tragen.

Nach der Aasfresser-Theorie rissen die frühen Hominiden zunächst Teile mit den Fingern aus dem Kadaver. Mitgeführte Steine, wenn sie zufällig eine scharfe Kante hatten, waren hilfreich und hieraus entwickelte sich die Herstellung von Abschlagfaustkeilen. Diese Werkzeugherstellung, verbunden mit der Leistung des Auffindens, Zerlegens und Aufteilens der Beute, erforderte kognitive Leistungen, genaue Orientierung, Kooperation und Verständigung. Entscheidender Evolutionsschritt war also zunächst das gezielte Suchen nach brauchbaren Steinen (den Primaten nicht unähnlich), dann aber die Herstellung von Werkzeugen zum Schaben, Schneiden und Hämmern sowie von Transportbehältern, um das erbeutete Aas zum Verwendungs- und Verzehrort zu transportieren. In dieser Geschichte gibt es keine geschlechtsspezifische Arbeitsteilung.

Hilde Neunhöffer geht nun noch etwas weiter.[29] Sie verbindet zunächst die Aasfresser- mit der Jagd-Theorie. Sie argumentiert für ein paralleles Vorkommen der Aasfresser (kleine Australopithecinen) und der schon zeitweise mit Wurfkeilen jagenden Vorfahren von *Homo erectus* im Zeitraum vor 3-1,6 Millionen Jahren. Die Jäger – nach ihrer Aussage eine Männergesellschaft – setzten sich durch, Homo erectus bestimmte für die nächste Million Jahre das Feld. Aber Hilde Neunhöffer spricht dem Werkzeuggebrauch, ja sogar der Feuerverwendung seine Bedeutung als Evolutionsimpetus ab, begründet durch die lange Stagnation einfacher Werkzeuge und den nur geringen Zuwachs an Gehirnvolumen. Die *Homo erectus*-Gruppe war ihrer Meinung nach eine evolutionsstabile, gut an ihre Umwelt angepasste Gruppe.

Was machte dann die Menschwerdung aus? Nach Neunhöffer waren es zwei Errungenschaften, die erst mit der Gruppe des *Homo sapiens* (der einsichtigen, klugen, verständigen) in Erscheinung traten: die Sprache als Kommunikationsmittel und die Entstehung der Empathie, des Mitleids und des altruistischen Versorgens.

Wie und warum aber sollte sich aus einer jagenden Männergesellschaft eine empathische, teilweise ihre Kranken bis ins hohe Alter versorgende, mitfühlende Gesellschaft entwickeln, die ihre Toten begrub, ihnen Gaben für die nächste Welt mitgab? Für Hilde Neunhöffer waren es die Frauen, die nicht die aggressivsten Männer zur Fortpflanzung wählten, sondern diejenigen, die kooperatives Verhalten und soziale Kompetenzen aufwiesen. Schon die voran gegangenen Geschichten argumentierten, dass die Frauen an sozial kompetenten Partnern interessiert waren, denn diese waren weniger gefahrvoll und eher bereit, mit für den Nachwuchs zu sorgen. Dass alle männlichen Individuen, die in der gefahrvollen Welt bis zur Geschlechtsreife überlebten, genügend Kraft und Stärke haben sollten (Schwächere waren zweifellos schon vorher gestorben), das – so Neunhöffer – macht deutlich, warum Kraft für die Frauen nicht das ausschlaggebende Wahlkriterium sein sollte. Aber dennoch blieben die Männer daran interessiert, selber möglichst viele Frauen zu begatten und nicht auf ihre mögliche Erwählung warten zu müssen. In ihrer stärkeren Position konnten sie dies wohl auch durchsetzen. Doch nur wenn sich die *female choice* durchsetzte, konnte die Gesellschaft sich in ihrer sozialen Struktur wandeln.

Woher bekamen dann aber die Frauen die Macht, einen gegenteiligen Willen und eine andere Wahl durchzusetzen? Hier kommt nun das Feuer wieder ins Spiel. Die Frauen im Lager hüteten das Feuer und diese Fähigkeit gab ihnen mehr Mut und Selbstvertrauen als allen anderen Primatenweibchen zuvor. Dazu kam, dass sie sich in der Frauengruppe gegenseitig unterstützen und damit Übergriffen der Männer etwas entgegensetzen konnten.

Gleichzeitig wurde durch das Feuer und die Notwendigkeit es zu hüten die Arbeitsteilung verstärkt (die Männer auf der Jagd, die Frauen im Lager) und es wurde nötig, Informationen zwischen den Gruppen auszutauschen, die nicht das Gleiche erlebt hatten. Die Sprache entstand. Aber sie entstand durch die Frauen, die im geschützten Lager, am Feuer die Ruhe und Konzentrationsmöglichkeit für den schwierigen Lernprozess des Artikulierens hatten. Die Männer mussten im Gegenteil auf der Jagd möglichst jedes Geräusch vermeiden. Somit war es, nach Neunhöffer, unwahrscheinlich, dass die Sprache durch die Jagd entstand. Und erst mit der Sprache kam es zur verstärkten Ausbildung des Gehirns, konnten komplexe gedankliche Leistungen durchgeführt und vermittelt werden, konnte Vorstellungsvermögen entstehen und konnte Kultur sich entwickeln.

Auch auf diese Geschichte trifft zu, was schon als grundsätzliche Kritik vermeldet wurde, das Zirkelschließen vom Jetzt auf das Gestern und wieder zurück auf die biologische Verankerung des Jetzt:

> „[E]s ist daher wahrscheinlich, daß die Frauen immer neue Sprechmöglichkeiten und neue Wörter erfunden haben, die von den Kindern und dann von den Männern übernommen wurden. Stimmt dies, so waren die Frauen den Männern am Sprechen immer einen Schritt voraus, einfach weil sie mehr Gelegenheit zum Sprechen und vielleicht auch von Natur mehr Interesse an Kommunikation hatten. Noch heute gelten die Frauen als schwatzhaft, und sie telefonieren länger als die Männer; die kleinen Mädchen fangen, jedenfalls weit verbreiteter Meinung nach, früher an zu sprechen als die Buben, und die jungen Mädchen lernen Fremdsprachen leichter als die männlichen Mitschüler; die großen Schweiger, die aus der Geschichte bekannt sind, waren alle Männer.“[30]

Insbesondere im zweiten Teil ihres Buches treibt Hilde Neunhöffer diese unreflektierte Naturalisierungspraxis so weit, dass sie die gesamte Menschheitshistorie auf verfehlte Strategien in der sexuellen Selektion zurückführt.[31]

## Zum Schluss

Dies war die letzte Geschichte, mit der ich versucht habe, einen Eindruck zu vermitteln, wie z.T. doch recht widersprüchlich innerhalb des Themengebietes der ‚Evolutionsgeschichte des Menschen' Befunde mit Theorien verknüpft werden und wie schnell in allen Geschichten geschlechtliche Zuschreibungen getroffen werden, d. h. *Science of Gender* (die zweite Analysedimension der *Gender Studies* in Naturwissenschaften) in die Theorienbildung eingewoben wird, wo es durch die Befundlage so gar nicht belegbar ist.

Auf alle Geschichten treffen auch einige Aspekte der dritten Dimension, d.h. der übergeordneten Analysekategorie *Gender of Science*, zu, wenn wir generell nach dem Gendering in naturwissenschaftlicher Theorieentwicklung und Methodologie fragen. Hierzu gehören:

- der einseitige Blick auf ein Geschlecht – die *same-sex-sympathy* – die zu Verzerrungen in der Theoriebildung führt;
- die Verschleierung der Theoriehaftigkeit durch Anbindung an Befunde, die als wissenschaftlich objektiv gehandelt werden, es aber so gar nicht sind. Bezogen auf die enorme Zeitspanne der Menschheitsentwicklung ist die Befundlage eher marginal und so sind die entwickelten Theorien eindeutig Interpretationen, die auch als solche deutlich gemacht werden müssten;
- und schließlich die zentrale Kritik der zirkulären Naturalisierung menschlichen Verhaltens und komplexer menschlicher Sozialstrukturen: die Begründung evolutionärer Prozesse aus der heutigen menschlichen Gesellschaft und dann die Rückführung eben jener heutigen Gesellschaftsformen auf evolutionäre Paradigmen der genetischen Fundierung und Vererbung.[32]

## Anmerkungen

1 Evelyn Fox Keller: „Origin, history, and politics of the subject called ‚Gender and Science' – A first person account", in: S.E.A. Jasanoff (Hrsg.): *Handbook of Science and Technology Studies,* Thousand Oaks 1995a, S. 80.

2 Z.B. Elvira Scheich: „Die sexistische Ordnung in der Naturwissenschaft. Zum männlichen Monolog über die Frau und die Natur", in: *Wechselwirkung* 24, 1985, S. 44-49.

3 Z.B. die Übersichten von Margaret Alic: *Hypathias Töchter. Der verleugnete Anteil von Frauen an der Naturwissenschaft*, Zürich 1987 und von Londa Schiebinger: *Schöne Geister. Frauen in den Anfängen der Wissenschaft*, Stuttgart 1993.

4 Renate Strohmeier: *Lexikon der Naturwissenschaftlerinnen und naturkundigen Frauen Europas*, Frankfurt/M. 1998.

5 Christine Wenneras/Agnes World: „Nepotism and sexism in peer-review", in: *Nature* 387, 1997, S. 341-343.

6 Londa Schiebinger: *Has Feminism Changed Science?*, Cambridge/Mass., London 1999.

7 Z.B. Donna Haraway: *Primate Visions. Gender, Race, and Nature in the World of Modern Science*, New York 1989.

8 Ruth Bleier: *Science and Gender*, New York, Oxford 1984; Anne Fausto-Sterling: *Gefangene des Geschlechts?,* München, Zürich 1988; Jenny Kien: „Gibt es ‚weibliche' und ‚männliche' Naturwissenschaft? Analyse von Beispielen aus der Hirnforschung", in: *Mitteilungen der TU Braunschweig* 24, 1989, S. 46-49; Jenny Kien: „Kritik an der Erforschung von Geschlechtsunterschieden im menschlichen Gehirn", in: Britta Schinzel/Eva Schletz (Hrsg.): *Geschlechterdifferenzen im Zentralen Nervensystem und ihre graphische Repräsentation und Wissensdarstellung*, Freiburg 1999, S. 19-25.

9 Anne Fausto-Sterling: „Life in the XY Corral", in: *Women's Studies International Forum* 12, 1989, S. 319-331; Anne Fausto-Sterling: *Sexing the body: gender politics and the construction of sexuality,* New York 2000; Donna Haraway: „The biopolitics of postmodern bodies: Determinations of immune system discourse", in: *Differences: A Journal of Feminist Cultural Studies* 1, 1989b, S. 3-43.

10 Helen Longino/Ruth Doell: „Body, bias and behavior: A comparative analysis of reasoning in two areas of biological science", in: *Signs: Journal for Women in Culture and Science* 9, 1983, S. 206-227; Nancy Tanner: *Wie wir Menschen wurden. Der Anteil der Frau an der Entstehung des Menschen,* Frankfurt/M., New York 1994.

11 U.a. Carolyn Merchant: *Der Tod der Natur. Ökologie, Frauen und neuzeitliche Naturwissenschaften,* München 1987; Evelyn Fox Keller: *Liebe, Macht und Erkenntnis. Männliche oder weibliche Wissenschaft?*, München 1986; Evelyn Fox Keller: „Geschlecht und Wissenschaft: Eine Standortbestimmung", in: Barbara Orland/Elvira Scheich (Hrsg.): *Das*

*Geschlecht der Natur,* Frankfurt/M. 1995b, S. 64-91; Helen Longino: *Science as Social Knowledge,* Princeton 1990.

12 Helen Longino 1990. Sandra Harding: *Feministische Wissenschaftstheorie. Zum Verhältnis von Wissenschaft und sozialem Geschlecht*, Hamburg 1991.

13 Evelyn Fox Keller 1986.

14 Evelyn Fox Keller: *A Feeling for the Organism: The Life and Work of Barbara McClintock,* New York 1983; Sigrid Schmitz: „Wissen ist nicht Macht. Barbara McClintock und der wissenschaftliche Dogmatismus", in: *Wechselwirkung* 17, Nr. 76, 1995, S. 60-65; Sigrid Schmitz: „Barbara McClintock. 1902-1993", in: Ilse Jahn/Michael Schmitt (Hrsg.): *Darwin & Co. Eine Geschichte der Biologie in Porträts*, München 2001a, S. 490-506.

15 Natalie Angier: *Frau. Eine intime Geographie des weiblichen Körpers,* München 2000. Eine Rezension hierzu in Sigrid Schmitz: „Der neue Feminalismus – Quo vadis femina?", in: *Perspektiven feministischer Naturwissenschaftskritik*, Freiburger FrauenStudien 11, 2001b, S. 235-240.

16 Sandra Harding: *Feministische Wissenschaftstheorie. Zum Verhältnis von Wissenschaft und sozialem Geschlecht,* Hamburg 1991; Barbara Orland/Mechtild Rössler: „Women in Science – Gender and Science", in: Barbara Orland/Elvira Scheich (Hrsg.): *Das Geschlecht der Natur,* Frankfurt/M. 1995, S. 13-63; Evelyn Fox Keller: „Geschlecht und Wissenschaft: Eine Standortbestimmung", in: Barbara Orland/Elvira Scheich (Hrsg.): *Das Geschlecht der Natur,* Frankfurt/M. 1995b, S. 64-91.

17 Hier stellt sich immer wieder die Frage, wo der Kreislauf beginnt. Haben neue Verhaltensweisen die Durchsetzung bestimmter körperlicher Formen begünstigt oder hat veränderte Morphologie die Grundlage für neue Verhaltensanpassungen erst geschaffen?

18 Hilde Neunhöffer: *Freie Frauen und ihre entscheidende Rolle in der Evolution des homo sapiens*, Hamburg 1995.

19 Als Vorform wird *Homo habilis* diskutiert, bei denen jedoch ebenfalls ein Streit um ihre Zuordnung noch zu den Australopithecinen oder schon zu den Hominiden besteht.

20 Hilde Neunhöffer 1995.

21 Auch hierzu gibt es verschiedene Theorien, von der Ausrottung bis zur Populationsvermischung, auf die jedoch hier aus Platzgründen nicht weiter eingegangen wird.

22 Zum Übergang zwischen *H. sapiens neanderthalensis* und *H. sapiens sapiens* gibt es aktuell wieder eine ähnliche Diskussion über Verdrängung und Konkurrenzwettbewerb, die jedoch ebenfalls einer eigenen Analyse bedarf.

23 Samual Washburn / Christopher S. Lancaster: „The evolution of hunting", in: Richard Lee / Irvan DeVore: *Man the Hunter,* Chicago 1968, S. 293-303.

24 Richard Leakey/Roger Lewin: *Der Ursprung des Menschen,* Frankfurt/M. 1998.

25 Nancy Tanner/Adrienne Zihlman: „Women in evolution. Part I: Innova-

tion and selection in human origins", in: *Signs* 1/3, 1976, S. 585-608; Adrienne Zihlman: „Women in evolution. Part II: Subsistence and social organization among early hominids", in: *Signs* 4/1, 1978, S. 4-20.

26 Owen Lovejoy: „The origin of man", in: *Science* 211, 1981, S. 341-350.

27 Richard Leaky/Roger Lewin 1998.

28 Robert Blumenshine/John Cavallo: „Frühe Hominiden – Aasfresser", in: *Spektrum der Wissenschaft* 12, 1992, S. 88-95.

29 Hilde Neunhöffer 1995.

30 Hilde Neunhöffer 1995, S. 97-98.

31 vgl. ausführlich in Schmitz 2001b.

32 Genauer nachzulesen sind diese Kritiken in den Arbeiten von Helen Longino/Ruth Doell: „Body, bias and behavior: A comparative analysis of reasoning in two areas of biological science", in: *Signs: Journal for Women in Culture and Science* 9, 1983, S. 206-227; Sanrda Harding: *Feministische Wissenschaftstheorie. Zum Verhältnis von Wissenschaft und sozialem Geschlecht*, Hamburg 1991.

## Literatur


**Angier, Natalie:** *Frau. Eine intime Geographie des weiblichen Körpers*, München 2000.

**Alic, Margaret:** *Hypathias Töchter. Der verleugnete Anteil von Frauen an der Naturwissenschaft,* Zürich 1987.

**Bleier, Ruth:** *Science and Gender*, New York, Oxford 1984.

**Blumenshine, Robert, J./Cavallo, John, A.:** „Frühe Hominiden – Aasfresser", in: *Spektrum der Wissenschaft* 12, 1992, S. 88-95.

**Fausto-Sterling, Anne:** *Gefangene des Geschlechts?,* München, Zürich 1988.

**Fausto-Sterling, Anne:** „Life in the XY Corral", in: *Womens Studies International Forum* 12, 1989, S. 319-331.

**Fausto-Sterling, Anne:** *Sexing the body: Gender politics and the construction of sexuality,* New York 2000.

**Haraway, Donna:** *Primate Visions. Gender, Race, and Nature in the World of Modern Science,* New York 1989.

**Haraway, Donna:** „The biopolitics of postmodern bodies: Determinations of immune system discourse", in: *Differences: A Journal of Feminist Cultural Studies* 1, 1989, S. 3-43.

**Harding, Sandra:** *Feministische Wissenschaftstheorie. Zum Verhältnis von Wissenschaft und sozialem Geschlecht,* Hamburg 1991.

**Keller, Evelyn Fox:** *A Feeling for the Organism: The Life and Work of Barbara McClintock*, New York 1983.

**Keller, Evelyn Fox:** *Liebe, Macht und Erkenntnis. Männliche oder weibliche Wissenschaft?,* München 1986.

**Keller, Evelyn Fox:** „Origin, history, and politics of the subject called ‚Gender and Science' – A first person account", in: S.E.A. Jasanoff (Hrsg.): *Handbook of Science and Technology Studies,* Thousand Oaks 1995.

**Keller, Evelyn Fox:** „Geschlecht und Wissenschaft: Eine Standortbestimmung", in: Barbara Orland/Elvira Scheich (Hrsg.): *Das Geschlecht der Natur,* Frankfurt/M. 1995b, S. 64-91.

**Kien, Jenny:** „Gibt es ‚weibliche' und ‚männliche' Naturwissenschaft? Analyse von Beispielen aus der Hirnforschung", in: *Mitteilungen der TU Braunschweig* 24, 1989, S. 46-49.

**Kien, Jenny:** „Kritik an der Erforschung von Geschlechtsunterschieden im menschlichen Gehirn", in: Britta Schinzel/Eva Schletz (Hrsg.): *Geschlechterdifferenzen im Zentralen Nervensystem und ihre graphische Repräsentation und Wissensdarstellung*, Freiburg 1999, S. 19-25.

**Leakey, Richard/Lewin, Roger:** *Der Ursprung des Menschen*. Frankfurt/M. 1998.

**Longino, Helen:** *Science as Social Knowledge,* Princeton 1990.

**Longino, Helen/Doell, Ruth:** „Body, bias and behavior: A comparative analysis of reasoning in two areas of biological science", in: *Signs: Journal for Women in Culture and Science* 9, 1983, S. 206-227.

**Lovejoy, C. Owen:** „The origin of man", in: *Science* 211, 1981, S. 341-350.

**Merchant, Carolyn:** *Der Tod der Natur. Ökologie, Frauen und neuzeitliche Naturwissenschaften*, München 1987.

**Neunhöffer, Hilde:** *Freie Frauen und ihre entscheidende Rolle in der Evolution des homo sapiens,* Hamburg 1995.

**Orland, Barbara/Rössler, Mechtild:** „Women in Science – Gender and Science", in: Barbara Orland/Elvira Scheich (Hrsg.): *Das Geschlecht der Natur,* Frankfurt/M. 1995, S. 13-63.

**Scheich, Elvira:** „Die sexistische Ordnung in der Naturwissenschaft. Zum männlichen Monolog über die Frau und die Natur", in: *Wechselwirkung* 24, 1985, S. 44-49.

**Schiebinger Londa:** *Schöne Geister. Frauen in den Anfängen der Wissenschaft*, Stuttgart 1993.

**Schiebinger Londa:** *Has Feminism Changed Science?*, Cambridge/Mass., London 1999.

**Schmitz, Sigrid:** „Wissen ist nicht Macht. Barbara McClintock und der wissenschaftliche Dogmatismus", in: *Wechselwirkung* 17, Nr. 76, 1995, S. 60-65

**Schmitz, Sigrid:** „Geschlechterdifferenzen im Zentralen Nervensystem zwischen Determination und Dynamik", in: Britta Schinzel/Eva Schletz (Hrsg.): *Geschlechterdifferenzen im Zentralen Nervensystem und ihre graphische Repräsentation und Wissensdarstellung,* Freiburg 1999, S. 26-43.

**Schmitz, Sigrid:** „Barbara McClintock. 1902-1993", in: Ilse Jahn/Michael Schmitt (Hrsg.): *Darwin & Co, Eine Geschichte der Biologie in Porträts*, München 2001a, S. 490-506.

**Schmitz, Sigrid:** „Der neue Feminalismus – Quo vadis femina?", in: *Perspektiven feministischer Naturwissenschaftskritik. Freiburger FrauenStudien*, 2001b, S. 235-240.

**Strohmeier, Renate:** *Lexikon der Naturwissenschaftlerinnen und naturkundigen Frauen Europas*, Frankfurt/M. 1998.

**Tanner, Nancy:** *Wie wir Menschen wurden. Der Anteil der Frau an der Entstehung des Menschen*, Frankfurt/M., New York 1994.

**Tanner, Nancy/Zihlman, Adrienne:** „Women in evolution. Part I: Innovation and selection in human origins", in: *Signs* 1/3, 1976, S. 585-608.

**Zihlman Adrienne:** „Women in evolution. Part II: Subsistance and social organization among early hominids", in: *Signs* 4/1, 1978, S. 4-20.

**Washburne, Samual / Lancaster, Chrostopher. S.:** „The evolution of hunting", in: Richard Lee/Irvan DeVore: *Man the Hunter,* Chicago 1968, S. 293-303.

**Wenneras, Christine/World Agnes:** „Nepotism and sexism in peerreview", in: *Nature* 387, 1997, S. 341-343.

*Nina Degele*

# „Mutti spült, Papa arbeitet". Zur Soziologie von Arbeit und Geschlecht

## 1. Einleitung

Wie kommt es, dass Menschen miteinander auskommen? Die Frage nach dem ‚Wie' sozialer Ordnung ist eine Lieblingsfrage der Soziologie: Wie ist Gesellschaft möglich? Antworten dafür gibt es viele: Es sind Normen und Werte, die unsere Gesellschaft zusammenhalten, es sind Machtstrukturen, die für Ordnung sorgen, es können aber auch Grenzziehungen sein, die ein soziales Miteinander möglich machen: Die einen sind drinnen, die anderen draußen. ‚Boundary work' heißt das in der Soziologie. Mit dieser Brille bewaffnet kann man etwa nach der Abgrenzung von Wissenschaft und Nicht-Wissenschaft, InsiderInnen und OutsiderInnen, modernen, vor- oder nachmodernen Gesellschaften fragen und vielem mehr. Wenn zur Herstellung und Aufrechterhaltung von Ordnung zwischen Individuen, Gruppen, Handlungslogiken und Systemen Grenzen gezogen werden, liegt darüber hinaus eine Frage nah: In welchem Zusammenhang stehen Differenz und Hierarchie bzw. Ungleichheit? Konkret auf Geschlechterfragen bezogen: Welche gesellschaftliche Bedeutung hat die Unterscheidung zwischen Frauen und Männern? Die Furcht vor einer Verwischung geschlechtlicher Grenzen hat Gayle Rubin vor einem Vierteljahrhundert als *sameness-taboo* bezeichnet: Männer und Frauen können tun, was sie wollen, solange es nur unterscheidbar ist und damit in Hierarchien überführt werden kann. Beispiele für symbolische Markierungen von Grenzen sind Kleiderordnungen, räumliche Separierungen oder auch – und das ist ein Zentralthema einer Soziologie der Geschlechterverhältnisse – die Aufteilung von Arbeit in männliche und weibliche Tätigkeiten: Hier werden minimale Differenzen als auffällige Unterscheidung in Szene gesetzt „und diese wiederum in Ungleichheit transformiert".[1] Wie sieht es also mit dem Zusammenhang von sozialer Ordnung, Grenzziehungen und Geschlecht aus? Zur Präzisierung dieser Frage und einiger Antworten dazu werde ich im folgenden Stationen auf dem Weg zu einer Soziologie der Geschlechterverhältnisse markieren (2), den Zusammenhang von Geschlecht und Arbeit skizzieren (3), um die vorgestellten Befunde und Erklärungen abschließend in einen gesellschaftstheoretischen Kontext zu stellen (4).

## 2. Zur Soziologie der Geschlechterverhältnisse

Seit der Entstehung der zweiten Frauenbewegung in den späten sechziger Jahren lassen sich für die akademische Frauen- bzw. Geschlechterforschung grob zwei Phasen unterscheiden: Eine frühe Welle der siebziger und frühen achtziger und eine nächste Welle der späten achtziger und neunziger Jahre. Die frühe Welle war erstens damit beschäftigt, den androzentrischen Bias in der Soziologie zu hinterfragen. Frauen wurden in das Zentrum der Analyse gestellt, Geschlecht, als soziale Konstruktion entdeckt.[2] Vor allem in industrie-, organisations- und ungleichheitssoziologischen Forschungen ging es darum, blinde Flecken der Forschung zu füllen, Dimensionen von Frausein und Weiblichkeit als zusätzliche Perspektive in die Wissenschaft zu bringen.[3] Zweitens wurde Geschlecht nicht mehr lediglich als Variable sondern als theoretische Kategorie für die Zuweisung von sozialem Status gesehen:

> „[Geschlecht] erklärt als soziale Strukturkategorie Machtstrukturen auf der Ebene von Geschlechterbeziehungen und ihnen innewohnende Kräfteverhältnisse, die Unterdrückungs- und Ausgrenzungsphänomene sowie Benachteiligungen von Frauen beinhalten".[4]

Geschlechterverhältnisse sind mit anderen Worten Zuweisungsmechanismen für Lebenschancen. Drittens waren in dieser Zeit ‚Patriarchat' oder ‚patriarchale Gesellschaft' die Label der Wahl. Feministische Theoretikerinnen operierten mit der Universalkategorie ‚Frau' – sei es im Kontext kapitalistischer oder patriarchaler Gesellschaften – und der dichotomen Unterscheidung ‚männlich' vs. ‚weiblich'. Damit beabsichtigten sie, geschlechtsspezifisches Denken, Moral, Zugang zur Technik usw. zu identifizieren. Der Fokus der Betrachtung war somit der Blick auf Unterschiede *zwischen* den Geschlechtern.

Die ‚zweite Welle' der späten achtziger (USA) und neunziger Jahre (deutschsprachiger Raum) richtete ihre Kritik nicht nur gegen androzentrische gesellschaftliche Verhältnisse, sondern auch gegen Universalisierungen und Essentialisierungen der ersten Welle.[5] Für diese Phase sind ebenfalls drei Merkmale wesentlich. Erstens wurde Geschlecht kontextualisiert, d.h. in den Zusammenhang von Identitätsfragen, interaktiven Leistungen und Organisationsstrukturen gestellt (‚feminized organization'). Prägende Begriffe dabei waren und sind ‚Geschlechterverhältnisse', ‚Geschlechterdifferenz', ‚Geschlechterbeziehungen', ‚System kultureller Zweigeschlechtlichkeit' oder ‚soziale Konstruktion von Geschlecht'. Das Resultat ist eine Pluralisierung: Weiblichkeiten statt Weiblichkeit, Identitäten statt Identität, Geschlechter statt Zweigeschlechtlichkeit. Zweitens wurden Unterschiede zwischen Frauen enttabuisiert und deutlicher sichtbar. Spätestens zu Beginn der neunziger Jahre war offenkundig geworden, dass jeder Versuch, ‚Frauen' auf eine vereinheitlichende Form zu bringen, die Erfahrungen einer Mehrheit der weiblichen Population ausschließen musste. Dass die weiße Mittelschichtsfrau für alle Frauen schlechthin gesprochen hatte, machte Hazel Carby[6] mit ihrer Anfrage an weiße Mittelklasse-Feministinnen deutlich: „what exactly do you mean when you say WE?"[7] Solche Enttabuisierungen führten drittens zu theoretischen wie auch empirischen Verunsicherungen, was sich in der *‚sex-gender*-Debatte' niederschlug: Die Kategorie von *sex* als biologischem Geschlecht ist selbst eine kulturelle Frage bzw. Konstruktion, nicht nur *gender* als soziales Geschlecht.[8] Was nun also zur Disposition stand, war nicht weniger als die geschlechtliche Bipolarität schlechthin. Die unterstellte ‚Natur der Zweigeschlechtlichkeit' mutierte zum kulturellen Produkt, zum Ergebnis von Zuschreibung und Darstellung, einer Inszenierungsleistung. Die scheinbar natürliche Tatsache der Zweigeschlechtlichkeit ist seither ihrer Natürlichkeit entkleidet; die Geschlechterklassifikation gilt als generatives Muster der Herstellung sozialer Ordnung und Hierarchie.

Zusammenfassend teilt eine durch die Frauenbewegung und -forschung inspirierte Soziologie der Geschlechterverhältnisse[9] drei Merkmale: Erstens würdigt sie den durchdringenden und prägenden Einfluss von Geschlecht auf das soziale Leben. Geschlecht ist also eine Strukturkategorie zur Analyse des Sozialen. Zweitens reflektiert sie das Verhältnis von ForscherIn und Erforschten, was sich in einem spezifischen Methodenverständnis (Methodologie) niederschlägt. Ziel ist dabei, die eigene soziale Gebundenheit in der Forschung zu berücksichtigen und eine herrschaftsfreie Beziehung zwischen ForscherIn und Erforschtem herzustellen. Drittens entlarvt eine solche Forschung Geschlechterverhältnisse als kulturell und sozial überformt. Alles, was als ‚natürlich' erscheint, steht unter ‚Bedingtheitsvorbehalt', gilt es also zu hinterfragen: Dass aus der Gebärfähigkeit von Frauen gesellschaftliche Formen der Kleinfamilie und der Zwangsheterosexualität abgeleitet werden, ist keineswegs zwangsläufig, sondern bereits schon ein Effekt bestehender Machtstrukturen. Geschlechterverhältnisse sind historisch entstanden, sozial hergestellt und damit auch veränderbar. Solche aufzuzeigen ist Ziel von *Gender Studies*[10].

Aus der Kritik androzentrischer Wissenschaftspraxis heraus sind drei Entwicklungslinien feministischer Theoriebildung hervorgegangen, nämlich

Standpunkttheorien, diskurstheoretische und konstruktivistische Ansätze. Allen Dreien geht es darum, die Geschlechterdifferenz und ihre Auswirkungen auf die Produktion von Wissen und Gesellschaft zu theoretisieren.[11] Während die Standpunkttheorien vor allem auf materiale Gesellschaftstheorien wie den Marxismus rekurrieren, sind diskurstheoretische Ansätze sehr viel stärker geisteswissenschaftlich geprägt, nämlich von Semiotik und Poststrukturalismus. Konstruktivistische Arbeiten schließlich stehen in der soziologischen Tradition der Ethnomethodologie und betonen den Aspekt des interaktiven Tuns bei der Herstellung von Geschlecht.

Standpunkttheorien stellen Betroffenheit, Parteilichkeit und Praxisbezug in den Mittelpunkt ihrer Forschung. Zentraler Bezugspunkt der deutschsprachigen Diskussion waren die „methodologischen Postulate zur Frauenforschung," in welchen Maria Mies (1994) eindringlich für Parteilichkeit und Empathie als forschungsleitende Prinzipien votiert hat.[12] Standpunkttheorien stehen marxistischen Theorien teilweise nahe, teilen sie mit Selbiger doch die Annahme, dass Erkenntnis und Interesse intern miteinander verwoben sind und dass es keine universal gültige Erkenntnis gibt. Im Unterschied dazu sehen sich Standpunkttheorien freilich nicht als Anwältinnen für die Arbeiterschaft sondern für Frauen. Unterstellt wird dabei ein gemeinsames Interesse von Frauen qua Frausein, die Kategorie Geschlecht wird nicht hinterfragt.

Diskurstheoretische Ansätze sind neueren Datums. Sie entstanden zu weiten Teilen als Reaktion auf die unhaltbaren Universalisierungsannahmen und Essenzialismen der ersten Welle und stehen in der dekonstruktiv psychoanalytischen, literaturwissenschaftlichen und historischen Tradition von Jacques Derrida, Luce Irigaray, Julia Kristeva und Michel Foucault. Vor dem Hintergrund, dass Diskurse Bedeutungen und damit gesellschaftliche Realität produzieren, dekonstruiert ihre bekannteste Vertreterin Judith Butler (1990) etwa symbolische Ordnungen wie die Zweigeschlechtlichkeit und die Kategorie Frau als sprachliche und damit kulturelle Konstrukte. Eines ihrer Argumente lautet, dass ‚Frau' und ‚Mann' soziale Kategorien sind, die sehr viel mehr in Beziehung zu- und Abgrenzung voneinander definiert werden als auf der Grundlage vorsozialer biologischer Wesensbestimmungen. Ist die Unterscheidung von biologischem und sozialem Geschlecht aber eine kulturell konstruierte Ideologie, interessiert folglich, welche subtilen Machtmechanismen und Interessen hinter solchen Kategorien stecken.

Konstruktivistische Arbeiten zur interaktiven Herstellung von Geschlecht schließlich basieren auf einer ethnomethodologischen „Entselbstverständlichung des Selbstverständlichen".[13] Gemeint ist damit, dass Alltagswissen wie das Wissen um zwei Geschlechter als Begründungsressource zurückgewiesen und statt dessen der tatsächliche empirische Prozess des *doing gender* analysiert wird. Zu den alltäglichen, unhinterfragten Selbstverständlichkeiten zählen vor allem vier Annahmen.[14] Erstens sei die Menschheit zweigeschlechtlich organisiert (und nur das), zweitens entschieden körperliche, insbesondere genitale Merkmale über die Zugehörigkeit zum einen oder anderen Geschlecht, drittens sei die Geschlechtszugehörigkeit exklusiv (es gebe keine doppelte Zugehörigkeit) und viertens sei die Geschlechtszugehörigkeit zugeschrieben und invariant. In konstruktivistischer Perspektive dagegen ist Zweigeschlechtlichkeit eine soziale Konstruktion, eine kulturelle Performanz oder eine interaktive Leistung.

Alle drei Ansätze teilen die Annahmen der zentralen Bedeutung von Geschlecht für die Ordnung des Sozialen wie auch der historischen Gewordenheit und Wandelbarkeit dieser Kategorie und thematisieren den Zusammenhang von Differenz und Ungleichheit. In diesem Sinn ist eine Soziologie der Geschlechterverhältnisse eine ‚Verunsicherungswissenschaft' par excellence. Schließlich war die Soziologie vor hundert Jahren einmal mit dem Programm angetreten, beobachtbare Ungleichheiten konsequent als soziale statt als naturgegebene zu analysieren.

Die Öffnung der Soziologie hin zu einer Soziologie der Geschlechterverhältnisse hat auch methodische Konsequenzen für die empirische Forschung. Frauen- und GeschlechterforscherInnen berufen sich heute ganz selbstverständlich auf die verschiedensten wissenschaftlichen Paradigmen und verwenden eine breite Palette von Methoden. Damit entziehen sie dem Vorwurf den Boden, Frauen bevorzugten qualitative, d.h. nicht-standardisierte Methoden, weil sie weniger Abstraktion erfordern, eine tiefere Beziehung zum erforschten Subjekt ermöglichen und weibliche Forschungsskills mehr berücksichtigen. Konsequenterweise seien für die reputierte, quantitative Forschung Männer, für die weiche Nischenforschung dagegen Frauen zuständig. Diese behauptete Affinität von Frauen- bzw. Geschlechterforschung zu qualitativen Methoden hat die Diskussion lange beschäftigt und kann mittlerweile so entschieden werden: Es gibt keine spezielle Methode in der Frauenforschung (alle ‚weichen' Methoden von der Aktionsforschung bis zur teilnehmenden Beobachtung wurden unabhängig von der feministischen und genderspezifischen Forschung entwickelt und angewandt). Was es aber sehr wohl gibt, ist eine spezielle Methodologie,[15] nämlich als

> „die Reflexionsebene wissenschaftlichen Vorgehens, auf der die Grundentscheidungen darüber fallen, wie Sozialforschung mit ihrer Reflexivität

> umgeht, d.h. mit dem Umstand, dass ihre gesellschaftliche Bedingtheit mit zu ihrem Forschungsbereich gehört, und die Forschung selbst immer beeinflußt".[16]

Dabei sind drei Punkte zu unterscheiden.

Zunächst entwickelt sich die Frauen- bzw. Geschlechterforschung in Auseinandersetzung mit der vorherrschenden Wissenschaft vor allem als Wissenschaftskritik und in der Auseinandersetzung mit herrschenden gesellschaftlichen Verhältnissen als Gesellschaftskritik. Sodann lokalisiert sie den/die ForscherIn im Netzwerk der geschlechtsspezifischen Sozialbeziehungen; prinzipiell gelten alle sozialen Phänomene als ‚geschlechtlich kontaminiert', auch scheinbar formal operierende Organisationen oder die Suche nach wissenschaftlicher Wahrheit. Schließlich geht mit einer genderspezifischen Methodologie ein spezifisches Bewusstsein einher, das den eigenen Standpunkt im Forschungsprozess reflektiert und beispielsweise bewusstseinsbildende Techniken als Forschungsmethoden anwendet.

Im Rahmen dieser Gemeinsamkeiten hat sich dennoch ein Wandel von einer feministischen Methodologie zur einer Methodologie der Geschlechterverhältnisse vollzogen.[17] Er ist gekennzeichnet durch den Übergang von einer Betroffenheitsforschung zu einer sozialkonstruktivistischen Perspektive; von einer engen Verzahnung von wissenschaftlicher Forschung und politischer Praxis zu einer stärkeren Betonung der Differenz von Wissenschaft und Lebenspraxis; von einer Orientierung am Modell der Aktionsforschung zu einer stärkeren Unterscheidung der Logiken von Begründungs- und Verwertungszusammenhang; von einer Erforschung von Weiblichkeit(en) und weiblichen Lebenszusammenhängen zu einer Akzentuierung des relationalen Charakters von Geschlecht und einer Ausdehnung des Interesses auf Männlichkeit(en) und Männerwelten. Man kann dies als Verwässerung feministischer Inhalte, ebenso aber auch oder noch mehr als *mainstreaming* im Sinne einer Professionalisierung der Geschlechterforschung und Versachlichung der Diskussion bezeichnen.

## 3. Geschlecht und Arbeit

Wie sieht es nun mit dem Verhältnis von Geschlecht und Arbeit aus? Sowohl in traditionalen, also auf Familienwirtschaft beruhenden, wie auch in modernen, auf der Trennung von Haus und Arbeitsstätte fußenden Gesellschaften herrscht eine patriarchale Grundordnung vor: Männer tun anderes als Frauen und Männerarbeit ist höher bewertet. Geschlechtsspezifische – oder allgemeiner: geschlechtliche – Arbeitsteilung basiert auf der Trennung zwischen produktiver, d.h. entlohnter, und reproduktiver, d.h. nicht entlohnter Hausarbeit. Weil in der kapitalistischen Gesellschaft nur zählt, was monetär verrechnet werden kann, gilt Hausarbeit nicht als Arbeit. Die Familie erscheint als ‚Rollenverstärker' scheinbar natürlicher Geschlechterbeziehungen, bei denen Frauen und Männer sich wechselseitig ergänzende Rollen spielen. Die Frau ist für das Heim, der Mann für die Welt draußen prädestiniert. „Mutter spült, Vater arbeitet", so heißt es in einer Geschichte in einem Schulbuch für die Grundschule,[18] wo der ‚gewöhnliche Tagesablauf' aus der Sicht eines Mädchens beschrieben wird. Quintessenz dabei: Die konkrete Verrichtung der Hausarbeit wird Nicht-Arbeit genannt, die nicht konkret benannte Tätigkeit des Mannes dagegen Arbeit. Arbeit und Nicht-Arbeit sind dabei keine zwei wertfreien Kategorien. Vielmehr wird Hausarbeit als Nicht-Arbeit abgewertet. So gehen Berechnungen der UNO davon aus, dass weltweit 70 Prozent aller Arbeit von Frauen geleistet wird, während sie nur mit zehn Prozent am Einkommen beteiligt sind, aber nur ein Prozent der produktiven Ressourcen besitzen.[19]

Hausarbeit erscheint in dieser Perspektive als reproduktive Tätigkeit ohne eigenen gesellschaftlichen Wert. Als Folge findet eine Transformation von biologischen Unterschieden in soziale Benachteiligungen und gleichzeitig eine Ideologisierung statt: Frauen werden von der Erwerbsarbeit ausgeschlossen, weil sie mit Familie und Haus ohnehin genug zu tun haben, weil sie den Männern sonst die Arbeitsplätze wegnehmen, weil sie im Innersten ihres Herzens lieber zu Hause bleiben, weil es ihre Bestimmung ist... Wie kommt es zu einer solchen Ideologisierung und Abwertung weiblicher Arbeit, die ja kein Spezifikum der Hausarbeit ist, sondern sich in der Erwerbsarbeit fortsetzt?

Mit der Verbindung zwischen den beiden Sphären, der öffentlichen Berufs- und der privaten Hausarbeit, setzt sich das Konzept der doppelten Vergesellschaftung auseinander. Regina Becker-Schmidt (1987a, b) entwickelt eine solche Verbindung über den Begriff der Vergesellschaftung. Einfache Vergesellschaftung meint die Einbindung von Menschen in die Produktionsbedingungen, thematisiert also den Klassenaspekt. Neben dieser Zurechnung ist aber ein zweiter Vergesellschaftungsmodus von Bedeutung, nämlich der über das Geschlecht. Was heißt das?

In jeder gesellschaftlichen Hierarchie nehmen Frauen die untersten Ränge ein oder, wie Becker-Schmidt es formuliert:[20] „Innerhalb jeder sozialen Klasse gibt es noch einmal eine Unterschicht: die Frauen." Klassen- und Geschlechterhierarchie wirken dabei wechselseitig verstärkend ineinander, man kann sie als positiv rückgekoppelt bezeichnen. Als Kritik an Marx lässt sich diese doppelte Bestimmung auch anders formulieren: Frauen sind als geschlechtslose Wesen reine Arbeitskraft im Bereich der Lohnarbeit. Als geschlechtliche Wesen sind sie durch private Reproduktionsarbeit definiert. Frauen sind somit doppelt vergesellschaftet, indem sie an Produktion wie auch Reproduktion beteiligt sind. Sie sind gleichzeitig doppelt unterdrückt, was in der ungleichen Verteilung und Bewertung von Arbeitsfeldern sichtbar wird. Sozialstrukturelle Verfestigungen solcher Ungleichheiten werden etwa daran deutlich, dass Frauen nur zu vier Prozent in Führungspositionen zu finden sind. Umgekehrt gilt:

> „Je randständiger ein Aufgabenbereich, je weniger Aufstiegsmöglichkeiten es gibt und je weniger einflussreich eine gesellschaftliche Gruppe ist, um so größer ist die Wahrscheinlichkeit, dass Frauen in diesen Feldern vertreten sind".[21]

So verwundert es nicht, dass 1989 etwa 67 Prozent der Frauen in nur zehn Berufsgruppen tätig waren; die meisten Frauen arbeiteten in Verwaltungs- und Büroberufen (als Sekretärinnen), als ‚Warenkaufleute' (Verkäuferinnen) und in Gesundheitsberufen (als Krankenschwestern und Sprechstundenhilfen).[22] Weibliche und männliche Arbeits- und Berufsrealitäten sind – das ist hier die entscheidende Beobachtung – in hohem Maße segregiert.[23] Segregierte Berufe sind solche, bei denen der Anteil des anderen Geschlechts unter 30 Prozent liegt. Jede Arbeit ‚hat' also ein bestimmtes Geschlecht[24], und diese spiegelt das gesamtgesellschaftliche Kräfteverhältnis der Geschlechter recht genau wider. Dabei lassen sich vier Faktoren unterscheiden, welche die Stellung von Frauen in der Arbeitswelt maßgeblich beeinflussen:

Erstens werden Fähigkeiten und Kompetenzen von Frauen geleugnet oder abgewertet. Dahinter steht eine Inhaltsunabhängigkeit der Geschlechtszuschreibung von Berufen. Das heißt, dass verschiedene Aspekte ein- und derselben Tätigkeit selektiv hervorgehoben werden können, wodurch Berufe fast beliebig zu typisch männlichen oder weiblichen werden.[25] Wichtiger als der jeweilige Inhalt der Arbeit ist

> „die in der prinzipiell dualistischen Form der Geschlechterstereotype verankerte Qualität, Distanzen und Dominanzverhältnisse anzuzeigen, die sich mit unterschiedlichen ‚Inhalten' verknüpfen können".[26]

Funktionalisiert wird also die Logik binärer Klassifikationen, welche die inhaltliche Variabilität für die Legitimation und Aufrechterhaltung bestehender Machtverhältnisse nutzt. Anders formuliert: Auch wenn die Inhalte bei geschlechtsspezifischen Gebieten wechseln, bleibt die geschlechtshierarchische Positionierung in der Regel unangetastet.

Zweitens werden Frauen als Eindringlinge in die (männliche) Arbeitswelt betrachtet. Das gilt umgekehrt weit weniger, wie es etwa Studien zu männlichen Krankenschwestern belegen.[27] Ein männliches Interesse an ‚weiblichen' Berufen sorgt vielmehr für eine Aufwertung der damit verbundenen Tätigkeiten.

Drittens agieren Männer in Seilschaften, verstehen sich aufs Kungeln und nutzen die Vorteile von Mentorenschaften (Allmendinger u.a. 1996) – männliche Arbeitszusammenhänge sind stärker paternalistisch geprägt. Weil Vorgesetzte ihre MitarbeiterInnen und NachfolgerInnen oft nach einem Ähnlichkeitsprinzip fördern, fallen Frauen bei den männlichen Chefs häufig durch die Beförderungsmaschen. Ebenso sind Männer in Führungspositionen gegengeschlechtlicher Berufe wie der Krankenpflege nie unterrepräsentiert, eher im Gegenteil. Als Folge reproduzieren sie die bestehenden Verhältnisse und sichern ihre Macht und Privilegien.

Schließlich hat Segregation der Geschlechter bei der Arbeit noch eine ideologische Funktion: Sie verschleiert, dass es sich um Ausbeutung handelt. Denn sie macht es leichter, die gleiche Bezahlung von Frauen zu verhindern. Dazu ein Beispiel aus der französischen Druckindustrie:[28] Ein Vorhang trennt männliche und weibliche Arbeitsplätze. Die Terminals der Männer sind mit einem Kabel mit dem Zentralcomputer verbunden, die der Frauen nicht. Die gleiche Arbeit der Frauen gilt als unqualifizierter und wird schlechter bezahlt. Mit dem Wegfallen formaler Grenzen wird die Separierung der Geschlechter somit in zunehmendem Maß über symbolische Mittel hergestellt.

Für solche Segregationsbeobachtungen gibt es eine Reihe von Erklärungsvorschlägen. Ich greife drei Ansätze heraus, welche die heutigen Diskussionen maßgeblich angestoßen haben (*tokenism*) bzw. gegenwärtig prägen (Dominanzthese, Gefühlsarbeit).

Eine erste Erklärung für Segregationsphänomene wie die beschriebenen besteht darin, Ausgrenzung formal, also zunächst einmal als geschlechtsunabhängiges Minderheitenproblem zu fassen. Das hat Rosabeth Moss Kanter vor rund einem Vierteljahrhundert in ihrer wegweisenden Studie *Men and women of the corporation*[29] unternommen, in der sie Frauen in frauenuntypischen Organisationen analysiert. Sie bezeichnet Frauen in segregierten Bereichen mit einem Anteil unter 15 Prozent als *token*: „The term ‚token' reflects one's status as a symbol of one kind."[30] ‚Berufsdeviante' Frauen sind dabei mit drei Konstellationen konfrontiert. Erstens mit *overobservation*: Ständig sichtbar und beobachtet befinden sie sich in einem Dilemma, weil von ihnen sowohl Spitzenleistungen wie auch eine Demonstration von Inkompetenz (zur Vermeidung von Konkurrenzängsten) verlangt wird. Zweitens kommt es in segregierten Zusammenhängen zu Polarisierung bzw. Hierarchisierung: Differenz wird in

Ungleichheit übersetzt, und dabei werden (durchaus räumlich!) geschlechtshomogene Allianzen aufgebaut, zu denen die Minderheit keinen Zugang hat. Drittens findet eine Assimilation statt: Alles, was die *tokens* tun, wird vor der Folie dominanter Geschlechterstereotype wahrgenommen. Frauen sind nicht primär Berufsmenschen sondern Repräsentierende ihrer Geschlechtskategorie.

Eine zweite, über das formale Modell hinausgehende Erklärung liefert die machttheoretisch angelegte Dominanzthese.[31] Sie geht davon aus, dass die Definitions- und Zuweisungsmuster von männlicher und weiblicher Arbeit entlang gesellschaftlicher Hierarchien und Wertschätzungen vollzogen werden. Wenn Männer die Unterschiede zu Frauen in Arbeitszusammenhängen stärker betonen und Abweichungen innerhalb der eigenen Geschlechtsgruppe härter ahnden, geht es knallhart um Macht: *Doing gender* ist immer auch *doing male dominance* – die Geschlechtertrennung dient der Aufrechterhaltung männlicher Dominanz. Eine aktive Grenzsetzung wird erst dann nötig, wenn die Differenz nicht mehr von vornherein gewährleistet ist. Hier gibt es im strengen Sinn keine geschlechtsneutralen Berufe, weil der jeweilige Kontext immer spezifische Vorzeichen setzt: Wo eine berufliche Segregation fehlt (wie etwa in der Sachbearbeitung in Versicherungen), wird sie durch private Rollenteilung kompensiert. Formale werden häufig durch informelle Barrieren ersetzt. Mechanismen der Ab- und Ausgrenzung sind beispielsweise informelle Arbeitsteilung, sexuelle Belästigung, Bildung von geschlechtshomogenen Allianzen, traditionelle Geschlechterideologie.[32]

Eine dritte Erklärung liefert die amerikanische Emotionsforschung, genauer: die kalifornische Soziologin Arlie Hochschild.[33] Auch hier konzentrieren sich die meisten Studien zur Gefühlsarbeit auf den Dienstleistungsbereich, dessen bislang makrosoziologische und -ökonomische Ausrichtung auf diese Weise mikrotheoretisch erweitert wird. Untersucht wird nämlich, was eine solche Struktur von Arbeit und Arbeitsverhältnissen für den individuellen Gefühlshaushalt und dieser wiederum für die gesellschaftliche Organisation von Arbeit bedeutet. Dahinter steckt die Annahme, dass in vielen Berufen die Darstellung von Geschlecht ein wesentlicher Teil der Arbeit ist. Hier liegt auch die Schaltstelle für eine gesellschaftstheoretische Einbindung der Befunde, was dann im letzten Abschnitt erfolgen soll.

Zunächst aber zur Bedeutung von Gefühlsarbeit: Gefühlsarbeit ist für Dienstleistungsberufe mit KundInnen-, KlientInnen- und PatientInnenkontakt von grundlegender Bedeutung. Von Sekretärinnen, Bedienungen, Krankenschwestern, Stewardessen und Portiers wird erwartet, dass sie mit ihrem Publikum auf eine bestimmte Art und Weise umgehen. Hochschild etwa hat sich vor allem mit dem Anforderungsprofil, den Tätigkeiten und psychischen Belastungen von Stewardessen auseinander gesetzt. Dabei haben sich geschlechtsspezifisch unterschiedliche Tätigkeitsfelder herausgebildet, welche traditionelle Formen der Arbeitsteilung gezielt in ihre Arbeitsplatzbeschreibungen einbauen und ausnutzen.

Stewardessen und Stewards decken beispielsweise ein unterschiedliches Gefühlsarbeitsspektrum ab. Stewardessen wird vor allem eines eingeschärft: *keep smiling*. In jeder Situation. Der Passagier ist immer König. Egal, wie unhöflich und unverschämt er sich benimmt. Stewardessen sind primär dafür verantwortlich, an Bord eine ‚Wohnzimmeratmosphäre' herzustellen und die Passagiere rundum zu verwöhnen. Dafür inszenieren sie strategisch das klassische weibliche Verhaltensrepertoire. Die Stewards dagegen springen ein, wenn Passagiere tatsächlich ausfallend werden und zur Raison gerufen werden müssen. Dafür greifen sie auf das Repertoire männlicher Körperlichkeit zurück. Dieser Fall ist pointiert. Männliche und weibliche Flugbegleiter folgen keinen natürlichen Impulsen, sondern einem von oben verordneten Skript. So explizit wie beim Fliegen ist das *gender*-Skript selten ausformuliert, implizit wirksam und ethnografisch rekonstruierbar sind hochprofessionalisierte Strategien der Gefühlsarbeit aber in zahlreichen anderen Tätigkeiten von der Hausarbeit über die Krankenpflege und Bedienung in Restaurants bis zur Personalberatung, juristischen Tätigkeiten in Anwalts/Anwältinnenkanzleien und Software-Entwicklung.[34]

Dieser Ansatz schlachtet ein goldenes Kalb der klassischen Geschlechterdichotomie von Gefühl vs. Verstand: Strategisches Kosten-Nutzen-kalkulierendes Verhalten ist keine Männerdomäne, Frauen verwenden eben mitunter andere Strategien. Ob sie spontan, natürlich, sozialisiert oder erlernt sind, ist damit freilich nicht entschieden.[35] Zumindest aber – und das gilt es hier festzuhalten – lässt der hohe Professionalisierungsgrad die inszenierte Geschlechterdifferenz als eine natürliche erscheinen.

## 4. Gesellschaftstheoretische Einbindung

Das letztgenannte Konzept der Gefühlsarbeit eignet sich am besten, eine Verbindung zu gesellschaftlichen Modernisierungsprozessen herzustellen, die sich nicht allein durch die Kategorie Geschlecht erschließen lassen. Denn Gefühlskompetenz ist das eigentliche Kapital der Dienstleistungsökonomie. Gefühlsarbeit leisten heißt, Gefühle (positive wie auch negative) erzeugen zu können. Gefühlsarbeit ist ein „management of feeling to create a publicly observable facial and bodily display; emotional labor is sold for a wage and therefore has exchange value".[36] Hochschild bezeichnet das als Entwicklung von Gefühlsstrategien, welche den Beschäftigten zur Erreichung unternehmerischer Interessen abverlangt werden. Für Gegenwartsgesellschaften ist ein solcher funktionalisierter Umgang mit kommerziell verwertbarer und verwerteter Kompetenz charakteristisch. Neu dabei ist vor allem der gezielte Zugriff von Organisationen auf solches ‚emotionales Kapital'. Gefühlsarbeit ist somit weder der Welt der Arbeit noch der Welt des Privaten allein zuzuordnen. In Gefühlsarbeit fließen beide Sphären ineinander: traditionelle Rollenmuster, moderne Flexibilitätsanforderungen und eventuell sogar ihre postmoderne Inszenierung.[37]

Galt in den fünfziger Jahren für Marylin Monroe: „Arbeit ist auch eine Form der Liebe" und thematisierten Bock/Duden 1977 Arbeit als Liebe, ist Arbeit heute (strategische) Herzenssache geworden. Nicht mehr die zu umsorgenden Befindlichkeiten und Gefühle des Anderen stehen im Vordergrund, sondern das kompetente Management eigener Gefühle zum Zweck der Verwertung auf dem Markt. So führt Karin Hausen[38] die sukzessive Aufkündigung des Geschlechtervertrags auf harte sozialstrukturelle Daten zurück: Viele fürsorgende Leistungen, die bislang auf Frauenschultern lasteten, sind zu den bisherigen Konditionen nicht mehr zu haben, der Sozialstaat alter Ordnung ist nicht mehr finanzierbar. Die Bedeutung der Geschlechtsspezifik der Teilungen von Arbeiten, Zuständigkeiten und Verantwortlichkeiten wird zukünftig weiter abnehmen, zumal sich männliche und weibliche Arbeitsmöglichkeiten und Erwerbschancen weiter angleichen. Dies ist vor allem dem Rückgang des Normalarbeitsverhältnisses geschuldet: So gab es 1970 in Westdeutschland noch 84 Prozent Vollzeitstellen, im Jahr 2000 sind es nur noch 68 Prozent aller Arbeitsverhältnisse. Auf diesem Weg rücken Erwerbs- und Familien- bzw. Hausarbeit wieder näher zusammen. Ob sich damit neue, d.h. nicht-hierarchische Ausdrucksformen vor allem männlicher Differenzierungsbedürfnisse herausbilden, wird geschlechtersoziologisch eine der spannendsten Fragen der nächsten Jahre sein.

## Anmerkungen

1 Bettina Heintz / Eva Nadai / Regula Fischer / Hannes Ummel: *Ungleich unter Gleichen. Studien zur geschlechtsspezifischen Segregation des Arbeitsmarktes*, Frankfurt/M. 1997, S. 12.

2 Das englische Begriffspaar *sex-gender* fängt diese beiden Aspekte ein: *sex* bezieht sich auf das biologische, *gender* auf das soziale, kulturell und historisch geprägte Geschlecht.

3 Die Debatte um die gesellschaftliche Bedeutung der Hausarbeit etwa gehört hierher. Ebenso wurde Gewalt als ‚im Privaten‘ ausgeübte Männergewalt erst durch die Frauenbewegung und -forschung zum Thema.

4 Hannelore Bublitz: „Geschlecht“, in: Hermann Korte/Bernhard Schäfers (Hrsg.): *Einführung in die Hauptbegriffe der Soziologie*, Opladen 1992, S. 67.

5 Regina Gildemeister/Angelika Wetterer: „Wie Geschlechter gemacht werden. Die soziale Konstruktion der Zweigeschlechtlichkeit und ihre Reifizierung in der Frauenforschung“, in: Gudrun-Axeli Knapp/Angelika Wetterer (Hrsg.): *Traditionen Brüche. Entwicklungen feministischer Theorie*, Freiburg 1992.

6 Hazel Carby: „White women listen! Black feminism and the boundaries of sisterhood“, in: Centre for Contemporary Culture Studies (Eds.): *The Empire Strikes Back: Race and Racism in 70s Britain*, London 1982: 233.

7 Wissenssoziologisch ist das insofern interessant, als in differenzierten Gesellschaften, in denen auch Frauen unter den Differenzierungs- und Individualisierungszwang fallen, ein universalisierender Geschlechterbegriff historisch überholt ist. Eine dekonstruktivistische Kritik am universalistischen Geschlechterbegriff ist insofern auch und vor allem Ausdruck struktureller gesellschaftlicher Veränderungen. Vgl. auch Heintz u.a. 1997, S. 61.

8 Suzanne J. Kessler/Wendy McKenna: *Gender: An Ethnomethodological Approach*, New York 1978; Judith Butler: *Gender Trouble: Feminism and the Subversion of Identity*, New York: 1990, dt. *Das Unbehagen der Geschlechter*, Frankfurt/M. 1991.

9 Unter Geschlechterverhältnis ist die Art und Weise zu verstehen, wie Beziehungen zwischen Männern und Frauen in bestimmten historischen Konstellationen gesellschaftlich organisiert und institutionalisiert sind (Regina Becker-Schmidt/Gudrun-Axeli Knapp: „Einleitung“, in: Regina Becker-Schmidt/Gudrun-Axeli Knapp (Hrsg.): *Das Geschlechterverhältnis als Gegenstand der Sozialwissenschaften*, Frankfurt/M. 1995).

10 Das beispielsweise tut die Biologie oder Gynäkologie qua Wissenschaft nicht, auch wenn sie sich selbstverständlich mit Fragen zum Geschlecht beschäftigt.

11 Ruth Seifert: „Entwicklungslinien und Probleme der feministischen Theoriebildung. Warum an der Rationalität kein Weg vorbeiführt“, in: Gudrun-Axeli Knapp/Angelika Wetterer (Hrsg.): *Traditionen Brüche.*

*Entwicklungen feministischer Theorie*, Freiburg 1992, S. 257; Brigitte Brück/Heike Kahlert/Marianne Krüll/Helga Milz/Astrid Osterland/Ingeborg Wegehaupt-Schneider: *Feministische Soziologie. Eine Einführung*, Frankfurt/M. 1997, S. 27f.

12 Ulla Bock hat 1988 die Debatte um die Postulate als „feministischen Positivismusstreit" bezeichnet (vgl. Brigitte Brück u.a. 1997, S. 35, auch S. 35-39).

13 Vgl. Harold Garfinkel: *Studies in ethnomethodology*, Englewood Cliffs 1967; Suzanne J. Kessler/Wendy McKenna: *Gender: An Ethnomethodological Approach*, New York 1978.

14 Tyrell, Hartmann: „Geschlechtliche Differenzierung und Geschlechterklassifikation", in: Kölner Zeitschrift für Soziologie und Sozialpsychologie 38/1986; Harold Garfinkel: *Studies in ethnomethodology*, Englewood Cliffs 1967, S. 122ff.

15 Cornelia Behnke/Michael Meuser: *Geschlechterforschung und qualitative Methoden*, Opladen 1999; Ursula Müller: „Gibt es eine ‚spezielle' Methode in der Frauenforschung?", in: *Methoden in der Frauenforschung. Symposium an der FU Berlin vom 30.11.-2.12.83*, Frankfurt/M. 1984.

16 Ebd., S. 36.

17 Cornelia Behnke/Michael Meuser: *Geschlechterforschung und qualitative Methoden*, Opladen 1999, S. 8.

18 Uta Klein: „Das Geschlechterverhältnis und die Soziologie", in: Georg Kneer/Klaus Kraemer/Armin Nassehi (Hrsg.): *Zugänge zur Gesellschaft, Bd. 2: Spezielle Soziologien*, Münster 1999, S. 205.

19 Ebd., S. 206.

20 Regina Becker Schmidt: „Frauen und Deklassierung. Geschlecht und Klasse", in: Ursula Beer (Hrsg.): *Klasse Geschlecht. Feministische Gesellschaftsanalyse und Wissenschaftskritik*, Bielefeld 1987a, S. 191.

21 Hannelore Bublitz: „Geschlecht", in: Hermann Korte/Bernhard Schäfers (Hrsg.): *Einführung in die Hauptbegriffe der Soziologie*, Opladen 1992, S. 72; vgl. auch: Bettina Heintz/Eva Nadai/Regula Fischer/Hannes Ummel: *Ungleich unter Gleichen. Studien zur geschlechtsspezifischen Segregation des Arbeitsmarktes*, Frankfurt/M. 1997, S. 16.

22 Uta Klein: „Das Geschlechterverhältnis und die Soziologie", in: Georg Kneer/Klaus Kraemer/Armin Nassehi (Hrsg.): *Zugänge zur Gesellschaft, Bd. 2: Spezielle Soziologien*, Münster 1999, S. 210.

23 Ann Game/Rosemary Pringle: *Gender at Work*, Sydney/Boston 1983.

24 Angelika Wetterer: „Das Geschlecht (bei) der Arbeit. Zur Logik der Vergeschlechtlichung von Berufsarbeit", in: Ursula Pasero/Friederike Braun (Hrsg.): *Konstruktion von Geschlecht*, Pfaffenweiler 1995.

25 Die Beliebigkeit der Inhalte, welche ‚die' Differenz ausmacht, darf natürlich nicht als solche in Erscheinung treten. Ob Sekretariatstätigkeiten oder die Arbeit des Schriftsetzens als männlich oder weiblich definiert werden, ist historisch sehr variabel: vor hundert Jahren etwa gab es durchgehend männliche Sekretäre.

26 Gudrun-Axeli Knapp: „Segregation in Bewegung: Einige Überlegungen

zum ‚Gendering' von Arbeit und Arbeitsvermögen", in: Karin Hausen/ Gertraude Krell (Hrsg.): *Frauenerwerbsarbeit. Forschungen zu Geschichte und Gegenwart*, München/ Mering 1993, S. 31.

27 Bettina Heintz/Eva Nadai/Regula Fischer/Hannes Ummel: *Ungleich unter Gleichen. Studien zur geschlechtsspezifischen Segregation des Arbeitsmarktes,* Frankfurt/M. 1997; Christine Williams: *Gender differences at work: Women and men in nontraditional occupations*, Berkeley/Los Angeles 1989.

28 Nicole Drancourt-Maruani in: Bettina Heintz/Eva Nadai/Regula Fischer/ Hannes Ummel: *Ungleich unter Gleichen. Studien zur geschlechtsspezifischen Segregation des Arbeitsmarktes*, Frankfurt/M. 1997, S. 225.

29 Rosabeth Moss Kanter: *Men and women of the corporation*, New York 1977a.

30 Rosabeth Moss Kanter: „Some Effects of Proportions on Group Life: Skewed Sex Ratios and Responses to Token Women", in: *American Journal of Sociology*, 82/5, 1977b, S. 969.

31 vgl. Bettina Heintz/Eva Nadai/Regula Fischer/Hannes Ummel: *Ungleich unter Gleichen. Studien zur geschlechtsspezifischen Segregation des Arbeitsmarktes*, Frankfurt/M. 1997; Barbara Reskin/Patricia Roos: *Job Queues, Gender Queues: Explaining Women's Inroad into Male Occupations*, Philadelphia 1990; Ulrike Teubner: „Geschlecht und Hierarchie", in: Angelika Wetterer (Hrsg.): *Profession und Geschlecht*, Frankfurt/M. 1992; Reinhard Kreissl: *Die ewige Zweite. Warum die Macht den Frauen immer eine Nasenlänge voraus ist*, München 2000; Gudrun-Axeli Knapp: „Unterschiede machen: Zur Sozialpsychologie der Hierarchisierung im Geschlechterverhältnis", in: Regina Becker-Schmidt/Gudrun-Axeli Knapp (Hrsg.): *Das Geschlechterverhältnis als Gegenstand der Sozialwissenschaften*, Frankfurt/M. 1995.

32 Bettina Heintz/Eva Nadai/Regula Fischer/Hannes Ummel: *Ungleich unter Gleichen. Studien zur geschlechtsspezifischen Segregation des Arbeitsmarktes*, Frankfurt/M. 1997, S. 39. Ein Problem dieser Erklärung besteht freilich darin, dass Männer tendenziell als gesellschaftliches Kollektivsubjekt gefasst werden. Dennoch stützen zahlreiche Untersuchungen die Dominanzthese: Differenzen werden dort betont, wo es formal keinen Unterschied mehr gibt. Männer grenzen sich stärker ab, weil Integration nur dort stattfindet, wo berufliche Vorteile erwartet werden, also in Frauenberufen. Wenn 70 Prozent der Männer, die einen Frauenberuf ergriffen haben, dort wieder aussteigen, aber nur 33 Prozent der Frauen, dann ist geschlechtsspezifische Segregation vor allem ein Männerproblem (Ebd., S. 233).

33 Arlie Russel Hochschild: *The managed heart: commercialization of human feeling*, Berkeley 1983; vgl. auch: Lisa Adkins: „Feminist Theory and Economic Change", in: Stevi Jackson/ Jackie Jones (Hrsg.): *Contemporary Feminist Theories*, Edinburg 1998; Elaine Hall: „Waitering/Waitressing: Engendering the work of table serv-

ers", in: *Gender & Society* 7/1993; Robin Leidner: *Fast food, fast talk: Service work and the routinization of everyday life*, Berkeley and Los Angeles 1993; Jennifer Pierce: *Gender trials. Emotional lives in contemporary law firms*, Berkeley/Los Angeles/London 1995.

34 vgl. Bettina Heintz/Eva Nadai/Regula Fischer/Hannes Ummel: *Ungleich unter Gleichen. Studien zur geschlechtsspezifischen Segregation des Arbeitsmarktes*, Frankfurt/M. 1997; Robin Leidner: *Fast food, fast talk: Service work and the routinization of everyday life*, Berkeley and Los Angeles 1993; Jennifer Pierce: *Gender trials. Emotional lives in contemporary law firms*, Berkeley/Los Angeles/London 1995; Nina Degele: „‚Gender lag'– zum professionellen Umgang mit Unsicherheit", in: Nina Degele/Tanja Münch/Hans Pongratz/Nicole Saam (Hrsg.): *Soziologische Beratungsforschung*, Opladen 2001.

35 Zu einer Revitalisierung sozialisationstheoretischer Erklärungen für vergeschlechtlichtes Handeln siehe neuerdings Maihofer 2001.

36 Arlie Russell Hochschild: *The managed heart: commercialization of human feeling*, Berkeley 1983, S. 7.

37 Traditionalisierung und Modernisierung schließen sich also keineswegs aus. Modernisierung basiert auf einer versteckten vergeschlechtlichten Produktivität (Lisa Adkins: „Feminist Theory and Economic Change", in: Stevi Jackson/Jackie Jones (Hrsg.): *Contemporary Feminist Theories*, Edinburg 1998, S. 42), die von strategischer Gefühlsarbeit bis zu Netzwerken der alten Männergeneration reicht, die ihre Ehefrauen zu Repräsentationszwecken mit sich führen, sich sonst aber von ihnen den Rücken für die wichtigen Dinge des Arbeitslebens freihalten lassen.

38 Karin Hausen: „Arbeit und Geschlecht", in: Jürgen Kocka/Claus Offe (Hrsg.): *Geschichte und Zukunft der Arbeit*, Frankfurt/M. 2000, S. 354-359.

## Literatur

**Adkins, Lisa:** „Feminist Theory and Economic Change", in: Stevi Jackson/Jackie Jones (Hrsg.): *Contemporary Feminist Theories*, Edinburg 1998, S. 34-49.

**Allmendinger, Jutta u.a.:** *Berufliche Werdegänge von Frauen in der Max-Planck-Gesellschaft: Ausgangslage und Veränderungspotential*, Münchner Projektbericht Nr. 4., Institut für Soziologie, München 1996.

**Becker-Schmidt, Regina:** „Frauen und Deklassierung. Geschlecht und Klasse", in: Ursula Beer (Hrsg.): *Klasse Geschlecht. Feministische Gesellschaftsanalyse und Wissenschaftskritik*, Bielefeld 1987a, S. 187-235.

**Becker-Schmidt, Regina:** „Die doppelte Vergesellschaftung – die doppelte Unterdrückung", in: Lilo Unterkirchner/Ina Wagner (Hrsg.): *Die andere Hälfte der Gesellschaft. Besonderheiten der Frauenforschung in den Sozialwissenschaften*, Wien 1987b, S. 10-25.

**Becker-Schmidt, Regina/ Knapp, Gudrun-Axeli:** „Einleitung", in: Regina Becker-Schmidt/Gudrun-Axeli Knapp (Hrsg.): *Das Geschlechterverhältnis als Gegenstand der Sozialwissenschaften*, Frankfurt/M. 1995, S. 7-18.

**Behnke, Cornelia/Meuser, Michael:** *Geschlechterforschung und qualitative Methoden*, Opladen 1999.

**Bock, Gisela/Duden, Barbara:** „Arbeit aus Liebe – Liebe als Arbeit. Zur Entstehung der Hausarbeit im Kapitalismus", in: *Frauen in Wissenschaft,* Berlin 1977, S. 118-199.

**Brück, Brigitte / Kahlert, Heike/ Krüll, Marianne / Milz, Helga/ Osterland, Astrid / Wegehaupt-Schneider, Ingeborg:** *Feministiche Soziologie. Eine Einführung*, Frankfurt/M. 1997.

**Bublitz, Hannelore:** „Geschlecht", in: Hermann Korte/Bernhard Schäfers (Hrsg.): *Einführung in die Hauptbegriffe der Soziologie*, Opladen 1992, S. 59-78.

**Butler, Judith:** *Gender Trouble: Feminism and the Subversion of Identity,* New York: 1990, dt. *Das Unbehagen der Geschlechter*, Frankfurt/M. 1991.

**Carby, Hazel:** „White women listen! Black feminism and the boundaries of sisterhood", in: Centre for Contemporary Culture Studies (Eds.): *The Empire Strikes Back: Race and Racism in 70s Britain*, London 1982.

**Degele, Nina:** „,Gender lag'– zum professionellen Umgang mit Unsicherheit", in: Nina Degele/Tanja Münch/Hans Pongratz/Nicole Saam (Hrsg.): *Soziologische Beratungsforschung*, Opladen 2001, S.55-70.

**Game, Ann/Pringle, Rosemary:** *Gender at Work*, Sydney/Boston 1983.

**Garfinkel, Harold:** *Studies in ethnomethodology*, Englewood Cliffs 1967.

**Gildemeister, Regina/Wetterer, Angelika:** „Wie Geschlechter gemacht werden. Die soziale Konstruktion der Zweigeschlechtlichkeit und ihre Reifizierung in der Frauenforschung“, in: Gudrun-Axeli Knapp/ Angelika Wetterer (Hrsg.): *Traditionen Brüche. Entwicklungen feministischer Theorie*, Freiburg 1992, S. 201-254.

**Gottschall, Karin:** „Geschlechterverhältnis und Arbeitsmarktsegregation“, in: Regina Becker-Schmidt/ Gudrun-Axeli Knapp (Hrsg.): *Das Geschlechterverhältnis als Gegenstand der Sozialwissenschaften*, Frankfurt/M. 1995, S. 125-162.

**Hall, Elaine:** „Waitering/Waitressing: Engendering the work of table servers“, in: *Gender & Society* 7/1993, S. 329-346.

**Hausen, Karin:** „Arbeit und Geschlecht“, in: Jürgen Kocka/Claus Offe (Hrsg.): *Geschichte und Zukunft der Arbeit*, Frankfurt/M. 2000, S. 343-361.

**Heintz, Bettina/Nadai, Eva/Fischer, Regula/Ummel, Hannes:** *Ungleich unter Gleichen. Studien zur geschlechtsspezifischen Segregation des Arbeitsmarktes*, Frankfurt/M. 1997.

**Hochschild, Arlie Russell:** *The managed heart: commercialization of human feeling*, Berkeley 1983.

**Kanter, Rosabeth Moss:** *Men and women of the corporation,* New York 1977a.

**Kanter, Rosabeth Moss:** „Some Effects of Proportions on Group Life: Skewed Sex Ratios and Responses to Token Women“, in: *American Journal of Sociology* 82/5, 1977b, S. 965-990.

**Kessler, Suzanne J./McKenna, Wendy:** *Gender: An Ethnomethodological Approach*, New York 1978.

**Klein, Uta:** „Das Geschlechterverhältnis und die Soziologie“, in: Georg Kneer/ Klaus Kraemer/Armin Nassehi (Hrsg.): *Zugänge zur Gesellschaft, Bd. 2: Spezielle Soziologien*, Münster 1995, S. 191-223.

**Knapp, Gudrun-Axeli:** „Segregation in Bewegung: Einige Überlegungen zum ‚Gendering‘ von Arbeit und Arbeitsvermögen“, in: Karin Hausen/ Gertraude Krell (Hrsg.): *Frauenerwerbsarbeit. Forschungen zu Geschichte und Gegenwart*, München/ Mering 1993, S. 25-46.

**Knapp, Gudrun-Axeli:** Unterschiede machen: Zur Sozialpsychologie der Hierarchisierung im Geschlechterverhältnis“, in: Regina Becker-Schmidt/Gudrun-Axeli Knapp (Hrsg.): *Das Geschlechterverhältnis als Gegenstand der Sozialwissenschaften*, Frankfurt/M. 1995, S. 163-194.

**Kreissl, Reinhard:** *Die ewige Zweite. Warum die Macht den Frauen immer eine Nasenlänge voraus ist*, München 2000.

**Leidner, Robin:** *Fast food, fast talk: Service work and the routinization of everyday life*, Berkeley and Los Angeles 1993.

**Maihofer, Andrea:** „Geschlecht und Sozialisation. Eine Problemskizze“, in: *Ethik und Sozialwissenschaften*, 12, 2001.

**Mies, Maria:** „Frauenbewegung und 15 Jahre ‚Methodische Postulate zur Frauenforschung‘“, in: Angelika Diezinger u.a. (Hrsg.): *Erfah-*

*rung mit Methode. Wege sozialwissenschaftlicher Frauenforschung*, Freiburg 1994, S. 105-128.

**Müller, Ursula:** „Gibt es eine ‚spezielle' Methode in der Frauenforschung?", in: *Methoden in der Frauenforschung. Symposium an der FU Berlin vom 30.11.-2.12.83*, Frankfurt/M. 1984, S. 29-50.

**Pierce, Jennifer:** *Gender trials. Emotional lives in contemporary law firms*, Berkeley/Los Angeles/London 1995.

**Reskin, Barbara/Roos, Patricia:** *Job Queues, Gender Queues: Explaining Women's Inroad into Male Occupations*, Philadelphia 1990.

**Rubin, Gayle:** „The Traffic in Women. Notes on the ‚Political Economy' of Sex", in: Linda Nicholson (Ed.): *The Second Wave. A Reader in Feminist Theory*, New York/London 1997, S. 27-62 (orig. 1975).

**Seifert, Ruth:** „Entwicklungslinien und Probleme der feministischen Theoriebildung. Warum an der Rationalität kein Weg vorbeiführt", in: Gudrun-Axeli Knapp/Angelika Wetterer (Hrsg.): *Traditionen Brüche. Entwicklungen feministischer Theorie*, Freiburg 1992, S. 255-285.

**Teubner, Ulrike:** „Geschlecht und Hierarchie", in: Angelika Wetterer (Hrsg.): *Profession und Geschlecht*, Frankfurt/M. 1992, S. 45-50.

**Tyrell, Hartmann:** „Geschlechtliche Differenzierung und Geschlechterklassifikation", in: *Kölner Zeitschrift für Soziologie und Sozialpsychologie 38/1986*, S. 450-489.

**Wetterer, Angelika:** „Das Geschlecht (bei) der Arbeit. Zur Logik der Vergeschlechtlichung von Berufsarbeit", in: Ursula Pasero/Friederike Braun (Hrsg.): *Konstruktion von Geschlecht*, Pfaffenweiler 1995, S. 199-223.

**Williams, Christine:** *Gender differences at work: Women and men in nontraditional occupations*, Berkeley/Los Angeles 1989.

*Judith Schlehe*

# Imaginationen und Irritationen in interkulturellen Paarbeziehungen

## Kulturelle Dimensionen der Globalisierung

Es ist derzeit viel davon die Rede, dass Waren, Kapital, Menschen, Wissen, Bilder, Verbrechen, Umweltverschmutzung, Drogen, Moden und Überzeugungen über territoriale Grenzen hinweg fließen.[1] Auch die moderne Ethnologie hat sich in diesem Zusammenhang von einem auf abgegrenzte Territorien fixierten Kulturbegriff verabschiedet und bearbeitet die zunehmend dringlicheren Fragen nach den Spannungsverhältnissen von Lokalem und Globalem.[2] Eine kulturanthropologische Betrachtungsweise von Globalisierungsprozessen richtet den Blick vorwiegend auf die „Globalisierung von unten" (*grounded globalization*),[3] d.h. auf kulturelle Globalisierung im Sinne der Vermittlung und Veränderung von gelebten Globalisierungserfahrungen. Die Stärke der ethnographischen Beiträge zur kulturwissenschaftlichen Globalisierungsdiskussion liegt in den Beschreibungen von konkreten Veränderungen auf der lebensweltlichen Ebene und in den Handlungs- und Orientierungskontexten der Subjekte. Wie beeinflusst die Globalisierung den Kontext der Konstruktion von Bedeutung, wie berührt sie das Identitätsgefühl der Menschen, ihre Wahrnehmungen des Ortes, ihre Selbstwahrnehmung in Beziehung zum Ort, zur Welt, zu anderen Menschen, wie wirkt Globalisierung sich auf Auffassungen, Werte, Begehren, Mythen, Hoffnungen und Ängste aus, die sich auf der Grundlage des Lebens am Ort entwickelt haben?[4]

Mit Globalisierung wird auch die Vorstellung einer Ausdehnung sozialer Beziehungen über weite Entfernungen hinweg verknüpft. Die Lebenswelten, die sozialen und – was in der gängigen Literatur kaum je erwähnt wird – die Geschlechterbeziehungen sind in Folge der globalen medialen Vernetzung und der Mobilität vieler Menschen in der Gegenwart weniger denn je auf ortsgebundene Interaktionszusammenhänge beschränkt.

Vor allem aufgrund der Medien, so Arjun Appadurai,[5] spielt auch die Imagination eine gänzlich veränderte Rolle im sozialen Leben. Dies sieht er in erster Linie auf die Macht der Imagination möglicher Leben bezogen.[6] Weit entfernt produzierte Bilder können in die intimsten Lebensbereiche integriert werden. Appadurai führt in diesem Zusammenhang Begriffe von globalen ethnischen Räumen ein (*ethnoscapes*)[7]. Damit beschreibt er neue übergreifende, exterritoriale Räume, die er als imaginierte Kontexte versteht. Sie sollen es ermöglichen, Kontexte des Handelns und Orientierens zu identifizieren, die jenseits der Begriffe von ‚Nation', ‚Zentrum' oder ‚Peripherie' liegen. Damit können auch neue Lebensentwürfe, Orientierungen und Identitätsformierungen als Bestandteil von Globalisierungsprozessen sichtbar gemacht werden.

Diese Globalisierungsprozesse beziehen sich – nicht nur im Sinne von Imaginationen, sondern auch ganz manifest – darauf, dass viele Lebenswege und Denkweisen von mehr oder weniger freiwilligen Grenzübertritten, immer neuen Begegnungen, von Übergängen zwischen Lebensarten und Kulturen bestimmt sind. Das kann mit der Erweiterung von Horizonten, mit Grenzauflösungsprozessen und Neuorientierungen einhergehen – oftmals aber auch mit Anpassung, Rückbesinnung und neuen Grenzbildungen. Mobilität, Grenzüberschreitung und Kontakt zwischen den Angehörigen diverser Kulturen bedeutet ja nicht automatisch interkulturellen Dialog, kosmopolitische Orientierung und auch keine globale, homogene – gar egalitäre – Geschlechterordnung, sondern kann ebenso zur Festschreibung von Differenzdiskursen und zu neuen Grenzziehungen führen. Insbesondere Geschlechtersymbole werden oft zur Markierung von kultureller (Gruppen)Identität und ihren Grenzen und zur Artikulation von Differenz – in der Unterscheidung zwischen ‚Wir' und ‚den Anderen' – eingesetzt.[8]

Aber immerhin können in Umbruchs- und Übergangssituationen etablierte Selbstverständlichkeiten und Orientierungsmuster – einschließlich der Deutungen des eigenen Geschlechtsstatus, also Weiblichkeits- und Männlichkeitsmuster – aufgebrochen oder doch zumindest zeitweilig in Frage gestellt, reflektiert oder relativiert werden. Rosi Braidotti[9] spricht hier von nomadischen Strategien des Experimentierens, der Suche, des Übergangs.

## Zur inter- und transkulturellen Konstruktion von *Gender*

Was bei der Rede über Globalisierung des sozialen Alltags und globalisierte Biographien, über interkulturelle Begegnungen, transnationale Räume, kosmopolitische Identifikationsmomente und zusammengesetzte oder -gebastelte (multiple, situative, hybride) Identitäten usw. kaum angesprochen wird, sind die über Geschlecht vermittelten Ungleichheiten, die neuen und alten Formen der Hierarchisierung entlang geschlechtlicher Trennungslinien, die es auch in diesen Bereichen gibt, und die Chancen, sie zu überwinden. Was heißt es denn für Frauen, was heißt es für Männer, wenn wir neben intra- und intersozialen auch globale gesellschaftliche und kulturelle Prozesse berücksichtigen? Gibt es zwischen den Geschlechtern neue Begegnungs-, Beziehungs- und Ausdrucksformen, hybride und fluide Strukturierungen, Übergänge, Transformationen? Wie verändern sich kulturelle geschlechtsspezifische Identitätskonstitutionen und -repräsentationen? Kommt es zur Auflösung von asymmetrischen Geschlechtsnormen? Oder resultieren die Aushandlungsprozesse darin, dass die Mächtigeren ihre Versionen durchsetzen?

Wir wissen heute, dass *Gender* nicht allein wirksam ist, sondern gleichzeitig mit und durch andere Strukturkategorien, Subjektpositionierungen und Differenzen geschaffen wird (wie ethnische, religiöse Differenzen, Klassenzugehörigkeit, Orientierungsrahmen/Subkultur, Bildungsniveau, Lebensalter) und von politischen und ökonomischen Verhältnissen sowie institutionellen Einflüssen mit konstituiert ist.[10] Insofern als die Differenzen – auch zwischen Frauen – wahrgenommen werden, ist das feministische Anliegen die Verwirklichung von sozialer und politischer Gleichheit bei kultureller Differenz.

Mein eigener Ansatz bezieht sich in diesem Zusammenhang v.a. auf Entstehungs-, Vermittlungs- und Wirkungszusammenhänge von Geschlecht im Bereich von Inter- und Transkulturalität. Genderkonzepte prägen die Wahrnehmung des Anderen, geben ihm Struktur und Bedeutung. Einerseits beeinflussen deshalb Geschlechterrollen und -bilder das Verhalten in interkulturellen Situationen. Zugleich wird, wenn wir davon ausgehen, dass Geschlecht als soziale Konstruktion in der Interaktion, im *doing gender*, hergestellt wird, die Bedeutung, die der Geschlechtszugehörigkeit zukommt, in der interkulturellen Interaktion auch immer wieder neu erzeugt bzw. ausgehandelt. Genderkonzepte und -beziehungen beeinflussen also grenzüberschreitende Prozesse und Kontakte und werden selbst in vielfältiger Weise durch diese verändert oder rekonstruiert und neu erfahren von Personen, Gruppen und Institutionen, die sich kulturell verschieden situieren und die mit unterschiedlicher Macht ausgestattet sind.

Die bislang kulturell erstellten bzw. gedachten Kategorien ‚Gender' und ‚Identität' sind demnach nicht mehr nur kulturell und spezifisch ethnisch konstruiert und analysierbar, sondern in zunehmendem Maße auch inter- und transkulturell, translokal und multipel, d.h. unter dem Einfluss diverser Kulturen, Bezugssysteme und damit verbundener Imaginationen.[11]

## Das Beispiel Indonesien

Vor dem skizzierten theoretischen Hintergrund beziehe ich mich im Folgenden auf die Ergebnisse eines Forschungsprojektes in Indonesien über „Genderidentitäten und kulturelle Formen in Bewegung. Reisende Frauen und einheimische Männer in Indonesien".[12]

Es geht also nicht um die klassischen *global players*, die ortspolygamen, transnationalen Wanderer bzw. Weltbürger, die im Allgemeinen männlich gedacht werden, ebenso wie früher die Weltreisenden. Die Fragestellung dieses Beitrages soll vielmehr sein, wie Genderidentitäten und gegenseitige Imaginationen sich verändern, wenn Frauen aus westlichen Industrieländern während oder infolge einer Reise kurz- oder längerfristige Beziehungen mit einheimischen Männern in einem so genannten Dritte-Welt-Land eingehen. Damit ist gemeint, dass ich nicht nur die relativ flüchtigen Räume des Tourismus untersuche, sondern auch dauerhaftere Beziehungen und Ehen, die aus touristischen Begegnungen heraus entstanden sind. In welchem Verhältnis stehen hier neue, translokal angelegte Lebensweisen und hybride kulturelle Formen zu Entwürfen von Weiblichkeit und Männlichkeit?

Ich verwende hauptsächlich Forschungsergebnisse aus Jogjakarta (Yogya), Zentraljava, und ziehe zum Vergleich auch Daten aus Bali heran.

### *Begegnungen und Beziehungen*

In touristischen Kurzzeitaffären gibt es eine entmystifizierte, postmoderne Form von Liebe, die mit zufälligen Bekanntschaften aufgrund zeitweilig übereinstimmender Bedürfnisse unbeschwert umzugehen weiß. „Just for fun" ist ein Ausdruck, den sowohl westliche Frauen als auch indonesische Männer zur Charakterisierung solcher unverbindlicher Beziehungen verwenden. Daraus leiten die Männer ab, dass die sexuelle Moral im Westen eben sehr frei sei, die ‚Kultur' und der ‚Charakter' europäischer Frauen lasse häufigen Partnerwechsel zu. Aber sie wissen aus Erfahrung auch: „Es gibt immer welche, die *just for fun* jemanden wollen und andere, die bleiben und heiraten." (Interview Nov. 2000). In dem Zusammenhang findet sich oft die Form bzw. die Inszenierung der Romanze, die sich von Seiten der Frauen aus der Attraktivität des Ungewohnten, des als ganz anders bzw. exotisch Imaginierten speist, und von Seiten der Männer eher eine strategische Spiegelung dieser Bedürfnisse darstellt. Für sie sind Beziehungen mit Touristinnen in mehrerlei Hinsicht vorteilhaft: Sie bringen Sprach- und interkulturelle Kompetenzen, Welterfahrung, Sex, Unterhaltung, Liebe – und Geld.

Für manche Touristinnen, die eine Beziehung mit einem Indonesier eingegangen sind, entwickelt sich eine längerfristige Geschichte daraus. Sie kommen entweder im nächsten Urlaub wieder oder sie organisieren sich einen stationären Aufenthalt von begrenzter Dauer in Indonesien, sei es als Praktikantin, Gaststudentin oder um „einfach so" einige Monate dort zu leben.

In einem Aufsatz[13] habe ich von einem jungen Mann berichtet – ich habe ihn Agus genannt – der in Schwierigkeiten geraten war, weil 1998 drei seiner ausländischen Freundinnen gleichzeitig kamen, um Weihnachten mit ihm zu verbringen. Bei meinem nächsten Besuch, eineinhalb Jahre später, Ende 1999, galt Agus in seiner *peer group* als jemand, dem es besonders gut geht, da er in der Zeit des ökonomischen Niedergangs und des Mangels an Touristinnen eine ‚feste' d.h. mehrmonatige Beziehung zu einer hübschen australischen Gaststudentin hatte und sich somit um seinen täglichen Reis keinerlei Sorgen machen musste. Die Australierin wusste nichts von seinen vielen vorhergehenden Frauen, und er präsentierte sich auch mir gegenüber weiterhin als jemand, der v.a. Freundschaften zu Ausländern und Ausländerinnen sucht, da er „den Charakter von Deutschen, Schweizern, Afrikanern, Australiern kennen lernen möchte" (Interview 1999, Übers. J.S.). Er stellt sich also anders dar als die älteren *guides* (häufige Eigenbezeichnung von Männern, die meist ohne formelle Ausbildung Touristen führen, von Kommission und allerlei Geschäften leben und ihre besonderen Hoffnungen auf Touristinnen setzen), von denen einige mir gegenüber ganz offen von *hunting* der Touristinnen sprechen.

Seine australische Freundin war insgesamt recht glücklich mit Agus. Sie sagte, dass sie sich sehr, sehr nahe gekommen seien und dass sie in ihrem ganzen Leben noch nie so viele gute und wahre Freunde hatte wie jetzt, da sie in seinen Freundeskreis aufgenommen sei. Insofern fühlte sie sich auch nicht mehr so sehr ausgenützt wie zu Beginn ihrer Beziehung. Sie sah einen gegenseitigen Nutzen und Ausgleich darin, dass sie zwar bezahlte, aber durch ihn Indonesisch lernte, viele wichtige Erfahrungen machte und Freunde gewann. Sie erklärte:

> „Wenn ich in Australien wäre, würde ich nie am Straßenrand sitzen, da bin ich viel mehr in meiner eigenen (sozio-ökonomischen) Umgebung aufgehoben. Hier aber kann ich neue Erfahrungen machen, kann über mich selbst etwas dazulernen. Wenn ich hier mit Studenten und Leuten meiner Klasse zusammen wäre, hätte ich vermutlich nicht halb so viel über mich selbst gelernt. So ist es viel weiter von der Norm entfernt, ich kann Dinge lernen, die ich nirgendwo sonst erfahren würde" (Interview 1999, Übers. J.S.).

Damit bezieht sie sich auf das soziale Leben in der *peer group* ihres Partners. Die jungen Männer haben wohl organisierte Seilschaften und Netzwerke innerhalb bestimmter Regionen (Straßen und Gassen), sie sitzen die meiste Zeit dort herum, warten auf irgendein Geschäft und vor allem auf Frauen. Wenn einer von ihnen Glück hat, wird er die anderen finanziell beteiligen, und sie werden zu seiner Freundin freundlich sein, sie für die Dauer ihres Aufenthaltes in ihren Kreis aufnehmen. Zu anderen Bereichen der einheimischen Gesellschaft findet eine Frau durch die Beziehung mit einem *street guide* kaum Zugang. In diesem Kreis von jungen Männern, fast ausschließlich Angehörige unterer sozialer Schichten ohne Schulbildung und festes Einkommen, werden wahrhaft hybride kulturelle Formen gelebt. Kommunikationsstil, Alltagsgewohnheiten, Wertvorstellungen, *outfit* (Kleidung, Haare, Tätowierungen) stellen in diesen *ethnoscapes* (s.o.) eine unentwirrbare Mischung dar zwischen dem lokalen kulturellen Hintergrund (der oft ebenfalls vielfältig ist, wenn nämlich die jungen Männer aus anderen Gegenden bzw. anderen Ethnien stammen) und den mannigfaltigen Einflüssen von Touristen und Touristinnen, globalen Medien und Gegenkulturen (z.B. Rasta). Die gemachten Erfahrungen wirken in den Identitätskonstruktionen dieser Männer nach, und auch sie – nicht nur die Angehörigen der (trans)nationalen Eliten – prägen die herrschenden Bilder mit. Insofern sehe ich hier ein Gegenbeispiel zu manchen aktuellen Globalisierungstheorien. Friedman[14] etwa bringt Hybridität und kosmopolitische Orientierung primär mit privilegierten (neuen) Eliten in Verbindung. Auch Hannerz[15] spricht ausschließlich von den kreolisierten gebildeten Eliten der Peripherie, welche kulturelle Modelle für andere Menschen abgeben. Demgegenüber haben wir hier ein Beispiel für hybride kosmopolitische kulturelle Formen und Handlungspraxen, die in sehr kreativer und kompetenter Weise von *dropouts* (Schulabbrechern), Arbeitslosen, sozial Benachteiligten und oft auch von Künstlern entwickelt und gelebt werden.[16] Inwieweit bzw. wie tiefgehend sich dies allerdings auch auf den Bereich der Genderbilder und Geschlechtsidentitäten bezieht, wird im Folgenden zu betrachten sein.

Um auf die junge Australierin zurückzukommen: Zuweilen war sie doch irritiert durch die Unwahrheiten, mit denen ihr Freund dafür sorgte, dass sie selbst die allerkleinsten Beträge bezahlte, und sie fand es auch schwierig, dass er über Dinge, die nicht unmittelbar mit ihnen zu tun hatten, nicht mit ihr sprach. Das Hauptproblem sah sie jedoch darin, dass er keinerlei Ambitionen und Initiativen zeigte, um seine Lebens- bzw. Einkommenssituation zu verbessern. Als ihr Studienjahr dem Ende entgegenging, war deshalb für sie klar, dass sie ihn nicht nach Australien einladen und ihm kein Geld schicken würde. Das mag auch mit der Geschichte ihrer eigenen Mutter zusammenhängen. Diese hatte in ihrer Jugend bereits einen balinesischen Geliebten, dem sie, nachdem sie nach Australien zurückgegangen war, Geld für ein Ticket sandte und von dem sie daraufhin nie wieder etwas hörte. Der Tochter ging es nun allerdings anders (und insofern stellt sie einen eher untypischen Fall dar): Sie hält bis heute[17] eine freundschaftliche Beziehung mit Agus aufrecht.

Diejenigen Frauen, die – wie diese Australierin – für eine begrenzte Zeit bleiben, also nicht Touristinnen im eigentlichen Sinne sind, berichten am häufigsten von großer Nähe zur javanischen Kultur, Aufgenommensein in die javanische Gesellschaft oder doch zumindest in die Familie und die *peer group* ihres indonesischen Freundes. Sie sagen, sie haben „wahre Freunde" gefunden, fühlen sich akzeptiert und sozial geborgen, sie reden von tiefen Erfahrungsebenen und neuem Lebensgefühl, verbunden mit der Einsicht in die Kälte, Distanziertheit, Leistungs- und Wettbewerbsbesessenheit der eigenen Kultur. Hier findet sich die größte Zufriedenheit mit den interkulturellen Austauschprozessen und vielleicht auch am meisten Offenheit und Bereitschaft, sich auf eine andere Lebenswelt einzulassen, am meisten Neugier, die auf Erweiterung der Erfahrung und des Verständnisses ausgerichtet ist. Hier werden auch die eigenen Werte, teils bewusst, teils unbewusst, am ehesten revidiert. Es wird in einer solchen ersten Aufenthaltsphase häufig als positiv betrachtet, sich an die andere, die ‚javanische' Kultur anzupassen und Denk- und Handlungsmuster zu übernehmen.[18] Die transkulturelle Partnerschaft kann so der Erprobung von etwas Neuem im Sinne einer positiven Grenzüberschreitung dienen.

Es gibt aber auch ein großes Potenzial an Imaginationen. Die Frauen meinen, dass sie sich auf die Fremde, auf den fremden Mann, die andere Kultur einlassen. Dabei handelt es sich oft um Projektionen und Generalisierungen, und sie verschließen vor vielen Aspekten der sozialen und politischen Verhältnisse des Lebens in Indonesien die Augen. Sie sind bereit, mit dem Land, den Leuten, dem fremden Liebsten zu verschmelzen. Kresta schreibt in einer taz-Besprechung neuerer diesbezüglicher Frauenreiseliteratur:

> „Sie konnte nach dem Muster völliger Hingabe zunächst in die andere Gesellschaft eintauchen [...] Völlige Hingabe, sich aufgeben, wird bei diesem Konzert der Gefühle mit weiblicher Erfüllung gleichgesetzt."[19]

Diese Sichtweise der entsprechenden, ungemein populären Romane trifft sich mit meinen Beobachtungen in Indonesien weitgehend. Obwohl die Mehrzahl der Frauen, die sich alleine in einem fremden Land einrichten, von emanzipatorischen Ansprüchen ausgehen, werden diese häufig ausgeblendet und, so meine These, hinter der ‚Kultur' zum Verschwinden gebracht. Die Selbstwahrnehmung ist nicht, dass man den indonesischen Freund bestimmen lässt oder sich ihm unterordnet, sondern dass man sich an eine andere Kultur anpasst – was positiv besetzt ist bzw. positiv bewertet wird.

## Lebensgemeinschaften

Bei denjenigen Frauen, die heiraten und mehr oder weniger lange bleiben, mache ich eher eine Dekonstruktion des imaginatorischen, idealisierten Indonesienbildes und eine kulturelle Rückbesinnung aus. Der ersten Begeisterung für den Mann und sein Land folgen oft – wenn auch natürlich nicht immer – Enttäuschungen, Abgrenzungen, Abwertungen der neuen Umgebung und als Folge die Hinwendung zu einer Diaspora-Gemeinschaft, zu anderen Ausländern und Ausländerinnen, möglichst nicht ,nur' Touristinnen, sondern Personen, die ebenfalls mehr oder weniger dauerhaft in Indonesien leben. Man stellt jetzt eher fest, dass man von den „eigenen Werten", Kommunikations- und Lebensstilen (etwa lange, vertraute Gespräche v.a. auch unter Freundinnen, gemeinsame Unternehmungen usw.) nicht lassen mag.

Das Maß des Sichverwandeltfühlens und das Maß der subjektiv erlebten Nähe zur neuen kulturellen Umgebung nimmt also mit der Dauer des Aufenthaltes und der Verbindlichkeit der Bindung eher ab. Zur Veranschaulichung seien einige Sichtweisen einer jungen Engländerin angeführt: Sie ist 28 Jahre alt, verheiratet mit einem etwas jüngeren Indonesier, den sie vor drei Jahren im Urlaub als *guide* kennen lernte. Seit zwei Jahren haben sie einen gut gehenden Laden im Touristenviertel. Im Gespräch mit mir rekurriert sie – wie auch andere mit Indonesiern verheiratete Frauen – auf den ,Mythos vom faulen Malaien', bzw. in ihren Worten beklagt sie sich, dass er so wenig *business*-orientierte Aktivitäten entwickelt, dass er nichts mehr für seine eigene Weiterentwicklung tut, usw.[20] Besonders unter dem Einfluss seiner Freunde aus dem Viertel sei er zufrieden damit, einfach nur herumzuhängen.

Das soziale Leben in diesem Viertel war ihr zu Anfang ebenso attraktiv erschienen wie der oben vorgestellten Australierin. Mit der Zeit allerdings ist es ihr zur Belastung und Konkurrenz geworden, wenn er immerzu mit den Freunden, die, wie sie es jetzt sieht, nicht die ihren geworden sind, zusammen ist, statt sich auf sie zu beziehen. Das Verhältnis zur Umgebung ist bei vielen verheirateten Paaren, mit denen ich gesprochen habe, ein zentrales Problem. Die Frauen wollen und können sich nicht „wirklich integrieren", und viele Männer fühlen sich durch ihre ausländischen Frauen von der Umgebung abgetrennt oder zumindest beschreiben sie sich als „zwischen den Stühlen sitzend". Dies bezieht sich natürlich nicht nur auf die Gruppe der Freunde des Mannes, sondern auch auf seine Familie, so er eine hat, oder auf die religiöse Gemeinschaft.[21]

Manche dieser Frauen lassen sich, wenn die Träume nicht in Erfüllung gehen, bald wieder scheiden,[22] andere jedoch bleiben, nicht immer ganz freiwillig, denn oftmals sehen sie zuhause keine Alternative mehr,[23] oder sie bleiben um gemeinsamer Kinder willen[24] oder weil sie in ein Geschäft viel Geld und Energie investiert haben. Zuweilen werden die Beziehungen zu Verwandten und Freunden im Herkunftsland intensiv gepflegt und mit gegenseitigen Besuchen verbunden, so dass das frühere Zuhause als Referenzpunkt erhalten bleibt bzw. wieder dazu wird. Teilweise sind Heimreisen aber auch nicht nur freiwillig, sondern notwendig, um dort Geld zu verdienen.

Die Frauen fühlen sich nicht als ‚Australierinnen', ‚Deutsche' usw., sondern als ‚Weiße', ‚Westlerinnen' oder ‚Kosmopolitinnen'. Ihre Identitäten transnationalisieren sich in den neuen Lebenszusammenhängen. Man verbringt einen großen Teil der Freizeit zusammen mit anderen Ausländerinnen verschiedenster Herkunft, zuweilen auch mit anderen ‚gemischten' Paaren, man hat bestimmte Treffpunkte, macht gemeinsame Unternehmungen, wie etwa Ausflüge, Kulturveranstaltungen, Feste feiern, man bringt die Kinder zusammen, unterstützt sich gegenseitig in schwierigen Situationen, man bespricht die Lebensumstände und Probleme und verhandelt miteinander die Sichtweisen der Umgebung und die eigene Positionierung darin. Die so entstehenden transnationalen Räume und transnationalen sozialen Formationen, Koalitionen und Netzwerke werden für die Migrantinnen zunehmend bedeutender als Referenzstruktur sozialer Positionen, in der alltäglichen Lebenspraxis und für neue fluide und multiple Identitäten. Vom kulturwissenschaftlichen Standpunkt her gesehen, sind ihre situationsbedingten Wechsel zwischen verschiedenen Identitätsdiskursen spannende und höchst kreative Prozesse, in denen die Frauen sich in den unterschiedlichen Situationen immer wieder neu verorten:[25] Dies nicht nur in der genannten transnationalen Gemeinschaft, sondern daneben beispielsweise auch als Geschäftsfrau, in der Nachbarschaft, als Ehefrau in seiner Familie oder in Zusammenhang mit der Erziehung von Kindern, denen man das, was man als die guten Seiten beider Kulturen sieht, bieten möchte. Die Partner müssen miteinander und mit der Umgebung – bzw. mit den unterschiedlichen Umgebungen – die Kommunikationsformen, Werte, Rollenverteilungen, den Umgang mit Religion, Kindern, Geld, Essen, Sexualität usw. fortlaufend aushandeln. Die Position der Außenseiterin/des Außenseiters kann hier auch als Chance oder Potenzial gesehen werden, in der alltäglichen Interaktion kulturelle sowie Bildungs-, Klassen- und oftmals Altersdifferenzen immer wieder neu zu verhandeln und sich in flexibler Weise je nach Situation so zu positionieren, dass Interaktionen positiv und konstruktiv verlaufen können. Ein schönes Beispiel ist hier eine französische Informantin, die auf Bali mit ihrem wesentlich jüngeren Mann – gebürtiger Sumatraner, aufgewachsen in Jakarta – lebt. Sie hat eine akademische, er hat keinerlei formelle Ausbildung, beide arbeiten als Künstler. Sie sagt, die Unterschiede öffnen die Gedanken. Und sie sieht nach acht Beziehungsjahren eher mehr Unterschiede als am Anfang. Aber sie empfindet das nicht als negativ: „We are feeding each other with our differences." (Interview Dez. 2000). Im Falle dieses Paares werden die Differenzen, von denen sie spricht, weder imaginiert noch kulturalisiert, sondern im gemeinsamen Leben konkret erfahren und konstruktiv umgesetzt. Auch andere Künstlerpaare auf Bali, v.a. diejenigen, bei denen der Klassen- und Bildungsunterschied nicht allzu groß ist, verbinden ihr Leben in einer gemischten Ehe mit kreativen künstlerischen Mischformen. Sie identifizieren sich weit eher über ihre künstlerischen Projekte als über ihre Herkunftskulturen.

Ich sehe hier einen spannenden Bereich gesellschaftlichen Probehandelns, insofern als transkulturelle Kommunikations- und Lebensformen entwickelt werden,[26] die bezeichnenderweise in der gegenwärtigen Globalisierungsdebatte v.a. dem Bereich der Wirtschaftsunternehmen zugesprochen werden.[27]

Gemischte Kulturformen, mehrfache Identifikationen und situationsgerechte Wechsel gelingen natürlich nicht immer gleichermaßen und sie werden auch nicht jederzeit und von allen angestrebt. Bemerkenswert erscheinen mir hier aber v.a. die Persistenzen im Bereich der Geschlechtsidentitäten. Larcher stellt in diesem Zusammenhang in einem Buch über „Die Liebe in den Zeiten der Globalisierung“ fest, dass es „unmöglich“ zu sein scheint, die „tief sitzenden Vorstellungen über die eigene Geschlechtsrolle und die damit verbundenen Erwartungen an jene der Partnerin/des Partners ganz zu überwinden.“[28] In diesem Kontext möchte ich noch einmal auf die Imaginationen zurückkommen, um nach ihrer Rolle in der Eigen- und Fremdwahrnehmung und in der Identitätskonstruktion zu fragen.

## *Genderspezifische Imaginationen*

Wenn wir über geschlechtsspezifische Imaginationen in Bezug auf Asien nachdenken, dann fallen uns vermutlich zunächst die alten patriarchal-orientalistischen Bilder ein, auf die v.a. Edward Said[29] aufmerksam gemacht hat: Die orientalistische Imagination von der ‚asiatischen Frau‘ als exotische, sanfte und unterwürfige Verführerin, die ‚dem Mann‘ als ‚Abenteurer‘ neue erotische Erfahrungen verspricht. In der Vorstellung vom Orient, wie sie im 19. Jahrhundert ausgebildet und popularisiert wurde, waren Erotik und Exotik gleich bedeutend. Nach Saids Analyse des Orientalismus verkörpert die mysteriöse, sinnliche orientalische Frau die Essenz des Orients in derselben Weise, in welcher der Westen den geheimnisvollen Osten erfand.

Wie sehen nun aber die – umgekehrten – Imaginationen und Interpretationen von westlichen Frauen in Bezug auf indonesische Männer aus und wie die Imaginationen indonesischer Männer in Bezug auf westliche Frauen?[30]

Die Indonesier gefallen den Touristinnen, weil sie gut aussehen, freundlich sind, unbeschwert und entspannt wirken, nicht von Leistungs- und Zeitdruck geplagt sind, weil sie über praktische und künstlerische Fähigkeiten verfügen und überzeugend reden können, so dass es oft scheint, als hätten sie große

Lebensweisheit. Die westlichen Frauen bewundern Gelassenheit, Intuition, Leichtigkeit, Authentizität, Wildheit, Ästhetik, Emotionalität, Naivität, Weichheit, Sanftmut und Geheimnisvolles oder gar Magisches auf Seiten der Männer. Der fremde Mann wird orientalisiert und als Gegenbild für die Selbstkonstruktion der weißen Frau bzw. als Gegenbild gegenüber dem traditionellen Bild des weißen Mannes entworfen. Die Frauen genießen es, von ihrem einheimischen Partner verwöhnt und geführt zu werden, an Plätze zu kommen, an denen keine anderen Touristen sind und durch ihn Zugang zu seiner sozialen Welt zu bekommen, die ihnen offen und warm erscheint. Nicht selten leiten die Frauen darüber hinaus aus ihren Eindrücken auch zukunftsweisende Perspektiven jenseits des Lebens in westlichen Gesellschaften ab.

Interessant scheint mir der Vergleich mit den Bildern, die Japanerinnen entwerfen. Sie lassen sich von den Indonesiern faszinieren, weil die mehr Komplimente machen würden, netter zu Frauen seien als Japaner, aber auch weil sie „wilder“ seien in dem Sinn, dass sie nicht so von Arbeit und Beruf besetzt wären und männlicher, weil sie nicht so verwöhnt und verweichlicht seien. Fast das Gegenteil der Wahrnehmungen von westlichen Frauen...

Die indonesischen Männer sehen Reichtum, Offenheit, Selbständigkeit, Disziplin, Leistungsbereitschaft, Rationalität und freie Sexualität auf Seiten der weißen Frauen. Oft loben sie – im Vergleich mit Indonesierinnen – explizit ihre Direktheit, Offenheit und Stärke. Die *guides* wissen dabei durchaus nach nationalen Charakteristiken zu differenzieren und ihre Strategien danach auszurichten. Beispielsweise war das Bild, das viele mir von Deutschen vermittelten: reich, romantisch und (allzu) ernsthaft. Mit australischen Freundinnnen sei das Leben leichter. Aber die meisten *guides* in Yogya träumen von Japanerinnen, denn die gelten als wohlhabend, großzügig und zugleich – als Asiatinnen – als besser aussehend und v.a. respektvoller gegenüber Männern und insgesamt anpassungswilliger und -fähiger, verglichen mit den Frauen aus dem Westen.

Bemerkenswert scheint mir im Zusammenhang der Thematisierung von Imaginationen auch eine Frage, die ein balinesischer Informant, der zur Szene der *beach boys* gehört, mir zum Schluss eines Interviews stellte: Was ich über die Frauen herausgefunden hätte, ob es denn wirklich so sei, dass die meisten nur einen Gigolo suchen, weil sie auf Bali ein *business* aufmachen wollen und dazu den einheimischen Sponsor brauchen (Interview Nov. 2000)?[31] Er vermutet bzw. projiziert also, dass die Frauen ihnen die Liebe auch nur vormachen und tatsächlich, ebenso wie sie, in allererster Linie ans Geld denken.

Wenn eine längerfristige Beziehung oder binationale Ehe daraus entsteht, so beklagen die Männer häufig, dass ihre westlichen Partnerinnen die Dinge oftmals verkomplizieren und viel kritisieren, allzu viele Forderungen stellen und immer bestimmen, immer dominant sein wollen. Ein Informant erklärte mir:

> „Wenn eine Frau hier leben will, muss sie akzeptieren, dass der Mann ein wenig höher steht, denn es ist ja in seiner Verantwortung, sie und die Familie zu beschützen, er ist das Oberhaupt, der Schirm." (Interview Nov. 2000).

Viele mit westlichen Frauen verheiratete Männer leiden auch darunter, dass sie es als ungemein belastend empfinden, längerfristig finanziell von einer Frau abhängig zu sein.[32] Wenn der Traum in Erfüllung geht und man hat mit dem Kapital der Partnerin ein gemeinsames *business* – ein Hotel, einen Laden, ein Internetcafé oder dgl. – eröffnet, dann kann es zu großen Problemen führen, wenn die Frau diejenige ist, die über mehr *know how* verfügt und das Geschäft führt. Die Männer sind zunächst froh, mithilfe einer fremden Frau der Armut und ihrer sozial benachteiligten Situation zu entkommen, aber dann erwarten sie doch die privilegierte Position und das Prestige, die sie in einer Beziehung mit einer Indonesierin innehaben würden. Dazu gehören dann nicht selten auch Affären mit anderen Frauen.

Der Rekurs auf konventionelle Männlichkeitskonzepte kann als Reaktion auf als bedrohlich erlebte Veränderungen, welche Macht, Prestige, Einfluss, ökonomische und soziale Privilegien bedrohen und zu Kränkungen führen, interpretiert werden.[33] Er erinnert aber auch daran, dass Globalisierung in Zusammenhang mit der Konstitution von hegemonialer Hyper-Maskulinität betrachtet werden kann, die sich freilich am Image des reichen, mächtigen, sich im internationalen Wettbewerb behauptenden, unternehmerischen Mannes orientiert.[34] Wer dazu keinen Zugang hat, der bemüht sich zumindest auf der Mikroebene der Paarbeziehung um eine überlegene Position.

Damit möchte ich nun wieder auf die Frauen zu sprechen kommen. Eine entsprechende Beobachtung meiner Forschung ist, dass viele mit Indonesiern verheiratete westliche Frauen anfänglich fasziniert waren von der Andersheit, wenn aber die Beziehung länger andauert, oft enttäuscht sind, dass die Männer sich nicht wie westliche Männer verhalten. Nicht als Machos, sondern wie man es von Freunden im eigenen Milieu erwarten würde. Das Ungewohnte, Neue ist als Anderes und Fremdes, so wie es imaginiert und konzeptionalisiert wird, zunächst interessant und attraktiv, aber da das Selbst, die eigene Geschlechtsdentität sich nicht wesentlich verändert, wünscht man sich auf Dauer doch eher ein Pendant bzw. einen komplementären Partner.[35] Um ihn respektieren zu können, erwarten sie Initiative und mindestens gleiche Beteiligung am Erwerb des Lebensunterhaltes. So schrieb mir die o.g. Australierin rückblickend über ihren Freund: „[T]hat was a big problem for me, just the satisfaction of doing nothing ... all the time".

Wenn wir, um auf die eingangs gestellten Fragen zurückzukommen, davon ausgehen, dass die sozialen Strukturierungen und die sich darin konstituierenden inneren Realitäten in der Formierung von Geschlechtsidentitäten zusammen wirken, so haben wir hier ein Beispiel dafür, dass neue Orte und Verbindungen im Rahmen hybrider, global orientierter Welten (*ethnoscapes*) ein Stück weit mit veränderten Lebensentwürfen und Alltagspraxen einher gehen. Dennoch lassen sie aber auch manche Aspekte der jeweiligen alten Geschlechtskonzepte und Machtverhältnisse, die in flüchtigeren (touristischen) Begegnungen zum Verschwinden gebracht wurden, wiederaufleben und integrieren sie.

## Schlussbemerkungen: Zur Entdeckung der Langsamkeit

Die gegenseitigen anfänglichen Zuordnungen verkehren die traditionellen Vorstellungskomplexe der jeweiligen Geschlechterordnungen geradezu. Aus diesen Bildern, die das Ungewohnte aufregend und anziehend (im Falle der Frauen) bzw. viel versprechend im Sinne einer Absicherung (für die Männer) machten, könnten ganz neue Geschlechterverhältnisse und neue kulturelle Formen und Praktiken im Rahmen globalisierter Lebensweisen gestaltet werden. Wären da nicht die Widerstände, die auf bemerkenswerte Persistenzen im Bereich der Geschlechtsidentitäten hindeuten. Durch meine Beispiele möchte ich einerseits auf kreative Prozesse der kulturellen Neugestaltung in transkulturellen Geschlechterbeziehungen aufmerksam machen, zugleich aber auch auf deren Bedingtheit und Verhaltenheit verweisen. Geschlechterbilder sind nicht einfach optional oder situativ revidierbar. Geschlechtsidentitäten und Machtverhältnisse zwischen den Geschlechtern lösen sich nicht problemlos in einer Flut von Hybridität auf und auch im Rahmen radikal veränderter Lebensumstände, neuer Einflüsse und sich vermischender kultureller Normen und Formen bleiben sie doch mit lang anhaltenden sozialen Auseinandersetzungen und mit individuellen Sozialisationsgeschichten verbunden.[36] Ich möchte mit meinen Ausführungen keineswegs die Möglichkeit von Wandlungen bestreiten, sondern vielmehr darauf hinweisen, dass Veränderungen im Bereich von Gendermodellen und -praxen oft sehr viel langsamer vonstatten gehen und widersprüchlicher sind als es der äußere Anschein in einer globalisierenden Welt glauben machen will.

Wenn es unter feministischer Perspektive darum geht, dass Frauen sich nicht mehr als Objekte männlicher Imaginationen erleben, sondern die Bilder in ihrem Sinne umschreiben – sich den Bereich der Imaginationen aneignen – dann ist es natürlich nicht damit getan, die Bilder und Machtverhältnisse einfach umzudrehen. Die Chancen globalisierter Paarbeziehungen sehe ich darin, jenseits von kulturalistischen Selbstbehauptungsdiskursen vorgegebene Strukturen und Gewohnheiten zu überwinden und neu auszuhandeln, imaginierte Fremdheit zu dekonstruieren und durch Neugierde, durch ein unabschließbares Projekt des gegenseitigen Erforschens, zu ersetzen.

Bzgl. der eingangs angeschnittenen Themen der kulturwissenschaftlichen Globalisierungsdebatte möchte ich mit meiner Forschung einen Beitrag zur Beschreibung und kritischen Analyse der ‚Globalisierung von unten' liefern. Dabei zeichnen sich bemerkenswerte Ungleichzeitigkeiten im Kontext der kulturellen Globalisierungsprozesse ab: Während sich in meiner Untersuchungsgruppe manche kulturellen Praxen und Formen (Lebensstile, Alltagsgewohnheiten, Essen, Kleidung, Arten des Redens usw.) stark wandeln und vermischen, erweisen sich andere – hier v.a. die Geschlechterordnungen und -bilder – zwar ebenfalls als dynamisch, aber eher in dem Sinne, dass sie sich, nach einer Phase des Erprobens von Neuem, in unterschiedlichem Maße wieder zurück bewegen und sich somit insgesamt wesentlich langsamer verändern als andere Dimensionen der Kultur.

## Anmerkungen

1 John Tomlinson: „Globalisierung, Kultur und komplexe Vernetzungen", in: Düllo, Thomas u.a. (Hrsg.): *Kursbuch Kulturwissenschaft*, Münster 2000, S. 17.

2 Globalisierung wird heute kaum mehr einfach als die ungebremste Macht des transnationalen Kapitalismus betrachtet, sondern als simultaner, in komplexen Wechselverhältnissen stehender Prozess in den Bereichen der Ökonomie, der Politik, der Technologie, der Kultur (Tomlinson 2000). Dabei ist freilich immer wieder aufs Neue herauszustellen, dass diese Wechselverhältnisse nicht geschlechtsneutral sind, was sich u.a. daran zeigt, dass ca. 80% der Beschäftigten in den Weltmarktfabriken Frauen sind (vgl. Maria Mies: „Hausfrauisierung, Globalisierung, Subsistenzperspektive", in: Knapp, Gudrun-Axeli / Angelika Wetterer (Hrsg.): *Soziale Verortung der Geschlechter. Gesellschaftstheorie und feministische Kritik*, Münster 2001.

3 Vgl. Michael Burawoy: „Grounding Globalization", in: Ders. u.a. (Hrsg.): *Global Ethnography*, Berkeley u.a. 2000, S. 337-350.

4 Vgl. Tomlinson 2000, S. 32.

5 Arjun Appadurai: „Globale ethnische Räume", in: Beck, Ulrich (Hrsg.): *Perspektiven der Weltgesellschaft*. Frankfurt/M. 1998, S. 11-40 (am. Orig. 1991).

6 Was bei Appadurai zu wenig Berücksichtigung findet, ist, dass die Lebensformen und Geschlechterverhältnisse, die in globalen Medien wie auch in Filmen oder in der Werbung präsentiert werden, entsprechend des lokalkulturellen Orientierungsrahmens rezipiert werden.

7 Weitere Begriffe in diesem Kontext sind: *mediascapes*, *technoscapes*, *financescapes* und *ideoscapes*.

8 Nira Yuval-Davis: „Ethnicity, Gender Relations and Multiculturalism", in: Werbner, P. / T. Modood (Hrsg.): *Debating Cultural Hybridity. Multi-Cultural Identities and the Politics of Anti-Racism*, London 1997.

9 Rosi Braidotti: *Nomadic subjects: Embodiment and sexual differences in contemporary feminist theory*, New York 1994, S. 171. Der Begriff des Nomadischen sollte hier freilich nur metaphorisch verstanden und keineswegs verwechselt werden mit tatsächlichem Nomadentum als Lebens- und Wirtschaftsweise.

10 Vgl. Henrietta Moore: *Mensch und Frau sein. Perspektiven einer feministischen Anthropologie*, Gütersloh 1990; Brigitta Hauser-Schäublin/ Birgitt Röttger-Rössler: „Differenz und Geschlecht. Eine Einleitung", in: Dies. (Hrsg.): *Differenz und Geschlecht. Neue Ansätze in der ethnologischen Forschung*, Berlin 1998; Frances Maskia-Lees/Nancy Johnsen Black: *Gender and Anthropology*, Prospect Heights, Illinois 2000.

11 Vgl. Judith Schlehe: „Einleitung: Gender als transkulturelle Konstruktion", in: Dies. (Hrsg.): *Zwischen den Kulturen – Zwischen den Geschlechtern. Kulturkontakte und Genderkonstrukte*, Münster 2000,

S. 7-17; Judith Schlehe: „Lebenswege und Sichtweisen im Übergang: Zur Einführung in die interkulturelle Geschlechterforschung", in: Dies. (Hrsg.): *Interkulturelle Geschlechterforschung. Identitäten – Imaginationen – Repräsentationen*, Frankfurt/M. 2001.

12 Es handelte sich um ein von der Deutschen Forschungsgemeinschaft gefördertes Projekt an der Universität Bremen im Rahmen des Bremer Instituts für Kulturforschung (bik/Leiterin Maya Nadig).

13 Judith Schlehe: „Reiseromanzen: Beziehungsstrukturen zwischen westlichen Frauen und indonesischen Männern", in: Dies. (Hrsg.): *Zwischen den Kulturen – Zwischen den Geschlechtern. Kulturkontakte und Genderkonstrukte*, Münster u.a., 2000, S. 131-148.

14 Jonathan Friedman: „Class formation, hybridity and ethnification in declining global hegemonies", in: Old, Kris/Peter Dicken u.a. (Hrsg.): *Globalisation and the Asia-Pacific. Contested territories*, London 1999, S. 183-201.

15 Ulf Hannerz: *Transnational Connections: Culture, people, places*, London 1996, S. 72f.

16 Indem dieses Beispiel auf eine Pluralisierung des Habitus und der Lebensstile abhebt, steht es auch der häufig unterstellten Kohärenz von Klassenlage und Klassenhabitus entgegen. Vgl. Veit-Michael Bader: „Kultur und Identität: Essentialismus, Konstruktivismus oder Kritischer Realismus?", in: Rademacher, Claudia/Peter Wiechens (Hrsg.): *Geschlecht – Ethnizität – Klasse*, Opladen 2001, S. 152f. (vgl. Anm. 12).

17 Bezogen auf ein E-Mail vom Mai 2001.

18 Gabrielle Varro betont, dass es in bikulturellen Liebesbeziehungen auch den rationalen Aspekt der positiven Hinwendung, des Hinwollens zur anderen Kultur gibt (Gabrielle Varro: „Rationality and irrationality in ‚bicultural love' relationships", in: Hahn, Kornelia / Günter Burkart (Hrsg): *Grenzen und Grenzüberschreitungen der Liebe. Studien zur Soziologie intimer Beziehungen*, Opladen 2000, S. 27-43.

19 Edith Kresta: „Gelebte Fremde, geliebter Fremder", in: *TAZ*, Nr. 5846 vom 29.5.1999, S. 16.

20 Mit solchen Aussagen konfrontiert, meinen manche der betreffenden Männer, dass die Frauen nicht wahrnehmen, was sie tun. Zwischen ihnen seien immer irgendwelche Geschäfte im Gange. Nur so könnten sie es auf flexible und einfallsreiche Weise zuwege bringen, sich selbst unter schwierigsten Bedingungen (etwa der ökonomische Krise) durchzuschlagen.

21 Auf Bali (überwiegend hinduistisch) erwachsen daraus wieder ganz andere Schwierigkeiten als auf Java (überwiegend islamisch), insofern als auf Bali die weibliche Aufgabe des Bereitens von Opfergaben – bzw. die Unwilligkeit oder Unfähigkeit von ausländischen Schwiegertöchtern in diesem Bereich – zum Problem werden kann.

22 Ein Jahr nach unserem Interview war die Engländerin auf unbestimmte Zeit zurück gegangen und erwartete von

ihrem Mann, dass er ihr nachkommen sollte. Er zögerte aber noch, und außerdem hatte er mittlerweile eine indonesische Freundin. Er könne gar nichts dafür, erklärte er mir, sie habe ihn mit einem magischen Mittel verzaubert, da ließe sich kaum etwas dagegen tun.

23 Dies mag daran liegen, dass sie sich, wie Barbro Eberan in „Fremdsein und Selbstsein – Migration und binationale Ehen aus psychoanalytischer Sicht", in: Krauss, Marita/Holger Sonnabend (Hrsg.): *Frauen und Migration*, Stuttgart 2001, S. 25 schreibt, gezielt oder unbewusst – einen „andersartigen" Partner gesucht haben, um sich aus sozialen Gefügen und Denkweisen zu lösen, die sie als fragwürdig und einengend empfunden haben. Es kann aber auch ganz praktische Gründe haben, insofern als Berufe, Freunde usw. aufgegeben wurden.

24 Die rechtliche Situation ist für ausländische Mütter sehr ungünstig, insofern als nach einer Scheidung die Kinder beim indonesischen Vater bleiben.

25 Hier kommt zum Tragen, was Gerd Baumann so anschaulich für Bevölkerungen, die in der Diaspora leben, herausgearbeitet hat: Sie sind dazu fähig und oftmals auch gezwungen, verschiedene Identitätsdiskurse nebeneinander zu benutzen.
(Gerd Baumann: „Ethnische Identität als duale diskursive Konstruktion", in: Assmann, Aleida/Heidrun Friese (Hrsg.): *Identitäten. Erinnerung, Geschichte*, Frankfurt/M. 1998, S. 288-313).

26 So schreibt auch Eberan, dass manche binationale Paare sich als Pioniere empfinden in einer Welt, die immer internationaler wird und die sich daher auch auf privater Ebene verändern muss (Barbro Eberan: „Fremdsein und Selbstsein – Migration und binationale Ehen aus psychoanalytischer Sicht", in: Krauss, Marita/Holger Sonnabend (Hrsg.): *Frauen und Migration*, Stuttgart 2001, S. 26.

27 So schreibt etwa der Ökonom Priddat in einem Band zu *Weltbürgertum und Globalisierung* über die Nutzung kultureller Differenzen im Hinblick auf die Integration und Nutzung differenter Wissenspotenziale:
„[...] Neue Werteordnungen werden innerhalb der großen Unternehmen eingeübt werden. Hier bilden sich – im ‚heimatlosen' Raum der großen Organisationen, die überall auf der Welt ‚zuhause' sind, also ‚staatenlos' – neue Kulturformen heraus, die nirgendwo anders herausgebildet werden." Birger Priddat: „Globalisierung und Politikkoordination", in: Norbert Bolz/Friedrich Kittler/Raímar Zons (Hrsg.): *Weltbürgertum und Globalisierung*, München 2000, S. 167.

28 Dietmar Larcher u.a.: *Die Liebe in den Zeiten der Globalisierung. Konstruktion und Dekonstruktion von Fremdheit in interkulturellen Paarbeziehungen*, Klagenfurt/Celovec 2000, S. 125.

29 Edward Said: *Orientalism*, New York 1978.

30 In historischen Quellen läßt sich diesbezüglich sehr wenig finden. So stieß etwa Krauss in seiner Arbeit über den berühmten Maler Raden Saleh darauf, dass dieser in den 1850er Jahren über längere Zeit in einer eheähnlichen Beziehung mit einer niederländischen

Frau lebte, die sowohl in seinen eigenen Briefen als auch in allen zeitgenössischen Berichten verschwiegen wird. Eine solche Verbindung entsprach nicht den Konventionen im kolonialen Batavia des 19. Jahrhunderts, denn die weiße Frau hatte die „Ehre" und das „Prestige" der Kolonialherrschaft zu schützen indem sie die rassistischen Schranken aufrecht erhielt. Ganz im Gegensatz dazu stellte die umgekehrte Verbindung, zwischen weißen Männern und indonesischen Frauen, den kolonialen Alltag dar (Werner Krauss 2001, unveröffentlichtes Manuskript).

31 AusländerInnen dürfen in Indonesien nur gemeinsam mit IndonesierInnen ein Geschäft eröffnen.

32 Noch belastender scheint es allerdings zu sein, wenn der Geldsegen ein Ende hat. Nach ein paar Jahren ist das Geld der Frau oftmals aufgebraucht.

33 Hans Bosse/Vera King (Hrsg.): *Männlichkeitsentwürfe. Wandlungen und Widerstände im Geschlechterverhältnis*, Frankfurt/M. 2000, S. 9.

34 Joan Acker: „Old and New Boundaries in Gender Relations (Or Gender Relations in Troubled Times)", in: Honegger, Claudia u.a. (Hrsg.): *Grenzenlose Gesellschaft?* Teil 1. Opladen 1999, S. 77-96.

35 Unterschiedliche Kommunikationsweisen spielen dabei in der Eigenwahrnehmung vieler Paare eine wichtigere Rolle als die Genderrollen. So klagen die Frauen oft, dass sie nicht „richtig reden" können mit ihren Partnern, dass diese vor Problemen weglaufen, statt sie zu besprechen. Und die Männer leiden, wie oben beschrieben, darunter dass ihre Partnerinnen immer „alles problematisieren" möchten, notorisch „unzufrieden" sind. Seltener kommt es vor, dass ein Paar davon berichtet, dass sie einen Weg gefunden haben, den beide als Gewinn schätzen: Er verweigert sich in einem brisanten Moment der Auseinandersetzung, läuft weg, dann aber, wenn die Wogen sich geglättet haben, kann ein konstruktives Gespräch stattfinden.

36 Veit-Michael Bader schreibt, da es so offensichtlich scheine, schäme er sich fast, es zu wiederholen, dass Kontinuität auf die gleiche Weise wie Wandel erklärt werden müsse, indem auf ökonomische, soziale, politische Umstände, neu entstehende Beziehungen oder Interaktionen, Interessen und Strategien einer Vielzahl individueller und kollektiver Akteure einzugehen sei (s. Bader: „Kultur und Identität: Essentialismus, Konstruktivismus oder Kritischer Realismus?", in: Rademacher, Claudia/Peter Wiechens (Hrsg.): *Geschlecht - Ethnizität - Klasse*, Opladen 2001, S. 158). Angesichts der derzeitigen Euphorie für alles, was sich als „neu" bezeichnen lässt (kosmopolitisch oder global bei den einen, hybrid, queer, subversiv bei den anderen) scheint mir kein Grund zum Schämen vorzuliegen, wenn wir danach fragen, was sich eben *nicht* oder nur wesentlich verlangsamt erneuert, und welche Ungleichheitsverhältnisse damit reproduziert werden.

## Literatur


**Acker, Joan:** „Old and New Boundaries in Gender Relations (Or Gender Relations in Troubled Times)", in: Claudia Honegger u.a. (Hrsg.): *Grenzenlose Gesellschaft?*, Teil 1, Opladen 1999, S. 77-96.

**Appadurai, Arjun:** „Globale ethnische Räume", in: Ulrich Beck (Hrsg.): *Perspektiven der Weltgesellschaft*, Frankfurt/M. 1998, S. 11-40 (am. Orig. 1991).

**Bader, Veit-Michael:** „Kultur und Identität: Essentialismus, Konstruktivismus oder Kritischer Realismus?", in: Claudia Rademacher/ Peter Wiechens (Hrsg.): *Geschlecht –Ethnizität – Klasse. Zur sozialen Konstruktion von Hierarchie und Differenz*, Opladen 2001, S. 145-174.

**Baumann, Gerd:** „Ethnische Identität als duale diskursive Konstruktion", in: Aleida Assmann/Heidrun Friese (Hrsg.): *Identitäten. Erinnerung, Geschichte*, Frankfurt/M. 1998, S. 288-313.

**Braidotti, Rosi:** *Nomadic subjects: Embodiment and sexual differences in contemporary feminist theory*, New York 1994.

**Bosse, Hans/Vera King (Hrsg.):** *Männlichkeitsentwürfe. Wandlungen und Widerstände im Geschlechterverhältnis*, Frankfurt/M. 2000.

**Burawoy, Michael:** „Grounding Globalization", in: Ders. u.a. (Hrsg.): *Global Ethnography*, Berkeley u.a. 2000, S. 337-350.

**Eberan, Barbro:** „Fremdsein und Selbstsein – Migration und binationale Ehen aus psychoanalytischer Sicht", in: Marita Krauss/Holger Sonnabend (Hrsg.): *Frauen und Migration*, Stuttgart 2001, S.20-28.

**Friedman, Jonathan:** „Class formation, hybridity and ethnification in declining global hegemonies", in: Kris Old/Peter Dicken u.a. (Hrsg.): *Globalisation and the Asia-Pacific. Contested territories*, London 1999, S. 183-201.

**Hannerz, Ulf:** *Transnational Connections: Culture, people, places*, London 1996.

**Hauser-Schäublin, Brigitta/Birgitt Röttger-Rössler:** „Differenz und Geschlecht. Eine Einleitung", in: Dies. (Hrsg.): *Differenz und Geschlecht. Neue Ansätze in der ethnologischen Forschung*, Berlin 1998, S. 7-22.

**Kresta, Edith:** „Gelebte Fremde, geliebter Fremder", in: *TAZ*, Nr. 5846 vom 29.5.1999, S. 16.

**Larcher, Dietmar u.a.:** *Die Liebe in den Zeiten der Globalisierung. Konstruktion und Dekonstruktion von Fremdheit in interkulturellen Paarbeziehungen*, Klagenfurt/ Celovec 2000.

**Maskia-Lees, Frances/Nancy Johnsen Black:** *Gender and Anthropology*, Prospect Heights, Illinois 2000.

**Mies, Maria:** „Hausfrauisierung, Globalisierung, Subsistenzperspektive", in: Gudrun Axeli-Knapp/Angelika Wetterer (Hrsg.): *Soziale Verortung der Geschlechter. Gesellschaftstheorie und feministische Kritik*, Münster 2001, S. 157-187.

**Moore, Henrietta:** *Mensch und Frau sein. Perspektiven einer feministischen Anthropologie*, Gütersloh 1990 (engl. Orig. 1988).

**Priddat, Birger:** „Globalisierung und Politikkoordination", in: Norbert Bolz/Friedrich Kittler/Raímar Zons (Hrsg.): *Weltbürgertum und Globalisierung*, München 2000, S.161-192.

**Said, Edward:** *Orientalism*, New York 1978.

**Schlehe, Judith:** „Geld und Gefühl: Interkulturelle Geschlechterbeziehungen im Tourismus", in: *Tourismus Journal*, Heft 2, Bd. 2, 1998, S. 283-298.

– „Einleitung: Gender als transkulturelle Konstruktion", in: Judith Schlehe (Hrsg.): *Zwischen den Kulturen – Zwischen den Geschlechtern. Kulturkontakte und Genderkonstrukte*, Münster u.a. 2000 (a), S. 7-17.

– „Reiseromanzen: Beziehungsstrukturen zwischen westlichen Frauen und indonesischen Männern", in: Ebd. (b), S. 131-148.

– „Lebenswege und Sichtweisen im Übergang: Zur Einführung in die interkulturelle Geschlechterforschung", in: Judith Schlehe (Hrsg.): *Interkulturelle Geschlechterforschung. Identitäten – Imaginationen – Repräsentationen*, Frankfurt/M. 2001 (a), S. 9-27.

– „Street Guides und Beach Boys in Indonesien: Gigolos oder Kleinunternehmer?", in: *Beiträge zur feministischen Theorie und Praxis*, Heft 58, 2001 (b), S. 127-137.

– „Globalisierung und Gender in neuen Begegnungsräumen", in: Sabine Hess/Ramona Lenz (Hrsg): *Geschlecht und Globalisierung. Ein kulturwissenschaftlicher Streifzug durch transnationale Räume*, Königstein/Taunus 2001(c), S. 78-100.

– „Diaspora in Maßen: Von der Vielfalt transnationaler Lebensformen", in: Alois Moosmüller (Hrsg.): *Interkulturelle Kommunikation in der modernen Diaspora*, Münster u.a. 2002 (a).

**Tomlinson, John:** „Globalisierung, Kultur und komplexe Vernetzungen", in: Thomas Düllo u.a. (Hrsg.): *Kursbuch Kulturwissenschaft*, Münster 2000, S. 17-43.

**Varro, Gabrielle:** „Rationality and irrationality in 'bicultural love' relationships", in: Kornelia Hahn/Günter Burkart (Hrsg): *Grenzen und Grenzüberschreitungen der Liebe. Studien zur Soziologie intimer Beziehungen*, Opladen 2000, S. 27-43.

**Yuval-Davis, Nira:** „Ethnicity, Gender Relations and Multiculturalism", in: P. Werbner/T. Modood (Hrsg.): *Debating Cultural Hybridity. Multi-Cultural Identities and the Politics of Anti-Racism*, London 1997.

*Angela Kaupp*

# *Gender Studies* und Theologie

## 1. Einleitung: ‚Religion' und *Gender Studies*

Schon ein flüchtiger Blick auf die Werbeseiten einer Illustrierten lässt den Einfluss jüdisch-christlicher Traditionen auf Bilder und Texte erahnen: Zwei Beispiele: a) Ein online-Magazin wirbt mit dem Slogan „Lesen. Und das Netz ist mit Dir." Graphisch unterlegt ist die Anzeige mit der Gottesdarstellung des Malers Michelangelo in der Sixtinischen Kapelle: Gott, der mit dem Menschen Kontakt aufnimmt. b) In einer Zeitungswerbung heißt es „Am 7. Tage sollst Du lesen". Die sprachliche Anspielung an das biblische Gebot „Am siebten Tage aber sollst du ruhen." (Exodus 23,12) ist offensichtlich. Von Werbung über Literatur und Musik bis zu Bild und Film zeigen sich jüdisch-christliche Spuren in den kulturellen Ausdrucksformen.[1] Da religiöse Traditionen, wie diffus sie auch sein mögen, in der Gesellschaft präsent sind und gesellschaftliche Strukturen beeinflussen, scheint mir eine Kooperation von Theologie und *Gender Studies* für beide Seiten unverzichtbar.

Mit Hilfe der Kategorie *gender* sollen Rechtfertigungen einer bestehenden sozialen Ordnung aufgrund ‚natürlicher' Gegebenheiten zurückgewiesen werden. Die Bedeutung dieser Kategorie für die theologische Wissenschaft liegt darin, dass es nicht mehr nur um die Ergänzung einer vorrangig männlich geprägten Theologie durch ‚Frauenthemen' geht, sondern um die tief greifende Veränderung von Interpretationsmustern: „Der *gender*-Begriff ist in der Lage, den herrschenden Dualismus von Mann/Frau, Kultur/Natur, Vernunft/Gefühl aufzubrechen und auch diejenigen Positionen zu kritisieren, die den Dualismus in einer einfachen Umkehrung zugunsten der Frau benutzen."[2] Eine Rezeption der Kategorie *gender* in der Theologie ist sinnvoll, da sich sowohl Theologie als auch *Gender Studies* mit anthropologischen Fragen auseinander setzen.

Eine Kooperation mit der Theologie als Wissenschaft ist auch für *Gender Studies* weiterführend, da sich *Gender Studies* verschiedener wissenschaftlicher Disziplinen in ihrer Forschung oft auf religiöse und/oder christliche Traditionen beziehen. Die Kenntnisse theologischer Begriffe oder christlicher Traditionen sind in dieser Rezeption allerdings z.T. ungenau, und aktuelle Forschungsergebnisse bleiben häufig unbeachtet. Eine Zusammenarbeit mit der Theologie ermöglicht den *Gender Studies* differenziertere Kenntnisse der Geschichte und der Glaubensinhalte des Christentums.

Im Folgenden werden zunächst die Kategorie Geschlecht/*gender* in der Theologie verortet und verschiedene Forschungsfelder der feministischen Theologie dargestellt, welche die Geschlechterdimension durchgängig thematisiert. Danach werden Untersuchungsergebnisse der Praktischen Theologie zur Kategorie *gender* vorgestellt. Angemerkt sei, dass die Ausführungen vom Standpunkt einer christlichen Theologin, nicht einer Religionswissenschaftlerin formuliert sind, d.h. ich beschränke mich auf Aussagen zu Gottes- und Menschenbild des Christentums und gehe nicht auf andere Religionen ein, die evtl. ein anderes Gottes- und Menschenbild haben. Begrifflich unterscheide ich zwischen ‚Religiosität', d.h. religiösen Überzeugungen bzw. Verhaltensweisen von Menschen und ‚Religion', d.h. der institutionalisierten Form religiöser Überzeugungen.

## 2. Genesis 1-3 – ein Beispiel für das Verhältnis der Geschlechter in der Bibel

Die christliche Theologie basiert auf einem Kanon von Schriften, der Bibel. Grundlinien der Geschlechterbeziehungen finden sich schon in den ersten Kapiteln dieses Buches. Exemplarisch soll das Verhältnis der Geschlechter anhand dieses Textes erörtert werden.

„Und Gott schuf den Menschen nach seinem Bild; [...] als Mann und Frau schuf er sie," so heißt es im 1. Kapitel des Buches Genesis, des ersten Buches der Schrift, welche im jüdischen Kontext ‚Tora' und im christlichen ‚Bibel' genannt wird. In diesem Text, der über 2500 Jahre alt ist, wird der Mensch (ʾāḏam = Erdling von ʾāḏamāh = Ackererde) von Gott in zwei Geschlechtern geschaffen. Beide werden als Abbild Gottes bezeichnet. Da nach hebräischem Verständnis im Abbild das Bild selbst präsent ist, spiegelt sich in Mann und Frau das Göttliche. Aus diesem Text, der den Menschen als Einheit von Mann und Frau sieht, lässt sich keine Nachordnung der Frau ableiten, da beiden gleichermaßen die Verantwortung für die Welt übertragen wird.[3] Wäre diese Bibelstelle allein die Grundlage des biblisch-theologischen Menschenbildes, dann hätte die Geschichte des Abendlandes vermutlich einen anderen Verlauf genommen. Aber die Sachlage ist komplizierter: Die Aussagen zum Verhältnis der Geschlechter und zur Gottesebenbildlichkeit variieren in den biblischen Texten, die über einen Zeitraum von über 1000 Jahren entstanden sind, und widersprechen sich teilweise. Bereits in Genesis 2 wird die Erschaffung der Menschen ein zweites Mal geschildert. Hier wird zuerst ein Mensch (ʾāḏam) geschaffen, und die Frau wird von Gott aus einer Seite oder Rippe (d.h. aus der Nähe des Herzens) des ʾāḏam gebildet, womit eine Verwandtschaftsbeziehung ausgesagt ist. Die geschlechtlich differenzierte Menschheit (Mann = ʾîš und Frau = ʾîššāh ) ist erschaffen. Eine Nachordnung der Frau muss auch aus dieser Stelle nicht gefolgert werden. In der christlichen Tradition wurde dieser Text jedoch als einer der Hauptbelege für die Nachrangigkeit der Frau verstanden. Eine weitreichende Veränderung ergab sich im 3.-2. Jh. v. Chr. durch die Übertragung der ersttestamentlichen Texte aus dem Hebräischen ins Griechische und damit in eine andere Gedankenwelt. Die griechische Sprache hat für viele hebräische Ausdrücke keine wirklichen Entsprechungen, und so war diese Übersetzung, die so genannte *Septuaginta* (3.-2. Jh. v. Chr.), mit z.T. weitreichenden Interpretationen verbunden.[4] Da sich die christliche Theologie lange Zeit v.a. auf diesen griechischen Text stützte, hatte er großen Einfluss auf die christliche Traditionsbildung. Erschwerend für das christliche Frauenbild kam im hellenistischen Kontext ab dem 2. Jh. n. Chr. hinzu, dass unter Bezugnahme auf die Erzählung vom Sündenfall in Genesis 3 „analog zu der Typologie Adam/Christus die typologische Entgegensetzung Eva/Maria eingeführt wurde. Dabei kam die sündige Eva als negative Folie gegenüber der vollkommenen Maria zu stehen“.[5] Adam wird nun als Eigenname verstanden, und da die Frau bei der Typologie Adam/Christus herausfällt, wird der Mann „mit hellenistisch-philosophisch-spekulativer Begründung theologisch zum Maß des Menschlichen schlechthin“.[6] Andere neutestamentliche Texte, welche die Gleichheit von Mann und Frau betonen (vgl. Galater 3,28), wurden im Umfeld des hellenistisch-römischen Patriarchates weniger rezipiert bzw. auf den zukünftigen Zustand im Jenseits umgedeutet.[7]

## 3. Das Verhältnis der Geschlechter in der christlichen Tradition

Die Schriften des zweiten Teiles der Bibel, des Neuen Testamentes, wurden alle in griechischer Sprache verfasst, und das Christentum breitete sich schnell im hellenistischen Umfeld aus. Folglich nahmen die griechische Philosophie und ihr dualistisches Denken Einfluss auf viele christlich-anthropologische Entwürfe. Geschlecht wurde meistens im Sinne einer biologischen Festlegung verstanden, an die bestimmte Wesenseigenschaften und daraus folgende Rollenzuschreibungen geknüpft sind.[8] Verbunden mit einer einseitigen Rezeption biblischer Texte wurde im christlichen Umfeld bereits in den ersten nachchristlichen Jahrhunderten (u.a. mit Bezug auf Genesis 2-3 und 1 Korinther 11,9: „Der Mann wurde auch nicht für die Frau geschaffen, sondern die Frau für den Mann“) die Zweitrangigkeit der Frau formuliert oder ihre Gottesebenbildlichkeit in Frage gestellt.[9] Die Rezeption der Philosophie des Aristoteles im Mittelalter führte diese Tradition fort: Der Dominikaner Thomas von Aquin (1225-1274), einer der wichtigsten Kirchenlehrer, dessen Werke die Theologie nachhaltig beeinflussten, entwickelte seine Anthropologie im Anschluss an die aristotelische Philosophie, welche die Frau als etwas zufällig Zustandegekommenes und Minderwertiges ansieht. Thomas bezieht den Daseinssinn der Frau ganz auf den Mann, dem das Element der Gottesebenbildlichkeit vorbehalten ist.[10] Als Konsequenz für die Frau ergibt sich eine doppelte Subordination: durch die Schöpfungsordnung, da sie als Zweites geschaffen wurde (Genesis 2) und als Sündenstrafe, da Eva angeblich Adam verführte (Genesis 3).[11] Mittelalterliche Entwürfe von Männern und Frauen (!) in der mystisch-visionären und poetischen Literatur, welche dieser Diskriminierung widersprechen, hatten wenig Einfluss auf die Entwicklung der offiziellen Theologie. Es ist jedoch hervorzuheben, dass die Tradition des Christentums, trotz dieser Ambivalenz im Blick auf die Stellung der Frau zwischen Gleichheit und Nachrangigkeit, insgesamt an der Gleichheit vor Gott aufgrund der unmittelbaren göttlichen Erschaffung beider Geschlechter und an der Erlösung beider Geschlechter durch Jesus Christus festhielt.[12]

## 4. Die Kategorie *gender* in der feministischen Theologie

### *4.1. Entstehung und Selbstverständnis*

Frauen hatten über Jahrhunderte hinweg keinen Zugang zu einer theologischen Ausbildung und kaum Einfluss auf die Theorieentwicklung der offiziellen Theologie. Erst seit Mitte des 20. Jahrhunderts können Frauen Theologie studieren, und im Gefolge der zweiten Frauenbewegung hinterfragen Theologinnen zunehmend die theologischen und kirchlichen Frauenbilder. Zunächst in den USA, dann in Europa, entwickelte sich die so genannte ‚feministische Theologie'.[13] Neben der Frauenbewegung ist für die Entstehungsgeschichte in Europa die Ökumenische Bewegung der Kirchen der Reformation (seit Ende der 40er Jahre), das II. Vatikanische Konzil der katholischen Kirche (seit Mitte der 60er Jahre) sowie die Diskussion der Frauenordination (im Anschluss an das Konzil) und die Rezeption befreiungstheologischer Ansätze (seit Anfang der 70er Jahre) grundlegend.[14] Feministische Theologie versteht sich nach einer Definition von Hedwig Meyer-Wilmes als

> „eine Theologie aus Frauenperspektive, die das Patriarchat in Religion, Kirche und Gesellschaft erkennt, benennt und zu überwinden trachtet. Aus Frauenperspektive bedeutet nicht, dass die Erkenntnisse dieser Theologie an das Ge-

> schlecht ‚Frau' geknüpft sind, sondern dass Frauen (-gestalten, -traditionen, -texte) im Mittelpunkt des Interesses stehen. Ihre Glaubens-, Lebens- und Gotteserfahrungen bringt feministische Theologie theologisch zu Geltung. Sie ist eine kontextuelle Theologie, die die Historizität von Lebenssituationen und die Begrenztheit von theologischen Aussagen ernst nimmt."[15]

Durch ihr Selbstverständnis als kontextuelle Theologie und durch unterschiedliche feministische und theologische Selbstverortungen entwickelte sich kein einheitliches Gedanken-Gebäude, sondern eine Vielfalt von Ansätzen; deshalb ist es präziser, von ‚feministischen Theologien' zu sprechen.[16] Inhaltlich lässt sich eine

> „deutliche Verschiebung von der Frage nach der Situation von Frauen in den Kirchen und der Gesellschaft hin zur Verhältnisbestimmung von Feminismus und Christentum bis zur Infragestellung der gesamten Theologie"[17]

nachzeichnen. Feministische Theologie analysiert anhand des Geschlechterbegriffes die gesellschaftliche Wirklichkeit und das Wissenschaftskonzept der Theologie. Aufgrund dieses kritischen und kontextuellen Selbstverständnisses ist der Ansatz bisher nicht zum theologischen *mainstream* zu rechnen und in Deutschland im universitären Umfeld strukturell nur schwach verankert. Feministische Theologie macht ‚Frau' bzw. *gender* zu einer zentralen Analysekategorie und verortet sich prinzipiell in allen theologischen Disziplinen: Bibelauslegung, Geschichtsschreibung, Glaubenslehre, Ethik und theologische Praxistheorie. Dies soll hier exemplarisch erörtert werden.

### *4.2. Theologische Geschichtswissenschaft*

Für eine kritische Beleuchtung des Begriffes ‚Geschlecht' in der Tradition liegt ein wissenschaftstheoretisches Problem darin, dass die Quellen – auch die über Frauen – fast ausnahmslos von Männern geschrieben sind bzw. von Frauen verfasste Quellen kaum tradiert wurden. Daher ist die von Elisabeth Gössmann initiierte Edition von Quellentexten von Frauen (vom Spätmittelalter bis zum Ende der Neuzeit)[18] ein wichtiger Beleg dafür, dass

> „(es) seit dem Mittelalter eine greifbare Kritik am traditionell christlichen Frauenbild gegeben (hat), an der Frauen wie Männer beteiligt waren. Sie konnte aber nicht verhindern, dass immer wieder das Menschsein der Frau als Zweites, Abgeleitetes, an die Leiblichkeit und Reproduktion Gefesseltes definiert und dies auch an die junge Männergeneration lehrend weitergegeben wurde. Jedoch hat die akademisch vertretene Anthropologie vor allem im Mittelalter nicht die praktische Wirkung gehabt, die sie erzielen wollte. Nur so

> erklärt sich der Abstand zwischen dem Wenigen, das als Fähigkeiten der Frau anerkannt war, und dem breiten Tätigkeitsbereich, den sie tatsächlich in ihrer Lebenswelt hatte."[19]

Der Streit über die Gleichwertigkeit oder die Minderwertigkeit der Frauen kann anhand dieser Forschungsergebnisse, für die sich der Begriff „Querelles des femmes" einbürgerte, bereits im 15.-18. Jahrhundert nachgewiesen werden.[20] Durch die Dokumentation dieser Texte, die noch weitgehend unbekannt sind, wird sichtbar, dass sowohl Frauen als auch Männer schon seit Jahrhunderten gegen eine biologisch, geistig oder moralisch begründete Minderwertigkeit der Frauen argumentieren.

### 4.3. Bibelhermeneutik/Exegese

Feministische Exegese versteht sich als theologische, geschichts- und literaturwissenschaftliche Auslegung der Bibel im Rahmen der christlichen Theologie mit einer feministischen Option.[21] Ein Schwerpunkt ist die Erforschung von Frauenwirklichkeiten in der Bibel. Dabei kommt eine weibliche Rollenvielfalt zum Ausdruck: Es gab in biblischer Zeit Frauen mit Führungsaufgaben wie z.B. die Richterin Debora (Richter 4 und 5), die Prophetin Miriam (Exodus 15) oder die Diakonin Phoebe (Römerbrief 16). Diese Erkenntnisse decken auf, dass in der christlichen Traditionsgeschichte das Frauenbild auf einseitige Rollen festgelegt wurde. Ein zweiter Schwerpunkt ist die Herausarbeitung von Beispielen weiblicher Gottesmetaphorik in der Bibel: Geist oder Kraft (*rûaḥ*), Weisheit (*ḥōḵmāh/sophia*), Gott als Hausfrau, Mutter oder Bärin. Jahrhundertelang traten diese Begriffe in theologischen Schriften oder Predigten hinter den männlichen Bildern (z.B. Gott als Herr, König, Richter und Vater) zurück. *Rûaḥ* und *ḥōḵmāh/sophia* sind sowohl grammatikalisch als auch von ihrer inhaltlichen Beschreibung her weiblich. *Rûaḥ* wurde durch die Übersetzung ins Griechische (in der *Septuaginta*, s.o.) zum Neutrum (*pneuma*) und später im Lateinischen und Deutschen zu einem Maskulinum (*spiritus*/Geist). Die Gestalt der Weisheit (*ḥōḵmāh/sophia*) ist in den Schriften des Neuen Testamentes kaum vorhanden. „Frühchristlich reflektierende Mythologie hat die von der Weisheitstheologie aus der Göttinnensprache übernommenen Elemente entweder durch den grammatisch maskulinen Logosbegriff christologisch absorbiert oder auf die Mutter Jesu übertragen."[22] Die weiblichen Konnotationen gingen in der christlichen Rezeption weitgehend verloren. Die Gefahr eines einseitig männlichen Gottesbildes kann u.a. dadurch gebannt werden, dass die biblischen Traditionen von *rûaḥ* und *sophia* in der Theologie stärker rezipiert werden.

### 4.4. Systematische Theologie

Die Ergebnisse der feministisch-theologischen Geschichts- und Bibelwissenschaft führen zu einer kritischen Relektüre der tradierten Gotteslehre und Christologie. Es wird darauf hingewiesen, dass die christliche Glaubenslehre sich zu einseitig auf männliche Gottesbilder stützt. Die Kritik der Christologie betont, dass ‚Inkarnation' Menschwerdung Gottes in Jesus bedeutet, nicht Mannwerdung. Es zeigt sich, dass es nicht einfach ist, eine Gotteslehre zu formulieren, die am christlichen Glauben an eine persönliche Gottheit festhält, ohne dass Gott als Mann oder als Frau gedacht wird. Aus feministischer Perspektive wurden einige Entwürfe vorgelegt, die jedoch vom theologischen *mainstream* bisher wenig beachtet oder als unvollständig abgelehnt werden.[23] Da es im Rahmen dieses Artikels nicht möglich ist, die Bandbreite der Diskussion in der systematischen Theologie angemessen darzustellen, soll das Problem nur benannt werden.

## 5. Die Kategorie *gender* in der Praktischen Theologie

Die Praktische Theologie ist ein interdisziplinär arbeitender Teilbereich der Theologie und bezieht sich sowohl auf Ergebnisse anderer theologischer Disziplinen (wie der biblischen, der historischen und der systematischen Theologie) als auch der Humanwissenschaften (v.a. der Pädagogik bzw. der Erziehungswissenschaften, der Psychologie und der Soziologie). Als praxisorientierte Wissenschaft untersucht Praktische Theologie die soziokulturellen Gegebenheiten kirchlichen Handelns, wobei die Kategorie *gender* als Forschungsdimension erst ansatzweise im Blick ist (u.a. in der feministisch orientierten Praktischen Theologie). Mein Arbeitsbereich, die Religionspädagogik, ist eine Disziplin der Praktischen Theologie. Ein Forschungsgebiet der *Gender Studies* in der Religionspädagogik ist die Untersuchung der Wechselwirkungen zwischen *gender* und religiösen Lehr-/Lernprozessen. Grundsätzlich sind in Bildungs- und Sozialisationsprozessen folgende Wechselwirkungen zwischen Religion und Geschlecht denkbar: a) Religion hat keinen Einfluss auf die Entwicklung von Geschlecht; b) Religion bestätigt *gender*, begründet es jedoch nicht; c) Religion begründet bestimmte Ausprägungen von *gender*.[24] Bereits aus der vorangegangenen Darstellung wird ersichtlich, dass der Variante a) widersprochen werden kann, da die Tradition von Rollenverständnissen z.T. auch religiös begründet wurde. Eine klare Entscheidung, ob Religion auf die Ausprägung von *gender* lediglich Einfluss hat oder sie diese darüber hinaus begründet, wird kaum möglich sein. Eine umfassende Theoriediskussion zum Verhältnis von *gender* und religiösen Bildungs- bzw. Sozialisationsprozessen steht noch aus.[25]

### 5.1. Interesse an Religion und Bindung an die Kirche

Historische Untersuchungen kamen übereinstimmend zu dem Ergebnis, dass Frauen im 19. und 20. Jahrhundert eine stärkere Bindung an Religion und Kirche aufwiesen als Männer.[26] In der Gesellschaft kam es Ende des 18. Jahrhundert zunächst zur ‚Intimisierung' von Religion im öffentlichen Raum, d.h. Religiosität wird vor allem als ein inneres Gefühl verstanden. Danach folgte Anfang des 19. Jahrhundert eine ‚Familiarisierung' von Religion, d.h. Religiosität wird weniger öffentlich gelebt, sondern in den Raum der Familie verwiesen. Zur gleichen Zeit entwickelte sich das Bürgertum mit seiner spezifischen Rollenteilung, als deren Folge eine ‚Feminisierung' von Religion festgestellt werden kann: Frauen sind für Familie und damit auch für Religion zuständig. In der Mitte des 19. Jahrhundert bot die kirchliche Öffentlichkeit häufig die einzige Möglichkeit für bürgerliche Frauen, außerhalb des Hauses eine Funktion zu übernehmen. Die größere Bindung von Frauen an Kirche und Religion sollte daher „nicht sozialgeschichtlich als spezifische Religiosität einer sozialen Gruppe, sondern mentalitätsgeschichtlich als Ausdruck weiblicher Erfahrungs- und Erlebniswelt"[27] betrachtet werden. Da sich die Welt für Frauen anders darstellte als für Männer, handelte es sich „um eine religiöse Sinndeutung von weiblichen Lebensformen und Lebenserfahrungen, um die Art und Weise, wie sich Frauen die Welt, in der sie lebten, ihre Probleme und Konflikte selbst religiös zurechtlegten."[28] Es ist zu untersuchen, ob die religiöse Sinndeutung auch heute noch stark mit weiblichen Lebenserfahrungen korreliert, da weiterhin eine unterschiedliche Bindung von Frauen und Männern an Religion und Kirche wahrzunehmen ist.[29] Es konnte ein Zusammenhang zwischen traditionellen Rollenbildern und religiös-kirchlicher Orientierung (d.h. Glaube an Gott, positive Wertschätzung von Religion, emotionelle Verbundenheit mit der Kirche, Engagement im kirchlichen Bereich) bei beiden Geschlechtern festgestellt werden. Dieser Zusammenhang war bei Frauen noch deutlicher ausgeprägt als bei Männern. Dagegen waren geschlechtsspezifische Unterschiede beim Zusammenhang zwischen nicht-traditionellen Rollen und Kirchlichkeit nicht signifikant. Unterschiede zwischen Frauen und Männern wurden in der Art der Begründung von Religiosität gefunden: Frauen v.a. begründen ihre Bindung an Kirche damit, dass sie im Rahmen der Kirchen anderen helfen können (karitative Dimension).[30]

Auch bei Kindern und Jugendlichen wurde ein stärker ausgeprägtes religiöses Interesse bei Mädchen festgestellt, das mit einer geringeren Tendenz zur Kritik an theologisch-kirchlichen Lehren verbunden ist.[31] Es besteht evtl. eine Korrelation zwischen der Einstellung der Jugendlichen und ihrer Eltern.[32] Die Frage, ob sich weibliche und männliche Religiosität oder Spiritualität inhaltlich unterscheiden, kann aufgrund bisher vorliegender Untersuchungsergebnisse nicht beantwortet werden. Zusammenhänge von Rollen und Religiosität sind zu vermuten, die empirische Untersuchung der vorliegenden Erklärungshypothesen steht jedoch noch weitgehend aus.

## 5.2. Glaubensentwicklung aus der Sicht von Frauen

In mehreren qualitativen Arbeiten wurden Frauen und ihre Religiosität untersucht, während männliche Religiosität bisher kaum Forschungsgegenstand ist.[33] Regina Sommer interviewte evangelische Frauen aus den alten Bundesländern, die zwischen 30 und 50 Jahre alt sind, Kinder haben und einen Beruf ausüben.[34] Durch ihre Berufstätigkeit sind die Frauen nicht allein auf Familie orientiert, und werden stärker mit den Anforderungen der Moderne im Sinne der ,doppelten Vergesellschaftung' von Frauen konfrontiert. Als Ergebnis der Untersuchung kann festgestellt werden, dass Religiosität nicht unabhängig vom Leben und von primären religiösen Sozialisationsprozessen zu sehen ist und dass sich die Kategorie *gender* auf die Lebensführung und die Form gelebter Religion auswirkt.[35] Die Frauen entwickelten aufgrund ihrer ambivalenten Orientierung an verschiedenen, traditionell unvereinbaren Lebensbereichen, wie dem Berufs- und Familienbereich, fragmentarische Identitäten, die durch die labile Balance von Eigenständigkeit und Bindung in unterschiedlichen Konstellationen gekennzeichnet sind. In jeweils individuellen Formen von Religiosität suchen sie Hilfe bei der Bearbeitung der ihren Alltag kennzeichnenden Widerspruchserfahrungen und finden Möglichkeiten, in kritische Distanz zu ihrem widersprüchlichen Lebensalltag zu treten. Dieser Zusammenhang kann eine religiöse Sinnsuche von Frauen erklären, deren Leben nur bedingt traditionellen Rollenbildern entspricht.

Weitgehend unerforscht ist bisher auch die Entwicklung der Wechselwirkung von Lebensgeschichte, Geschlecht und Religiosität in Kindheit und Jugend, die Gegenstand meiner Untersuchung von jungen Frauen im Alter zwischen 16 und 25 Jahren ist. Meine Forschung fragt danach, wie sich Religiosität bei weiblichen Jugendlichen darstellt, ob weibliche religiöse Entwicklung bzw. Sozialisation in Wechselbeziehung mit der Institution Kirche und ihren Sozialisationsformen steht und inwieweit religiöse Entwicklung und Sozialisation mit weiblicher Entwicklung und Sozialisation insgesamt korrelieren. Die derzeitige Hypothesenbildung geht in folgende Richtung: Geschlechtsspezifische Unterschiede werden von den Jugendlichen nicht immer reflektiert. Obwohl die Frauen in ihren Erzählungen Unterschiede beschreiben, verneinen sie z.T. Geschlechterdifferenzierungen in ihrer (religiösen) Sozialisation, wenn sie ausdrücklich gefragt werden. Geschlechtsspezifische Unterschiede in der Glaubensentwicklung werden v.a. von den jungen Frauen benannt, die mit Brüdern aufwuchsen. Die familiäre Situation wird prägender wahrgenommen als koedukative Situationen in Schule oder Gemeinde. Die Untersuchung ist jedoch noch nicht abgeschlossen.[36]

## 5.3. Gottesbildentwicklung aus geschlechtsspezifischer Sicht

Ein weiterer Untersuchungsgegenstand religionspädagogischer Forschung ist die Entwicklung von Gottesvorstellungen. Folgende Ergebnisse lassen sich zusammenfassend aus geschlechtsspezifisch differenzierenden Untersuchungen zur kindlichen und jugendlichen Gottesbildentwicklung formulieren:[37] Mädchen bejahen die Frage nach der Existenz Gottes häufiger als Jungen und beschreiben Gott insgesamt positiver.[38] Jungen beschreiben eine Gottheit mit stark ausgeprägter rationaler und pragmatischer Ausrichtung auf das Leben der Menschen und der Welt insgesamt. Diese Eigenschaften eines als allwissend beschriebenen Gottes ermöglicht es den Jungen, Religion und Rationalität miteinander zu verbinden, wobei gefühlsbetonte Aspekte vernachlässigt werden. Der stets handelnde Gott bleibt in der Ferne, und das Gottesbild der Jungen ist männlich geprägt. In der Vorstellung der Mädchen ist Gott eher passiv und emotional nahe. Sie sehen die Beziehung zu Gott als eine Partnerbeziehung. Während das Gottesbild der Mädchen grundsätzlich männliche Züge hat, lässt sich bei ihnen eine Tendenz zu androgynen Vorstellungen beobachten, die jedoch nur zögernd thematisiert wird. Untersuchungen von gemalten Gottesbildern belegen geschlechtsspezifische Unterschiede in der Darstellung Gottes.[39] Insbesondere kleinere Mädchen malten Gott auch weiblich. Stephanie Klein beobachtete, dass Gott als Frau dargestellt wird (z.B. als Indianergöttin). Wenn Mädchen sich jedoch eindeutig auf ein christliches Gottesbild beziehen, ist eine weibliche Präsentation selten. Möglich ist, dies durch eine Spannung zwischen christlich-gesellschaftlich vermittelter Norm und inneren Bedürfnissen oder Erfahrungen zu erklären.[40] Werden die Bilder nach dem Kriterium anthropomorphe vs. symbolische Gottesdarstellung unterschieden, ergibt sich eine höhere Tendenz anthropomorpher Gottesbilder bei Jungen. Bei der Analyse gemalter Gottesbilder lässt sich aufzeigen, dass die Untersuchten große Mühe darauf verwenden, Gott in Abgrenzung von Menschen zu gestalten, auch wenn sie ihn anthropomorph (meist als Mann) malen, indem sie ihn z.B. mit einem Gewand darstellen, das sich von normaler Kleidung unterscheidet, oder indem sie auf bestimmte Attribute verzichten oder eine spezifisch religiöse Wortwahl treffen. Aufgrund dieser Beobachtung kritisiert Stephanie Klein die Unterscheidung zwischen anthropomorph und symbolisch, die häufig als Kriterium für die Entwicklungsreife von Gottesvorstellungen herangezogen wird, da die Vielschichtigkeit der Darstellungen nicht berücksichtigt wird.[41]

Eine Wechselwirkung zwischen geschlechtsspezifischen Vorstellungen der Gesellschaft und persönlichen religiösen Gottesbildern belegt auch eine

Untersuchung von Gottesvorstellungen, die 45- bis 60-jährige Frauen in kurzen Geschichten formulierten.[42]

Die Forschungslage besteht z. Zt. notwendigerweise aus Einzelbausteinen, und es bleibt weiterhin Forschungsaufgabe der Praktischen Theologie, die Zusammenhänge zwischen *gender* und Religiosität empirisch zu untersuchen.

## 6. Herausforderungen

Die Kategorie *gender* findet in der Theologie erst seit kurzem Beachtung. Dazu bemerkt Ursula King: „The study of women is still marginalized in the study of religion, and the comprehensive study of gender as a category with even larger connotations has hardly begun."[43] Bisher fehlt weitgehend eine philosophisch-fundamentaltheologische Diskussion der Kategorie *gender* in theologischen Ansätzen, die nicht der feministischen Theologie zuzuordnen sind.[44] Die Herausforderungen der Rezeption der *gender*-Diskussion an die Theologie möchte ich kurz benennen.

### 6.1. *Die Kategorie* gender *und das christliche Menschen- und Gottesbild*

Eine Auseinandersetzung zwischen der Kategorie *gender* und dem christlichen Menschenbild ist m.E. aufgrund der abendländischen Geschichte unerlässlich. Damit ist bereits eine Problemanzeige gegeben: Letztlich geht es darum, eine über 2000-jährige Philosophie- und Theologietradition und ihre jeweiligen Begriffe von Geschlecht bzw. von Frau- und Mannsein einer kritischen Relektüre zu unterziehen. Dieses Unterfangen ist begrifflich und methodologisch nicht einfach und „gewinnt an Schärfe vor dem Hintergrund postmoderner Strömungen, die den Tod des abendländischen Subjekt(begriff)es proklamieren."[45] Sowohl der Subjekt- als auch der Personbegriff sind jedoch wichtige Voraussetzungen, um von Gott als transzendentem Du zu sprechen. Neben der Schwierigkeit einer theologisch angemessenen Weiterführung des Personbegriffes liegt eine weitere Schwierigkeit darin, dass sich auch der theologische Feminismus auf unterschiedliche Konzepte bzw. Traditionen stützt: Hedwig Meyer-Wilmes konstatiert:

> „Innerhalb feministischer Diskussion geschieht also Gegensätzliches: Einerseits wird also das Subjektwerden (auch) für die Frauen eingeklagt, andererseits der Tod des (männlichen) Subjektes – genauer: der Subjektivität des Subjektes – proklamiert. Beide Forderungen werden innerhalb des Feminismus gleichzeitig erhoben. Angemessen feministisch lässt sich dieser Widerspruch

> nur als Frage nach der Differenz der Geschlechter verhandeln, d.h. als ein konzeptionelles Problem, dem sich sowohl der Gleichheitsfeminismus wie der gynozentrische Feminismus stellen muss."[46]

Auch Positionen, die jeden Verweis auf Materialität ablehnen, sind aus christlicher Perspektive kritisch zu hinterfragen, da sie den Diskurs unter Ausschluss des Körpers führen wollen.[47] *Gender Studies* in der Theologie haben die Aufgabe zu prüfen, wie die Kategorie *gender* mit einem theologisch angemessenen Reden von Gott und Mensch korreliert werden kann und wie theologisches Reden von einengenden Geschlechtsrollenzuweisungen befreit werden kann.

### 6.2. *Die Kategorie* gender *und religiöse Sozialisationsprozesse*

Die oben beschriebenen Ergebnisse sind Bausteine für die Entwicklung einer Praktischen Theologie, welche die Kategorie *gender* berücksichtigt und sich auf die Praxis religionspädagogischen oder pastoralen Handelns auswirkt. Diese Erweiterung theologischer Theoriebildung ist notwendig, damit sowohl in der Theorie als auch in der Praxis Leitbilder religiöser Erziehung weitergegeben werden, die auf ihre impliziten Geschlechtsrollenbilder reflektieren und vorhandene Diskriminierungen zurückweisen.

## 7. Schlussbemerkung

Mit Hilfe der Kategorie *gender* werden Entwürfe der wissenschaftlichen Theologie ebenso wie praktisches Handeln der Kirchen dahingehend geprüft, ob es offene oder verdeckte Diskriminierungen aufgrund von Geschlecht gibt und wie diese entstanden sind. Die Rezeption der Kategorie *gender* in der Theologie kann zu einer verschärften Wahrnehmung derjenigen Strukturen in Gesellschaft und Kirche beitragen, die verhindern, dass die im Christentum grundsätzlich angelegte Gleichwertigkeit von Frau und Mann umfassende Realität ist. Geht die wissenschaftliche Theologie auf diese Herausforderung ein, kommt sie m.E. der Aussage aus dem Buch Genesis näher: „Gott schuf den Menschen nach seinem Bilde; [...] als Mann und Frau schuf er sie."

## Anmerkungen

1 Die Darstellung dieser Spuren könnte Gegenstand eines eigenen Beitrags sein.

2 Regina Ammicht Quinn: *Körper – Religion – Sexualität. Theologische Reflexionen zur Ethik der Geschlechter*, Mainz 1999, S. 64.

3 Vgl. Helen Schüngel-Straumann/Elisabeth Gössmann: „Gottesebenbildlichkeit“, in: Elisabeth Gössmann/ Elisabeth Moltmann-Wendel u.a.: *Wörterbuch der Feministischen Theologie*, Gütersloh 1991, S. 173-177; Helen Schüngel-Straumann: „Genesis 1-11“, in: Luise Schottroff/Marie-Theres Wacker: *Kompendium Feministische Bibelauslegung*, Gütersloh 1998, S. 1-11. Elisabeth Gössmann: *Eva – Gottes Meisterwerk (*Archiv für philosophie- und theologiegeschichtliche Frauenforschung, Bd. 2), München 2000, S. 11-44.

4 Ein Beispiel: *næpæš* ist im Hebräischen ursprünglich Nacken, Hals; aber auch Atem, Lebenshauch, Seele und dient zur Bezeichnung des mit dem Körper verbundenen Lebens. Der Mensch hat nicht *næpæš,* er ist *næpæš*. Fleisch, Seele, Geist sind nicht Bestandteile des Menschen, sondern Aspekte, unter denen er als eine Einheit gesehen wird. Die Übersetzung des Wortes mit dem griechischen *psyche* (Seele) bleibt daher ungenau und missverständlich, da der Mensch nach griechischer Auffassung aus zwei Teilen, dem Körper (Materie) und der Seele (Geist) besteht. Vgl. „næpæš", in: G. Johannes Botterweck: *Theologisches Wörterbuch zum Alten Testament*. Bd. 5. Stuttgart 1986, Spalte 531-555.

5 Schüngel-Straumann: „Genesis 1-11“, S. 3.

6 Vgl. Schüngel-Straumann/ Gössmann: „Gottesebenbildlichkeit“, S. 177.

7 Gössmann*: Eva – Gottes Meisterwerk*, S. 20.

8 Vgl. die Darstellungen von Dr. Lutz Sauerteig zur Medizingeschichte und Prof. Dr. Cornelia Klinger zur Philosophiegeschichte in dieser Vorlesungsreihe.

9 Zum Überblick über das Frauenbild in theologischen Entwürfen aus der Zeit des Frühchristentums bis zur Neuzeit vgl. Gössmann*: Eva – Gottes Meisterwerk*, S. 19-44.

10 „Aber inbezug auf etwas Sekundäres findet sich das Gottesbild im Mann, und inbezug auf dieses findet es sich nicht in der Frau. Denn der Mann ist das Prinzip der Frau und ihr Ziel, so wie Gott Prinzip und Ziel der gesamten Schöpfung ist.“ *Summa Theol. I*, qu. 93,4 ad 1; zit. n. ebd., S. 33.

11 Auf eine ausführliche Textauslegung muss verzichtet werden. Exegetische Forschungen haben nachgewiesen, dass die Rezeption dieser Erzählungen häufig sprachlich ungenau ist und dass die erzählerische Gattung und der geschichtliche Kontext nicht berücksichtigt wurden. Vgl. dazu z.B. die angegebenen Werke von Helen Schüngel-Straumann und Elisabeth Gössmann.

12 Elisabeth Gössmann: „Anthropologie“, in: Gössmann/Moltmann-Wen-

del u.a.: *Wörterbuch der Feministischen Theologie*, S. 19.

13 Da der Begriff ‚feministisch' in Deutschland (im theologisch-kirchlichen Umfeld) häufig abwertend konnotiert ist, bleibt die Übersetzung ‚feminist theology' mit ‚feministische Theologie' missverständlich.

14 Vgl. Lucia Scherzberg: *Grundkurs Feministische Theologie*, Mainz 1995, S. 11-20; Hedwig Meyer-Wilmes: *Rebellion auf der Grenze. Ortsbestimmung feministischer Theologie*, Freiburg 1990, S. 19-41. Obwohl die Entwicklung der feministischen Theologie ohne die Entwicklungen in den USA nicht denkbar ist, beschränke ich mich auf den europäischen Kontext.

15 Hedwig Meyer-Wilmes: „Feministische Theologie", in: *Lexikon für Theologie und Kirche,* Bd. 5, Freiburg 1995, Spalte 1225f. Leonore Siegele-Wenschkewitz hebt den Unterschied zwischen feministischer Theologie und Frauenforschung hervor. Frauenforschung kann, muss jedoch nicht unbedingt die Kategorie *gender* einschließen und wird z.T. als Gegenbegriff zur feministischen Theologie verwandt. Vgl. dies.: „Die Rezeption und Diskussion der Genus-Kategorie in der theologischen Wissenschaft", in: Hadumod Bußmann/Renate Hof (Hrsg.): *Genus. Zur Geschlechterdifferenz in den Kulturwissenschaften*, Stuttgart 1995, S. 60-112; S. 70 und S. 87f.

16 Catharina Halkes erscheint es unangemessen, das Verhältnis zur Institution Kirche als Gradmesser zu sehen: Es ist „durchaus nicht so, dass diejenigen, die Kirche und Christentum hinter sich lassen, daher allein schon radikal sind und dass diejenigen, die der Kirche treu bleiben, allein schon daher an Radikalität einbüßen." Zit. n. Meyer-Wilmes: *Rebellion auf der Grenze,* S. 96. Hedwig Meyer-Wilmes stellt die unterschiedlichen Entwürfe im Überblick vor. Ebd., S. 111.

17 Ebd., S. 42.

18 Elisabeth Gössmann (Hrsg.): *Archiv für philosophie- und theologiegeschichtliche Frauenforschung,* Sieben Bände, München 1985-1998. (Drei weitere Bände sind geplant).

19 Elisabeth Gössmann: „Anthropologie", S. 16.

20 Vgl. die Teildokumentation bei Gössmann (Hrsg.): *Archiv für philosophie- und theologiegeschichtliche Frauenforschung,* Bde. 1-4, München 1985-1998.

21 Zu den Grundlagen feministischer Exegese vgl. Marie-Theres Wacker: „Geschichtliche, hermeneutische und methodologische Grundlagen", in: Luise Schottroff/Silvia Schroer/Marie-Theres Wacker (Hrg.): *Feministische Exegese. Forschungserträge zur Bibel aus der Perspektive von Frauen,* Darmstadt 1995, S. 3-79. Wacker zeigt in einem geschichtlichen Überblick, dass seit ca. hundert Jahren ein „exegetisch-wissenschaftliche(s) Interesse an weiblicher Wirklichkeit der biblischen Zeit" anzutreffen ist. Ebd., S. 9.

22 Elisabeth Schüssler Fiorenza: „Auf den Spuren der Weisheit – Weisheitstheologisches Urgestein", in: Verena Wodtke (Hrsg.): *Auf den Spuren der Weisheit. Sophia – Wegweiserin für ein neues Gottesbild,* Freiburg 1991, S. 37. Vgl. auch Silvia Schroer: „Das

Buch der Weisheit", in: Schottroff/ Wacker: *Kompendium Feministische Bibelauslegung,* S. 441-449.

23 Eine ausführliche Bibliographie findet sich bei Anne Jensen/Maximilian Liebmann (Hrsg.): *Was verändert Feministische Theologie? Interdisziplinäres Symposion zur Frauenforschung* (Graz, Dezember 1999). Münster 2000, S. 208-212. Vgl. auch Monika Jakobs: *Frauen auf der Suche nach dem Göttlichen. Die Gottesfrage in der feministischen Theologie*, Münster 1993.

24 Zu b) und c) vgl. Margret Kraul/ Christoph Lüth: „Religion, Geschlechteranthropologie, Bildung", in: dies. (Hrsg.): *Erziehung der Menschen-Geschlechter. Studien zur Religion, Sozialisation und Bildung in Europa seit der Aufklärung,* Weinheim 1996, S. 7-22.

25 Dieses Defizit wird zunehmend gesehen. Friedrich Schweitzer stellt fest: „Zu den in Religionspädagogik und feministischer Theologie bislang wenig oder gar nicht gestellten Fragen gehört die nach geschlechtsspezifischen Ausprägungen von religiöser Entwicklung und Sozialisation." Vgl. ders.: „Religiöse Entwicklung und Sozialisation von Mädchen und Frauen. Auf der Suche nach empirischen Befunden und Erklärungsmodellen", in: *Der Evangelische Erzieher*, 45. Jg. (1993), S. 411-421. Ebd. S. 411. Zum Forschungsstand vgl. das Themenheft „Religionspädagogik feministisch" der *Religionspädagogischen Beiträge*, 43. Jg. (1999), Zeitschrift der Arbeitsgemeinschaft Katholischer Katechetik-DozentInnen (mit weiterführender Bibliographie zur feministischen Religionspädagogik). Erschwerend kommt m.E. hinzu, dass humanwissenschaftliche Forschung allgemein und Frauen- bzw. Gender-Forschung Religion bzw. religiöse Sozialisation kaum thematisiert. Sicher gibt es verschiedene Gründe für diese human- oder sozialwissenschaftliche ‚Enthaltsamkeit' im Blick auf religiöse Fragestellungen. Eine Möglichkeit wäre, dass von der oben genannten Relationsvariante a) ausgegangen wird.

26 Irmtraud Götz von Olenhusen: „Die Feminisierung von Religion und Kirche im 19. und 20. Jahrhundert. Forschungsstand und Forschungsperspektiven", in: *Frauen unter dem Patriarchat der Kirchen. Katholikinnen und Protestantinnen im 19. und 20. Jahrhundert*, Stuttgart/Berlin/ Köln 1995, S. 9-21; Rebekka Habermas: „Weibliche Religiosität – oder: Von der Fragilität bürgerlicher Identitäten", in: Klaus Tenfelde/Hans-Ulrich Wehler (Hrsg.): *Wege zur Geschichte des Bürgertums.* Göttingen 1994, S. 125-148; Lucian Hölscher: „‚Weibliche Religiosität' – Der Einfluss von Religion und Kirche auf die Religiosität von Frauen im 19. Jahrhundert", in: Kraul/ Lüth (Hrsg.): *Erziehung der Menschen-Geschlechter*, S. 45-62.

27 Ebd., S. 56.

28 Ebd., S. 59.

29 Zum Forschungsüberblick vgl. Bernhard Grom: *Religionspädagogische Psychologie des Kleinkind-, Schul- und Jugendalters*, Düsseldorf 2000, S. 281-288; Ingrid Lukatis/Regina Sommer/Christof Wolf (Hrsg.): *Re-*

*ligion und Geschlechterverhältnis*, Opladen 2000.

30 Paul M. Zulehner/Rainer Volz: *Männer im Aufbruch. Wie Deutschlands Männer sich selbst und wie Frauen sie sehen. Ein Forschungsbericht*, Ostfildern 1998. Diese Untersuchung ist eine der wenigen, welche Religiosität von Männern erforscht. Gründe für den Ausfall der religiösen Männerforschung könnten sein, dass die Untersuchung geschlechtsspezifischer Fragestellungen insgesamt weitgehend ausgeklammert wurde und Fragen der eigenen Geschlechtsrolle von Männern in Wissenschaft und Kirche bisher kaum thematisiert werden.

31 Kalevi Tamminen: *Religiöse Entwicklung in Kindheit und Jugend*, Frankfurt 1993.

32 Vgl. Helmut Fend: *Identitätsentwicklung in der Adoleszenz*, Bern 1991, S. 244-249.

33 Z.B. Ulrike Wagner-Rau: *Zwischen Vaterwelt und Feminismus. Eine Studie zur pastoralen Identität von Frauen*, Gütersloh 1992; Monika Maaßen: *Biographie und Erfahrung. Ein feministisch-theologischer Beitrag zur Relevanz der Biographieforschung für die Wiedergewinnung der Kategorie Erfahrung*, Münster 1993; Stephanie Klein: *Theologie und empirische Biographieforschung. Methodische Zugänge zur Lebens- und Glaubensgeschichte und ihre Bedeutung für eine erfahrungsbezogene Theologie*, Stuttgart/Berlin/Köln 1994; Ursula Silber: *Zwiespalt und Zugzwang. Frauen in Auseinandersetzung mit der Beichte*, Würzburg 1996; Regina Sommer: *Lebensgeschichte und gelebte Religion von Frauen. Eine qualitativ-empirische Studie über den Zusammenhang von biographischer Struktur und religiöser Orientierung*, Stuttgart/Berlin/Köln 1998; Gisela Matthiae: *Clownin Gott. Eine feministische Dekonstruktion des Religiösen*, Stuttgart/Berlin/Köln 1999; Kristina Augst: *Religion in der Lebenswelt junger Frauen aus sozialen Unterschichten*, Stuttgart/Berlin/Köln 2000.

34 Sommer: *Lebensgeschichte und gelebte Religion von Frauen*, S. 298f.

35 Ebd. Vgl. auch Klein: *Theologie und empirische Biographieforschung*. Am Beispiel einer fast 80-jährigen katholischen Frau wird eine altersspezifisch andere Gestalt von Lebensgeschichte und geschlechtsspezifischer Religiosität deutlich, nämlich Sticken als ein religiöser Vollzug.

36 Vgl. Angela Kaupp: „Hat Religiosität ein Geschlecht. Skizzierung eines Forschungsprojektes“, in: Werner Tzscheetzsch (Hrsg.): *Zwischen Exodus und Exil. Religionspädagogik in der Pluralität*, Ostfildern 2000, S. 101-107.

37 Zum Forschungsüberblick vgl. Grom: *Religionspädagogische Psychologie des Kleinkind-, Schul- und Jugendalters*, S. 283-287. Nicht alle Untersuchungen differenzieren nach Geschlecht, und bei den vorliegenden Untersuchungen verhindern die Unterschiede in Fragestellung und methodischem Vorgehen einen zahlenmäßigen Vergleich der Ergebnisse.

38 Vgl. Tamminen: *Religiöse Entwicklung in Kindheit und Jugend*, S. 168-207.

39 Vgl. Helmut Hanisch: *Die zeichnerische Entwicklung des Gottesbildes bei Kindern und Jugendlichen,* Stuttgart 1996.

40 Stephanie Klein: *Gottesbilder von Mädchen. Bilder und Gespräche als Zugänge zur kindlichen religiösen Vorstellungswelt*, Stuttgart/Berlin/Köln 2000, S. 171-173.

41 Ebd., S. 163-165.

42 Vgl. Matthiae: *Clownin Gott. Eine feministische Dekonstruktion des Göttlichen.*

43 Ursula King: *Religion and Gender*, Oxford UK/Cambridge USA 1995, S. 24.

44 Vgl. Andrea Günter: *Feministische Theologie und postmodernes Denken. Zur theologischen Relevanz der Geschlechterdifferenz*, Stuttgart/Berlin/Köln 1996, S. 7. Günter geht hier nur auf die Frauenforschung ein; da jedoch eine explizite Männerforschung in der Theologie kaum zu finden ist, kann diese Aussage m.E. auch auf *Gender Studies* bezogen werden.

45 Meyer-Wilmes: *Rebellion auf der Grenze*, S. 122.

46 Ebd., S. 124.

47 Vgl. dazu kritisch Ammicht Quinn: *Körper – Religion – Sexualität*, S. 64.

## Literatur

**Botterweck, G. Johannes:** „næpæš“, in: ders. (Hrsg.): *Theologisches Wörterbuch zum Alten Testament*, Bd. 5, Stuttgart 1986, Spalte 531-555.

**Ammicht Quinn, Regina:** *Körper – Religion – Sexualität. Theologische Reflexionen zur Ethik der Geschlechter*, Mainz 1999.

**Augst, Kristina:** *Religion in der Lebenswelt junger Frauen aus sozialen Unterschichten*, Stuttgart/Berlin/Köln 2000.

**Becker, Sybille/Nord, Ilona:** *Religiöse Sozialisation von Mädchen und Frauen*, Stuttgart/Berlin/Köln 1995.

**Fend, Helmut:** *Identitätsentwicklung in der Adoleszenz*, Bern 1991.

**Gössmann, Elisabeth (Hrsg.):** *Archiv für philosophie- und theologiegeschichtliche Frauenforschung*, Sieben Bände, München 1985 -1998.

**Dies.:** „Anthropologie“, in: Elisabeth Gössmann/Elisabeth Moltmann-Wendel u.a.: *Wörterbuch der Feministischen Theologie*, Gütersloh, S. 16-22.

**Dies.:** *Eva – Gottes Meisterwerk*, Archiv für philosophie- und theologiegeschichtliche Frauenforschung, Bd. 2, München 2000.

**Götz von Olenhusen, Irmtraud:** „Die Feminisierung von Religion und Kirche im 19. und 20. Jahrhundert. Forschungsstand und Forschungsperspektiven“, in: dies.: *Frauen unter dem Patriarchat der Kirchen. Katholikinnen und Protestantinnen im 19. und 20. Jahrhundert*, Stuttgart/Berlin/Köln 1995, S. 9-21.

**Grom, Bernhard:** *Religionspädagogische Psychologie des Kleinkind-, Schul- und Jugendalters*, Düsseldorf 2000.

**Günter, Andrea:** *Feministische Theologie und postmodernes Denken. Zur theologischen Relevanz der Geschlechterdifferenz*, Stuttgart/Berlin/Köln 1996.

**Habermas, Rebekka:** „Weibliche Religiosität – oder: Von der Fragilität bürgerlicher Identitäten“, in: Klaus Tenfelde/Hans-Ulrich Wehler (Hrsg.): *Wege zur Geschichte des Bürgertums*, Göttingen 1994, S. 125-148.

**Hanisch, Helmut:** *Die zeichnerische Entwicklung des Gottesbildes bei Kindern und Jugendlichen*, Stuttgart 1996.

**Hölscher, Lucian:** „‚Weibliche Religiosität‘ – Der Einfluss von Religion und Kirche auf die Religiosität von Frauen im 19. Jahrhundert“, in: Margret Kraul/Christoph Lüth (Hrsg.): *Erziehung der Menschen-Geschlechter. Studien zur Religion, Sozialisation und Bildung in Europa seit der Aufklärung*, Weinheim 1996, S. 45-62.

**Jakobs, Monika:** *Frauen auf der Suche nach dem Göttlichen. Die Gottesfrage in der feministischen Theologie*, Münster 1993.

**Jensen, Anne/Liebmann, Maximilian (Hrsg.):** *Was verändert Feministische Theologie? Interdisziplinäres Symposion zur Frauenforschung*

(Graz, Dezember 1999), Münster 2000. (Mit Bibliographie zu feministischer Theologie).

**Kaupp, Angela:** „Hat Religiosität ein Geschlecht. Skizzierung eines Forschungsprojektes", in: Werner Tzscheetzsch (Hrsg.): *Zwischen Exodus und Exil. Religionspädagogik in der Pluralität*, Ostfildern 2000, S. 101-107.

**King, Ursula:** *Religion and Gender*, Oxford UK/Cambridge USA 1995.

**Klein, Stephanie:** *Gottesbilder von Mädchen. Bilder und Gespräche als Zugänge zur kindlichen religiösen Vorstellungswelt*, Stuttgart/Berlin/Köln 2000.

**Dies.:** *Theologie und empirische Biographieforschung. Methodische Zugänge zur Lebens- und Glaubensgeschichte und ihre Bedeutung für eine erfahrungsbezogene Theologie*, Stuttgart/Berlin/Köln 1994.

**Kraul, Margret/Lüth, Christoph:** „Religion, Geschlechteranthropologie, Bildung", in: dies. (Hrsg.): *Erziehung der Menschen-Geschlechter*, S. 7-22.

**Lehner-Hartmann, Andrea/Lehner, Erich:** „Verstehens- und Deutungshilfen aus der Genderforschung für (religiöse) Erziehung und Bildung", in: Hans-Ferdinand Angel (Hrsg.): *Tragfähigkeit der Religionspädagogik*, Graz/Wien/Köln 2000, S. 188-214.

**Lukatis, Ingrid/Sommer, Regina/Wolf, Christof (Hrsg.):** *Religion und Geschlechterverhältnis*, Opladen 2000.

**Maaßen, Monika:** *Biographie und Erfahrung. Ein feministisch-theologischer Beitrag zur Relevanz der Biographieforschung für die Wiedergewinnung der Kategorie Erfahrung*, Münster 1993.

**Matthiae, Gisela:** *Clownin Gott. Eine feministische Dekonstruktion des Religiösen.* Stuttgart/Berlin/Köln 1999.

**Meyer-Wilmes, Hedwig:** „Feministische Theologie", in: *Lexikon für Theologie und Kirche (LThK)*, Bd. 3, Freiburg 1995, Spalte 1225f.

**Dies.:** *Rebellion auf der Grenze. Ortsbestimmung feministischer Theologie*, Freiburg 1990.

***Religionspädagogische Beiträge 43*, Jg. (1999):** Themenheft „Religionspädagogik feministisch". Zeitschrift der Arbeitsgemeinschaft Katholischer Katechetik-DozentInnen. (Mit Bibliographie zu feministischer Religionspädagogik).

**Scherzberg, Lucia:** *Grundkurs Feministische Theologie*, Mainz 1995.

**Schroer, Silvia:** „Das Buch der Weisheit", in: Luise Schottroff/Marie-Theres Wacker: *Kompendium Feministische Bibelauslegung*, Gütersloh 1998, S. 441-449.

**Schüngel-Straumann, Helen/Gössmann, Elisabeth:** „Gottesebenbildlichkeit", in: Gössmann/Moltmann-Wendel u.a.: *Wörterbuch der Feministischen Theologie*, Gütersloh 1991, S. 173-181.

**Schüngel-Straumann, Helen:** „Genesis 1-11", in: Schottroff/Wacker: *Kompendium Feministische Bibelauslegung*, S. 1-11.

**Schüssler Fiorenza, Elisabeth:** „Auf den Spuren der Weisheit – Weisheitstheologisches Urgestein", in:

Verena Wodtke (Hrsg.): *Auf den Spuren der Weisheit. Sophia – Wegweiserin für ein neues Gottesbild*, Freiburg 1991, S. 24-40.

**Schweitzer, Friedrich:** „Religiöse Entwicklung und Sozialisation von Mädchen und Frauen. Auf der Suche nach empirischen Befunden und Erklärungsmodellen“, in: *Der Evangelische Erzieher* 45. Jg. (1993), S. 411-421.

**Siegele-Wenschkewitz, Leonore:** „Die Rezeption und Diskussion der Genus-Kategorie in der theologischen Wissenschaft“, in: Hadumod Bußmann/Renate Hof (Hrsg.): *Genus. Zur Geschlechterdifferenz in den Kulturwissenschaften*, Stuttgart 1995, S. 60-112.

**Silber, Ursula:** *Zwiespalt und Zugzwang. Frauen in Auseinandersetzung mit der Beichte*, Würzburg 1996.

**Sommer, Regina:** *Lebensgeschichte und gelebte Religion von Frauen. Eine qualitativ-empirische Studie über den Zusammenhang von biographischer Struktur und religiöser Orientierung*, Stuttgart/Berlin/Köln 1998.

**Tamminen, Kalevi:** *Religiöse Entwicklung in Kindheit und Jugend*, Frankfurt 1993.

**Wacker, Marie-Theres:** „Geschichtliche, hermeneutische und methodologische Grundlagen“, in: Luise Schottroff / Silvia Schroer / Marie-Theres Wacker: *Feministische Exegese. Forschungserträge zur Bibel aus der Perspektive von Frauen*, Darmstadt 1995, S. 3-79.

**Wagner-Rau, Ulrike:** *Zwischen Vaterwelt und Feminismus. Eine Studie zur pastoralen Identität von Frauen*, Gütersloh 1992.

**Wuckelt, Agnes:** „Gender als Konzept religionspädagogischen Handelns“, in: *Katechetische Blätter* 123. Jg., 1998, S. 370-373.

**Zulehner, Paul M./Volz, Rainer:** *Männer im Aufbruch. Wie Deutschlands Männer sich selbst und wie Frauen sie sehen. Ein Forschungsbericht*, Ostfildern 1998.

Siegfried Lewark

# ‚Kulturfrauen' und ‚Maschinenführer' – von der Arbeitsteilung in der Forstwirtschaft

*„To develop and disseminate knowledge of how management and use of forest resources affect and are affected by gender"*

Dies wurde als oberstes Ziel formuliert, als im August 2000 eine Forschungsgruppe *Gender and Forestry* innerhalb des *Internationalen Verbandes Forstlicher Forschungsanstalten* (*IUFRO*), der größten forstwissenschaftlichen Dachorganisation, gegründet wurde. Anlässlich der Gründung wurde eine Veranstaltung mit Grundsatzreferaten und Podiumsdiskussion abgehalten, die den Forschungsstand spiegelte,[1] wobei eine große Fülle von Fragestellungen und empirischer Kenntnis aufschien. Eine zusammenfassende Darstellung der forstwissenschaftlichen Genderforschung, wie sie etwa von Parto Teherani-Krönner für die Agrarwissenschaften vorgestellt wurde,[2] gibt es allerdings noch nicht, weder umfassend noch in knapper Form.

Eine solche außerordentlich wünschenswerte Darstellung wird hier auch nicht angestrebt: Nachfolgend wird ein Vortrag im Rahmen von *Dimensionen von Gender Studies*[3] nachgezeichnet, der gleichwohl wichtige Fragen aufwirft und beispielhaft einschlägige Forschungsergebnisse nennt. Dabei wird ausgehend von eigenen Erfahrungen im wesentlichen auf spezifisch deutsche Verhältnisse Bezug genommen, wobei es nicht auf Vollständigkeit ankam, sondern in Wort, Bild und Tabellen große Linien gezeichnet werden sollten.

## 1. Einführung

Die Forstwirtschaft ist traditionell eine männerdominierte Branche – man assoziiert gerne Holzknechte, Harvesterfahrer und den Förster vom Silberwald, im grünen Rock, mit Flinte und Dackel. Mit Frauenarbeit in der Forstwirtschaft verbindet man die ‚Kulturfrauen', die nach 1945 oder auch zu anderen Zeiten die großen Kahlflächen bepflanzt – wieder in Kultur gebracht haben. Aber die Berufsbilder in einer Branche im Umbruch haben sich gewandelt oder sind im Wandel: Längst arbeiten auch Frauen mit der Motorsäge oder entscheiden über ihren eigenen Wald, längst studieren Frauen Forstwissenschaft – von den Absolventinnen und Absolventen aber arbeitet nur noch eine Minderheit im traditionellen Berufsfeld. Die Arbeitsteilung zwischen Frauen und Männern verändert sich – warum eigentlich, auf welche Weise und mit welchen Folgen?

Dieser Bericht vor allem über die Rollen von Frauen und Männern in der Forstwirtschaft stützt sich auf Daten und Untersuchungsergebnisse aus der Literatur, auf eigene Beobachtungen (auch aus Lehrveranstaltungen) sowie auf Bilder dazu. Es soll gezeigt werden, dass Bilder (= Vorstellungen) von besonderer Bedeutung für das Thema sind. Ihre Wirkungen sind bisher nicht systematisch untersucht – sie könnten einerseits Klischees belegen, mit denen diese Frauen und Männer sich identifizieren oder auseinandersetzen, andererseits neue Entwicklungen zeigen, die auch Orientierung oder Vorbild liefern könnten – darauf wird am Schluss zurückzukommen sein.

Bilder sagen bekanntlich oft mehr als 1000 Worte. Daher wurden als Einstieg des Vortrags die ersten Minuten des Filmklassikers *Der Förster im Silberwald*[i] gewählt. Schon der Titel ist ein geflügeltes Wort. Die Filmsequenz endet mit der Aussage aus Kindermund: „Das ist Männersache." Viel schöner und knapper kann man die einschlägigen Förster-Klischees kaum darstellen als in diesen fünf Minuten Film.

Die auf Försterbild und Genderaspekte bezogene Analyse ergibt:

- Hörnerklänge gehören dazu (Filmmusik durch die Wiener Philharmoniker).
- Wald und Wild, Forstwirtschaft und Jagd/Hege gehören zusammen.
- Jäger und Förster – die Grenzen scheinen fließend (auch wenn sie sich in der Filmsequenz wie auch sonst oft nicht ganz einig waren).
- Förster sind Vorbild für Berufswünsche von vielen (Jungen).
- Es sind besondere Burschen, die sich damit beschäftigen (kernig, strahlend, Kleidung grün mit Tendenz zu militärischer Kleidung, sie streifen draußen mit ihrem Hund herum, Gewehr über der Schulter ...).

in weiteren Rollen:

- Der Jagdpächter (aus der Stadt, honorig, ebenfalls in grüne Loden gekleidet),
- vor allem auch Waldarbeiter, hier noch im Stil traditioneller Holzknechte,
- Frauen: verständnisvoll oder auch kopfschüttelnd von zu Hause aus das Handeln dieser Naturburschen beobachtend,
- Kinder: Buben, die sich identifizieren – Mädchen im Hintergrund.

Dabei sind die dargestellten Förster-Klischees insgesamt im Grunde mit vielen positiven Assoziationen besetzt – zumindest, wenn man dem Patriarchat nicht zu kritisch gegenübersteht. Ich gehe davon aus, dass bis heute alle, die in der Forstwirtschaft und selbst in der Forstwissenschaft tätig sind, fast täglich mit diesen Klischees zu tun haben.[5]

Typische eigene Gesprächserfahrungen sollen dies belegen:

- Ich werde gefragt, was ich beruflich tue: Ich arbeite an der Uni.
- Auf Nachfrage: Ich bin Professor an der Forstwissenschaftlichen Fakultät, mein Fach ist die Forstliche Arbeitswissenschaft.

Fragen und Kommentare im weiteren Gespräch:

- Oh, ich wollte auch immer Förster werden.
- Mein Onkel ist Förster/Jäger.
- Jagen Sie?
- Warum sehe ich so selten Wild, früher war das ganz anders.
- Stimmt das eigentlich mit den Waldschäden?
- Sie haben es gut, Sie arbeiten immer draußen.

Frauen scheinen jedenfalls in diesen Klischees keinen Platz zu haben. Indem ich dieser Frage weiter nachgehe, werde ich die Gruppen von in der Forstwirtschaft tätigen Frauen vorstellen und dann für zwei dieser Gruppen Zahlen, Aussagen über die Arbeitssituation, auch zu geschlechtsspezifischem Fühlen, Denken und Handeln vorstellen. Ergänzend will ich Hinweise auf unsere aktuelle Lehre geben und die Situation in Forstwirtschaft und forstbezogenen *Gender Studies* in anderen Ländern erwähnen – die Waldnutzung in Tropen und Subtropen und die Rollen von Frauen und Männern dabei sind allerdings ein völlig anderes Thema. Abschließend sollen Perspektiven der Entwicklung der Geschlechterrollen in der Forstwirtschaft und Fragen einer Genderforschung innerhalb der Forstwissenschaft angesprochen werden.

Ein wichtiger arbeitswissenschaftlicher Ansatz ist die Arbeitssystemanalyse, bei der der Zusammenhang von Mensch, Technik und Organisation (MTO) und der Arbeitsaufgabe betrachtet wird (Abb. 1). Grundsätzlich geht es bei der Arbeitsteilung um die Zerlegung einer Arbeit, die zu Produkten oder Dienstleistungen führt, mit der Folge einer Spezialisierung. Beim Begriff Arbeitsteilung denkt man oft zunächst an Taylorismus und Industriearbeit – die traditionelle geschlechts- oder altersbezogene Arbeitsteilung wird leicht vergessen. Hier soll der Aspekt der Arbeitsteilung zwischen den Geschlechtern näher betrachtet werden.

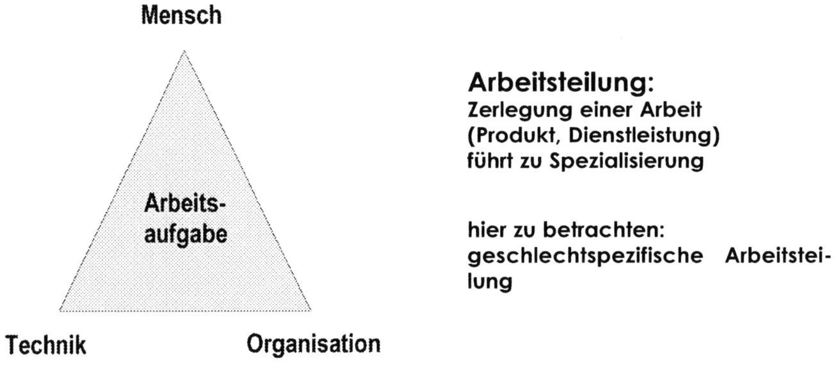


**Abb. 1:** *Schema einer Arbeitssystemanalyse: Arbeitsteilung bei der Bearbeitung einer Arbeitsaufgabe setzt bei Mensch, Technik und Organisation an*

## *1.1 Drei Perspektiven*

Die diesem Bericht zugrunde liegenden Erfahrungen münden in drei Perspektiven: die des teilnehmenden Beobachters, die des Hochschullehrers in der Forstwissenschaft und die des in Forschung und Lehre tätigen Forstlichen Arbeitswissenschaftlers.

Die eigene Beobachtung umfasst mehr als drei Jahrzehnte eigener Ausbildung und Tätigkeit in Forstwirtschaft und Forstwissenschaft, vom Praktikum in einem Forstamt über das Studium der Forstwissenschaft in Freiburg und Göttingen (Studienbeginn 1968), die Referendarzeit in einer Landesforstverwaltung, Tätigkeiten als wissenschaftlicher Mitarbeiter an der Universität Göttingen, als Forstrat in einer Forstlichen Versuchsanstalt und im Niedersächsischen Ministerium für Ernährung, Landwirtschaft und Forsten – und schließlich mehr als zehn Jahre als Professor für Forstliche Arbeitswissenschaft an der Universität Freiburg.

In diesem Zeitraum war beispielsweise die Zunahme des Anteils von Forststudentinnen von nahe null bis zu einem Anteil zwischen zwanzig und dreißig Prozent zu beobachten (Abschnitt 3.1), zugleich mit einer Differenzierung von zahlreichen einzelnen Berufs- und Lebenswegen. Den Übereinstimmungen und Unterschieden der Wege von Frauen und Männern hat von Anfang an Aufmerksamkeit gegolten, ausgelöst durch die eigene Sozialisation in einer Familie mit gleichberechtigt berufstätigen Eltern[6] oder aber durch die Auseinandersetzung mit dem Rollenverständnis in der eigenen Familie.

Verbunden mit einem durchgängigen Engagement in der Studienreform waren auch ein Interesse an Fragen der Sozialisation, Studienwahlmotivation und des Verbleibs der Forststudentinnen und -studenten, sowie vielfache Diskussionen über Selbstverständnis und Außendarstellung der Forstwissenschaftlichen Fakultäten.

Zur arbeitswissenschaftlichen Betrachtung schließlich gehören Aspekte wie Selektion und Selbstselektion, Arbeitsmotivation, Arbeitseinstellung, Arbeitsinhalte, Arbeitsbedingungen von in Ausbildung und Beschäftigung in der Forstwirtschaft befindlichen Frauen und Männern.

Einen wichtigen arbeitswissenschaftlichen Schub brachte die Dissertation von Vera Hoffmann, die zu einer grundlegenden Aufarbeitung der Arbeitssituation der Waldarbeiterinnen im Staatswald in Deutschland führte. Deren Bearbeitung fiel zusammen mit der zunehmenden Aufmerksamkeit für Frauen in der Forstwirtschaft in Skandinavien und einer wissenschaftlichen Bearbeitung entsprechender Aspekte in der internationalen Forstwissenschaft einerseits sowie der Gründung des Zentrums für Anthropologie und *Gender Studies* (ZAG) und Vorbereitung des *Gender*-Studiengangs an der Universität Freiburg andererseits. In diesem Zusammenhang wurde ein Lehrangebot im Wahlpflichtbereich des Studiengangs Forstwissenschaft entwickelt, eine einwöchige Blockveranstaltung, die mit leicht veränderten Schwerpunkten bereits in den letzten vier Semestern angeboten wurde (Abschnitt 3.3).

So ergaben sich im Laufe der Zeit vor allem Einblicke in die Berufs- und Lebenswege von Studentinnen und Absolventinnen des Diplomstudiengangs Forstwissenschaft an den vier deutschen forstwissenschaftlichen Fakultäten (Dresden/Tharandt, Freiburg, Göttingen/Hannoversch Münden, München/Freising), in geringerem Umfang auch von Studentinnen und Absolventinnen von forstlichen Fachhochschulen. Die eigene wissenschaftliche Betrachtung galt vorwiegend der Ebene der Waldarbeit.

## 1.2 Gruppen von Frauen in der Forstwirtschaft

Für die weitere Darstellung wurden beispielhaft die Gruppe der Waldarbeiterinnen (Abschn. 2) sowie die der Studentinnen und Absolventinnen des Diplomstudiengangs Forstwissenschaft (Abschn. 3) ausgewählt, über die gewisse Kenntnisse bestehen, die möglichst im Vergleich mit den männlichen Kollegen behandelt werden sollen. Es handelt sich dabei 1995 um bundesweit etwa 22000 Forstleute und 44000 Waldarbeiter mit stark abnehmender Tendenz.[7]

In der Abbildung 2 sind zum weiteren Verständnis beispielhaft und schematisch die im engeren forstlichen Berufsfeld Tätigen, Forstleute und Waldarbeiter, den Ebenen eines traditionellen Aufbaus einer staatlichen Forstverwaltung zugeordnet.

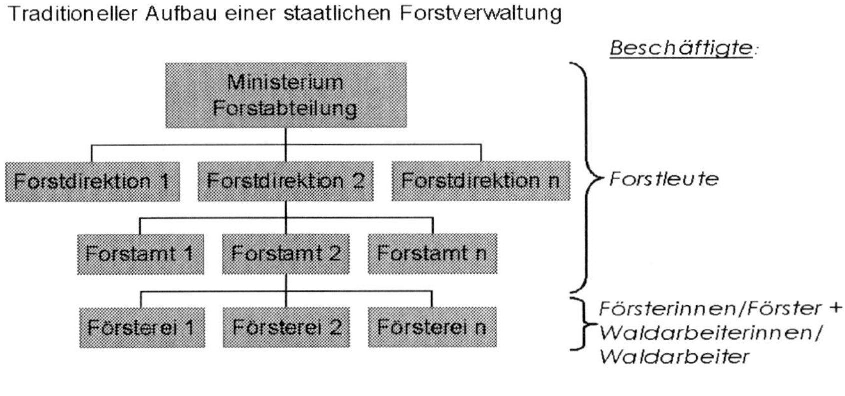


**Abb. 2:** *Schematischer traditioneller Aufbau einer staatlichen Forstverwaltung und Einordnung der darin Beschäftigten. Dabei sind mit Forstleuten Forstbeamte und -angestellte des höheren und gehobenen Forstdienstes (Universitäts- bzw. Fachhochschulabsolventinnen und -absolventen), mit Revierförsterin/Revierförster nur Forstbeamte und -angestellte des gehobenen Forstdienstes (Fachhochschulabsolventinnen und -absolventen) gemeint, während auf der Ebene der Waldarbeit an Waldarbeitsschulen und im Betrieb zu Forstwirtin/Forstwirt ausgebildete Waldarbeiter tätig sind.*

Zwei weitere wichtige Gruppen von Frauen in der Forstwirtschaft sind diejenigen, die Privatwald in ihrem eigenen Besitz oder dem des Ehemannes (mit)bewirtschaften, sowie Forstunternehmerinnen oder deren Mitarbeiterinnen. Über die Waldbesitzerinnen bzw. die Eigentätigkeit in der Bewirtschaftung von Privatwald ist wenig bekannt, obwohl es sich in Deutschland um eine Gruppe von (geschätzt) drei- bis vierhunderttausend Personen handelt. Forstunternehmerinnen andererseits sind in Deutschland ebenso wie in Skandinavien eine verschwindend kleine Gruppe, wobei die Gründe für diesen Umstand und mögliche Entwicklungsperspektiven sicher auch einmal untersucht und beschrieben werden sollten.

## 2. Frauen in der Waldarbeit

Waldarbeit gilt seit jeher als ein Beispiel für körperlich schwere und gefährliche Arbeit. Dennoch arbeiten auch Frauen traditionell im Wald. Der Bedarf an billigen Arbeitskräften, der Mangel an männlichen Arbeitskräften in Kriegszeiten und wirtschaftliche Notwendigkeit haben immer wieder dazu geführt, dass Frauen im Wald Arbeit fanden.

Über die Arbeitssituation der Waldarbeiterinnen in Deutschland ist bisher nur wenig bekannt. Die weitere Darstellung beruht zum großen Teil auf Untersuchungen von Vera Hoffmann[8], die die Arbeitssituation der in den Staatsforstbetrieben Deutschlands beschäftigten Waldarbeiterinnen auf der Grundlage von 1295 schriftlichen Befragungen, ergänzt durch eine Auswertung von Stundenerfassungsbelegen, analysierte. Die Untersuchung umfasste neben Waldarbeiterinnen auch Waldarbeiter und Revierleiter, um eine differenzierte Betrachtung zu ermöglichen. Bei den Waldarbeiterinnen wurde eine Vollerhebung angestrebt, bei den übrigen Personengruppen eine Zufallsauswahl durchgeführt. Bei einer Rücklaufquote von im Mittel 55% konnten etwa 34% aller in den Staatsforstbetrieben Deutschlands beschäftigten Waldarbeiterinnen einbezogen werden.

### *2.1 Beschäftigtenzahlen und persönliche Merkmale*

Waldarbeiterinnen sind heute nur noch selten in den staatlichen Forstbetrieben Deutschlands anzutreffen. Dies war jedoch nicht immer so. In den ersten Jahren nach dem zweiten Weltkrieg waren in vielen Bundesländern ebenso viele oder gar mehr Frauen als Männer in der Waldarbeit beschäftigt. Zu den Aufgaben der Waldarbeiterinnen, die in Kriegszeiten gelegentlich auch zu Holzerntearbeiten herangezogen worden waren, zählten vor allem Pflanzarbeiten.

Nach Beendigung der Wiederaufforstungen nach 1945 wurde die Zahl der weiblichen Arbeitskräfte reduziert. Die Abnahme setzte sich in den 60er

Jahren weiter fort. Die Gründe lagen vor allem in Mechanisierungs- und Rationalisierungsmaßnahmen sowie der Verlagerung der von den Frauen ausgeführten Tätigkeiten auf männliche Waldarbeiter, um diese ganzjährig beschäftigen zu können. In neuerer Zeit entfallen zudem aufgrund naturnaher extensiver Waldbewirtschaftungskonzepte viele Arbeiten, die traditionell zum Arbeitsspektrum von Frauen zählen.

In den neuen Bundesländern wurden seit der Wiedervereinigung im Rahmen des allgemeinen Stellenabbaus überproportional viele Frauen aus der Waldarbeit entlassen. Der Anteil der Frauen an der gesamten Waldarbeiterschaft lag in der DDR Ende der 80er Jahre bei etwa 30%. Heute beträgt der Anteil der Waldarbeiterinnen in den Staatsforstbetrieben bundesweit etwa 8%, wobei sich die Zahlen der neuen Bundesländer in kürzester Zeit denen der alten Bundesländer angeglichen haben. Joachim Morat nennt für alle Besitzarten einen Anteil von 17%.[9]

45% aller in den staatlichen Forstbetrieben Deutschlands beschäftigten Waldarbeiterinnen sind teilbeschäftigt, der Anteil der Teilbeschäftigten bei den männlichen Waldarbeitern liegt deutlich unter 10%. In den alten Bundesländern sind 74% aller Waldarbeiterinnen teilbeschäftigt, in den neuen Bundesländern lediglich 22% – die Waldarbeiterinnen in der DDR waren vollbeschäftigt, Teilbeschäftigung war nicht üblich und sogar unerwünscht. Bei den teilbeschäftigten Waldarbeiterinnen handelt es sich nahezu ausschließlich um Saisonarbeiterinnen, die in den Frühjahrs- und Herbstmonaten beschäftigt werden.

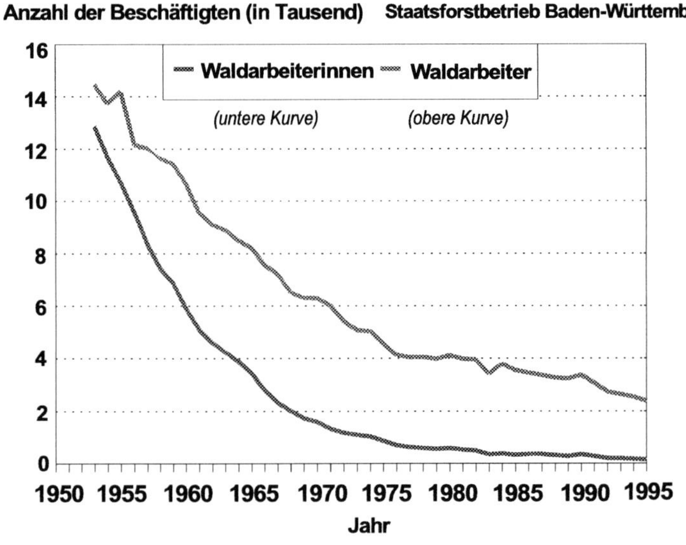


**Abb. 3:** *Die Zahlen der in der Baden-Württembergischen Landesforstverwaltung beschäftigten Waldarbeiterinnen und Waldarbeiter von 1950 bis 1995*[10]

Für fast zwei Drittel der vollbeschäftigten Waldarbeiterinnen stellt das Einkommen aus der Waldarbeit die Haupterwerbsquelle für den Lebensunterhalt der Familie dar. Die Frauen aus den neuen Bundesländern sind dabei weit häufiger auf diesen Erwerb als Haupteinkommen angewiesen als die Befragten der alten Bundesländer. Auch noch für beinahe die Hälfte der teilbeschäftigten Waldarbeiterinnen der neuen Bundesländer ist das Einkommen aus der Waldarbeit der Haupterwerb.

Die befragten Waldarbeiterinnen sind im Mittel 45 Jahre alt und damit signifikant älter als ihre männlichen Kollegen (durchschnittliches Alter von 39 Jahren). Auffallend sind wiederum die großen Unterschiede zwischen den alten und den neuen Bundesländern; in den neuen Bundesländern liegt das Durchschnittsalter bei 41 Jahren, in den alten Bundesländern bei 50 Jahren. Die Altersgruppe der 51-60jährigen in den alten Bundesländern ist stark überbesetzt, während es in den jüngeren Altersgruppen an Nachwuchs mangelt. In den neuen Bundesländern hingegen ist die Altersverteilung der Waldarbeiterinnen der der männlichen sehr ähnlich.

In den neuen Bundesländern sind 69% der befragten Frauen für die Waldarbeit ausgebildet, in den alten Bundesländern sind es nur 4% der weiblichen Befragten. Hier wirkt sich die in der DDR systematisch betriebene Qualifizierung von Frauen aus. Allerdings ist zu beachten, dass die zu DDR-Zeiten bei den Frauen erfolgte Ausbildung nicht mit der des früheren Bundesgebietes gleichgesetzt werden kann. So handelt es sich bei den wenigen ausgebildeten Frauen in den alten Bundesländern ausschließlich um Forstwirtinnen, die auch in Motorsägenarbeit und Holzernte ausgebildet worden sind. In der DDR hingegen war Motorsägenarbeit für Frauen verboten und daher auch kein Bestandteil der Ausbildung. Die männlichen Befragten sind sowohl in den alten als auch in den neuen Bundesländern nahezu alle für die Waldarbeit ausgebildet.

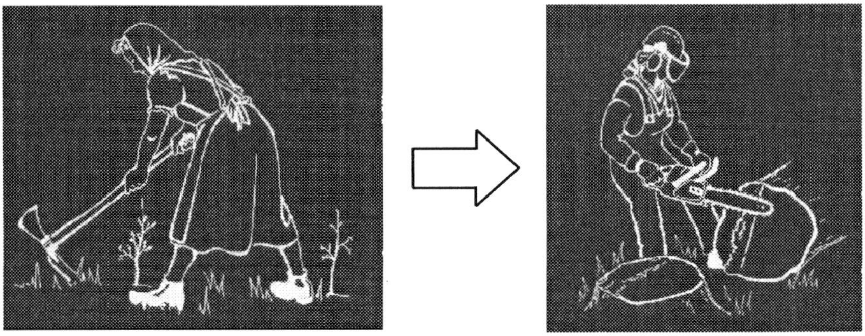

**früher** **zukünftig**

**Abb. 4:** *Von der Kulturfrau zur Forstwirtin – ein Weg von vielen zu sehr wenigen Arbeitsplätzen*

Im Jahr 1974 wurde in der damaligen Bundesrepublik Deutschland die Ausbildungsverordnung zum Forstwirt erlassen. Die Waldarbeit wurde damit zu einem staatlich anerkannten Ausbildungsberuf. Mitte der 80er Jahre begannen im früheren Bundesgebiet die ersten Frauen mit einer Berufsausbildung zur Forstwirtin. Zuvor hatte bereits im Jahr 1973 die erste Frau die Prüfung zur Waldfacharbeiterin abgelegt. Die Frauen wurden nun ebenso wie ihre männlichen Kollegen an der Motorsäge ausgebildet. Für die Forstwirtinnen erweiterte sich damit das Tätigkeitsspektrum um die bis dahin – von Kriegszeiten abgesehen – den Männern vorbehaltenen Holzerntearbeiten. Die Anzahl der weiblichen Auszubildenden in den alten Bundesländern nahm langsam zu und verzehnfachte sich von 1984 bis 1992. 1998 befanden sich bundesweit etwa 120 weibliche Jugendliche in einer Ausbildung zur Forstwirtin. Dies entspricht einem Anteil von etwa 6,5% aller Forstwirtauszubildenden. Im Jahr 1992 legte die erste Frau in der Bundesrepublik Deutschland die Prüfung zur Forstwirtschaftsmeisterin ab.

Es scheint sich also ein Wandel von der ‚Kulturfrau' zur ‚Forstwirtin' abzuzeichnen, wie in Abbildung 4 skizziert. Wegen des drastischen Abbaus der

Stellen in der Regiewaldarbeit insgesamt darf man allerdings keine Frauenarbeitsplätze in der klassischen Waldarbeit von nennenswerter zahlenmäßiger Bedeutung erwarten (Abschn. 2.3).

## 2.2 Tätigkeiten und Arbeitsbedingungen

Frauen gelten aufgrund ihrer biologischen und konstitutionellen Unterschiede gegenüber Männern als nur eingeschränkt einsetzbar. Die Arbeit im Wald erfordert ein hohes Maß an körperlicher Leistungsfähigkeit. Klimabedingte Einflüsse, schwierige Geländeverhältnisse, Lärm, Vibrationen und Gefahrstoffe belasten den arbeitenden Menschen bei der Waldarbeit in besonders hohem Maße. Die Folgen dieser Mehrfachbelastungen sind häufig der Grund für ein vorzeitiges Ausscheiden aus dem Waldarbeiterberuf.[11] Dennoch haben inzwischen die ersten Frauen eine Ausbildung zur Forstwirtin absolviert und auch Einzug in die Forstbetriebe gehalten. Für die Forstwirtinnen erweitert sich nun das Tätigkeitsspektrum um die bisher den Männern vorbehaltenen Holzerntearbeiten.

**Abb. 5a+b:** *Pflanzarbeiten auf der deutschen 50 Pfennig-Münze (1949)[12] und auf einem Zeichnungsausschnitt von 1953[13]*

Die von den Arbeitskräften im Kalenderjahr 1995 ausgeführten Tätigkeiten wurden acht verschiedenen Arbeitsbereichen zugeordnet. Abbildung 6 zeigt die prozentualen Anteile der einzelnen Arbeitsbereiche getrennt nach Waldarbeiterinnen und Waldarbeitern. Etwa zwei Drittel der gesamten Arbeitszeit verbrachten die Waldarbeiterinnen mit Arbeiten der Bestandesbegründung, sie waren somit in traditionellen Frauenarbeitsbereichen tätig. Waldschutzmaßnahmen stellten einen weiteren wichtigen Arbeitsbereich der Waldarbeiterinnen dar. Vor allem der Schutz gegen Wildschäden bestimmte diesen Arbeitsbereich. Arbeiten im Bereich der Holzernte nahmen mit weniger als 1% den geringsten Anteil am Tätigkeitsspektrum der Frauen ein, die den Schwerpunkt der Arbeit der männlichen Arbeitskräfte bilden. 26% der befragten Waldarbeiterinnen gaben an, mit der Motorsäge zu arbeiten. Diese Arbeit erfolgte jedoch in den meisten Fällen nur gelegentlich oder selten und zumeist außerhalb der Holzernte.

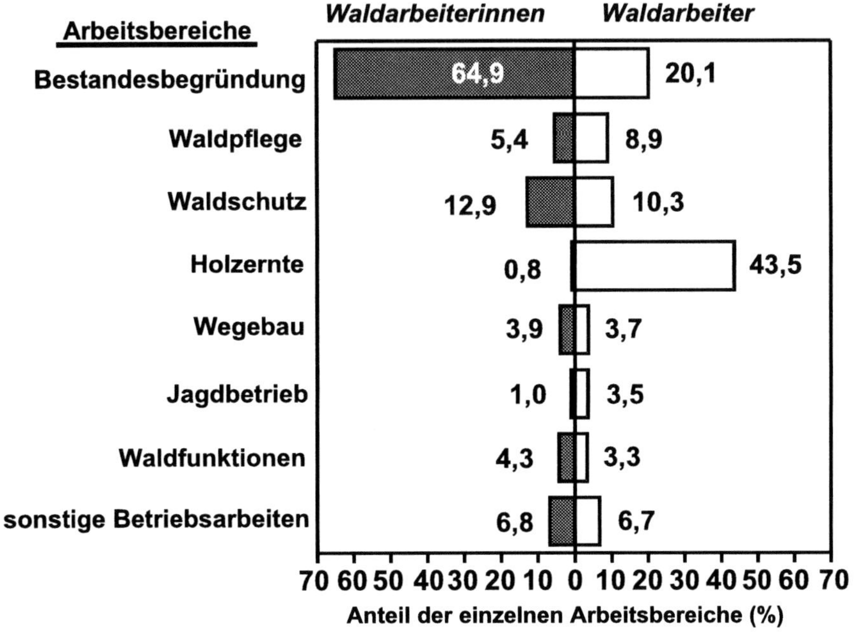


**Abb. 6:** *Aufteilung der Tätigkeiten von Waldarbeiterinnen und Waldarbeitern auf acht zusammenfassende Arbeitsbereiche*

Im Rahmen der Befragungen wurde auch die Beanspruchungseinschätzung erhoben, getrennt nach Geschlechtszugehörigkeit und Untersuchungsgebiet. Die körperliche Beanspruchung wurde von allen Befragten nur mit Werten zwischen 4,6 und 5,1 auf einer siebenstufigen Skala bewertet, obwohl Waldarbeit als körperlich schwere Berufstätigkeit gilt. Die körperliche Beanspruchung wurde von den Befragten jeweils höher eingestuft als die geistige Beanspruchung. Die weiblichen Arbeitskräfte fühlen sich im Mittel geringfügig, jedoch signifikant weniger körperlich beansprucht als die männlichen Arbeitskräfte. Kälte wird von den weiblichen Arbeitskräften deutlich beanspruchender empfunden als von den männlichen Arbeitskräften. Dies lässt sich zum einen durch die unterschiedlichen Tätigkeitsschwerpunkte erklären, zum anderen liegen die Behaglichkeitstemperaturen bei Frauen etwas höher als bei Männern. Insgesamt zeigt sich, dass individuelles Beanspruchungserleben nur zum Teil die objektiv messbare Beanspruchung widerspiegelt, sondern von einer Vielzahl von Faktoren sowie Prozessen (Redefinition, kompensatorische Beanspruchungsbewältigung) beeinflusst wird. Die Beschäftigungsmöglichkeiten für Frauen in der Waldarbeit sind nicht primär durch die Beanspruchungssituation, sondern durch die immensen Strukturveränderungen in der Waldarbeit beschränkt.

**vollbeschäftigte Waldarbeiterin, neue Bundesländer, 39 Jahre:**

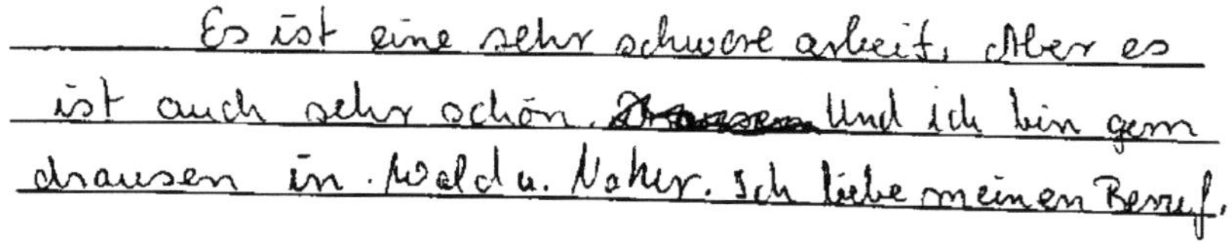
Es ist eine sehr schwere arbeit. Aber es ist auch sehr schön. Und ich bin gern drausen in Wald u. Natur. Ich liebe meinen Beruf.

**Abb. 7:** *Aussage einer befragten Waldarbeiterin: „Es ist eine sehr schwere Arbeit. Aber es ist auch sehr schön. Und ich bin gern draußen in Wald und Natur. Ich liebe meinen Beruf."[14] Trotz der großen Beanspruchung ist von einer hohen Berufsmotivation auszugehen, wie sie hier zum Ausdruck kommt.*

## 2.3 Ausblick

Ausgehend von den gegenwärtigen Entwicklungen ist anzunehmen, dass die traditionelle Waldarbeiterin (‚Kulturfrau') künftig in den staatlichen Forstbetrieben nicht mehr anzutreffen sein wird. Chancen für eine Erwerbsbeteiligung von Frauen in der Waldarbeit bieten sich grundsätzlich weiterhin, denn der Beruf des Forstwirtes steht auch Frauen offen.

**Abb. 8**: *Die Maschinenführerin (Brasilien)*[15]

Mit Blick auf die Belastung und Beanspruchung der Arbeitskräfte bei Holzerntearbeiten werden allerdings unter arbeitsphysiologischen Aspekten häufig Bedenken vorgebracht. Hier könnte die zunehmende Hochmechanisierung in der Holzernte neue Perspektiven eröffnen. So sind Frauen beispielsweise in Brasilien oder Skandinavien bereits erfolgreich als Maschinenführerinnen (Abbildung 8) tätig. Auch der zunehmend hohe Stellenwert, der der Natur- und Landschaftspflege und der Erholungsfunktion des Waldes beigemessen wird, könnte neue Einsatzmöglichkeiten für Frauen begünstigen, da die damit verbundenen Arbeiten eher in den traditionellen Arbeitsbereichen von Frauen liegen (Abbildung 5). Inwieweit Frauen sich in diesen veränderten Prozess der zunehmenden Mechanisierung und Umstrukturierung integrieren und ob sich im Rahmen zukünftiger Entwicklungen neue und adäquate Tätigkeitsfelder für Waldarbeiterinnen etablieren, bleibt abzuwarten.

## 3. Frauen als Forstleute[16]

Die Entwicklung der Anteile weiblicher Forstleute in Ausbildung und Forstberufen sowie deren Arbeitssituation sind bisher nicht systematisch untersucht und beschrieben worden. Die nachfolgende Darstellung bezieht sich überwiegend auf Frauen im forstwissenschaftlichen Studium und deren beruflichen Verbleib und Tätigkeit, ergänzend auf Frauen an und Absolventinnen von Fachhochschulen. Neben der eigenen Anschauung stütze ich mich im weiteren auf eine ältere Dissertation von Gerhard Oesten[17] und einen aktuelleren Vortrag von Maria Hehn[18] sowie verschiedene Verbleibanalysen. Von denen wurden die ersten beiden für die Freiburger Fakultät,[19] die dritte für alle vier deutschen forstwissenschaftlichen Fakultäten durchgeführt.[20] Es werden jeweils auch *gender*-spezifische Aussagen gemacht; man muss aber davon ausgehen, dass die erhobenen Informationen in dieser Hinsicht nur unvollständig ausgewertet worden sind, da sie nicht zum vorrangigen Auswertungsziel gehört hatten.

### *3.1 Vor und in der Universität*

> „Bis in die 60er Jahre durften Frauen an den drei forstwissenschaftlichen Fakultäten der alten Bundesländer [...] zwar Forstwissenschaften studieren, die Zulassung zum Referendariat blieb ihnen jedoch versagt. Damit war akademisch ausgebildeten Forstfrauen bis zum Ende der 60er Jahre de facto jede forstliche Berufstätigkeit außerhalb der Wissenschaft unmöglich."[21]

Maria Hehn führt weiter aus:

„In der ersten Hälfte der 70er Jahre sorgten die ‚Bildungsoffensive', der Beginn der ‚neuen' grünen Bewegung sowie die Zulassung von Frauen zum Referendariat gemeinsam für einen Frauenanteil von etwa 10%-20% – bei einer Verzehnfachung der [...] durchschnittlichen Zahlen der forstlichen Studienanfänger. Dieser Boom wurde jedoch bald durch den Numerus clausus gebremst, und der Anteil der Forststudentinnen stabilisierte sich für die zweite Hälfte der 70er und die erste Hälfte der 80er Jahre bei etwa 5%-10%."[22]

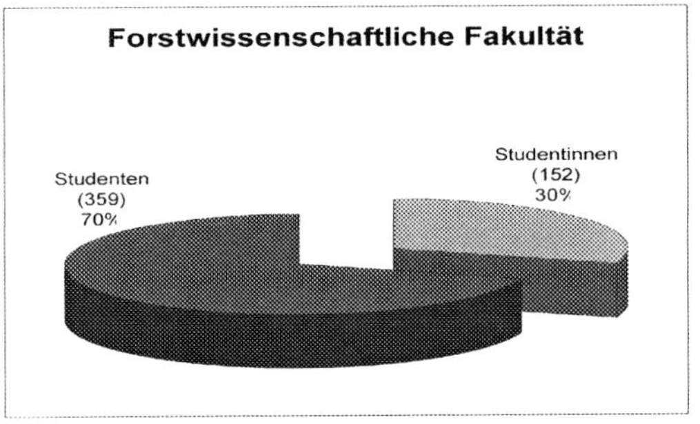


**Abb. 9:** *Anteil der Studentinnen und Studenten an der Forstwissenschaftlichen Fakultät der Universität Freiburg im Wintersemester 2000/2001 (Diplomstudiengang Forstwissenschaft und Masterstudiengang Sustainable Forestry and Land Use Management)*[23]

Gerhard Oesten nennt für die Freiburger Forststudierenden folgende Frauenanteile:[24]

| | | |
|---|---|---|
| Wintersemester | 1969/70 | 4,7% |
| Sommersemester | 1973 | 4,9% |
| Wintersemester | 1973/74 | 9,9% |
| Wintersemester | 1974/75 | 11,0% |

Im Wintersemester 1974/75 waren 14,6% der forstlichen Studienanfänger in Freiburg Frauen, in Göttingen 14,0%.[25]

Seit einer Reihe von Jahren liegen die Frauenanteile bei den Forststudierenden in Freiburg zwischen 20 und 30%, im Wintersemester 2000/2001 bei 30% (Abb. 9). Der Frauenanteil bei den 60 Studierenden des Masterstudiengangs „Sustainable Forestry and Land Use Management" ist mit 23 (38,3%) höher als der im Diplomstudiengang „Forstwissenschaft".

Auf den Anstieg der Zahlen von Forststudentinnen folgte ein Anstieg der Zahlen von Doktorandinnen und fest angestellten wissenschaftlichen Mitarbeiterinnen (Abb. 10), der heute bei 21% liegt. Professorinnen gibt es an den forstwissenschaftlichen Fakultäten und Fachhochschulen nach wie vor nur vereinzelt, in Freiburg gegenwärtig eine Professorin gegenüber 15 Professoren.

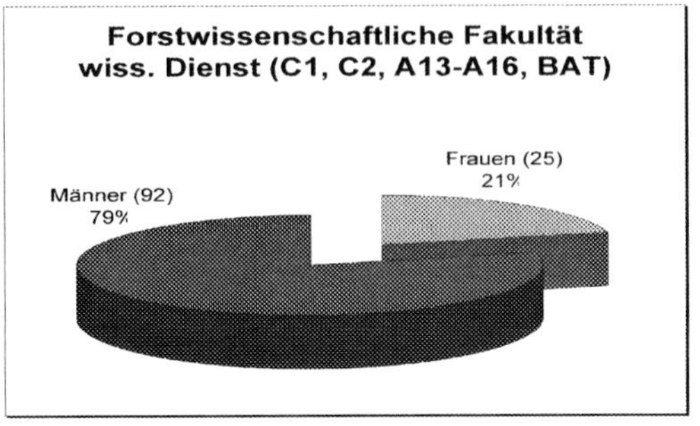


**Abb. 10:** *Anteil der wissenschaftlichen Mitarbeiterinnen und Mitarbeiter an der Forstwissenschaftlichen Fakultät der Universität Freiburg im Wintersemester 2000/ 2001*[26]

Gerhard Oesten untersuchte unter anderem die Einstellung von Forststudierenden und Schülern zum Forstberuf sowie die sozio-ökonomische Herkunft und die Studien- und Berufswahlsituation forstlicher Studienanfänger. Er stellt fest:

> „Forststudenten und Schüler verfügen über nahezu identische, gruppeneinheitliche Einstellungen zu ‚Forstberuf'. Diese können als differenziert aufgebautes, soziales Stereotyp von hoher Prägnanz und Stabilität charakterisiert werden."[27]

> „Die Gruppe der forstlichen Studienanfänger stellt eine ‚Vorauswahl auf Grund selbstselektiver Tendenzen' dar und unterscheidet sich in fachspezifischer Weise von anderen Gruppen in einer Reihe von Merkmalen (wie z.B. in der regionalen und sozialen Herkunft, in der Interessenstruktur und in allgemeinen beruflichen Werthaltungen."[28]

> „Gewisse geschlechtsspezifische Unterschiede bestehen bei den beruflichen Vorstellungen. Die weiblichen Studienanfänger sind als in signifikanter Weise weniger berufsorientiert zu bezeichnen. Sie haben deutlich häufiger lediglich unklare Vorstellungen über den Beruf, den sie einmal ausüben wollen. Sie geben in signifikant geringerem Umfang die Berufsposition des Amtsvorstandes an; häufiger als bei männlichen Studienanfängern fehlt bei ihnen überhaupt die Angabe eines konkreten Berufswunsches."[29]

**Abb. 11:** *Titelblatt des Freiburger Uni Magazins vom Februar 1997, das sich auf einen Artikel zur jagdlichen Ausbildung von Forststudierenden bezieht*

Die Jagd, entsprechend dem traditionellen Bild des (männlichen) ‚Försters', wie oben im Zusammenhang mit der Filmanalyse für die Gesamtbevölkerung unterstellt, gehört offenbar für die Studienanfänger nicht mehr im gleichen Maße zur Studienwahlmotivation wie früher:

> „Zusammenfassend kann die Bedeutung der Jagd als Einflussgröße des Studien- und Berufswahlprozesses forstlicher Studienanfänger als gegenwärtig gering bezeichnet werden. [...] Wahrscheinlich hat die Jagd als Hobby der Studienanfänger früher eine gewisse Rolle als Einflussgröße gespielt."[30]

Dass dieser Aspekt auch innerhalb der Forstwissenschaftlichen Fakultät Freiburg von emotionaler Bedeutung ist, zeigte die intensive Diskussion nach einer Veröffentlichung über die jagdliche Ausbildung von Forststudierenden im *Freiburger Uni Magazin* im Jahre 1997,[31] weil in der Fakultät hierin eine unerwünschte Festschreibung eines veralteten Klischees gesehen wurde.

**Abb. 12:** *Plakat für ein Fest der Freiburger Forststudierenden in den 1990er Jahren – ein Bild mit vermutlich auch selbstironischem Hintergrund, das aber offenbar identitätsstiftend ist und zugleich auf Außenwirkung berechnet scheint*

## 3.2 Nach dem Studium

Aussagen aus den Verbleibanalysen zur Beschäftigungssituation spiegeln die starken Umbrüche in der Forstwirtschaft wider. Sowohl bei den Zielvorstellungen der Absolventinnen und Absolventen als auch bei der Beschäftigungssituation zeigt sich der Übergang von der traditionellen Beschäftigung zu einer ganz neuen Situation.

> „Bis etwa Ende der 80er Jahre nahmen Absolventinnen des Forststudiums nach der Diplomprüfung im Prinzip zwei Möglichkeiten wahr: Entweder die Ableistung des Referendariats als Voraussetzung für eine Tätigkeit in öffentlichen Forstverwaltungen und in großen Privatforstbetrieben (die gemeinsam etwa 80% - 90% des gesamten forstlichen Arbeitsmarktes ausmachten), oder der Verbleib an der Universität, um zu promovieren, und sich damit einen Zugang zu den ‚Nischen' des forstlichen Arbeitsmarktes zu verschaffen. Zumindest in Freiburg wählten überproportional viele Frauen Ende der 70er und in den 80er Jahren den zweiten Weg, indem sie promovierten. Darüber, ob die Promotion die Konfrontation mit dem traditionellen forstlichen Berufsbild verhindern sollte, kann hier nur spekuliert werden."[32]

Bastian Kaiser führte eine Verbleibanalyse für die Freiburger Diplomjahrgänge 1981 bis 1983 durch.[33] Der Rücklauf betrug 155 von einer Gesamtstärke von 211. Von den 25 im Rücklauf enthaltenen Frauen antworteten 20 (12,9% des Rücklaufs). Eine Nachfolgeuntersuchung von Hartmut Abberger für die Jahrgänge 1986 bis 1988 umfasste einen Frauenanteil von 11,9%. Von 811 Befragten der Verbleibanalyse Elsbeth Gereckes[34] für die Diplomjahrgänge 1991 bis 1994 aller vier deutschen forstwissenschaftlichen Fakultäten waren insgesamt und in den einzelnen Jahrgängen 14% Frauen. Über einige *gender*-bezogene Befragungsergebnisse aus den Verbleibanalysen wird im folgenden Abschnitt berichtet.

Von den 20 Frauen der Diplomjahrgänge 1981 bis 1983 waren 4 promoviert (20%) gegenüber 18 (13,3%) der Männer, 8 beamtet (40%) gegenüber 61,5% der Männer. Keine Frau gehörte zur Gruppe „Karriere" (Oberforsträtin oder Forstdirektorin). Selbständig waren 3 Frauen (15%), 12 (8,8%) der Männer. Bei Diplomnoten (2,00) und Staatsexamensnoten (3,06) lagen die Frauen im Durchschnitt der Gesamtheit.[35]

Aus den Diplomjahrgängen 1986 bis 1988 antworteten ebenfalls 20 Frauen. Sie haben 10,6 Semester studiert und hatten 7,5 Jahre Ausbildung, soweit sie die Referendarzeit absolviert haben. 2 Frauen waren promoviert (10%), 13 berufstätig, davon 7 mit Zeitvertrag, weiter waren 3 Frauen Referendarinnen, 4 waren Hausfrauen.[36]

> „Die Situation der Diplom-Forstwirtinnen scheint insgesamt etwas schwieriger zu sein als die der männlichen Kollegen. Weniger Frauen sind berufstätig und weniger haben überwiegend noch mit Forst zu tun. Für die Hausfrauen besteht offenbar bisher nicht die Möglichkeit, in den Beruf zurückzukehren, da das Angebot an Teilzeitarbeitsplätzen zu wünschen übriglässt."[37]

Aus den Diplomjahrgängen 1981 bis 1983 waren 9 Frauen verheiratet. Die mittlere Kinderzahl lag insgesamt bei 1, bei den Frauen bei 0,45, 6 der 20 Frauen waren Mütter. Fast die Hälfte aller Befragten (47%) war bei einem Durchschnittsalter von 33 (noch) kinderlos.[38]

Aus den Diplomjahrgängen 1986 bis 1988 waren 10 Frauen verheiratet, hatten ebenfalls eine mittlere Kinderzahl von 0,45. 47% aller Befragten waren bei einem Durchschnittsalter von 29 (noch) kinderlos.[39]

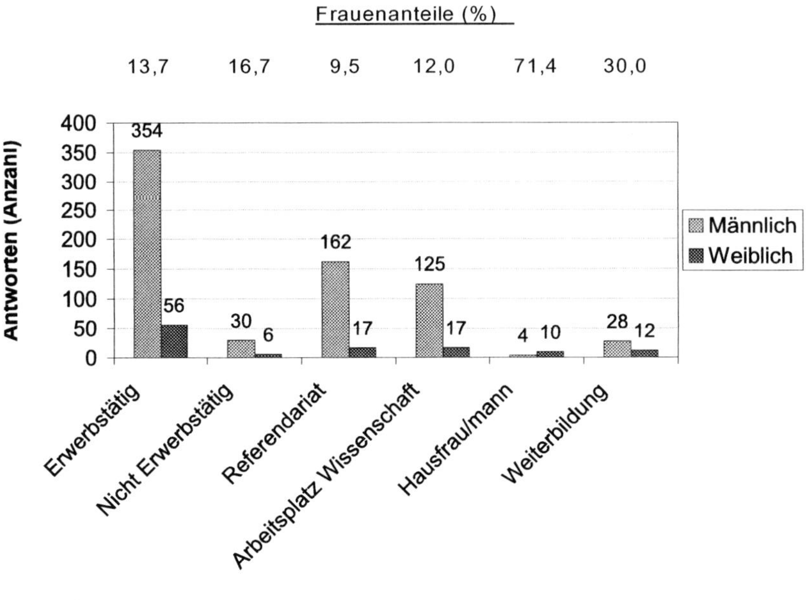


**Abb. 13:** *Beschäftigungssituation 1996 von Diplomforstwirtinnen und Diplomforstwirten der Examensjahrgänge 1991 bis 1994 von allen vier deutschen forstwissenschaftlichen Fakultäten, 821 Befragte*[40]

Die jüngste Verbleibanalyse zeigt die Beschäftigungssituation 1996 von Diplomforstwirtinnen und Diplomforstwirten der Examensjahrgänge 1991 bis 1994 von allen vier deutschen forstwissenschaftlichen Fakultäten, die allerdings nur gemeinsam ausgewertet sind. Sie umfasst 821 Befragte, davon 118 Frauen. Nur wenige Aspekte sind *gender*-spezifisch ausgewertet.[41]

Das Durchschnittsalter lag bei den Männern bei 30,4 Jahren, bei den Frauen bei 28,9. Der Frauenanteil entspricht bei den Erwerbstätigen[42] dem des gesamten Kollektivs (14%). Beim Referendariat und beim Arbeitsplatz Wissenschaft sind Frauen unterrepräsentiert, bei den nicht Erwerbstätigen leicht, bei der Weiterbildung stark und bei den Hausfrauen/männern (bei geringer absoluter Zahl) sehr stark überrepräsentiert (Abbildung 13).

Die Zuordnung der Erwerbstätigen zu verschiedenen Branchen zeigt Unterschiede zwischen Männern und Frauen: Nur eine Frau ist in der Holzwirtschaft tätig, 23 Frauen in der Forstwirtschaft (Frauenanteil 12%) und 7 im Bereich Umweltschutz (16%).

26% aller Befragten haben, relativ kurz nach den Diplomexamina, Kinder. Der Freundeskreis ist bei 22% der Männer überwiegend forstlich ausgerichtet, dagegen bei 35% der Frauen.

**Abb. 14:** *Titelbild der Broschüre „Typisch Förster. Eine Information für alle Entscheider im Bereich Human Resources", in der vier Diplomforstwirtinnen und zehn Diplomforstwirte mit großflächigen Fotos und Angaben zu ihrer Berufstätigkeit außerhalb des klassischen forstlichen Berufsfeldes vorgestellt werden*[43]

> „Der Anteil der Frauen in der Laufbahn des Höheren Forstdienstes (Universitätsabsolventinnen) der Landesforstverwaltungen der alten Bundesländer beträgt etwa 1% - 3%. Er dürfte in keinem Bundesland 5% überschreiten – kein Wunder, wenn die dienstältesten Forstbeamtinnen des Höheren Dienstes seit maximal 20 Jahren dabei sind. [...] Zahlen oder Auswertungen zur Übernahmequote (Verhältnis der Zahl der Referendarinnen zur Zahl der jeweils ‚Übernommenen') existieren bisher nicht. Auch die Auswirkungen der drastisch gesunkenen Beschäftigungschancen bei staatlichen Forstverwaltungen auf den Frauenanteil im Höheren Dienst der Landesforstverwaltungen sind bisher nicht bekannt bzw. nicht untersucht."[44]

Mit der gezeigten umfassenden Veränderung von Arbeitsmarkt und Berufstätigkeiten der Absolventinnen und Absolventen der forstwissenschaftlichen Studiengänge dürften sich längerfristig für Frauen und Männer die Bedeutung des traditionellen Försterbildes und ihre Einstellungen und Erwartungen verändern. Offen bleibt auch die Frage, inwieweit sich berufliche Erfahrungen und

Entscheidungen an den jeweiligen Weichenstellungen geschlechtsspezifisch unterscheiden. Empirische Daten hierzu analog zu den von Gerhard Oesten (1978) in den 70er Jahren erhobenen gibt es bisher nicht.

## 3.3 Die Reaktion der Ausbildungsstätten

Wie handeln in dieser Situation die Ausbildungsstätten? Die Freiburger Forstwissenschaftliche Fakultät hat ihre Studienreform von 1995 mit den Veränderungen im Berufsfeld begründet.[45] Dezidierte Aussagen zur Rolle von Frauen und Männern werden in diesem Zusammenhang nicht gemacht. Der Titel Diplomforstwirt, mit dem, wie sich in Berufsfeldanalysen zeigt,[46] außerhalb des engeren Berufsfeldes außer dem Förster-Klischee wenig Vorstellungen verbunden sind, ist beibehalten worden. Dies betrifft, einschränkend, die Berufschancen von Absolventinnen und Absolventen.

Im Zusammenhang mit der Studienreform bemühen sich die forstwissenschaftlichen Fakultäten, ebenso wie der *Deutsche Forstverein* und der *Arbeitskreis Forstliches Berufsbild* um eine Modernisierung des Berufsbildes, wie das auch in anderen Ländern geschieht. Ein Mittel dabei ist eine gezielte Öffentlichkeitsarbeit, die von den zahlreichen Beispielen beruflich erfolgreicher Diplomforstwirtinnen und -forstwirte außerhalb des traditionellen Berufsfeldes ausgeht. Hierbei sind in jüngerer Zeit Studentinnen und Absolventinnen, die wiederum als Vorbilder dienen können, immer einbezogen – zwei Beispiele mögen dies belegen (Abb. 14 und 15).[47]

Seit dem Wintersemester 1999/2000 wurden in Freiburg in jedem Semester im Fach *Forstliche Arbeitswissenschaft* Lehrveranstaltungen zu Genderaspekten in der Forstwirtschaft angeboten, die zugleich zum Lehrangebot im Studiengang *Gender Studies* gehören. Sie behandelten für die Personengruppen ‚Waldarbeiterinnen', ‚Försterinnen', ‚Waldbesitzerinnen' und ‚Forstunternehmerinnen' die Themenbereiche (a) ‚Arbeitsbedingungen', ‚Beanspruchbarkeit', (b) ‚Beschäftigungsverhältnisse', ‚Karrieren' und ‚Arbeitsprofile', (c) Sozialwissenschaftliche Aspekte wie ‚Motivation', ‚Arbeitszufriedenheit' und ‚Einstellungen' und (d) ‚Forschungsansätze'.

**Abb. 15:** *In einer australischen Broschüre stellen 22 Absolventinnen forstlicher Studiengänge ihre Studienwahlmotive, Berufstätigkeiten und Erfahrungen vor*

## 4. Ausblick

### *4.1 Aussagen von ‚Forstfrauen'*

Neben der begrenzten wissenschaftlichen Literatur über die Rolle von Frauen in der Forstwirtschaft gibt es Äußerungen, die in stärker auf die Forstpraxis ausgerichteten oder berufsständischen Zeitschriften veröffentlicht sind. Auch hier kommen eher Vertreter der weit überwiegenden Zahl männlicher Forstleute als weibliche zu Wort. Letztere dokumentieren allerdings gelegentlich persönliche Erfahrungen in der Rolle von Frauen als ‚Grenzüberschreiterinnen' sehr viel authentischer, als abgewogene wissenschaftliche Betrachtungen oder Ergebnisdarstellungen oder auch die eigene Beobachtung des Autors das können. Dies soll beispielhaft durch Zitate aus einem Artikel der österreichischen Försterin Sabine Neumann gezeigt werden,[48] womit in Ergänzung der überwiegend die forstliche Universitätsausbildung und ihre Absolventinnen und Absolventen betreffenden Aussagen die Ebene der Försterinnen und Förster beleuchtet wird:

„

Frau am Ende der Forsthierarchie:

[...] Soweit das bisher bekannte Bild der Frau in der Forstwirtschaft. Es ist das der Forstarbeiterin, die am unteren Ende der Forsthierarchie steht.

Revierförsterin passt nicht ins Weltbild:

Keinesfalls ins Bild der Frau im Forstberuf passt hingegen die Revierförsterin, die im Wald steht und Entscheidungskompetenz über Menschen, Wald und Maschine hat. Argumentiert wird dies von Forstleuten folgendermaßen:

- Revierarbeit ist körperliche Schwerarbeit, die Försterinnen nicht verrichten können.
- Försterinnen können sich gegenüber Männern nicht durchsetzen, werden daher von Forstarbeitern nicht akzeptiert und können deshalb kein Revier leiten.
- Försterinnen können mit der Motorsäge nicht umgehen.
- Frauen haben kein technisches Verständnis.
- Jagdgäste sind befremdet, wenn sie von einer Frau geführt werden.
- Frauen können keinen Hirsch aufbrechen und kein Wild tragen.
- Die Forstwirtschaft funktioniert seit Jahrhunderten ohne Frauen.
- Der einzige Weg, wie eine Frau Försterin werden kann, ist indem sie einen Förster heiratet.

Darüber hinaus sind Männer Försterinnen gegenüber Kavaliere: Sie bedauern Frauen, die ganztägig in Kälte und Nässe arbeiten müssen. Und last, but not least: Frauen können Kinder bekommen, dies aber ist für eine Revierförsterin völlig untragbar.

Ins Bild passen gerade noch Försterinnen, die ‚brav' Kanzlei- und Bürotätigkeit verrichten.[49]

Was darf eine Frau in der Forstbranche können?

Insgesamt scheint es also in der Forstwirtschaft so zu sein, dass Frauen all das können, was Männer wollen, dass sie können. Es kommt nur auf die Berufsbezeichnung an.
Hoffnungslos ist die Lage trotzdem nicht, denn auch ich habe schon manchen Forstmann kennengelernt, der anders denkt und Försterinnen in allen Funktionen für wichtig empfindet."[50]

## *4.2 Internationale Entwicklungen, Organisationen von Forstfrauen*

Genderaspekte in der Forstwirtschaft werden international zunehmend zum Forschungsgegenstand, insbesondere in Skandinavien. Die Gründung einer Forschungsgruppe *Gender and Forestry* wurde bereits eingangs angesprochen. Die Situation in der Forstwirtschaft der Industrieländer ist allerdings eine grundlegend andere als die in den Ländern der Dritten Welt, in den Tropen und Subtropen, wo Brennholznutzung und Nichtholzwaldprodukte eine viel größere Bedeutung haben.

Auch Organisationen von Frauen in der Forstwirtschaft sind vor allem in Skandinavien entstanden (Abb. 16), die alle Gruppen umfassen und einen deutlichen Schwerpunkt bei den Waldbesitzerinnen zeigen. In Deutschland gibt es einen eingetragenen Verein von ‚Forstfrauen'.[51]

**Abb. 16:** *Forglem meg ei – Vergiss mein nicht ist das Motto auf Plakaten eines Projektes „Mehr Frauen in die Forstwirtschaft", das die norwegische forstliche Weiterbildungsinstitution „Skogbrukets Kursinstitutt" in den Jahren 1992 bis 1995 durchgeführt hat.*

### 4.3 Resümee

Die geschlechtsspezifische Arbeitsteilung in der deutschen Forstwirtschaft, gekennzeichnet durch Pflanzarbeiten durch ‚Kulturfrauen‘, Holzernte durch ‚Holzknechte‘ und durch ausschließlich männliche Forstleute hat eine lange Tradition. Diese Situation, so noch in den 1950er und 1960er Jahren durchgängig vorhanden, hat sich seitdem grundlegend verändert und verändert sich weiter. Die Entwicklung wurde daher zunächst in ihrer historischen Dimension betrachtet und musste die Zahlen der verschiedenen Gruppen von Beschäftigten in der Forstwirtschaft, ihre Tätigkeiten, Berufswahlmotivation und Ausbildung, vor allem aber auch ihr Bild in der Öffentlichkeit und ihr Selbstbild einschließen.

In dem den Vortrag einleitenden Ausschnitt aus dem Film *Der Förster im Silberwald* sowie den Abbildungen 11 und 12 wurden Beispiele für die klischeehafte Sicht von Förstern gegeben, während die Abbildungen 4 (links), 5a und 5b die traditionelle Tätigkeit von Frauen in der Waldarbeit eher sachlich zeigen. Frauen in früher nicht üblichen Waldarbeits- und Förstertätigkeiten sind als Gegenbeispiele aufgenommen (Abb. 4 rechts, 8, 14, 15 und 16). In den letzteren werden gezielt ‚Grenzüberschreiterinnen‘ dargestellt, die neue Entwicklungsmöglichkeiten von Frauentätigkeit in der Forstwirtschaft zeigen sollen. Sie sollen Vorbilder liefern, das Selbstbewusstsein von Frauen in der Forstwirtschaft stärken, ihre Akzeptanz in Ausbildungsstätten demonstrieren und zum Überdenken der Klischees beitragen. Die steigenden Zahlen von ausgebildeten Frauen in der Waldarbeit und in der Hochschulausbildung kann man als Beleg für die Wirkung ansehen – systematisch untersucht ist die Wirkung bisher nicht.

Bis in die 1960er Jahre waren die ‚Kulturfrauen‘ fast die einzigen in der Forstwirtschaft beschäftigten Frauen.[52] Auf der Ebene der Waldarbeit sind an ihre Stelle voll ausgebildete ‚Forstwirtinnen‘ getreten, aber in sehr geringer Zahl. ‚Forstunternehmerinnen‘ gibt es in Deutschland fast nicht. Dagegen gibt es eine große Zahl von ‚Waldbesitzerinnen‘, über die man in Deutschland wenig weiß, anders als in Skandinavien.

Frauen begannen mit einer forstlichen Ausbildung mit dem Ziel einer Tätigkeit im gehobenen und höheren Forstdienst in den 1970er Jahren. Dies ist von allen zu dieser Zeit Ausgebildeten beobachtet worden, aber nicht umfassend beschrieben oder erklärt. Gleichzeitig stiegen für die Hochschulen völlig unerwartet die Zahlen der Studienbewerberinnen und -bewerber insgesamt sprungartig an, woraufhin ein Numerus clausus eingeführt wurde. Zu dieser

Zeit entwickelte sich ein breites gesellschaftliches Interesse am Umweltschutz, aber dies scheint als Erklärung eigentlich nicht ausreichend.

Seitdem ist der Frauenanteil ständig gestiegen, aber die Frauenzahlen in den Forstverwaltungen und -betrieben sind immer noch gering. Die zahlenmäßige Entwicklung ist aber auch im Zusammenhang mit den grundlegenden Umstrukturierungen in der Forstwirtschaft und den damit verbundenen Personalreduktionen zu sehen, die zu einer sehr geringen Zahl von Neueinstellungen geführt haben.

Die Absolventinnen und Absolventen von forstwissenschaftlichen Studiengängen sind heute weit überwiegend außerhalb des traditionellen, forstwirtschaftlichen Berufsfeldes tätig, wobei Unterschiede zwischen Frauen- und Männerbeschäftigungen festzustellen sind (Abb. 13). Beide Gruppen müssen sich bei der Beschäftigungssuche mit den Förster-Klischees in der Bevölkerung, den Betrieben und Verwaltungen und auch der eigenen Gruppe auseinander setzen.

Sowohl die Gruppe der voll ausgebildeten Waldarbeiterinnen als auch die der weiblichen Forstleute beider Laufbahnen zeigen klare Merkmale von ‚Grenzüberschreiterinnen' – traditionelle Rollenzuweisungen werden von ihnen nicht mehr akzeptiert. Dieser Aspekt ist durch vielerlei Äußerungen dokumentiert, aber wissenschaftlich zwar für die Landwirtschaft, nicht aber für die Forstwirtschaft aufgearbeitet.[53]

Entsprechende *gender*-spezifische Fragen sind von der Forschung bisher nur punktuell bearbeitet. Solche Fragen wären: Haben Frauen und Männer in der Forstwirtschaft gleiche Einstellungen, gleiche berufliche Ziele, gleiche Chancen? Wie unterscheiden sich Lebens- und Berufswege? Das *gender*-spezifische Denken, Fühlen und Handeln müsste man gezielt untersuchen, was Erfahrungen und Wahrnehmungen der in der Forstwirtschaft tätigen Frauen und Männer und ihre *gender*-spezifische Deutung einschließen würde. Bestimmte Aspekte des Handelns sind allerdings auch aus den bisherigen Verbleibanalysen abzulesen, während die in diesem Artikel hier geäußerten Einschätzungen auf den langjährigen Beobachtungen des Verhaltens im Berufs- und Privatleben durch den Autor sowie zahlreichen Gesprächen mit anderen Beobachterinnen und Beobachtern beruhen – sie sind aber wissenschaftlich nicht abgesichert.

In unseren Lehrveranstaltungen wurde die Frage aufgeworfen, ob eine in der Forstwirtschaft tätige Frau auch einmal ihre Frauenrolle vergessen kann. Die vorläufige Antwort, auf der Grundlage von Literaturstudium, Interviews und eigenen Erfahrungen der Studentinnen und Studenten in Praktika und Studium, war: Ein berufliches Nebeneinander auf gleichem Fuße scheint auf absehbare Zeit nicht möglich. Es wurde angenommen, dass sich in diesem traditionell so eindeutig männerdominierten Berufsfeld Berufs- und Lebenswege, Denken, Fühlen und Handeln von Frauen und Männern besonders stark und besonders lange unterscheiden werden. Das eingangs dargestellte Förster-Klischee wird sowohl innerhalb der Forstwirtschaft wie auch in der Gesellschaft eine lang andauernde Wirkung haben, der sich die Einzelne und der Einzelne nicht leicht wird entziehen können.

## Anmerkungen

1 Gun Lidestav (Hrsg.): *Women and forestry: How can gender research contribute to a more sustainable forest management.* Umeå: SLU Dep. Silv. Rep. No 47, 86 S. = Proc. XXI IUFRO World Congr., Kuala Lumpur, Malaysia, Res. Gr. 6.18.00.

2 Parto Teherani-Krönner: „Agrarwissenschaften.", in: Christina v. Braun/Inge Stephan (Hrsg.): *Gender Studien. Eine Einführung*, Stuttgart/ Weimar 2000, S. 217-230.

3 Freiburg, 24.1.2001

4 *Der Förster im Silberwald*, Regie Alfons Stummer, 1954.

5 Viele befragte „Arbeitgeber außerhalb der Forstverwaltungen" haben „eine Vorstellung vom Forstberuf und der forstwissenschaftlichen Ausbildung [...], die nicht (mehr) viel mit der Realität zu tun hat. Diese Feststellung ist nicht verblüffend – fast jeder Diplom-Forstwirt wird mit diesem stereotyp vorgeprägten Bild vom Förster konfrontiert", in: Bastian Kaiser, Hartmut Abberger und Stephan Beck: „Berufliche Perspektiven von Diplomforstwirten. Interpretation und Ergebnisse zweier empirischer Untersuchungen zur Arbeitsmarktsituation von Forstakademikern", in: *Forst Holz* 48, 11, 1993, S. 303-306.

6 In eigenen Lehrveranstaltungen des Autors von als Expertinnen beteiligten Frauen als wichtiger Auslöser hervorgehoben

7 Joachim Morat: „Konsequenzen für den Arbeitsmarkt der Forstwirte", in: *Allgem. Forstz.* 52, 26, 1997, S. 1402-1405.

8 Vera Hoffmann: *Die Arbeitssituation der Waldarbeiterinnen in Deutschland. Eine sozialempirische Untersuchung unter besonderer Berücksichtigung der Arbeitsbeanspruchung. Schriftenreihe agrarwissenschaftlicher Forschungsergebnisse*, Hamburg 1998. Zugl. forstl. Dissertation, Universität Freiburg; Vera Hoffmann und Siegfried Lewark: „Untersuchung zur Arbeitssituation der Waldarbeiterinnen in den staatlichen Forstbetrieben Deutschlands", in: *Forstarch.* 69, 5, 1998, S. 187-195.

9 Joachim Morat: „Konsequenzen für den Arbeitsmarkt der Forstwirte", in: *Allgem. Forstz.* 52, 26, 1997, S. 1402-1405.

10 *Jahresberichte der Landesforstverwaltung Baden-Württemberg* (versch. Jg.)

11 Siegfried Lewark und Paul Rudolf Härle: „Das Ausscheiden von Waldarbeitern der Staatsforstverwaltung 1983 bis 1990", in: *Allgem. Forstz.* 46, 9, 1990, S. 470-473.

12 „Mit der Fünfzigpfennigmünze setzte der Bildhauer Richard Martin Werner den baumpflanzenden Frauen unbeabsichtigt dieses Denkmal. Sein Entwurf, der die ,Trümmerfrauen' ehren sollte, wurde 1949 vom damals zuständigen Direktorium der Bank Deutscher Länder als Vorlage für die Münze ausgewählt. Seine eigene Frau, Gerda Jo Werner, stand – besser kniete – dafür Modell. Eine zarte Gestalt mit langem, eng anliegendem Gewand, das die echten ,Kulturfrauen' im Forst wahrscheinlich als etwas hinderlich für

ihre Arbeit betrachtet hätten." (Christa Schleich: „Die Trümmerfrauen unserer Wälder", in: *taz Magazin*, Nr. 5924 vom 28./29. August 1999, S. 7).

13 H. Preuße: Zeichnungen, in: Hengst, X.: *Praktische Kultur- und Jungwuchspflege, Waldarbeit leicht gemacht: Arbeitsmerkhefte für Waldarbeiter*, Nr. 19, Melsungen 1954.

14 Vera Hoffmann: „Die Arbeitssituation der Waldarbeiterinnen in Deutschland. Eine sozialempirische Untersuchung unter besonderer Berücksichtigung der Arbeitsbeanspruchung", Vortrag an der Forstwiss. Fakultät, Freiburg, 24.6.1998.

15 Anonym.: Original-Bildunterschrift: „Nach abgeschlossener Ausbildung ist Maria Helena Fernandes Silva eine gelernte Fahrerin des Harvesters Timberjack 1270B."

16 Vgl. Legende zu Abb. 2.

17 Gerhard Oesten: *Untersuchungen zur Sozialisation von Nachwuchsmitgliedern für die Forstverwaltung*, forstl. Dissertation, Freiburg 1978.

18 Maria Hehn: „Zur Situation akademisch ausgebildeter Forstfrauen in den alten Bundesländern der BRD", Vortrag beim 1. Treffen der IUFRO Education Group, S6.15-00, Freiburg, 8.-12. März 1998; Proc. „Modern forestry curricula – response to changes in the field of profession" (Hrsg S. Lewark, G. Andrian, M. Karmann, P. Schmidt, N. Weber), i.V.

19 Hartmut Abberger: *Berufseinstieg und Studiengestaltung von DiplomforstwirtInnen – eine Befragung der Diplom-Jahrgänge 1986-88 der Forstwissenschaftlichen Fakultät Freiburg*, forstl. Diplomarbeit, Freiburg 1992; Bastian Kaiser: *Verbleibanalyse von Diplom-ForstwirtInnen*, Inst. f. Forsteinrichtung u. forstl. BWL Freiburg 1990; Arbeitspapier 5-90; Bastian Kaiser, Hartmut Abberger und Stephan Beck: „Berufliche Perspektiven von Diplomforstwirten. Interpretation und Ergebnisse zweier empirischer Untersuchungen zur Arbeitsmarktsituation von Forstakademikern", in: *Forst Holz* 48, 11, 1993, S. 303-306.

20 Elsbeth Gerecke: *Berufsaussichten für Diplom-Forstwirte/innen*, Studie des Deutschen Forstvereins, Abschlussbericht, Schluchsee 1997; Elsbeth Gerecke/Jan Ihwe: „Berufsaussichten für Diplom-Forstwirte/innen. Studie des Deutschen Forstvereins", in: *Allgem. Forstz.* 51, 1997, S. 1, S. 47-49.

21 Maria Hehn: „Zur Situation akademisch ausgebildeter Forstfrauen in den alten Bundesländern der BRD." Freiburg: Vortrag beim 1. Treffen der IUFRO Education Group, S6.15-00, 8.-12. März 1998; Proc. „Modern forestry curricula – response to changes in the field of profession" ( Hrsg S. Lewark, G. Andrian, M. Karmann, P. Schmidt, N. Weber), i.V.

22 Ebd.

23 Homepage der Frauenbeauftragten der Universität Freiburg: http: //www.uni-freiburg.de/einrichtungen.html, Januar 2001.

24 Gerhard Oesten: *Untersuchungen zur Sozialisation von Nachwuchsmitgliedern für die Forstverwaltung*, forstl. Dissertation, Freiburg 1978, S. 185.

25 Ebd. S. 185.

26 Vgl. Endnote 23.

27 Gerhard Oesten: *Untersuchungen zur Sozialisation von Nachwuchsmitgliedern für die Forstverwaltung*, forstl. Dissertation. Freiburg 1978, S. 236.

28 Ebd. S. 238.

29 Ebd. S. 213.

30 Ebd. S. 186/187.

31 Ohne Autor: „Die Uni bläst zum Halali: Studierende der Albert-Ludwigs-Universität auf der Jagd. Mehr über die Jagdausbildung an der Freiburger Universität ab Seite 12", in: *Freiburger Uni Magazin*, Titelseite Heft 1, Februar 1997.

32 Maria Hehn: „Zur Situation akademisch ausgebildeter Forstfrauen in den alten Bundesländern der BRD." Freiburg: Vortrag beim 1. Treffen der IUFRO Education Group, S6.15-00, 8.-12. März 1998; Proc. „Modern forestry curricula – response to changes in the field of profession" (Hrsg S. Lewark, G. Andrian, M. Karmann, P. Schmidt, N. Weber), i.V.

33 Bastian Kaiser: *Verbleibanalyse von Diplom-ForstwirtInnen*, Inst. f. Forsteinrichtung u. forstl. BW, Freiburg 1990; Arbeitspapier 5-90.

34 Elsbeth Gerecke: *Berufsaussichten für Diplom-Forstwirte/innen*, Studie des Deutschen Forstvereins, Abschlussbericht, Schluchsee 1997.

35 Bastian Kaiser: *Verbleibanalyse von Diplom-ForstwirtInnen,* Inst. f. Forsteinrichtung u. forstl. BWL, Freiburg 1990; Arbeitspapier 5-90.

36 Hartmut Abberger: *Berufseinstieg und Studiengestaltung von Diplomforstwirtlnnen – eine Befragung der Diplom-Jahrgänge 1986-88 der Forstwissenschaftlichen Fakultät Freiburg*, forstl. Diplomarbeit, Freiburg 1992.

37 Ebd.

38 Bastian Kaiser: *Verbleibanalyse von Diplom-ForstwirtInnen,* Inst. f. Forsteinrichtung u. forstl. BWL, Freiburg 1990; Arbeitspapier 5-90.

39 Hartmut Abberger: *Berufseinstieg und Studiengestaltung von Diplomforstwirtlnnen – eine Befragung der Diplom-Jahrgänge 1986-88 der Forstwissenschaftlichen Fakultät Freiburg*, forstl. Diplomarbeit, Freiburg 1992.

40 Elsbeth Gerecke: *Berufsaussichten für Diplom-Forstwirte/innen*, Studie des Deutschen Forstvereins, Abschlussbericht, Schluchsee 1997.

41 Ebd.

42 Erwerbstätigkeit ohne das forstliche Referendariat und Beschäftigungen an Versuchsanstalten und Universitäten (diese vorwiegend mit Promotion verbunden).

43 Deutscher Forstverein und Arbeitskreis Forstliches Berufsbild: *Typisch Förster. Eine Information für alle Entscheider im Bereich Human Resources,* Freiburg (o.J.).

44 Maria Hehn: „Zur Situation akademisch ausgebildeter Forstfrauen in den alten Bundesländern der BRD." Freiburg: Vortrag beim 1. Treffen der IUFRO Education Group, S6.15-00, 8.-12. März 1998; Proc. „Modern forestry curricula – response to changes in the field of profession", (Hrsg S. Lewark, G. Andrian, M. Karmann, P. Schmidt, N. Weber), i.V.

45 Siegfried Lewark: „Reform des Studiengangs Forstwissenschaft in Freiburg: Ziele und hochschulpolitische Vorgaben", in: *Allgem. Forstz.* 49, 8, 1994, S. 394-397; Gerhard Oesten: „Reform des forstwissenschaftlichen

Studiums an der Universität Freiburg. Erfahrungen, Ziele, Chancen", in: *Allgem. Forstz.* 49, 8, 1994, S. 392-393.

46 Vgl. Endnote 5.

47 Die 14 Beispiele aus der Broschüre *Typisch Förster* (vgl. Endnote 43, vier Frauen): Consultant Financial Services einer Unternehmensberatung, Geschäftsführender Gesellschafter einer Werbeagentur, Leiter einer Stabsstelle der GTZ, Rundholzeinkäufer eines Holzwerkes, Leiterin eines Amtes für Naturschutz und Landespflege, Verantwortlicher für Landespflege, Forst- und Grünflächen einer Hüttenwerk AG, Mitgesellschafterin einer Beratungsgesellschaft für Telematik und Informationssysteme, Pressesprecher in einem Bundesministerium, Consultant bei einer Consulting-Firma, Assistent des Geschäftsführers einer Umweltstiftung, Bereichsleiter Deutschland einer Firma für Branchensoftware und Logistik für Forst- und Sägeindustrie, Prokurist einer Waldakademie, Leiter eines städtischen Baubetriebshofes, Leiter für Liegenschaften einer Consulting-Firma.

48 Sabine Neumann: „Das Bild der Frau in der Forstwirtschaft", in: *Österr. Forstz.* 102, 10, S. 48-49.

49 Dies ist die berufliche Tätigkeit der Autorin Sabine Neumann.

50 Ebd.

51 Frauen im Forstbereich e.V., http: //www./forstfrauen.de, Januar 2001.

52 Die ausschließlich mit Verwaltungstätigkeiten beschäftigten weiblichen Angestellten auf den Forstämtern und in Forstdirektionen sowie Ministerien wurden hier nicht einbezogen.

53 „2. Landwirtinnen als Grenzüberschreiterinnen. Zugang zum Thema. In den letzten zwanzig Jahren ist es immer mehr Frauen gelungen, in die traditionelle Männerdomäne der Landwirtschaft einzudringen und sich dort zu professionalisieren [...]. Der Prozeß vollzieht sich jedoch sehr langsam. Die Frauen haben gegen große Widerstände anzugehen. Ihr Überschreiten der Geschlechtergrenze wird nicht ohne weiteres akzeptiert, häufig wird es mißbilligt oder boykottiert. Unterstützung erfahren Landwirtinnen nur von Einzelnen. [...] Ihr Geschlecht scheint das entscheidende Verhinderungsmoment zu sein.", in: Mathilde Schmitt: *Landwirtinnen – Chancen und Risiken von Frauen in einem traditionellen Männerberuf,* Opladen 1997.

## Literatur


**Abberger, Hartmut:** *Berufseinstieg und Studiengestaltung von DiplomforstwirtInnen – eine Befragung der Diplom-Jahrgänge 1986-88 der Forstwissenschaftlichen Fakultät Freiburg*, forstl. Diplomarbeit, Freiburg 1992.

**Anonym.:** *Freiburger Uni Magazin*, Titelseite Heft 1, Februar 1997.

**Anonym.:** „Brasilien zeigt den Weg. Auf die Fähigkeiten kommt es an", in: *Timberjack News* 1, S. 18-19.

**Beck, Stefan:** *Zum Berufsbild für Diplomforstwirte – Eine Befragung potentieller Arbeitgeber außerhalb des traditionellen Berufsfeldes*, forstl. Diplomarbeit, Freiburg 1991.

**Burrell, Jane und Davidson, Neil (Hrsg.):** *Herstorey. Women in Forest Science, Technology and Industry*, o.O., http:www.forestry.crc.org.au.

**Deutscher Forstverein und Arbeitskreis Forstliches Berufsbild:** *Typisch Förster. Eine Information für alle Entscheider im Bereich Human Resources*, Freiburg (o.J.).

**Gerecke, Elsbeth:** *Berufsaussichten für Diplom-Forstwirte/innen*, Studie des Deutschen Forstvereins, Abschlussbericht, Schluchsee 1997.

**Gerecke, Elsbeth und Ihwe, Jan:** „Berufsaussichten für Diplom- Forstwirte/innen. Studie des Deutschen Forstvereins", in: *Allgem. Forstz.* 51, 1997, S. 1, S. 47-49.

**Hehn, Maria:** „Zur Situation akademisch ausgebildeter Forstfrauen in den alten Bundesländern der BRD." Freiburg: Vortrag beim 1. Treffen der IUFRO Education Group, S6.15-00, 8.-12. März 1998; Proc. „Modern forestry curricula – response to changes in the field of profession" (Hrsg S. Lewark, G. Andrian, M. Karmann, P. Schmidt, N. Weber), i.V.

**Hoffmann, Vera:** „Beschäftigung von Frauen in der Waldarbeit in Geschichte und Gegenwart. Waldarbeiterinnen in Deutschland – Pflanzfrauen oder Forstwirtinnen", in: *Allgem. Forstz.* 53, 26, 1998, S. 1580-1582.

**Hoffmann, Vera:** *Die Arbeitssituation der Waldarbeiterinnen in Deutschland. Eine sozialempirische Untersuchung unter besonderer Berücksichtigung der Arbeitsbeanspruchung. Schriftenreihe agrarwiss. Forschungsergebn.*, Hamburg 1998. Zugl. forstl. Dissertation, Universität Freiburg.

**Hoffmann, Vera und Lewark, Siegfried:** „Untersuchung zur Arbeitssituation der Waldarbeiterinnen in den staatlichen Forstbetrieben Deutschlands", in: *Forstarch.* 69, 5, 1999, S. 187-195.

**Kaiser, Bastian:** *Verbleibanalyse von Diplom-ForstwirtInnen*, Inst. f. Forsteinrichtung u. forstl. BWL Freiburg 1990; Arbeitspapier 5-90.

**Kaiser, Bastian und Abberger, Hartmut und Beck, Stephan:** „Berufliche Perspektiven von Diplomforstwirten. Interpretation und Ergebnisse zweier empirischer Untersuchungen zur Arbeitsmarktsituation von Forstakademikern", in: *Forst Holz* 48, 11, 1993, S. 303-306.

**Lewark, Siegfried:** „Reform des Studiengangs Forstwissenschaft in Freiburg: Ziele und hochschulpolitische Vorgaben", in: *Allgem. Forstz.* 49, 8, 1994, S. 394-397.

**Lewark, Siegfried und Härle, Paul Rudolf:** „Das Ausscheiden von Waldarbeitern der Staatsforstverwaltung 1983 bis 1990", in: *Allgem. Forstz.* 46, 9, 1990, S. 470-473.

**Lidestav, Gun (Hrsg.):** *Women and forestry: How can gender research contribute to a more sustainable forest management*, Umeå: SLU Dep. Silv. Rep. No 47, 86 S. = Proc. XXI IUFRO World Congr., Kuala Lumpur , Malaysia, Res. Gr. 6.18.00.

**Lidestav, Gun und Wästerlund, Dianne und Engman, Karin:** „Self-conception and transfer of forest management tradition among female forest owners", in: M. Furuberg, K. Kinderås, G. Follo, G. Hylen, L.M. Strupstad (Eds.): Proc. „First Symposium on Women and Forestry", Lillehammer/Norway 2000, S. 40-44.

**Morat, Joachim:** „Konsequenzen für den Arbeitsmarkt der Forstwirte", in: *Allgem. Forstz.* 52, 26, 1997, S. 1402-1405.

**Neumann, Sabine:** „Das Bild der Frau in der Forstwirtschaft", in: *Österr. Forstz.* 102, 10, 1991, S. 48-49.

**Oesten, Gerhard:** „Reform des forstwissenschaftlichen Studiums an der Universität Freiburg. Erfahrungen, Ziele, Chancen", in: *Allgem. Forstz.* 49, 8, 1994, S. 392-393.

**Oesten, Gerhard:** *Untersuchungen zur Sozialisation von Nachwuchsmitgliedern für die Forstverwaltung*, forstl. Dissertation, Freiburg 1978.

**Schleich, Christa:** „Die Trümmerfrauen unserer Wälder", in: *taz Magazin*, Nr. 5924 vom 28./29. August 1999, S. 7.

**Schmitt, Mathilde:** *Landwirtinnen – Chancen und Risiken von Frauen in einem traditionellen Männerberuf*, Opladen 1997.

**Skogbrukets Kursinstitutt:** *Forglem meg ei,* Prosjektrapport fra „Flere Kvinner i skogbruket" [Vergissmeinnicht. Projektbericht von „Mehr Frauen in die Forstwirtschaft"]. Biri, Norwegen 1992-1995.

**Teherani-Krönner, Parto:** „Agrarwissenschaften", in: Braun, Christina v. und Stephan, Inge (Hrsg.): *Gender Studien. Eine Einführung,* Stuttgart/Weimar 2000, S. 217-230.

# Rezensionen zum Thema ‚Dimensionen von *Gender Studies*‘

Bettina Wilke

# Wer hat Angst vor Judith Butler ?

*Hannelore Bublitz: Judith Butler zur Einführung, Hamburg 2002 (Junius Verlag, 155 S., 12,50 €).*

Nach den nunmehr zehn Jahren ‚Butler in Deutschland', die seit dem folgenreichen Erscheinen von *Das Unbehagen der Geschlechter*[1] vergangen sind, ist jetzt endlich die erste Einführung in das Gesamtwerk Judith Butlers erschienen. Und, um es gleich vorwegzunehmen: Sie ist wirklich gut. Hannelore Bublitz, die sich dieser durchaus schwierigen Herausforderung gestellt hat, zeigt in ihrem Buch große Sensibilität nicht nur für jene, die Butlers Werke schnell zur Seite legen, weil sie durch deren Schreibstil und scheinbar abgehobene Denkfiguren nach wenigen Seiten zu abgeschreckt sind, um weiterzulesen. Sie schafft es auch, das Interesse derjenigen zu wecken, die mit harscher Kritik oder Ablehnung auf Butlers Theorien reagieren.

Bublitz hat diese Einführung in drei Komplexe gegliedert: Im ersten, „Butlers sprach- und diskurstheoretisches Programm", widmet sie sich vor allem der Begriffsklärung, ohne die eine Auseinandersetzung mit Butler nicht möglich ist. Hier erweist sich Bublitz als äußerst geduldig, sie führt die wesentlichen Begriffe und Sachverhalte in Verbindung mit angemessenen Beispielen ein und wiederholt sie oft genug, so dass sie schließlich zum festen Repertoire werden. Längere Passagen aus Butlers Texten vermeidet sie und sprachlich grenzt sich Bublitz zumindest in diesem Kapitel deutlich von Butler ab: So schreibt sie beispielsweise zur Erklärung des Vorgangs „der Materialisierung als Formierung körperlicher Materialität, die diskursiv-normative Anweisungsstrukturen mit institutioneller Macht verschränkt"[2]:

> „Am Beispiel der Äußerung einer Hebamme oder der Eltern, die beim Anblick eines Säuglings feststellen: ‚Es ist ein Mädchen!', wird verständlich, dass es dabei nicht um eine Beschreibung oder die bloße Feststellung eines Sachverhaltes geht, sondern zugleich um eine Anweisung, ein weibliches Geschlecht zu sein; darin besteht die Performativität der Aussage. Butler geht davon aus, dass solche diskursiv hervorgebrachten Sachverhalte den Körper durch (Geschlechts-)Zeichen markieren, denen Akte der Verkörperung folgen."[3]

Zum Vergleich: Butler beschreibt die Konstituierung bzw. Subjektivierung eines Mädchen folgendermaßen:

> „Geschlechtsnormen wirken, indem sie die Verkörperung bestimmter Ideale von Weiblichkeit und Männlichkeit verlangen [...] In dem Maße, wie das Benennen des ‚Mädchens' transitiv ist, das heißt den Prozeß initiiert, mit dem ein

> bestimmtes ‚Zum-Mädchen-Werden' erzwungen wird, regiert der Begriff oder vielmehr dessen symbolische Macht die Formierung einer körperlich gesetzten Weiblichkeit, die die Norm niemals ganz erreicht. Dabei handelt es sich jedoch um ein ‚Mädchen', das gezwungen wird, die Norm zu ‚zitieren', um sich als lebensfähiges Subjekt zu qualifizieren und ein solches zu bleiben. Weiblichkeit ist deshalb nicht das Ergebnis einer Wahl, sondern das zwangsweise Zitieren einer Norm, einer Norm, deren komplizierte Geschichtlichkeit untrennbar ist von den Verhältnissen der Disziplin, der Regulierung, des Strafens."[4]

Hier und an vielen weiteren Stellen der Einführung zeigt sich die beachtenswerte Übersetzungsleistung der Autorin.

Im zweiten Komplex des Buches fasst Bublitz die feministische Theorie Butlers zusammen. Zunächst führt sie die grundlegenden Unterschiede zu einem Feminismus vor, der die Geschlechterdifferenz positiviert und ein binäres System von Geschlechterbeziehungen als natürlich reproduziert, um dann zu erklären, was an Butler, dem „Superstar feministischer Theorie"[5] eigentlich so feministisch ist. Hier fokussiert Bublitz ausführlich auf die Annahmen in *Das Unbehagen der Geschlechter*, wählt dabei allerdings den ‚umgekehrten' Weg, das heißt Bublitz beschreibt Butlers Brüche mit bis dato einschlägigen Annahmen: den Bruch mit der Annahme, Geschlecht sei eine natürliche Eigenschaft, den Bruch mit der Annahme einer natürlichen Geschlechterdifferenz und den Bruch mit der Annahme, dass der so bezeichnete Geschlechtskörper eine soziale und damit auch sexuelle Identität stiftet.[6] Auch hier vertieft Bublitz einzelne Denkfiguren Butlers in gesonderten Abschnitten, beispielsweise die „Matrix der Intelligibilität" und die „Performativität des Geschlechts". Die Ausführungen in *Körper von Gewicht* nutzt Bublitz, wie ihrerzeit auch Butler, um Klarheit in der umstrittenen Frage nach der Bedeutung des Körpers zu schaffen, der auch – wie von feministischer Seite her oft befürchtet – in einer dekonstruktivistischen Auffassung in seiner materiellen Beschaffenheit nicht verleugnet wird:

> „Der biologische (Geschlechts)Körper gewinnt in seiner materiellen Existenzweise leibliche Eigenständigkeit, gerade weil er durch soziale Praktiken hervorgebracht und in diese eingebunden ist."[7]

Der dritte Komplex der Einführung, „Butlers politische Theorie", verdeutlicht dann die Nähe Butlers zur *Queer Theory*. Wiederum mit Rekurs auf *Das Unbehagen der Geschlechter* und *Körper von Gewicht* und die dort entwickelten Strategien zur Geschlechterverwirrung und Kategorienverunsicherung führt Bublitz ihre LeserInnen an die Konzepte der ‚Politik des Performativen' und der ‚performativen Subversion' heran, die Butler selbst in *Haß spricht*[8] ausgeführt hat. Die Frage, auf welche Weise performativen, verletzenden Sprechakten – *hate speech* – begegnet werden kann, mündet in die Auffassung, dass die performative Macht der Sprache gegen sich selbst gewendet werden kann, so dass durch eine Verschiebung und Umdeutung eines Sprechaktes „das Wort, das verwundet, [...] zum Instrument des Widerstandes“[9] wird.[10]

Als Zugabe enthält *Judith Butler zur Einführung* im Anhang ein Interview, das Hannelore Bublitz mit Judith Butler geführt hat. Dieses Interview, so sehr es ein Schmankerl für Fans sein kann, bringt meines Erachtens nicht viel Neues und ist für die/den LeserIn allein durch die Kenntnis der Einführung auch schwer verständlich. Insgesamt ist das Buch jedoch sehr gelungen, weil Bublitz sich auf Butlers zentrale Thesen einlässt und deren Brisanz und Wichtigkeit schätzt, und im Gegensatz zu vielen AutorInnen weitgehend darauf verzichtet, die blinden Flecke, die Butlers Theorie wie jede andere hat, überzubewerten. Mein Tipp an alle AnfängerInnen: Zunächst die „Einleitung“ überspringen; sie ist gut, aber verwirrend und bringt zum Schluss mehr.

## Anmerkungen

1 Judith Butler: *Das Unbehagen der Geschlechter*, Frankfurt/M., 1991.
2 Hannelore Bublitz: *Judith Butler zur Einführung*, Hamburg, 2002, S. 26
3 Ebd.
4 Judith Butler: *Körper von Gewicht*, Frankfurt/M., 1995, S. 318f.
5 Hannelore Bublitz: *Judith Butler zur Einführung*, Hamburg, 2002, S. 48.
6 Ebd. S. 53.
7 Ebd. S. 68.
8 Judith Butler: *Haß spricht. Zur Politik des Performativen*, Berlin, 1998.
9 Ebd. S. 230.
10 Exemplarisch hierfür – und gerne aufgeführt – das Beispiel des Wortes *queer*: Diente dieses Wort ursprünglich zur Diffamierung nicht-heterosexueller Menschen, so ist es heute – als Selbstbezeichnung - zu einem Wort der Selbstidentifizierung und des Stolzes geworden, was wiederum der früheren Verwendungsweise einen Strich durch die Rechnung macht. Ähnliches gilt beispielweise für die Rosa Winkel: so sehr sie im Dritten Reich noch eine Kennzeichnung von ‚Entarteten‘ waren, sind sie heute stolzes Symbol homosexueller Lebensweisen.

*Angela Kaupp*

# Ein Standardwerk für Feministische Theologie

*Elisabeth Gössmann/Helga Kuhlmann/Elisabeth Moltmann-Wendel/Ina Praetorius/ Luise Schottroff/ Helen Schüngel-Straumann/Doris Strahm/Agnes Wuckelt (Hrsg.): Wörterbuch der Feministischen Theologie, Gütersloh 2002 (Gütersloher Verlagshaus, 2., vollst. überarb. u. erw. Auflage, 640 S., 69,00 €).*

Mit der ersten Auflage des Wörterbuchs erschien 1991 im deutschsprachigen Raum erstmalig ein Kompendium der feministisch-theologischen Diskussion, das von katholischen und evangelischen Herausgeberinnen und Autorinnen verantwortet wurde, die sich der feministischen Theologie verpflichtet fühlen. Damals waren Diskussionen und wissenschaftliche Forschung in vielen Forschungsgebieten noch in den Anfängen und das Wörterbuch hatte das Ziel, „Schätze der Feministischen Theologie zu sammeln und zugänglich zu machen.‘[1]

Die Theorieentwicklung sowohl der Ansätze Feministischer Theologie(n) als auch des Feminismus, der Theologie insgesamt und angrenzender Disziplinen hat sich in den 90er Jahren weiter entwickelt und z.T. Akzente verschoben. Feministisch-theologische Forschung konnte sich in Teilbereichen der Theologie etablieren und inzwischen liegen eine Anzahl wissenschaftlicher Forschungsarbeiten vor. Daher ist es zu begrüßen, dass nun eine zweite, völlig überarbeitete Auflage des Wörterbuches vorliegt und die „zunehmende Themen- und Positionsvielfalt der Feministischen Theologie und angrenzender Forschungsgebiete ebenso wie ihr gewachsenes Selbstbewusstsein“[2] spiegelt. Dies belegt auch die Erweiterung des Herausgeberinnen- und Autorinnenkreises, in dessen Reihe u.a. Forscherinnen der jüngeren Generation feministischer Theologinnen zu finden sind. Die Autorinnen sind unterschiedlichen (deutschsprachigen) kulturellen und religiösen Kontexten zuzurechnen, wobei die Herausgeberinnen einschränken, dass die eigene Zugehörigkeit zu christlichen Traditionen protestantischer oder katholischer Prägung dazu geführt hat, dass „Positionen aus dem postchristlichen Spektrum, aus der orthodoxen Christenheit, aus Freikirchen und nichtchristlichen Religionen, vergleichsweise weniger zu Wort kommen.“[3]

Über 140 Artikel stellen zentrale Inhalte theologischer Disziplinen und angrenzender Wissenschaften unter dem Blickwinkel feministischer Theologie dar und versuchen, auch interreligiöse, interkulturelle und interdisziplinäre Verknüpfungen aufzuzeigen. Alle Stichworte der ersten Auflage wurden aktualisiert und das Kompendium um mehr als fünfzig neue Artikel erweitert, die sich m.E. drei Perspektiven zuordnen lassen: Die erste Ergänzung ist durch gesellschaftliche Veränderungen und die Weiterentwicklung feministischer

Forschung allgemein begründet (z.B. ‚Postmoderne', ‚Gender', ‚Differenz' oder ‚Bioethik'). Die zweite entstand durch die Erarbeitung oder Vertiefung zentraler Stichworte systematisch-theologischer Fragestellungen (z.B. ‚Sakrament', ‚Abendmahl', ‚Opfer', ‚Ökumene') oder der Praktischen Theologie (vgl. ‚Ehrenamt', ‚Gemeindepädagogik', ‚Mädchen/Junge'). Eine dritte Erweiterung schlägt sich in Artikeln nieder, die sich mit Körperlichkeit beschäftigen (z.B. ‚Alter', ‚Schwangerschaft', ‚Krankheit', ‚Blut').

Die Rezeption der gesellschaftlichen, feministischen und theologischen Diskussionen und aktueller Forschungsergebnisse führte nicht nur zu einer Vermehrung von Stichworten, sondern auch zu einer grundlegenderen Darstellung insbesondere von Themen, die in der theologischen Diskussion hohe Brisanz haben und daher besonderer Differenzierung bedürfen, wie z.B. Gottebenbildlichkeit, Auferstehung, Kirche oder Liturgie. Es ist positiv hervorzuheben, dass diese Artikel jeweils von mehreren Fachfrauen der jeweiligen theologischen Disziplinen oder konfessionellen Zugehörigkeit erarbeitet wurden, die sich zugleich der Feministischen Theologie verpflichtet fühlen. Hierdurch wird eine wissenschaftlich präzise Betrachtung aus verschiedenen Perspektiven möglich und für die Leserin/den Leser verständlich.

Bei kürzeren Artikeln lassen sich unterschiedliche Schwerpunktsetzungen beobachten: Während einige einen Gesamtüberblick über die Forschungslage eines Gebietes geben, konturieren andere eher einzelne Perspektiven. Diese qualitativen Unterschiede lassen sich sowohl auf die Vielfalt der Autorinnen als auch auf die gegenwärtige Forschungslage zurückzuführen, die nicht in allen Bereichen gleichermaßen aussagekräftige Untersuchungsergebnisse vorweisen kann.

Im Anschluss an jeden Artikel folgen jeweils zwei bis drei Lektürehinweise, die „zum Weiterlesen' anregen, und eine ausführliche Bibliographie, welche den wissenschaftlichen Stand der Auseinandersetzung und die deutliche Weiterentwicklung der Forschung im letzten Jahrzehnt belegt. An der Lesefreundlichkeit der Bibliographien ist Kritik anzumelden, da ein Drucksatz als fortlaufender Text ohne Hervorhebungen eine gezielte Suche erschwert. Am Ende des Buches stehen ein Register mit Querverweisen auf Bibelstellen, Schlagworte und Personen sowie Angaben zu den Autorinnen.

Für die Arbeit mit dem Wörterbuch (im wissenschaftlichen Kontext) und für die Verbreitung seines Inhaltes über die Wissenschaft hinaus, wäre die Möglichkeit, das Buch auf CD zu erhalten, wünschenswert gewesen.

Abschließend möchte ich zusammenfassen: Das Wörterbuch der Feministischen Theologie erfüllt nicht nur inhaltlich, sondern auch vom Umfang der einzelnen Artikel mit einer Länge von zwei bis zehn Seiten die Funktion eines Wörterbuches. Darüber hinaus kann es als ein Handbuch Feministischer Theologie gewertet werden und stellt m.E. im deutschsprachigen Raum ein Standardwerk dar. Der profunde Überblick über die Ansätze, Themengebiete und Forschungslage Feministischer Theologie ist für die wissenschaftliche Theologie und für andere Geistes- und Humanwissenschaften, insbesondere für Gender Studies ein Gewinn. Zielgruppe des Buches sind nicht nur Wissenschaftler/innen, sondern auch Hauptamtliche in den verschiedenen Arbeitsfeldern der Kirchen.

## Anmerkungen

1 Vorwort der ersten Auflage.
2 Vorwort, S. IX.
3 Vorwort, S. IX.

*Ruth Brand*

## Verquickungen – Autobiographische Implikationen eines Forscherinnenlebens

*Gerda Lerner: Why History Matters, Königstein/Taunus 2002 (Ulrike Helmer Verlag, 332 S., 22,90 €).*

Nachdem Gerda Lerner in ihrem ersten Essayband *The Majority finds Its Past: Placing Women in History* ihre Entwicklung als Feministin und Historikerin von 1960 bis 1979 beschrieben hat, enthält der nun in deutscher Übersetzung vorliegende zweite Sammelband Arbeiten aus den Jahren 1980 bis 1996. Darin verfolgt die Forscherin eine Spur in der Erweiterung ihres Bewusstseins: Das Ineinandergreifen ihrer eigenen Lebenserfahrung als aus Österreich vertriebene Jüdin und ihrer Arbeit als Wissenschaftlerin, die sich mit der Problematik von Rasse, Klasse und Geschlecht auseinandersetzt.

Im ersten Teil – „Geschichte als Erinnerung“ – behandelt sie die Entwicklung ihrer Identität als jüdische Frau:

Bereits in früher Jugend war Gerda Lerner das Leiden an ihrer Rolle als jüdische Frau *in* der Gemeinschaft – ohne Zugang zu *Talmud*, *Mischna* und *Midrasch*, den Quellen jüdischer Gelehrsamkeit – viel näher als die Situation der Jüdischen Gemeinschaft:

> „Mir blieb nur die doktrinäre Belehrung über geschlechtsspezifische Einschränkungen und die durchgängige Erfahrung eines großen Schweigens – die

> Verleugnung der Vergangenheit, die unterdrückten Stimmen, das Fehlen von Heldinnen. So wuchs mein historisches Bewusstsein mit dem Bewusstsein für die unterschiedliche Situation der Geschlechter.“ (S. 31)

Warum erforschte sie über dreißig Jahre lang die Geschichte der weißen und schwarzen amerikanischen Frauen, ohne daran zu denken, die Geschichte der jüdischen Frauen zum Thema ihrer wissenschaftlichen Arbeit zu machen?

Lerner sieht die Rassenfrage als das fundamentale Problem Amerikas. Die relative Freiheit der JüdInnen dank der Verfassung der Vereinigten Staaten beruhe auf der Existenz rassisch definierter Minderheiten, die mehr als andere Minderheiten das Objekt von Diskriminierung, Hass und Schuldzuweisungen seien. JüdInnen hätten als Weiße die gleichen Privilegien und Vorteile auf dem rassisch segmentierten Arbeitsmarkt genossen wie die nichtjüdischen Weißen. So war es für Lerner nur folgerichtig, die Rassenproblematik in der amerikanischen Geschichte zu thematisieren und wegen ihres Interesses an den Lebensbedingungen der Frauen ihren Blick auf die Geschichte der schwarzen Frauen zu richten.

„Auf den Spuren der Katharer“ ist ein persönlicher autobiographischer Essay, in dem sie ihre Reaktionen auf ihren ersten Besuch in Deutschland nach dem Krieg beschreibt.

Die Probleme, die mit dem Verlust der Muttersprache verbunden sind, beschreibt Lerner in dem Essay „Ein Leben in Übersetzung“. Geschildert wird die Entfremdung von den eigenen Wurzeln, die schwierige Beziehung zur Schwester, mit der kein Gespräch in der verdrängten Sprache Deutsch mehr möglich ist, das lange Ringen mit dem Ziel, eine amerikanische Schriftstellerin zu werden.

> „Wenn man in Übersetzung lebt, wird man zum Trickspieler, überschlau und allzu sehr mit den technischen Fertigkeiten befasst. Ich beneide alle, die im Vollbesitz ihrer Muttersprache leben können, denen die Unmittelbarkeit, durch die das Schöpferische seine Form findet, nicht genommen worden ist.“ (S. 84)

Natürlich nimmt die Frage der Bedeutung von Geschichte, wie der Titel schon verheißt, eine wichtige Stellung ein:

> „Die Geschichte ist das Archiv der menschlichen Erfahrungen, Erlebnisse und des Denkens früherer Generationen: Sie ist unser kollektives Gedächtnis. Das Einzige, was man von der Geschichte lernen kann, ist, dass Aktionen Konsequenzen haben und dass gewisse Handlungen und Entscheidungen, einmal getroffen, nicht wieder zurückzunehmen sind.“ (S. 88)

Persönliches Gedächtnis und Geschichte als Gesamteinheit haben aus Sicht Lerners eines gemeinsam: Man kann vergessen und sich Gedächtnisse auswählen, man erinnert sich an das, woran man sich erinnern will und lässt das Übrige aus. Das ‚große Vergessen' hat dabei besondere Bedeutung für Frauen, die immer mehr als die Hälfte der gesellschaftlichen Arbeiten und Pflichten erfüllt haben und dennoch in der aufgezeichneten Geschichte als Randständige erscheinen, die zur Entwicklung der Menschheit lediglich marginale Beiträge geleistet haben.

Doch sind Frauen nicht die einzige Gruppe, die durch die Geschichtsschreibung ‚vergessen' wurde: Führende Eliten in allen Ländern haben immer die Menschen der Unterschichten, sowohl SklavInnen als auch ProletarierInnen und Kolonialvölker, selektiv vergessen und in ihrer Geschichtsschreibung nur am Rande erwähnt. Frauen sind die Gruppe, die geschichtlich gesehen am längsten in der untergeordneten, zweitrangigen Situation geblieben ist und die länger als je eine andere Gruppe brauchte, bis sie eine Emanzipationsbewegung zustande brachte. Hier sieht Lerner die zentrale Bedeutung der feministischen Geschichtsschreibung: In der Suche nach einem holistischen Weltbild, das die Unterschiede zwischen Menschen anerkennt und respektiert und dennoch die Gemeinsamkeit des menschlichen Strebens in all seiner Vielschichtigkeit wiedergibt.

In den Essays „Die Notwendigkeit von Geschichte" und „Warum Geschichte uns angeht" wird die Frage der Notwendigkeit von Geschichte noch tiefergehend beleuchtet. ‚Geschichte Machen' ist intellektuelle Notwendigkeit, sie dient als Quelle persönlicher Identität, kollektiver Unsterblichkeit, kultureller Tradition und Erklärung. Somit ist Frauengeschichte ein Instrument, das es den Frauen erlaubt, die Vergangenheit ganz und unvoreingenommen durch den männlichen Blickwinkel wahrzunehmen. Indem Historikerinnen die Belege für die Aktivitäten der Frauen in den Blick rücken und die Voreingenommenheit bei der Interpretation der Vergangenheit korrigieren, die den Mann zum Maß alles Wichtigen machte, legen sie das Fundament für eine neue Synthese.

Teil II trägt den Titel: „Geschichte – Theorie und Praxis". Darin widmet sich Lerner der Geschichte des gewaltfreien Widerstandes, der Betrachtung und Hinterfragung amerikanischer Grundwerte sowie einer transkulturellen, weltweiten und auf die Zukunft bezogenen Betrachtung der Geschichte der Frauen.

„Gewaltfreier Widerstand: Die Geschichte einer Idee" befasst sich mit der Geschichte des gewaltfreien Widerstandes und ist ein Ergebnis von Lerners Forschungsarbeit über die Sklavenbefreiung und die Frauenbewegung des frühen 19. Jahrhunderts in den USA. Der Essay liefert ein Beispiel und einen

Beleg dafür, wie Initiativen von Frauen in der Geschichte totgeschwiegen wurden und ihre Ideen anderen zugeschlagen: So wurzelt der gewaltfreie Widerstand in der amerikanischen Antisklavereibewegung und wurde von ihren weiblichen Mitgliedern erfolgreich angewandt. Als er einhundert Jahre später jedoch wieder durch die Bürgerrechtsbewegung in den USA praktiziert wurde, führte man ihn auf Gandhi und Tolstoi zurück.

Weiterer Schwerpunkt dieses zweiten Teiles sind zwei langzeitgeschichtliche Aufsätze, in denen Lerner auf die Situation von Frauen transkulturell, weltweit und auf die Zukunft bezogen nachdenkt. Aufgeschlüsselt werden die Entwicklungen von Lebenserwartung, Bildungschancen, Normalbiographien und Einkommen von schwarzen und weißen Frauen verschiedener Gesellschaften im Laufe des vergangenen Jahrhunderts. In „Blick auf das Jahr 2000" identifiziert Lerner ‚Machos in Machtstellungen' als größte Gefahr für das Überleben der Menschheit, da sie die Verantwortlichen für die drohende ökologische und militärische Menschheitskatastrophe seien und sich auf nichts verstünden als die kurzfristige Maximierung ihrer Vorteile.

In Teil III – „Geschichte neu betrachten" – will Lerner

> „über die Erkenntnis hinausweisen, dass ‚Unterschiede' zwischen Menschen – nach Rasse, Klasse, Geschlecht, Ethnizität oder anderen Gesichtspunkten – konstruierte Kategorien sind, und zugleich den additiven Ansatz überwinden, mit dem diese Unterschiede gemeinhin diskutiert werden." (S. 19)

Im für mich zentralen Essay des Bandes „Das Paradigma überdenken: I. Klasse, II. Rasse" analysiert Lerner zunächst Entstehung und Fortbestand des Patriarchats als Organisation der Gesellschaft, in der die Verteilung von materiellen Ressourcen, Eigentum, Status und Privilegien je nach der kulturell definierten Geschlechtsrolle der Menschen erfolge. Dabei kontrollieren einige wenige Männer das Eigentum und herrschen über andere Männer und die meisten Frauen. Wichtigste Voraussetzung des Patriarchats ist das Recht der Männer, die Gebärfähigkeit der Frauen zu kontrollieren. Das Patriarchat als Herrschaftssystem beruht auf der Erfindung, dass sich beliebige Unterschiede zwischen Menschen nutzen lassen, um Kategorien zu konstruieren, mit denen die ungleiche Verteilung von Ressourcen und die Macht kleiner Eliten über große und vielfältig gegliederte Massen von Menschen gerechtfertigt, erklärt und für die Ausgebeuteten hinnehmbar gemacht werden. Somit kann ‚Differenz' – die willkürliche Erklärung von Menschen mit Unterschieden zu ‚Anderen' – dazu dienen, Macht entstehen zu lassen und aufrechtzuerhalten.

Interessanterweise findet eine Infragestellung der Kategorie ‚Frau' im postmodernen Sinne bei Lerner nicht statt. Zwar identifiziert sie die Zuschreibungen bestimmter Eigenschaften auf Menschen mit Unterschieden als willkürlich, nicht aber die Unterschiede an sich. Somit ist sie Vertreterin der von postmodernen Denkerinnen negierten Trennung von *sex* und *gender*.

Lerner löst jedoch das Grundschema ,Geschlecht – Rasse – Ethnizität – Klasse' auf und sucht nach einer ganzheitlichen Neudefinition der verschiedenen Aspekte. Bei der Betrachtung des Verhältnisses der Geschlechter zueinander entfernt sie sich von den traditionellen Klassenbegriffen bei Marx – als Beziehung von Menschen zu Produktionsmitteln – und Weber und definiert Klasse wie auch Rasse als einen langwierigen Prozess, in dem hierarchische und ausbeuterische Beziehungen in einem patriarchalen System entstehen und aufrechterhalten werden. Dabei habe Klasse für Frauen und Männer historisch stets etwas Unterschiedliches bedeutet. Mit ihrer hellsichtigen Integration der Kategorie Geschlecht in die Kategorien Klasse und Rasse sowie die Analyse der Beziehung, in der alle drei zueinander stehen, gelingt Lerner auf überzeugende Weise die Erarbeitung eines theoretischen Modells, das sich nicht nur drauf beschränkt, Klassiker des politischen Denkens auf ihre Tauglichkeit für die feministische Analyse zu untersuchen und dann zu verwerfen, wie mir dies in der feministischen Forschung häufig der Fall zu sein scheint. Stattdessen liefert Lerner den Entwurf eines zusammenhängenden theoretischen Ansatzes, der die Kategorie ,Geschlecht' auf nachvollziehbare Weise als Aspekt desselben Unterdrückungssystems entlarvt, dem auch ,Klasse' und ,Rasse' angehören. Untermauert wird die Tragfähigkeit der Thesen durch ihre ausführliche Ableitung aus der Geschichte des Vorderen Orients und des mittelalterlichen Europas.

Darauf aufbauend kommt Lerner für die praktische Politik zu dem Schluss, dass es nicht darum gehen kann, sich in langwierige und fruchtlose Auseinandersetzungen über die Priorität einzelner Formen von Diskriminierung zu verstricken. Stattdessen müsse die gemeinsame Situation aller dieser Gruppen wahrgenommen werden.

Die Essays sind sehr gut lesbar, denn die autobiographischen Teile des Bandes sind in eher erzählerischem Stil verfasst. So bieten sie auch EinsteigerInnen, die sich mit dem Gesamtwerk Gerda Lerners noch nicht auseinandergesetzt haben, einen umfassenden Einblick in die Facetten ihres Denkens und Forschens. Die Verquickung von Autobiographie mit den daraus erwachsenen Forschungsinteressen ermöglicht einen gut nachvollziehbaren Einblick nicht nur in ihre Interessen als Forscherin, sondern auch in deren Fortentwicklung und Wandel.

*Antonia Napp*

## Szenen eines Experiments

*Härtel, Insa/Schade, Sigrid (Hrsg.): Körper und Repräsentation. Opladen 2002 (Leske + Budrich, 250 S., ca. 22,50 €).*

Der Sammelband, der im Rahmen der Publikationen der Internationalen Frauenuniversität Hannover 2000 (*ifu*) erschienen ist, fasst die Vorträge und Ergebnisse der zweiwöchigen Studienphase zusammen, mit der sich das Zentrum für feministische Studien der Universität Bremen an der *ifu* beteiligt hatte. Dies allein unterscheidet den Band von zahlreichen anderen Publikationen zum Modethema ‚Körper und Repräsentation': Kein geschlossenes theoretisches Konzept durchzieht das Buch, weder ‚Körper' noch ‚Repräsentation' sind eindeutig definiert, sondern die Begriffe werden in jedem Beitrag neu ausgelotet und eingesetzt. Diese Heterogenität ist zunächst durch die Autorinnen begründet, die den verschiedensten Kulturkreisen – von Nigeria über Europa und den Iran bis Indien – entstammen. Die einzelnen Artikel behandeln Fallbeispiele und Themen aus unterschiedlichsten akademischen Disziplinen und gehen – z.B. in den Texten von Künstlerinnen – auch über den akademischen Rahmen hinaus. Mehr noch als dieses internationale und interdisziplinäre Moment prägen den Band aber die Reaktionen und Ergebnisse aus Diskussionen mit *ifu*-Teilnehmerinnen, die in unterschiedlichem Maße in die Beiträge eingegangen sind. Es sind vielleicht gerade die Texte am interessantesten, in denen sich die Theorien der direkten Auseinandersetzung mit disparaten Erfahrungen und Wissen stellen. Wie aus dem Vorwort hervorgeht, war das *ifu*-Auditorium keines, das eine theoretische Annahme einfach hinnahm, wenn sie mit großen Namen der Postmoderne legitimiert wurde.

Der Band ist in vier große Kapitel gegliedert: „Sexualität und Gestaltungspotentiale", „Körpersprache – Körperzeichen", „Der Körper und die (Neuen) Medien" sowie „Nation und Körper". Im Folgenden sollen sie kursorisch vorgestellt und kommentiert werden. Hervorzuheben sind besonders das Vorwort und die einleitenden Texte zu jedem Kapitel von Insa Härtel und Sigrid Schade. Sie stellen kenntnisreich die sehr komplexen Themenkreise vor, benennen die Problempunkte und schaffen es auf diese Weise, Kontinuität herzustellen, ohne die einzelnen divergenten Beiträge in ein Raster zu zwängen.

Im ersten Kapitel „Sexualität und Gestaltungspotentiale" begibt sich Ifi Amadiume in das komplexe Feld, in dem traditionelle Matriarchinnensysteme in afrikanischen Gesellschaften und westlich geprägte Vorstellungen von individueller Handlungsfähigkeit aufeinander prallen. In diesem postkolonialistischen Kontext problematisiert sie den (westlichen) feministischen Blick, der individuelle Freiheiten der strengen Einbindung in traditionelle Riten und Hierarchien vorzuziehen scheint. Amadiume plädiert für ein genaues Abwägen und hebt den relativen Schutz und die relative Macht – sie nennt das „matriarchalen Schutzschirm“ – hervor, die die traditionellen Gesellschaften trotz aller Restriktionen für junge Mädchen bieten.

Sabine Fuchs widmet sich totalisierenden Tendenzen innerhalb des queeren Diskurses, in dem allein das Gebot der Sichtbarkeit gelte: Nur was *sichtbar* ist, ist *erkennbar* (als Differenz), *existiert* (d.h. hat politisches Gewicht). Eine Figur wie die lesbische Femme, die sich äußerlich nicht von Heteras unterscheidet, werde in einer solchen Argumentation zum blinden Fleck ohne Existenzberechtigung. Fuchs' Beitrag ist wesentlich, weil er den Blick für totalisierende Momente innerhalb eines Diskurses schult, der sich seinerseits mit einer Totalitarismuskritik am herrschenden Diskurs legitimiert. Anders ausgedrückt: Das Gebot der *political correctness* erlaubte es bis jetzt nicht, queere Strategien zu hinterfragen. Umso wichtiger – vor allem für *queer studies* selbst – , dass dies hier geschieht.

Inwieweit (imaginierte) Körper konkreten Einfluss auf Machtverhältnisse haben, diesem Fragenkomplex geht das zweite große Kapitel des Buches, „Körpersprache-Körperzeichen“, nach. Sabine Broeck wirft in einem sehr scharfen Tonfall dem weißen Feminismus vor, eigentlich nur an der Logik weißer Subjekte (und damit an der Macht) teilhaben zu wollen. Auch jüngste Annäherungen im Rahmen der postkolonialen Studien verwirft sie als Scheinstrategien, unter deren Deckmantel nur Altes fortgesetzt würde.

Und in der Tat: Falls sich die Auseinandersetzung mit der eigenen Position der „Weißheit“ (Broeck) in apologetischen Formelversen zu Beginn eines jeden Textes erschöpft – ein Phänomen, das man immer häufiger und auch in diesem Buch antrifft – dann ist damit nichts gewonnen. Aber es stellt sich den LeserInnen doch die Frage, ob dies möglich ist; kann der akademische Diskurs – den auch Broeck nicht verlässt – überhaupt jemals zum Feld dieser Auseinandersetzung, dieser Begegnung werden, so tief, wie die akademische Tradition in den abendländischen Strukturen des Denkens verwurzelt ist?

Im Gegensatz zu Broecks im Allgemeinen verhafteter Anklage liest Casado-Aparicio konkrete Texte von Feministinnen ganz unterschiedlicher Prägung und analysiert die Metaphernwelt des Feminismus an drei Beipielen. Sie zeigt, dass mit den Metaphern bewusst oder unbewusst immer auf zwei Ebenen Entscheidungen gefällt werden: auf einer ontologischen und einer politischen, die beide nicht voneinander zu trennen sind. Der Blick, der hier geschult wird, kann – wie die Schilderung des zugehörigen Workshops zeigt – sofort für das eigene akademische Arbeiten eingesetzt werden.

Im Kapitel „Körper und die Neuen Medien" zeichnen u.a. die Künstlerinnen Klonaris und Thomadaki in ihrem Beitrag ihren künstlerischen Weg nach, beginnend mit dem *cinéma corporel* (70er/80er Jahre) bis zu *Sublime Disasters* (2000). Eine wichtige Rolle spielt in ihren Arbeiten die bewusste Auseinandersetzung mit theoretischen Positionen zum Begriff ‚Körper'. Dabei machen die Künstlerinnen das Paradoxon des Medienverständnisses – Medien als Gegensatz und/oder als Produzenten von Körpern – zum Angelpunkt ihrer Werke: Sie schaffen Arbeiten, in denen Körpergrenzen in phantastischer Weise überschritten werden; es handelt sich dabei jedoch nicht um reine „Bild"-Phänomene, sondern hinter ihren Bildern stehen immer reale Körper (festgehalten auf medizinwissenschaftlichen Fotografien).

Hannelore Schwedes analysiert die Inszenierung der Geschlechter anhand von Kinderfotografien, wobei sie die Konstruktion von Geschlechtsidentitäten schon im frühen Kindesalter und in der Familie im Grunde als wichtigstes Ziel der Sozialisation sieht. Sowohl die Analyse der geschlechterdifferenten Körpersprache, die Kindern anerzogen wird (z.B. mittels der mimetischen Vorlage der Puppe), als auch das theoretische Konzept des Fotos (= des Bildes), das Schwedes benutzt, sind aufschlussreich. Nicht nur wird gezeigt, wie schon Kinder die ‚Gender-Performance' annehmen, sondern auch, in welchem Maße Bilder – als Garanten für einen bestimmten Zustand und deshalb gleichzeitig Mittel, diesen zu erreichen – an der Konstruktion der Geschlechter auf ganz allgemeiner Ebene (jede Familie besitzt ein Fotoalbum) mitwirken.

Die letzte Sektion des Buches, „Körper und Nation", begibt sich wieder auf das Feld, auf dem die *ifu* – laut Vorwort – am heftigsten kämpfte: Es geht um die Verschränkung des Politischen mit dem (weiblichen) Körper. Sumathi Ramaswamy analysiert im ersten Beitrag, welche wichtige Rolle Metaphern vom weiblichen Körper in den Diskursen um eine tamilische Nation gespielt haben. Sie nennt das Auftauchen des Körpers in nationalen Diskursen die „somatische Formation" der Nation. Dabei hat diese Formation zwei Seiten: Es sind einerseits die Körper der (männlichen) Bürger, über die die Nation verfügt und die sie manipuliert (für Kämpfe etc.) Auf der anderen Seite steht die Repräsentation des Körpers der Nation; die Nation nimmt zur Mobilisierung der Bürgerkörper selbst einen Körper an, und dieser ist weiblich. Dieser Formation geht Ramaswamy in politischen und literarischen Texten tamilischer und indischer Intellektueller nach. Wichtig ist ihre Feststellung, welche Rolle gebildete Frauen in diesen „somatischen Technologien" spielten: Ähnlich wie in Westeuropa unterstützten und befürworteten sie diesen Maternalismus, d.h. die Überhöhung der Mutterrolle in Form des mütterlichen Körpers der Nation.

Auch Silke Wenk geht der Repräsentation des Politischen nach. Am Beispiel der „First Ladies Hall" in Washington zeigt sie, wie über Weiblichkeit Tradition symbolisiert wird, und zwar insbesondere über den Fetisch der Kleidung. Im

Folgenden entwickelt Wenk die überzeugende These, dass die Konstruktion von Zweigeschlechtlichkeit und die Fetischisierung schon immer (d.h. seit Beginn der Geschichte der Nationen) die Modi waren, mittels derer Kontinuität geschaffen, d.h. Raum und Zeit festgehalten wurden. Damit sind sie, so Wenk, die Basis für die Entstehung und das Bestehen eines Nationalstaates.

Insgesamt ist der Sammelband interessant und ansprechend sowohl für LeserInnen, die sich schon intensiv mit *Gender Studies* beschäftigt haben, wie auch als Einstieg. Die Beiträge haben, entsprechend ihrer Form als Problemskizzen, Zusammenfassungen von Lebenswerken, Workshopberichte und ausgefeilte Analysen, ein ganz unterschiedliches Niveau und unterschiedliche Ziele. Das mag durchschnittliche akademische LeserInnen irritieren, aber hier durchzieht die immer geforderte, dringend notwendige Auseinandersetzung zwischen ‚Zentrum' und ‚Peripherie', ‚Schwarz' und ‚Weiß' etc. jeden Text auf eigene und sehr produktive Weise.

*Dorit Heinsohn*

## Kritik der feministischen Technikkritik oder: Postmoderne meets feministische Kapitalismuskritik*

*Angelika Saupe: Verlebendigung der Technik. Perspektiven im feministischen Technikdiskurs, Bielefeld 2002 (Kleine Verlag, 358 S., 24,50 €).*

Der Titel *Verlebendigung der Technik* ist der erste von mehreren Denkanstößen, die das Buch von Angelika Saupe gibt und die mit Denkgewohnheiten brechen. Im Kontext feministischer Technikkritik ist die Umkehrung ‚Technisierung des Lebens' geläufiger. Auf dem Cover-Foto sind dann auch beide Perspektiven auf das Verhältnis von Technik und Leben repräsentiert: Ein verdrahteter, mit Sensoren ausgestatteter männlicher Körper, interagiert mit einem Roboter, dessen Kopf, Arme und Hals wir sehen. In Titel und Cover-Foto werden der Gegenstand und die zentrale These von Saupes Arbeit transportiert.

Das Buch ist eine systematische, erkenntnis- und gesellschaftstheoretische Auseinandersetzung mit ausgewählten Teilen des feministischen Technikdiskurses. Saupe diskutiert den ökofeministischen Diskurs um Naturzerstörung der 80er Jahre, die feministische Gestaltungsdebatte innerhalb der Informatik der 90er Jahre und die feministischen Kritiken der Gen- und Reproduktionstechnologien. Sie fokussiert dabei die Gegenüberstellung von Technik versus Leben in allen drei Diskursen. Ihre These ist, dass die Dichotomisierung von Technik versus Leben und die Betonung der Seite des ‚Lebens' einen erkenntnis- und gesellschaftstheoretischen Reduktionismus der feministischen Technikkritik darstellt.

Dieses Buch ist schon deshalb ein wichtiger Beitrag zur feministischen Technik- *und* Naturwissenschaftskritik, weil die Autorin mit ihrem werttheoretischen Ansatz die ökonomischen Grundlagen der Naturwissenschafts- und Technikentwicklung erfasst. Feministische kapitalismuskritische Arbeiten sind in diesem Forschungsfeld international zu schwach vertreten. Mit Saupes Buch wird ein vermeintlich überholter Ansatz weiter in den Diskurs eingebracht und an feministischer Kapititalismuskritik festgehalten. Besonders spannend ist, dass Saupe diese Theorieperspektive mittels eines anspruchsvollen Theoriedialogs zwischen postmoderner Theorie und Werttheorie weiter entwickelt. Sie bezieht sich dabei auf die Arbeiten Donna Haraways auf der einen und die Arbeiten Elvira Scheichs und Ulrich Eisels auf der anderen Seite.

Durch die systematische Zusammenschau und Diskussion getrennt geführter Debatten in der feministischen Technikkritik werden Divergenzen z.B. zwischen der Gestaltungsdebatte in der Informatik und der Kritik an Gen- und Reproduktionstechnologien deutlich. In der Gestaltungsdebatte in der Informatik werden die positiven Potentiale betont und für eine Einmischung und Mitgestaltung der Informations- und Kommunikationstechnologien von und für Frauen plädiert. Dem steht der feministische Standpunkt einer prinzipiellen Ablehnung von Gen- und Reproduktionstechnologien gegenüber. Saupe kritisiert diese Divergenz und gibt zu bedenken, dass nicht nur von den Gen- und Reproduktionstechnologien, sondern auch von den Informations- und Kommunikationstechnologien Gefahren ausgehen.

Nach meiner Einschätzung hängt diese Divergenz auch damit zusammen, dass die Akteurinnen der beiden feministischen Diskurse, die Saupe diskutiert, jeweils von sehr unterschiedlichen institutionellen Orten aus sprechen. Die Vertreterinnen der Gestaltungsdebatte sprechen aus der Informatik heraus, d.h. sie sind in den wissenschaftlichen Informatikdiskurs integriert (auch wenn dies nicht immer bedeutet, dass sie nicht trotzdem marginalisiert sein können). In Bezug auf den gen- und reproduktionstechnologischen Diskurs gibt es ein stärker differenziertes ‚Innen‘ und ‚Außen‘: Die feministischen Kritikerinnen sind keine Biologieprofessorinnen, die ihre Kritik von ‚innen‘ heraus einbringen könnten. Die Biologie scheint hier anders als die sehr junge Disziplin der Informatik ihre Grenzen stärker zu hüten und für feministische Biologinnen weniger Handlungsspielraum und Definitionsmacht zu bieten.

Allerdings ist die Haltung gegenüber Gen- und Reproduktionstechnologien nicht ganz so eindeutig, wie Saupe es in dem Buch darstellt, denn auf den Kongressen von Frauen in Naturwissenschaften und Technik, die seit 1977 jährlich autonom organisiert werden, gab in den 80er Jahren durchaus kontroverse Diskussionen, in denen sich auch Biologinnen und Agrarwissenschaftlerinnen zu Wort meldeten, die einer prinzipiellen Kritik an Gen- und Reproduktionstechnologien nicht zustimmten und nach einer konstruktiven Perspektive suchten.

An der feministischen Gestaltungsdebatte in der Informatik kritisiert Saupe, dass für die Integration des Lebendigen in die Technik plädiert und in diesem Zusammenhang Weiblichkeit mit dem Lebendigen identifiziert werde. Der Effekt dieser Diskursdynamik sei eine Essentialisierung von Weiblichkeit. Diese Einschätzung und Kritik teile ich nicht. Ich sehe in den Argumenten, die in der feministischen Technikgestaltungsdebatte innerhalb der Informatik entwickelt wurden, vielmehr den Impetus eines „technologischen Empowerments" und ein Plädoyer für die Partizipation von Frauen an der Technologieentwicklung. Das Feministische dieser Perspektive besteht darüber hinaus in der Entmystifizierung der Technik und in ihrer Entgeschlechtlichung als männlich. Die Analyse Saupes, dass diese Debatte durch die Dichotomie Technik versus Leben strukturiert sei, trifft die Sache nicht im Kern, da es nach meiner Interpretation mehr um eine Vermittlung zwischen Technik und Sozialem geht als zwischen Technik und Leben. Die Charakterisierung Technik versus Leben trifft auf andere Forschungsbereiche der Informatik wie *artificial intelligence*, *artificial life*, Robotik besser zu. Dort wird der Anspruch erhoben Leben in die Technik zu integrieren, jedoch mit kritikwürdigen Konzepten von Leben und Technik. Die feministische Gestaltungsdebatte wird jedoch in Forschungsbereichen der angewandten Informatik wie z.B. Softwaretechnik, Softwareergonomie und Systementwicklung ausgetragen und es geht dabei weniger um die Integration von Leben als Weiblichem in die Technik als um eine Kritik am technologischen Determinismus und die Einbeziehung von sozialen Anforderungen in die Technikentwicklung. Darüber hinaus wird die Gestaltungsdebatte nicht nur von feministischer Seite geführt, sondern existiert schon seit den 1950er Jahren. Dies manifestiert sich institutionell in universitären Instituten an Informatikfachbereichen wie *‚Angewandte und Sozialorientierte Informatik'*.

Für die weitere Diskussion und theoretische Reflexion der Gestaltungsdebatte mit den kritischen Beobachtungen Saupes halte ich es für produktiv, nicht allein die Veröffentlichungen der AkteurInnen der Gestaltungsdebatte als Diskussionsgrundlage zu verwenden, sondern gerade auch die technischen Artefakte sowie ihre soziale Einbettung, die von feministischen Informatikerinnen entwickelt wurden, in die Diskussion einzubeziehen. Im Fall von Heidi Schelhowe, deren Veröffentlichungen die Autorin am ausführlichsten diskutiert, wäre es denkbar, die soziale Einbindung und Architektur des *vifu*-Servers (www.vifu.de), den sie gemeinsam mit Barbara Schelkle u.a. für die *Internationale Frauenuniversität. Technik und Kultur* im Jahre 2000 entwickelte, zu analysieren und diskutieren.

Das Buch Saupes zeigt, dass es schwierig ist, den Diskurs der feministischen Technikkritik von dem der feministischen Naturwissenschaftskritik zu trennen. Aus forschungspragmatischer Sicht kann ich die Entscheidung Saupes, sich auf die Erstgenannte zu beschränken, sehr gut nachvollziehen. Jedoch zeigt sich im Laufe ihrer Darstellung, dass die Überschneidungen und Verschränkungen beider Diskurse doch überwiegen. Auf die Gestaltungsdebatte in der Informatik trifft dies zwar nicht zu, aber dafür umso mehr für die Arbeiten Elvira Scheichs, Donna Haraways und Maria Osietzkis, die Saupe ausführlich diskutiert. Der Begriff *technoscience*, mit dem Haraway arbeitet, hebt gerade die Verflechtungen von Naturwissenschaften und Technik hervor und forscht damit an den Übergängen und Zusammenhängen wie auch Osietzki mit ihren naturwissenschafts- und technikhistorischen Arbeiten zu den Hauptsätzen der Thermodynamik und der Energietechnik. Dieser Einwand ist ein Argument für die Relevanz der Arbeit Saupes nicht nur für die Reflexion der feministischen Technikkritik sondern auch für die feministische Naturwissenschaftskritik.

Hervorragend an Saupes Systematisierung der feministischen Technikkritik ist, dass sie den Themen Auto-Erotik, Sexualität und männliche Schöpfungsphantasmen im naturwissenschaftlich-technischen Erkenntnisprozess ein eigenes Kapitel widmet. Bei einer Auseinandersetzung mit ‚Technik und Geschlecht' darf dieser psychodynamische Aspekt tatsächlich nicht fehlen. In diesem Zusammenhang teile ich Saupes Skepsis gegenüber feministischen Ansätzen, die z.B. durch das Postulat eines überzeitlichen männlichen Gebärneids Gefahr laufen, einen Geschlechterdualismus zu reproduzieren und die feministische Kritik an der psychoanalytischen Theorie des Penisneids ausblenden.

Ich wünsche dem Buch eine lebendige Rezeption und erhoffe mir daraus wichtige Impulse für die erkenntnis- und gesellschaftstheoretische Reflexion der feministischen Naturwissenschafts- und Technikkritik. Ich empfehle *Verlebendigung der Technik* darüber hinaus wärmstens für die Hochschullehre in den interdisziplinären *Gender Studies*.

* Ich danke Corinna Bath für ihre konstruktive Kritik an der ersten Fassung dieses Textes.

# Rezensionen zum Thema ‚Beziehungen'

*Stefan Börnchen*

# Kein schwuler Widerstand. Zur Darstellung von Homosexualität in der deutschen Nachkriegsliteratur

*Gary Schmidt: Koeppen – Andersch – Böll. Homosexualität und Faschismus in der deutschen Nachkriegsliteratur, Hamburg 2001 (MännerschwarmSkript Verlag, 168 S., 16,00 €).*

In einem FAZ-Interview vom Februar 2000 bezeichnet Elfriede Jelinek Jörg Haider als „Führer eines homoerotischen Männerbundes", der Grundlage aller faschistischen Bewegungen sei. Dass dieses Klischee der Affinität von männlicher Homosexualität und Faschismus, das „Stereotyp ‚homosexueller Nazi'" (S. 16), so langlebig wie wirkmächtig ist, zeigt sich nicht zuletzt in der Ironie, dass es sich sowohl in der Homophobie der Faschismusdeutung von Horkheimers und Adornos *Dialektik der Aufklärung* niedergeschlagen hat als auch in derjenigen Heinrich Himmlers, der die Entstehung subversiver Cliquen, eines homosexuellen Staates im Männer-Staat, fürchtete. (S. 43f., S. 85-87)

Es verwundert also nicht, dass in der frühen deutschen Nachkriegsliteratur „der Homosexuelle zumeist kein Gegner des Nazi-Staates, sehr oft dessen engagierter Verteidiger" (S. 15) ist und „fast nur als Täter" (S. 21) auftritt. Dieser „öffentlichen Darstellung von Homosexualität in Deutschland im 20. Jahrhundert" (S. 17) geht Gary Schmidt am Beispiel dreier „einigermaßen repräsentativ[er]" (S. 15) Autoren nach und kommt dabei zu differenzierten Befunden.

Heinrich Bölls Erzählung *Der Zug war pünktlich* zum Beispiel stilisiert „die heterosexuelle Familie" zum einzig denkbaren „Hort des Widerstandes gegen den Faschismus" (S. 32). Der Homosexualität, so suggeriert der Text, fehlen „die zwei zentralen Elemente ‚wahrer menschlicher Liebe' [...]: die Verbundenheit zweier Menschen", da Homosexualität ein Männerbund-, das heißt Gruppenphänomen ist, und die „Gleichheit" der beiden Liebenden, „da männliche Beziehungen immer mit Machtfragen verknüpft sind" (S. 32). Männer können ihren „Opfer-Täter-Beziehungen" nur entkommen, indem sie sich zu den Frauen retten, die einen „anderen, utopischen Ort" (S. 28) besetzen, an dem heterosexuelle Beziehungen jenseits von – staatlichen – Hierarchien und totalitärer Unterwerfung möglich sind. Aus dieser Logik folgt, so Schmidt, dass Homosexuelle, die sich „verstecken, verstellen oder maskieren", die „etwas verheimlichen, die ein Doppelleben führen", automatisch im Faschismusverdacht stehen als „Täter, die entlarvt werden müssen". (S. 24, 50)

Auch Alfred Anderschs Roman *Die Rote* „bleibt fest in einer Tradition verwurzelt, die sich weigert, Homosexuelle als Opfer oder Gegner des Nationalsozialismus darzustellen.“ (S. 121) Während der homosexuelle Protagonist Patrick allenfalls einen „falschen homosexuellen Widerstand“ leisten kann, kann die heterosexuelle Frau Franziska sich aus der „Komplizenschaft“ der Opfer-Täter-Beziehung befreien, um unabhängig zu handeln. (S. 120f.)

Anders als die Texte von Böll und Andersch stellen die Wolfgang Koeppens „die Verbindung zwischen Homosexualität und Faschismus in Frage.“ (S. 64) Im längsten Kapitel seines Buches zeigt Schmidt am Beispiel von *Tauben im Gras* und *Tod in Rom*, wie Koeppen in der Auseinandersetzung mit Thomas Mann dessen „homosexuellenfeindliche Deutung des Nazi-Staates“ (S. 64) einerseits und Manns Stilisierung der männlichen Homosexualität im *Tod in Venedig* andererseits konfrontiert und so die eine wie die andere stereotype Semantisierung der Homosexualität unterläuft. (S. 77, 88, 91)

Schmidts Buch ist eine gekürzte Dissertation. Das mag eine Inhaltsorientierung mit sich gebracht haben, die manchmal ein wenig an Oldenbourg-Interpretationen erinnert. Ohne großen theoretischen oder „dekonstruktiven“ Aufwand kommt Schmidt zu seinen Ergebnissen. Doch gerade darin liegt seine Überzeugungskraft. Am stärksten ist sie dort, wo Schmidt in der Auseinandersetzung mit der Koeppen-Forschung nachweist (z.B. S. 85, 92), dass „mehrere... schwulenfeindliche... Interpretationen von *Tod in Rom*“ gerade diejenigen Diskurse fortschreiben, die der Roman Koeppens – im Gegensatz zu den Texten von Böll und Andersch – in Frage stellt und bricht.

*Bettina Fraisl*

# (De-)Konstruktionen der ‚Mutter'

*Gudrun Perko (Hrsg.): Mutterwitz. Das Phänomen Mutter – Eine Gestaltung zwischen Ohnmacht und Allmacht, 2. Aufl. Wien 2001 (Milena Verlag, 386 S., 21,50 €).*

*Gerlinde Mauerer: Medeas Erbe. Kindsmord und Mutterideal. Mit einem Vorwort von Gerburg Treusch-Dieter, Wien 2002 (Milena Verlag, 274 S., 18,90 €).*

*Verena Pawlowsky: Mutter ledig – Vater Staat. Das Gebär- und Findelhaus in Wien 1784-1910, Innsbruck u.a. 2001 (Studien-Verlag, 340 S., 33,00 €).*

Die ‚Mutter' erfreut sich in jüngster Zeit wieder zunehmender Beliebtheit. Zahlreiche ihr gewidmete Publikationen zeigen, dass sie nach wie vor ‚unter die Haut' geht. Auch bei Milena, Österreichs einzigem Frauenverlag, erschienen vor kurzem zwei Bände zum Thema in der Reihe „Feministische Theorie": Der von Gudrun Perko herausgegebene Sammelband *Mutterwitz* erlebte nach dreijähriger Existenz eine zweite Auflage; Gerlinde Mauerers Studie zum Phänomen Kindsmord wurde im Frühjahr 2002 erstveröffentlicht. Und im Innsbrucker Studien-Verlag erschien nur einige Monate zuvor Verena Pawlowskys historische Untersuchung über das Wiener Gebär- und Findelhaus, das werdenden Müttern eine anonyme Geburt und Kindesabgabe zusicherte.

Gemeinsam sind diesen drei Büchern die schwerpunktmäßige Analyse von Konstruktionen ‚der Mutter' in unterschiedlichen philosophischen, religiösen, kunstwissenschaftlichen sowie soziohistorischen Kontexten und die Beleuchtung daraus resultierender realpolitischer, gesellschaftlicher und individueller Konsequenzen. In *Mutterwitz* bildet dieser Fokus die Klammer der verschiedenen Beiträge; Gerlinde Mauerer betont in *Medeas Erbe* mit Vehemenz die symbolische und imaginäre Wirkungsmacht des kultivierten Mutterbildes im (realen) Leben jeder Frau. Deutlich in den Hintergrund tritt dieser feministische Blickwinkel in Verena Pawlowskys Studie *Mutter ledig – Vater Staat*, welche die genannte konkrete Institution ins Zentrum ihrer Betrachtungen stellt – und mit ihr alle diese Konstituierenden: den Gründer, Verwalter, das Personal, die abgebenden Mütter, die Pflegemütter, die kaum dokumentierten Väter und vor allem die Kinder.

Der Begriff ‚Mutterwitz' geht, wie Gudrun Perko in ihrem Vorwort erläutert, auf Kant zurück, der ihn – der ursprünglichen Verwendung von ‚Witz' als Synonym für Wissen und Klugheit entsprechend – noch in Verbindung mit der natürlichen Urteilskraft erwähnte. Damit wird ein Spannungsfeld durchaus widersprüchlicher Konnotationen eröffnet, in dem sich sämtliche Beiträge des

Sammelbandes bewegen: die Anlehnung an und Ablehnung von Tradition, die Verbindung von Mutterschaft nicht nur mit Natur, sondern auch mit Verstand bzw. die Entrationalisierung von Mutterschaft seit dem 18. Jahrhundert usw. Nicole Loraux widmet sich dem Platonschen Wort, nach dem „die Frau die Erde nachahme“, eine häufig tradierte Wendung, die solcherart isoliert dazu diene, die Frau in den Bereich der Mimesis zu verbannen, anstatt ihr ursprünglich Schöpferisches zuzugestehen. Rachel Monika Herweg diskutiert in ihrem Beitrag das Stereotyp der übermächtigen jüdischen Mutter und das diesem inhärente ambivalente Wertediktat für jede jüdische Frau. Ingvild Birkhan konzentriert sich auf die Jungfrau und Gottesmutter Maria, mit der innerhalb des christlich-katholischen Imaginären ein heterosexuelles Muster entworfen werde, das allen Frauen Maßstab sein solle. Über den Mutterkult im Nationalsozialismus schreibt Johanna Gehmacher; Iris Bubenik-Bauer erläutert die matriarchale Lebensweise der Mosuo in China, die trotz eindeutigen Machtgefälles erstaunlich idyllisch erscheint.

Annahme oder Zurückweisung der von Frauen prinzipiell geforderten ‚Mütterlichkeit‘ verfolgen Sabine Strasser und Eva Schliesselberger im universitären Kontext, indem sie die Ambivalenz von Förderbeziehungen unter wissenschaftlich tätigen Frauen beleuchten; die in der Sozialarbeit geforderte „geistige Mutterschaft“ bildet den Ausgangspunkt von Maria Glasers Text. Auch psychoanalytisch motivierte Beiträge fehlen in diesem Sammelband nicht: Gerburg Treusch-Dieter analysiert die Internalisierung bestimmter Vorstellungen von ‚Mutter‘, für welche die tabuisierte oder ekelbesetzte „Herkunft aus der Mutter“ zentral scheint, während Alice Pechriggl psychoanalytische Theorien im Hinblick auf den frühkindlich als undifferenziert erlebten Verschmelzungszustand mit der (all)mächtigen Mutter durchstreift und dessen Implikationen für das Geschlechterverhältnis reflektiert.

Die vielfältigen Perspektiven, mit denen die Autorinnen sich dem Phänomen ‚Mutter‘ in einer sowohl theoretisch ansprechenden als auch immer wieder sehr persönlichen Weise annähern, machen das Buch zu einer abwechslungsreichen und interessanten Lektüre.

Auf die (De-)Formierung der so genannten ‚bösen Mutter‘ sind die anderen beiden genannten Publikationen gerichtet: Gerlinde Mauerer und Verena Pawlowsky widmen sich in ihren Büchern jenen Müttern, die im Dunstkreis des tradierten, Aufopferungsbereitschaft propagierenden Mutterideals als widernatürlich gelten: den Müttern, die sich von ihren Kindern trennen, indem sie sie abgeben (Pawlowsky) oder töten (Mauerer).

Dass die ‚rächende Frau‘ keinen Platz in der symbolischen Ordnung hat, macht Gerlinde Mauerer an der Rezeption der mythischen Medea deutlich, deren Racheakt an Jason, die Tötung der gemeinsamen Kinder, gerne als

„Wahnsinnstat“ – von geistiger Umnachtung, dämonischer Eingabe und/oder affektiver Überflutung geleitet – in den Bereich des Kranken, des Irrationalen, des Wider- und Übernatürlichen transferiert wird. *Medeas Erbe* wirkt noch heute bis in den alltäglichen Sprachgebrauch fort: Im Griechischen wird nach wie vor jede Frau, die ihre Kinder tötet, als ‚Medea‘ bezeichnet.

In der dem Gesetz des Vaters unterstellten symbolischen Ordnung existiert die Frau/Mutter bekanntlich nur als auf dieses gerichtet; selbst der Geburtsakt wird obsolet angesichts der Konstruktion eines alles Leben spendenden Schöpfergottes und verdrängt durch den Rechtsakt, welcher die patrilineare Erbfolge garantiert. Sowohl öffentlich als auch privat aus der Produktion ausgeschlossen, gerät die Mutter, so Mauerer, in die aussichtslose Lage, ihre ‚Mängel‘ durch die ihr qua natura zugeschriebene unendliche Hingabe, Fürsorge und Leidensfähigkeit kompensieren zu müssen. Sie, die keinerlei Handlungsmacht habe, könne folgerichtig auch nicht töten: Der mütterliche Tötungsakt werde als das „Undenkbare“ schlechthin vorgestellt.

Die Durchsetzung des (unerreichbar) hohen Ideals der ‚Mutterliebe‘ erfolgte dabei durchaus mit rationalem Kalkül: Die kostengünstige mütterliche Reproduktionsarbeit ist von immensem gesellschaftlichen Nutzen, der zwar kaum honoriert, dessen Verlust aber gerne als Sitten- und Werteverfall beklagt und von Schuldzuschreibungen an Frauen begleitet wird. Vor dem Hintergrund nationaler Fortpflanzungspolitik schließlich erscheint die Kindstötung – im Gegensatz zu ihrer früheren Duldung als bevölkerungsregulative Maßnahme – als „Tat einer Frau, die dem Staat die Kinder *nimmt*“, gerichtet also gegen Vater Staat, der aus Herrschaftsinteressen ein Recht auf seine StaatsbürgerInnen ableitet.

Dass prekäre sozioökonomische Verhältnisse und die aufgrund ihrer Privatisierung und Idealisierung (meist) überfordernde Mutterschaft oft Verzweiflung und Depression evozieren statt heiter-besinnliches Mutterglück, bildet selten den Hauptargumentationsstrang in öffentlichen Debatten über Kindstötungen und wird auch in verhältnismäßig geringem Ausmaß durch entsprechende Gesetze oder staatliche Einrichtungen abgefangen. Statt gesellschaftlicher Zusammenhänge interessieren vorrangig die Psychogramme jener Mütter, die keinen anderen Ausweg aus ihren Dilemmata sehen als eben jenen, ihre Kinder zu töten. Die „Unerklärlichkeit“ der Tat wird auch heute noch weitgehend, wie Mauerer anhand von Medienberichten nachweist, mit psychischer Insuffizienz der jeweiligen Frau begründet. Die bedrohliche Einsicht, dass unter entsprechenden Umständen *jede* Frau zur Kindsmörderin werden kann, wird damit abgewehrt.

Die oft bestechend schlüssigen und weitsichtigen Argumentationen Gerlinde Mauerers machen eine der wesentlichen Stärken des Buches aus, dessen Wert auch durch anfänglich gehäufte inhaltliche und stilistische Redundanzen, die den Lesefluss stören, nicht geschmälert wird.

Auf eine staatliche Einrichtung, die – ähnlich wie heute die ‚Babyklappen' – mit der Errichtung eines anonymen Geburtsortes und einer anonymen Abgabestelle für Neugeborene auf die Verhinderung von Kindstötungen abzielte, konzentriert sich Verena Pawlowsky. Das von Joseph II. gegründete Gebär- und Findelhaus wurde 1784 in Wien eröffnet und schloss nach 126jährigem Bestehen 1910 seine Pforten. In ihrer detailreichen Studie *Mutter ledig – Vater Staat* widmet sich die Historikerin nicht nur einer genauen Datenerhebung im Hinblick auf das an der Alserstraße gelegene Haus, die dort gebärenden Frauen, die externen Pflegerinnen und das Leben und Sterben der Findelkinder, sondern auch den entsprechenden Diskussionszusammenhängen des 18. und 19. Jahrhunderts.

Über die Väter der Wiener Findelkinder gibt es kaum gesichertes Quellenmaterial. Die Mütter hätten insbesondere ökonomische Faktoren dazu veranlasst, ihre Kinder abzugeben, erläutert Pawlowsky. Darüber hinaus war die Schande einer unehelichen Geburt ein Makel, der durch die Anonymisierung der Geburt und das Findelhauswesen vielfach unsichtbar bleiben konnte.

Auskunft über Stand, Alter, Beruf, Herkunft und Konfession der Mütter geben die Aufnahmeprotokolle des Gebärhauses. Von sozialkritischem Interesse sind u. a. die vier Aufnahmeklassen, über die es verfügte: Drei davon waren so genannte Zahlabteilungen, die für die Abgabe von Taxen absolute Anonymität garantierten. Für die Aufnahme in die Gratisklasse mussten jedoch Armutsnachweise u. ä. erbracht werden, welche die zugesicherte Anonymität teilweise verunmöglichten. Außerdem waren die gratis aufgenommenen Frauen zu Ammen- und Reinigungsdienst verpflichtet und wurden als ‚Anschauungs- und Untersuchungsmaterial' für die geburtshilfliche Forschung beansprucht, deren Entwicklung mit der Zurückdrängung von Hebammen einherging. Von medizinischem Nutzen waren auch die Findelkinder, die als ImpfstofflieferantInnen und Testpersonen für Ernährungsexperimente funktionalisiert wurden.

Nicht nur die soziale Schicht, auch die Religionszugehörigkeit der Mütter bedeutete einen krassen Behandlungsunterschied: Bis 1868 mussten alle Kinder, die in einer öffentlichen Anstalt der Habsburgermonarchie erzogen wurden, katholisch getauft werden. Jüdische Frauen wurden bis dahin als einzige explizit von der Möglichkeit, ihre Kinder später zu sich zurückzunehmen, ausgeschlossen, da deren weitere katholische Erziehung nicht gewährleistet sei.

Von den rund 730.130 Kindern, die insgesamt im Wiener Findelhaus aufgenommen wurden, starben etwa 68 % noch vor Ablauf der Pflegezeit, was die zeitgenössische Argumentation für diese Einrichtung deutlich schwächte. Verena Pawlowsky betrachtet die Schließung des Wiener Gebär- und Findelhauses als Ausdruck einer Trendwende: Statt der Schamhaftigkeit der Mutter werde nun das Wohl des Kindes zentral gesetzt, wodurch die Mutterliebe zum schützens- und förderungswürdigen Gut avanciere und eine Trennung von Mutter und Kind, wie sie mit dem Findelhaus tradiert wurde, abzulehnen sei.

Informationsgehalt und Datenmaterial von Pawlowskys Studie sind beachtlich. Am interessantesten ist die Untersuchung allerdings in jenen Abschnitten, in denen die Faktenanhäufung zugunsten von soziokulturellen Erklärungsmustern und Interpretationszusammenhängen sinnvoll reduziert wird.

Bücher wie die hier besprochenen, die sich mit ‚Mutter' und ‚Mütterlichkeit' aus einer feministisch-dekonstruktivistischen Perspektive auseinandersetzen, stellen nicht zuletzt angesichts aktueller politischer Debatten um Geburtenraten, Kindergeld, Karenzzeiten, aber auch Alterspflege, Pensionssysteme usf. eine große Bereicherung dar. Dies insbesondere deshalb, weil die genauen historischen und philosophischen Untersuchungen auf neuralgische Punkte innerhalb der vielfach verblüffend ähnlich geführten Diskussionen verweisen. Die Kenntnisnahme der Untersuchungsergebnisse machten gesellschaftliche Veränderungsprozesse, die Frauen als handelnde Subjekte jenseits einschlägiger Zuschreibungen einbeziehen, denkbar – womit zumindest eine elementare Voraussetzung für entsprechendes politisches Handeln geschaffen wäre.

*Regula Giuliani*

## Eine unverhofft erwünschte Mutterschaft

*Patricia Grossman: Wunschtochter, Berlin 2001 (Verlag Krug und Schadenberg, aus dem Amerikanischen von Ursula Wulfekamp, 234 S., 19,90 €; englischer Titel: Unexpected Child, Los Angeles 2000).*

Meg Krantz ist erfolgreiche Keramikerin, Ende 30 in New York. Sie arbeitet ehrenamtlich bei der Aidshilfe und betreut Patienten im letzten Lebensabschnitt. Die Geschichte spielt 1990 und beginnt mit der Kontaktaufnahme zum kranken Barry Toffler und dessen vierjähriger Tochter Kimble, deren Mutter schon Jahre früher an Aids gestorben ist. Barry Toffler ist nun auch am Sterben, sein letzter Wunsch ist es, dass Meg sich um Kimbles Zukunft kümmert. Die Geschichte erzählt die Adoption der nunmehr elternlosen Kimble durch die lebenslustige, tatkräftige und energische Meg Krantz, die beruflich Fruchtbarkeitsgöttinen herstellt, welche auf dem Markt einen guten Absatz finden.

Der Roman schildert das Lebensnetz von Meg Krantz im New Yorker Milieu. Dieses Beziehungsnetz wird subtil, vielschichtig und in verschiedenen Facetten nachgezeichnet: Megs berufliche Situation als freischaffende Keramikerin, ihre Beziehung zur eigenen Mutter Charlotte, ihre Gespräche mit der Psychoanalytikerin Libby, ihre anstrengende Arbeit bei der Aidshilfe, ihre lesbische Liebe zu Cami Porter und vor allem: ihre wachsende Beziehung zu Kimble, die vollkommen unerwartet und unverhofft in Megs Leben auftaucht und dieses nachhaltig verändert. Meg wohnt in einer umgebauten Fabriketage, hat diese nach ihren eigenen Vorstellungen gestaltet, sie steht erfolgreich in ihrem Beruf und eigentlich hat ein Kind keinen Platz in ihrem Leben. Aber als klar ist, dass Barry, Kimbles Vater, bald sterben würde, nimmt Meg die Vierjährige zu sich, zunächst mehr umständehalber, weil die Großmutter auf Reisen ist und weil gerade niemand zu erreichen ist, der für das kleine Mädchen zuständig wäre.

*Wunschtochter* ist gut zu lesen, es führt in den ersten drei Kapiteln durch knappe Dialoge mitten in Lebensszenen hinein – wie in einen Raum, in dem die Orientierung zuerst gefunden werden muss. Sehr eindrücklich sind die Beschreibungen der Aidskrankenszene: die Kranken und ihr Umfeld, die Angehörigen, der Umgang mit der Krankheit, die Reaktionen der Öffentlichkeit. Erst die späteren Kapitel sind beschreibender und holen aus, wodurch auch die Vergangenheitsdimension der verschiedenen Personen aufscheint: die Geschichte der eigenen Liebschaften, die vertrackte Beziehung zur eigenen Mutter, die immer wieder auch durch die Psychoanalytikerin kritisch kommentiert wird, Megs Situation auf dem Arbeitsmarkt. Diese Milieuschilderungen sind eingebettet in Alltagsdarstellungen, in Beschreibungen eines normalen Lebens, das so normal gar nicht ist, weil es eine Normalität eigener Art zugänglich macht: die Wirklichkeit einer engagierten, alleinstehenden lesbischen Frau, welche die Tochter eines verstorbenen Aidskranken adoptiert. Aus der Perspektive von Megs Mutter stellt sich das Geschehen zunächst anders dar: Die Mutter wirft Meg einen Helferinnenzwang vor, sie wolle das Kind eines Aidskranken „retten“: „Wir leben hier doch nicht in Bangladesch oder in Biafra.“, sagt sie (S. 73). Meg wird aber durch ihre zupackende Auseinandersetzung mit ihrer Mutter, mit ihrem eigenen Kinderwunsch und mit den Vorurteilen, die ihr an verschiedenen Orten begegnen, in ihrem Adoptionsentschluss nur gestärkt. Allerdings steht sie auch unter Handlungsdruck, denn Kimbles Zukunft steht an.

Die Übersetzung aus dem amerikanischen Englisch ist manchmal etwas holprig, so stolpert frau über Sätze wie etwa: „Die Bedienung brachte Kimbles Bestellung“ (S. 92). Auch die Übersetzung des Titels *Unexpected child* mit *Wunschtochter* ist nicht ganz glücklich, denn im Roman wird gerade die Ambivalenz des Kinderwunsches gezeigt, der zwar zum glücklichen Ende führt, dass Meg und Kimble zusammen leben. Doch der Reiz des Romans liegt gerade darin, dass immer wieder gezeigt wird, wie das Zusammenleben mit einem Kind die eigenen Wünsche durchkreuzt: Meg ist zum Teil auch überfordert durch den plötzlichen Umschwung von der gewollten Kinderlosigkeit zur unerwarteten Mutterschaft:

> „Meg hätte Kimble am liebsten fortgezaubert [...]. Sie wollte nichts als den Luxus, in Ruhe nachzudenken und zu planen. Diese Unablässigkeit würde sie zugrunde richten, würde sie dazu bringen zu sagen: Nein, ich kann das nicht. Praktisch von einer Sekunde zur nächsten, fast unmerklich, war aus ihr, einer völlig unabhängigen Frau, ein leeres Gefäß geworden, eine ihrer eigenen unfertigen, unverzierten Keramiken, die nur dazu da war, die Bedürfnisse eines Kindes zu befriedigen, nach Lust und Laune von einem Kind gefüllt und geleert zu werden, von einem Kind, dessen Langzeitgedächtnis noch nicht genügend entwickelt war, um sich die Tatsache vom Tod seines eigenen Vaters zu merken." (S. 65 f.)

Ambivalente Gefühle werden im Roman auf intensive Weise verdeutlicht und nicht beschönigt. Bei aller Ambivalenz ist Megs Beziehung zu Kimble am Wachsen. Dies wird nachgezeichnet in ergreifenden und schönen Szenen zwischen Mutter und Kind, in Gesprächen mit Megs Mutter, der künftigen Großmutter, in Szenen mit Megs Gefährtin Cami, die sich dem kleinen Mädchen ebenfalls zuwendet. Megs Ambivalenz und Unsicherheit weicht einer Entschlossenheit, die Adoption verantwortungsbewusst durchzuführen, was dann aber gar nicht so einfach ist, denn Meg ist in dieser Hinsicht vom Jugendamt und von den zuständigen Behörden abhängig, die es nicht gerne sehen, wenn ein Kind einfach so ‚unterschlüpft' ohne vorherige Prüfung durch das Amt.

Bezaubernd sind die Beschreibungen der wachsenden Zuneigung zwischen Kimble und ihrer künftigen Mutter. Die kindliche Perspektive wird indirekt eingefangen durch alltägliche Kinderverrichtungen wie Essen, Einschlafen, Spielen mit der Puppe, Herummaulen, Weinen, Anziehen. Kimble hat es nicht einfach; sie hat erlebt, wie ihr Vater immer schwächer wurde und hat einige Beziehungsabbrüche zu verkraften. Kimbles Trauer wird nicht weggewischt, sie wird mit dieser Trauer angenommen und hat so die Chance eines Neubeginns. Meg bekommt schließlich das Sorgerecht für Kimble, der fünfte Geburtstag wird gefeiert, und so endet das Buch denn auch mit einem Besuch bei McDonald, wohin sich die nunmehr besänftigte und willige Adoptivgroßmutter, Meg und Kimble aufmachen. – Der Roman ist neugierigen Leserinnen und Lesern zu empfehlen, die sich für ungewöhnliche, neuartige und andere Formen des Zusammenlebens erwärmen und begeistern können.

*Andrea Leone Wolfrum und Mona Hanafi El Siofi*

# Das Leben der modernen Singlefrau ist ein Desaster... oder: „Feminismus müsste wieder sexy sein"

*Katja Kullmann: Generation Ally. Warum es heute so kompliziert ist, eine Frau zu sein, Frankfurt 2002 (Eichborn, 217 S., 14,90 €).*

*Jean-Claude Kaufmann: Singlefrau und Märchenprinz. Über die Einsamkeit moderner Frauen, Konstanz 2002 (UVK-Verlags-Gesellschaft, 271 S., 24,00 €).*

> „Die Frau um die 30 denkt, dass sie sich mittlerweile in einer vollkommen emanzipierten Rolle befindet und hat das Interesse an der Auseinandersetzung mit der Thematik ‚Frauenrolle in der Gesellschaft' verloren. Stattdessen zeigt sie stärkeres Interesse an ‚Lifestyle' und eher oberflächlichen Dingen",

so die Journalistin Katja Kullmann, Autorin des Bestsellers *Generation Ally*, in einem Interview.[1] Politik ist ‚out', Selbst-Marketing ist ‚in'! Symptomatisch dafür sei die Hochkonjunktur von „Luder-Frauen" wie Jenny Elvers oder Verona Feldbusch, die in jeder Hinsicht mehr Oberfläche als Inhalt anböten.

Um zu verhindern, dass ihr Buch „irgendwo in der Abteilung Kulturwissenschaften oder Geschlechterforschung verstaubt"[2], sondern von eben den angesprochenen Frauen auch gelesen wird, hat sich Katja Kullmann mit ihrem feuilletonistisch-flapsigen Erzählstil durch die ‚In- & Out'-Listen der Achtziger Jahre bis zu denen der Gegenwart gehangelt, um eine Durchschnittsbiographie der heute etwa Dreißigjährigen nachzuzeichnen.

Doch wer ist *die* Frau um die 30 eigentlich, an die sich die Autorin wendet? Nach einigen Seiten Lektüre wird deutlich, dass es *die* heterosexuelle Tochter aus *der* weißen, westdeutschen Mittelschichtfamilie ist, die nach erfolgreichem Hochschulabschluss mit mehrjährigem Auslandsaufenthalt und einer ganzen Reihe von Praktika mit besten Referenzen, in einem beliebigen Unternehmen angekommen, zielstrebig die Karriereleiter hinaufklettern will. Doch hier nun wird sie plötzlich mit ihrer Motivation und ihren innovativen Ideen von einem über 50-jährigen Vorgesetzten klassischer Façon auf ein Mittelmaß hin ausgebremst.

Katja Kullmann beabsichtigt der Frau à la ‚Ally Mc Beal', Hauptdarstellerin der gleichnamigen US-Fernsehserie, aufzuzeigen, dass ihr scheinbar emanzipiertes Selbstbewusstsein bis dahin nur vordergründig beschaffen war. Denn jetzt ist sie dreißig und muss feststellen, dass sie mit ihrem „Ich-Unternehmen" einer Illusion aufgesessen ist. Die erste Generation von Frauen, die von der Frauenbewegung der 70er-Jahre profitiert hat und dachte, die Welt stünde ihr uneingeschränkt offen, kommt derzeit auch nicht viel weiter als ihre Mütter zuvor. Für Letztere bestand Selbstverwirklichung im Besuch von Makrameeoder Trommelkursen, aber trotzdem machten sie „weiter den Dreck weg“ und kümmerten sich um die Kinder, während ihre Ehemänner das Geld verdienten. Und so stehen die Töchter heute aufgrund mangelnder Alternativen vor der Frage, eine Vater-Mutter-Kind-Familie zu gründen, derweil ihnen das Ticken der ‚biologischen Uhr‘ in den Ohren zu dröhnen beginnt. Wollten sie auf diese Weise tatsächlich in der „Teilzeitfalle landen“ bzw. gleich ganz von der „Bildfläche verschwinden“? Oder sollten sie vielleicht doch lieber mit ihrem mittlerweile unbefriedigend gewordenen promiskuitiven Single-Leben fortfahren, um sich idealistisch weiterhin alle Karrieremöglichkeiten offen zu halten? Im Gegensatz zu den „miserabel gestylten“ frauenbewegten Frauen der 70er und 80er tragen die „Allys“ derartige Dilemmata nicht mehr in die Öffentlichkeit, sondern machen sie mit sich alleine aus, denn „Aufruhr passt nicht ins Selbstdesign“. Ja, – dazu müsste Feminismus wieder „sexy“ sein...

Zu dem Schluss, dass es sich als Single-Frau gar nicht so unbeschwert lebt, kommt auch der französische Soziologe Jean-Claude Kaufmann. Auf der Grundlage umfangreicher Statistiken und einer Auswahl von Leserinnenbriefen an die Zeitschrift Marie-Claire entwirft der Autor auf 219 Seiten ein „Portrait des Solo-Seins“. In einem kurzen historischen Abriss skizziert er die „weit zurückreichende Bewegung des Alleinlebens“ und analysiert in einer detaillierten phänomenologischen Untersuchung das Alltagsleben von Single-Frauen. Im Mittelpunkt seines „Leitfaden[s] zum Verständnis der merkwürdigen Existenz des Single-Lebens“ stehen nicht allein Kullmanns „thirtysomethings“, sondern generell Frauen zwischen 20 und 50, welche, so der Autor, die zunehmende Individuation der Gesellschaft mit maximaler Kraft zu spüren bekommen. So prognostiziert Jean-Claude Kaufmann nicht nur das Ende der Familie, sondern eine Revolution des Privatlebens, deren Hauptmotor, da sind sich beide AutorInnen einig, die Emanzipation des weiblichen Geschlechts ist. Frauen befinden sich „im Auge des Zyklons der Individualisierung, ohne das wirklich zu wollen oder wirklich zu verstehen, welcher Wind sie hier davonträgt. Als unfreiwillige Avantgarde zahlen sie die Zeche für eine Übergangsphase, die noch keine neuen Orientierungspunkte für das Privatleben hervorgebracht hat.“

Kaufmanns mikrosoziologische Diagnose fällt um einiges düsterer aus. Mehr noch als für Kullmann offenbart sich für Kaufmann hinter der beeindruckenden Fassade das Leben der autonomen, erfolgreichen Single-Frau als ein Desaster. Sie ist frustriert, unsouverän und denkt „pausenlos über das Wie und Warum ihrer zerrissenen Existenz nach“. Vor allem ist sie eines: fürchterlich einsam. Der Grund für diese „komische“ Situation, in der sich zunehmend mehr Frauen wider Willen befinden, ist in erster Linie strukturell bedingt: es ist „das heimliche, versteckte Modell des Privatlebens“, welches Frauen in Form eines „omnipräsenten erhobenen Zeigefingers“ mit ihrer ‚Anormalität‘ konfrontiert und ihnen das Alleinsein verleidet. Die Dynamik des Solo-Seins wirkt wie ein

Sog, in dem der Zuwachs an Autonomie Frauen „zu beeindruckend und perfekt [macht], um überhaupt noch als Partnerinnen in Frage zu kommen“ und in dem sie selbst zunehmend wählerischer werden. Denn wie bei Kullmann, so wird auch hier Single-Dasein mit karrierebewusstem Leben gleichgesetzt, welches unausweichlich auf die Zerreißprobe zusteuert, zwischen Familienleben und Autonomie wählen zu müssen. Doch schwer hat die Single-Frau es nach Kaufmann hauptsächlich deswegen, „weil sie nicht versteht, was mit ihr passiert.“

Hätte die Leserin doch das Gefühl, dass wenigstens Kaufmann sie verstünde! Stattdessen hat dieser sich auf die vertraut-überhebliche Manier eines Briefkastenonkels zurückgezogen. Es scheint, dass erst der Blick in seinen von oben herab gehaltenen Zerrspiegel aus allein lebenden Frauen merkwürdige Existenzen macht. Trotz interessanter theoretischer Ansätze (er bezieht sich auf Berger/Luckmann ebenso wie auf Elias und Foucault) und durchaus guter Beobachtungen, gelingt es Jean-Claude Kaufmann nicht die „Feen und Fakten“ seiner Geschichte von *Singlefrau und Märchenprinz* zusammenzubringen.

Anders Katja Kullmann. Lässt sich mit Heide Oestereich[3] *Generation Ally* auch als eine lediglich subjektive Bestandsaufnahme kritisieren, die sowohl den Feminismus als auch den Single-Alltag schlicht am eigenen Glückanspruch misst, so ist Katja Kullmann doch zumindest ihrem eigenen Anspruch gerecht geworden: ihr Buch hat Witz und verkauft sich bestens. Auf den letzten Seiten allerdings schlägt die Stimmung im verzweifelt-heiteren „Ally“-Universum um und lässt die Leserin mit einem beklemmenden Gefühl der Ausweglosigkeit zurück. Dieses regt nicht gerade dazu an, sich „wütend geworden“ für eigene Rechte einzusetzen, wie Kullmann es in o.g. Interview empfiehlt.

Die Botschaft beider Bücher ist eindeutig: Alleinwohnen, Alleinleben, Allein- und Einsamsein sind Synonyme, die als alles bestimmendes Wesensmerkmal ein neues, scheinbar eindimensionales Wesen schaffen – die Single-Frau.

## Anmerkungen

1 Literatur-Café am 07.07.2002: www.literaturcafe.de/bf.htm?/berichte/kullmann.shtml.

2 Ebd.

3 *taz* Nr. 6764, 03.06.2002.

# Rezensionen zum Thema ‚Feminismen'

*Christina Harms*

# „Endlich richtig leben“

*Sahar Khalifa: Das Erbe. Roman, Zürich 2002 (Unionsverlag, aus dem Arabischen von Regina Karachouli, 347 S., 19,80 €).*

Bethlehem, Ramallah, Dschenin – wer kennt diese Orte nicht aus den abendlichen Nachrichten. Sahar Khalifa, 1941 in Nablus (Westjordanland) geboren und heute Leiterin eines palästinensischen Frauenzentrums, hat mit ihrem Roman *Das Erbe* diese Örtlichkeiten mit neuen Gesichtern bevölkert.

Aufhänger der Geschichte ist der Besuch der palästinensisch-amerikanischen Sena aus New York am Sterbebett ihres Vaters im Wadi al-Raihan im Westjordanland.

Dort trifft sie auf die zahlreichen Mitglieder der Familien Hamdan, Salim und Dschirjes. Jedes Familienmitglied spiegelt ein „klassisches“ palästinensisches Schicksal wieder: die Diaspora-EmigrantInnen in Ost und West, ehemalige Revolutionäre und Nutznießer des Chaos, die Träumenden und die Desillusionierten, die Traditionellen und die Modernen, die Religiösen und die Säkularen – sie alle, ob jung oder alt, ob Frau oder Mann, stehen im Spannungsfeld von Vergangenheit und Gegenwart, auf der Suche nach einer besseren Zukunft, um „endlich richtig leben“ (S. 227) zu können. Mit Hilfe dieses Kaleidoskops von Persönlichkeiten, Biografien und Träumen zeichnet Khalifa ein spannendes und facettenreiches Bild der palästinensischen Gesellschaft in den 90er Jahren des letzten Jahrhunderts – einer Gesellschaft, die von Um- und Zusammenbruch geprägt ist.

Der Roman ist in drei Abschnitte gegliedert: „Ohne Erbe“, „So ein Erbe“ und „Die Frucht der Hinterlassenschaft“. Das erste Kapitel spielt in den USA, wohin es den Vater von Sena, als Kleinhändler verschlagen hat. Nachdem sie auf Grund einer außerehelichen Schwangerschaft von ihrem Vater verstoßen worden ist, verbringt sie die folgenden Jahre zwar – nach dem Maßstab der Leistungsgesellschaft – erfolgreich, innerlich jedoch „leer“ und ihre Tage wie hinter „Glaswänden“ (S. 28).

Als ihr Vater im Westjordanland im Sterben liegt, beschließt sie, in ihre – nie zuvor gesehene – ‚Heimat‘ ‚zurück‘zukehren, um ihre Wurzeln zu entdecken und dadurch wieder Zugang zu ihren eigenen Emotionen zu erhalten. In den folgenden, sich überschlagenden Ereignissen beschäftigt sich Khalifa auf drei Ebenen mit dem Thema ‚Erbe‘:

Vordergründig steht das von den Familienmitgliedern heiß umstrittene materielle Erbe des Vaters im Mittelpunkt des Interesses.

Daneben ist die Frage nach der eigenen kulturellen Identität, dem kulturellen Erbe, von zentraler Bedeutung. Dies gilt v.a. für die RückkehrerInnen, die oft mehr Lebenszeit im Ausland verbracht haben als im Westjordanland. ‚In der Fremde' hatten sie ohne Ausnahme die ‚Heimat' idealisiert, was einerseits eine Integration in die Aufnahmegesellschaften verhinderte, was aber andererseits nach ihrer Rückkehr zu massiven Desillusionierungen und Enttäuschungen führte. Darauf reagieren die ProtagonistInnen unterschiedlich: von Rückzug und erneuter Flucht in die Fremde über Resignation bis hin zu einer emotionalen und bejahenden Rückkehr und Integration in die palästinensische Gesellschaft.

Darüber hinaus setzt sich Khalifa mit dem ‚ideologischen Erbe' der heutigen palästinensischen Generation auseinander. Welche Visionen und Perspektiven existieren noch – im Angesicht der fortgesetzten israelischen Besatzung und Übermacht – nach dem Ende des Nasserismus in den 60er Jahren, dem Zusammenbruch des ehemaligen Partners und Unterstützers Sowjetunion in den späten 80er/frühen 90er Jahren, der Erfolglosigkeit der ersten Intifada, den Osloer Verträgen, die nicht die erhofften Früchte (Erbschaft?!) nach sich zogen und der eigenen Bürokratie, die außer Chaos und Bereicherung einiger weniger nichts zustande gebracht zu haben scheint. Abgesehen von der individuellen Bedeutung, die der Frage nach Zugehörigkeit und Rückkehr zukommt, spricht Khalifa hiermit auch einen zentralen politischen Streitpunkt zwischen Israelis und Palästinensern an.

In dem dritten und letzten Abschnitt des Romans werden die einzelnen Fäden zusammengeführt und ihrem tragischen Ende entgegengebracht. Gerade in diesem letzten Kapitel weicht die Zurückhaltung der Autorin, die fast schon an Apathie grenzte, einer verhaltenen Wut und Trauer über die existierenden Zustände, um die verlorenen Jahre, den Verlust der Visionen, die zerstörten Träume, den Rückzug in eine egoistische und auf materielle Werte ausgerichtete (Lebens-)Haltung.

*Das Erbe* ist *keine* ‚schöne' Geschichte, deren Lektüre unbedingt nur Vergnügen bereitet. Nichtsdestotrotz ist sie empfehlenswert, weil die Autorin ihren eigenen Grundsätzen treu bleibt: Nur eine schonungslose Analyse der eigenen Situation und Aufklärung der Menschen kann die Grundlage schaffen für eine Zukunft ohne Ausbeutung. Dabei spielt es für sie zunächst eine untergeordnete Rolle, ob diese Ausbeutung und Unterdrückung durch die israelische Besatzung, die palästinensische Regierung und Verwaltung, militante islamistische Gruppierungen oder traditionelle Rollenbilder hervorgerufen wird.

*Muriel Brunswig*

# Geisterbesessenheit als Ausweg aus traditionellen Geschlechterrollen in Marokko

*Margaret Rausch: Bodies, Boundaries and Spirit Possession. Moroccan Women and the Revision of Tradition, Bielefeld 2000 (transcript, 275 S., 28,80 €).*

Eines steht fest: Schuld sind die Geister! Wenn marokkanische Frauen aus sich herausgehen, wild und ekstatisch tanzen, alle Alltagsnormen hinter sich lassen und sich ganz dem Gefühl hingeben, laut sind und nicht ‚weiblich zurückhaltend', dann sind sie besessen: von Geistern, bösen oder guten. Dann brauchen sie eine Seherin, eine sog. *Shuwwâfa*, die sie von dieser Besessenheit befreit.

Das Geschäft der Seherinnen boomt in Marokko, vor allem in den großen Städten, wo die traditionellen Familienbande immer mehr aufgehoben werden, und vor allem mit den Frauen. Sie leiden am vehementesten unter dem Spagat zwischen der modernen Urbanisierung und der damit einhergehenden Aufhebung der Traditionen auf der einen Seite und der Verwurzelung mit denselben auf der andere Seite. Margaret Rausch, die Verfasserin der vorliegenden Studie, vertritt die These, dass Menschen, die aufgrund eines sozialen Wandels zwischen zwei Ideologien geraten, sich verstärkt Ritualen zuwenden, die dieses Paradoxon überwinden helfen sollen. Als solches Ritual dient für Rausch auch die Geisterbeschwörung, die gerade in den großen städtischen Zentren Marokkos immer mehr Anhängerinnen findet. Dieses Ritual, seine Ursprünge, seine sozialen Auswirkungen, vor allem für die Frauen des Landes, und seine Ausformungen in ihrem ganzen Umfang darzustellen und zu erklären, ist das Ziel dieser Studie.

Bei *Bodies, Boundaries and Spirit Possession. Moroccan Women and the Revision of Tradition* handelt es sich um die überarbeitete Version von Rauschs Dissertation, die sie im November 1997 an der Fakultät für Philosophie und Sozialwissenschaften an der Freien Universität Berlin ablegte. Rausch war mit dem Wunsch nach Marokko gekommen, Frauen und ihre aktive Beteiligung an religiösen Ritualen zu erforschen. Der Auslöser für diese Studie war die Lektüre eines Interviews, das die marokkanische Soziologin Fatima Mernissi mit einer Seherin führte und in ihrem Buch *Le Maroc, raconté par ses femmes* veröffentlichte.

In ihrer Einführung gibt die Autorin einen allgemeinen Überblick über die Welt der Geister, Seher und Heiler Marokkos. Rausch geht auf die Rolle der Seherin im Allgemeinen ein und zeigt deren Entwicklung seit der frühislamischen Geschichte. Sie stellt die wichtigsten weiblichen Geister vor, die heute vor allem Frauen aus dem städtischen Milieu befallen und gibt einen, wenn auch etwas mager ausfallenden Überblick über die Quellenlage zu diesem Thema. Schon in ihrer Einleitung weist die Autorin darauf hin, dass Geisterbesessenheit für die meisten Frauen oft die einzige Möglichkeit ist, sich gehen zu lassen. Diese Grundthese zieht sich als roter Faden durch die gesamte Studie und wird von den unterschiedlichsten Seiten beleuchtet.

Der Einführung folgt eine Beschreibung des Umfeldes, in dem die Studie entstanden ist: Sîdî Ma'rûf, ein Stadtviertel in Casablanca. Rausch beschränkt sich bei ihrer Untersuchung auf dieses Stadtviertel, in dem sie einige Monate lebte und mehrere Seherinnen bei ihrer Arbeit beobachten konnte. Sie erläutert die sozialen Verhältnisse, geht auf die Wurzeln des sozialen Wandels ein und versucht so ein Bild des Umfeldes zu schaffen, in dem die Seherinnen leben und arbeiten. Sie erläutert den Wandel der Traditionen, die Aufhebung alter Strukturen durch die noch immer andauernde Urbanisierung und deren fatale Folgen für die Frauen.

Kapitel 3 und 4 beschäftigen sich, darauf aufbauend, mit dem Beruf der Seherin. Es werden die beruflichen Werdegänge der ihr bekannten Seherinnen aufgezeigt, ihre religiöse Legitimation und ihr Ansehen in der Gesellschaft. Rausch erläutert, wie sich diese Frauen im Kontext des sozialen Wandels, der sich durch Kommerzialisierung und Professionalisierung auszeichnet, eine Möglichkeit schaffen, unabhängig zu arbeiten. Freischaffende Seherinnen und Geistheilerinnen in Marokko: Eine Nische, in der sich vor allem Frauen tummeln, die einen eigenen, von ihren Ehemännern unabhängigen Weg gehen möchten oder müssen.

Daran anknüpfend, dass der Weg zur Seherin lang und z.T. sehr steinig ist, vergleicht die Autorin Biographien und berufliche Werdegänge von Seherinnen in Casablanca, beschreibt deren Arbeitsmethoden und Erfolge bzw. Misserfolge in einer von Männern dominierten Gesellschaft. Im Vordergrund dieser Biographien steht vor allem die Beziehung der Seherinnen zu ihren Müttern, die einander verblüffend ähneln. Vernachlässigte Töchter, Ablehnung durch den Vater, Neuheirat und Beziehungschaos sind auffällig oft zu finden. Doch nicht nur die Biographien werden in diesem Kapitel beleuchtet: Rausch zeichnet ein deutliches Bild des gesellschaftlichen Ansehens von Seherinnen, das erschütternd niedrig ist.

Mit einer Analyse des Seherinnenklientels sowie der Beschreibung einer Geisterbeschwörung, spannt die Autorin in den abschließenden Kapiteln den Bogen zur anfänglichen These. Sie stellt fest, dass die meisten Probleme der Klientinnen aus ihrer gesellschaftlichen Rolle als Frau resultieren, der sie nicht mehr gerecht werden wollen oder können. Denn die Wünsche und Sehnsüchte der Frauen haben sich dem Urbanisierungsprozess angepasst, die Erwartungen ihrer Familien und die der Gesellschaft, in der sie leben verlangen von ihnen jedoch die traditionelle Frauenrolle. Vor allem im letzten Kapitel, in dem es um die Geisterbeschwörung als solche geht, wird klar herausgearbeitet, dass Ereignisse, bei denen Frauen ein ‚abnormales' Verhalten zeigen, zur inneren Befreiung führen. Dieses ‚abnormale' Verhalten äußert sich vor allem darin, dass sie aus sich heraus gehen können, ohne dabei auf die ihnen von der Gesellschaft auferlegten Verhaltensweisen zu achten. Da sich ein solches Verhalten in Marokko allerdings nicht mit dem Argument der Befreiung legitimieren ließe, zeigt Rausch die einfache Lösung der marokkanischen Frauen, sich aus den gesellschaftlichen Zwängen zu befreien: Geister, die ihren Körper bewohnen, bringen sie dazu, sich ‚gehen zu lassen' und so nicht mehr den festgelegten Verhaltensweisen entsprechen zu müssen. Auf diese Art und Weise könnten die Frauen mit ihren Alltagsproblemen umgehen, ohne das Gesicht zu verlieren: Schuld daran sind schließlich die Geister!

*Bodies, Boundaries and Spirit Possession* ist eine deskriptive, keine analytische Studie. Ein theoretischer Überbau fehlt. Die Autorin begründet dies mit dem Graben, der zwischen Theorie und Praxis liegt. Rausch folgt damit dem selbstkritischen Ansatz von Rabinow und Bourdieu (1977), die „anthropological facts" als „a hybrid of the encounter between the observer and the observed" (S. 9) sehen. Rauschs anfängliche Vorstellung, durch Marokko zu reisen und Seherinnen damit zu konfrontieren, dass sie eine Studie über sie betreibe, schien ihr schnell unrealisierbar, und so beschränkte sie sich im Verlauf mehrerer Monate darauf, ein gutes Dutzend Seherinnen in einem Stadtviertel in Casablanca bei ihrer Arbeit zu beobachten und zu begleiten. Freundschaftliche Gespräche statt wissenschaftlicher Interviews führten sie zu ihren Forschungsergebnissen. Dagegen ist im Allgemeinen nichts einzuwenden. Doch in diesem Fall fehlt auch die Einbeziehung und Analyse anderer wissenschaftlicher Studien zu ähnlichen Themen. Zwar werden Theorien und Forschungen von Kolleginnen und Kollegen immer wieder kurz angerissen, doch kommt es zu keiner ernsthaften Auseinandersetzung damit. So wäre beispielsweise ein näherer Vergleich mit Frank Maurice Weltes Studie *Der Gnawa-Kult* (Frankfurt 1990), der durchaus Parallelen zu den Methoden der Seherinnen aufweist, wünschenswert gewesen.

Margaret Rausch ist es gelungen, ein sehr lebendiges Bild einiger städtischer Frauen in Marokko zu zeichnen. Ganz klar hat sie die Auswirkungen sozialer Transformationen auf das Leben der Frauen im städtischen Milieu herausgearbeitet. Sie zeigt auf, wie es Frauen gelingen kann, sich durch den Beruf der Seherin eine Nische zu schaffen, in der sie, unabhängig von ihren Ehemännern, freiberuflich arbeiten und Geld verdienen können. Kleine Geschichten, viele Originalinterviews, nachgestellte Situationen und Rauschs anregende Art und Weise zu schreiben, machen das Buch zu einer kurzweiligen Lektüre, die die Lesenden über manche Schwäche hinwegsehen lässt.

# Sonstige Rezensionen

*Tina-Karen Pusse*

## Wuchernde Begierde. Subjektivation zwischen Psychose und Unterwerfung

*Judith Butler: Psyche der Macht. Das Subjekt der Unterwerfung, Frankfurt/M. 2001 (Edition Suhrkamp, aus dem Amerikanischen von Rainer Ansén, 197 S., 10,00 €).*

Auch in ihrer neuen Publikation *Psyche der Macht* geht Judith Butler von Foucaults Interpretation von ‚Subjektivierung als Unterwerfung' aus, also von dem von Foucault (wenn auch nicht erstmals) entdeckten Effekt, dass Verbot und Begehren sich gegenseitig präsupponieren und erzeugen. Es sind, so Foucault, die disziplinären Machtmechanismen selbst, die das Subjekt durch die Maßnahmen erzeugen, durch die sie es zu beherrschen versuchen. Macht und Widerstand seien also in gleichermaßen tödlicher wie auch sich gegenseitig belebender Umarmung gefangen.

Foucaults These, dass man niemals hinter die Bedingungen jener Macht zurück könne und eine Befreiung aus ihr demzufolge nicht möglich sei, setzt Butler nun aber – in erstaunlicher Koalition mit Hegel, der Psychoanalyse und Althussers Konzept der ‚Anrufung' – Entscheidendes entgegen. Heraus kommt dabei keine eklektizistische Verknotung sonst unvereinbarer Theoreme, sondern vielmehr eine – sehr lesbare – gegenseitige Befruchtung, die letztlich auf Folgendes hinausläuft:

Wo Foucault sehr wohl einsieht, dass in der Disziplinierung das Objekt der Begierde zu wuchern beginnt (die christliche Sexualmoral habe durch den Zwang, nicht nur lüsterne *Handlungen*, sondern auch lüsterne *Gedanken* zu beichten, diese erst in größerer Vielfalt hervorgebracht) übersieht er, dass *in* dieser Wucherung auch der Akt der Disziplinierung selbst sexualisiert wird. Es ist plötzlich die Buße selber, die das Begehren nicht bloß erzeugt, sondern auch beinhaltet. Statt nach dem Sexualakt sehnt sich der Beichtende nun nach dem Vorgang der Beichte, in dem er das, was er sich versagt, verschoben erleben darf. Die Wirkung wächst also über die Ursache hinaus und erhält ontologisch größeres Gewicht – eine Figur, die Butler von Hegel entlehnt.

Zugleich überträgt sie die hegelsche ‚Herr-Knecht-Konstellation' auf die heterosexuelle Matrix und verfolgt dabei Hegels Figur der doppelten Verleugnung. In einer ersten Verleugnung wird die Frau als Projektion des Mannes gesetzt, die all das beinhalten soll, was er eben *nicht* ‚ist', dabei soll sie aber – so die zweite Verleugnung – innerhalb dieser Zuschreibung Autonomie und Subjektivität *imitieren*. Wo der Knecht die von außen kommende Disziplinierung in sich hinein nimmt und so ein knechtisches Bewusstsein entwickelt, innerhalb dessen Rebellion sich immer auch gegen ihn selbst richten würde, erweist die Frau analog den höchsten Grad ihrer Knechtschaft gerade darin, die von der heterosexuellen Matrix hervorgebrachten Zuschreibungen als ihre ‚natürlichen' Attribute zu (v)erkennen. Sie versteht sich also selbst als Subjekt, wenn sie in einer Weise handelt, die von ihr erwartet wird. Althussers Frage danach, wie Subjekte sich selbst als Subjekte erfahren, setzt genau an diesem neuralgischen Punkt ein.

Wenn ‚ich' ‚mich' im interpellativen Ruf des Anderen erkenne, so wohnt diesem Ruf ein Performativ inne, so Butler über Althusser. Denn erst im Mich-angerufen-Fühlen bringe ich (meine symbolische Identität) den vermeintlich mich Anrufenden hervor, so wie die Gläubigen ‚Gott' oder die Demokraten ‚das Volk' hervorbringen, bringt letztlich die unterwürfig-mitfühlende ‚Frau' das Patriarchat hervor, das sie schikaniert.

Dieser jeweils neu zu besetzende große Andere (und hier kommt Lacan ins Spiel) kann nun nicht allein Gegenstand eines wirksamen Widerstandes sein, will sich dieser Widerstand wirklich aus dem Raum herausbewegen, durch den das Subjekt definiert ist. Denn jeder Widerstand innerhalb dieses Gefüges würde es letztlich restituieren und in seiner Definitionsmacht noch bestärken. Ließe man ihn aber ohne jegliche Disziplinierung aus dem Gefüge herauswuchern, wie dies oben als Kritik an Foucault beschrieben war, würde jenseits der heterosexuellen (oder wahlweise christlichen, demokratischen, etc.) Matrix nur eine psychotische Leere warten, in dem das von der Macht ja immer auch konstituierte Subjekt seine Bedeutung gänzlich verlöre. Die Frage ist also, und diese Frage hat Butler immer schon bewegt, ob es zwischen Internalisierung und bloßer Abwehr der Norm einen dritten Weg gibt. Eine Frage, die wir spätestens seit *Bodies That Matter* eigentlich schon beantwortet glaubten. Die parodistische Wiederholung, das Aufhalten auf der Grenzlinie des Gesetzes, das diese allmählich verschieben soll, ist auch hier die Antwort auf die immer umständlicheren Fragen. Die Figur der Übertretung, in der die Grenze noch einmal aufscheint, bevor sie sich verschiebt, das Auf-sich-Nehmen von Sanktionen, die allesamt innerhalb der Einflußsphäre des ‚großen Anderen' verbleiben (der dadurch freilich ein etwas anderer Anderer wird) erscheint hier wieder einmal als Königsweg zwischen Psychose und Unterwerfung. Das freilich haben ‚wir' auch schon nach Butlers ‚Paris is Burning'-Lektüre geglaubt, vielleicht aber auch schon wieder vergessen. Umso besser, wenn Butler uns noch einmal durch neue Fragen hindurch zur selben Antwort führt.

Doch ohne dass dieser Weg von ihr verfolgt würde, scheint mit dieser neuen Fragestellung (es zeigt sich, dass die Wiederholung immer auch die Bedeutungsmöglichkeiten verschiebt) auch ein anderer Weg aus der Definitionsmacht der symbolischen Ordnung auf: Wäre eine libidinös orientierte *Übererfüllung* der Norm nicht ebenso subversiv wie deren parodistische Überschreitung? Eine vorgebliche Anerkennung des patriarchalen Gesetzes würde dadurch ins Gegenteil verkehrt, dass es nur noch aufgerufen würde um zur Luststeigerung benutzt zu werden, wie dies z.B. in sadomasochistischen Konstellationen geschieht. In dem Moment, in dem es gerade der disziplinierende Zugriff ist, der *genossen* wird, verfügt die jeweilige Norm über keine wirklichen Regulative, keine wirklichen Sanktionen mehr, denn jede neue Sanktion würde nur eine neue Genußmöglichkeit hervorbringen. Damit wäre politisch vielleicht nicht viel gewonnen, für das Individuum, das sich inmitten seiner prekären Subjektivation befindet jedoch umso mehr. Neue Normvorgaben nähmen dabei lediglich den Raum eines neuen Spielinventars ein, Sanktionen würden wirkungslos (sofern sie Genuss verschaffen). Unterwerfung und Freiheit, die beiden Aspekte der Subjektivation, lägen hier am engsten nebeneinander.

*Sonja Dehning*

## „Sie blüht schon dem Tode entgegen" – Sinn und Sinnlichkeit einer germanistischen Habilitationsschrift

*Rita Morrien: Sinn und Sinnlichkeit. Der weibliche Körper in der deutschen Literatur der Bürgerzeit, Köln/Weimar/Wien 2001 (Böhlau Verlag, 389 S., 34,80 €).*

Habilitationsschriften sind ‚out', Juniorprofessuren ‚in', so lautet seit einigen Jahren die Devise in deutschen Wissenschaftsministerien. Doch die Konkurrenz unter Nachwuchswissenschaftlerinnen ist groß. Immer noch gilt dieses typisch deutsche Genre als ‚Gütesiegel' wissenschaftlicher Qualifikation, und so wird weiterhin eifrig publiziert und manchmal sogar provoziert: „Sie blüht (geradezu) dem Tode entgegen", ließe sich mit Caroline Auguste Fischers Worten angesichts von Rita Morriens kürzlich im Böhlau Verlag erschienener Habilitationsschrift behaupten, denn triumphierend wie eine Olympiasiegerin mit einer leuchtenden Fackel in der erhobenen Hand lockt die marmorweiße Dame *La Verité* mit ihrer Leuchtkugel vom Titelblatt. Ihr entblößter Körper zieht alle Blicke auf sich, Nacktheit irritiert zuweilen noch immer – insbesondere die des weiblichen Körpers in der Blütezeit der bürgerlichen Kultur, deren literarische Darstellung die Verfasserin hier analysiert. Sie nimmt damit ein Thema ins Visier, das einen neuen Blick auf altbekannte und unbekannte literarische Texte eröffnet und ein Stück weit die herkömmliche Literaturwissenschaftsgeschichte revolutioniert.

Zunächst zum Inhalt: Die Verfasserin untersucht vergleichend insgesamt 18 Romane bzw. Romanfragmente sowohl von Autoren wie Goethe, Tieck, Schlegel, Keller und Stifter als auch Autorinnen wie Sophie la Roche, Friederike Helene Ungerer, Dorothea Schlegel, Therese Huber, Caroline Auguste Fischer und Ida Hahn-Hahn und analysiert zentrale, um den weiblichen Körper kreisende Aspekte – Jungfräulichkeit, Mutterschaft, Krankheit, Scham und Schönheit – unter folgenden Fragestellungen: Wie präsentieren Schriftstellerinnen des ausgehenden 18. Jahrhunderts und der ersten Hälfte des 19. Jahrhunderts den weiblichen Körper im Unterschied zu ihren männlichen Kollegen? Auf welche Mythen und Bilder rekurrieren sie? Entstehen ansatzweise neue Entwürfe? Welche Phantasien, Wünsche und Abwehrmechanismen kristallisieren sich heraus? Wie also gestaltet sich das Verhältnis von männlicher/weiblicher Autorschaft und Inszenierung weiblicher Körperlichkeit? Der Verfasserin geht es hier weniger um eine motivgeschichtliche Untersuchung als um das Herausarbeiten von Textstrategien und Schreibmechanismen. Mit ihrer vergleichenden Betrachtung von Texten sowohl weiblicher als auch männlicher Autoren strebt sie eine gegenseitige Differenzierung und Erhellung männlicher und weiblicher Körperkonzepte an. Rita Morrien geht von der Prämisse aus, dass gerade der *weibliche* als der *andere* Körper mit dem narrativen Gesamtkonzept des Autors und – orientiert an dem männlichen Modell – dem der Autorin unmittelbar verknüpft ist. Sie stellt die These auf, dass bei Autorinnen sogar Weiblichkeitsbilder zum Tragen kommen können, die den von männlichen Autoren geprägten Bildern mortifizierter Weiblichkeit grundsätzlich entgegenstehen, und schließt die Vermutung an, dass die Fremdbestimmung und das kulturell Geformte des weiblichen Körpers von Autorinnen eher berücksichtigt, wenn auch nicht immer problematisiert wird, als von männlichen Kollegen.

Mit Rückgriff auf Foucaults Diskurstheorie erläutert die Verfasserin in einem Überblickskapitel zur „Naturalisierung der Geschlechterdifferenz im 18. Jahrhundert“ zunächst die Funktion des Körpers als Austragungsort der Macht und als Kontrollgegenstand. Auffällig, so Rita Morrien, sei hier die Akzentverschiebung von der Assoziation der Weiblichkeit mit Erd- und Naturverbundenheit in früheren Jahrhunderten zu einer Affinität der Frau zum Tod, zur Mortalität im 18. Jahrhundert. Auffällig des Weiteren, dass der weibliche Körper über die Fokussierung als jungfräulicher, mütterlicher, kranker, schöner oder mit Scham behafteter Körper immer als ein ‚markierter‘ Körper erscheine. In kritischer Anlehnung an Judith Butlers These zur Konstrukthaftigkeit des Körpers und ihren Performativitätsbegriff (Körper wird mittels Sprache nicht einfach abgebildet, sondern immer erst hergestellt) zeigt die Verfasserin die für die Inszenierung von Weiblichkeit relevanten Diskurseffekte auf, bevor sie zur textimmanenten Interpretation gelangt.

Zu den oben genannten fünf Aspekten, die Rita Morrien jeweils mit einem vergleichenden Resümee abschließt, seien hier nur einige zentrale Stichpunkte herausgehoben: So wird an Goethes, Ungerers und Tiecks Romanen deutlich, dass der Topos des jungfräulichen Körpers als uneinnehmbare Festung ganz unterschiedliche Funktionen haben kann. Während weibliche Autorinnen wie Friederike Ungerer die körperliche Unversehrtheit als Stärke und Unabhängigkeit auslegen, wird der weibliche Körper in Texten von männlichen Autoren nicht selten glorreich ‚zerstört'. Die phantasmatische Erhöhung der Frau durch ihre Unberührtheit dient einem Autor wie Tieck dazu, eine um so bestialischere Erniedrigung im Sinne von Zerstörung bzw. Defloration zu feiern. Die Jungfräulichkeit erscheint hier als ein ebenso konstitutives Merkmal für Weiblichkeit wie – im darauffolgenden Kapitel – die Mütterlichkeit. Doch auch hier differenziert die Verfasserin: Während in Brentanos *Godwi* der verlorene Körper der Mutter der Kunst geopfert wird, dekonstruiert Dorothea Schlegel in ihrem Fragment *Camilla* den Mythos Mütterlichkeit in drastischer Weise. Allerdings bleibt es hier bei der ernüchternden Erkenntnis, dass Mutterrolle und Sexualität einander ausschließen. Anhand des Phänomens Krankheit zeigt die Verfasserin ganz unterschiedliche und teilweise sogar weiterführende Ansätze weiblicher Handlungsspielräume auf: Nachdem anhand der Frauenfiguren Ottilie in Goethes *Wahlverwandtschaften* und Anna in Kellers *Grünem Heinrich* die Entmaterialisierung des weiblichen Körpers vorgeführt wird, mit dem Ergebnis, dass der Narziss Eduard wie der Autor Goethe ihr Objekt schließlich verlieren und der *Grüne Heinrich* künstlerisch scheitert, erscheint dagegen die kranke Protagonistin *Luise* in Therese Hubers gleichnamigem Roman in ganz anderem Licht: Hier werden die Schwierigkeiten der weiblichen Subjektwerdung und ein im Sinne der amerikanischen Psychoanalytikerin Louise Kaplan *perverses* Szenario deutlich. Die von Krankheit gezeichnete Heldin gesundet auch durch die ihr verordnete Schreibtherapie nicht. Die Schrift ihrer Autobiografie wird vielmehr ersetzt durch die Grabinschrift, wodurch Huber sich als Autorin in gewisser Weise selbst auslösche, so Morriens plausibles Fazit. Weiterführende Entwürfe hinsichtlich ihrer kranken Protagonistinnen sind bei Caroline Auguste Fischer und Ida Hahn-Hahn zu erkennen: Obwohl Hahn-Hahns Protagonistin ganz das Stereotyp ‚Dämon Weib' verkörpert, wird ihr – nachdem die Männer ihr vorausgestorben sind – zugestanden, allein, ohne dem männlichen Blick ausgeliefert zu sein, zu sterben. Caroline Auguste Fischer gelingt eine für die Zeit um 1800 außergewöhnliche Inszenierung: Die Tänzerin Rosamunde in *Margarete* entwickelt eine Gebärdensprache und damit eine Form von kreativer Subjektivität, die literarische Frauenfiguren meist erst zu Beginn des 20. Jahrhunderts entfalten konnten.

Dass gerade die Scham als Indikator für die Existenz eines weiblichen Begehrens, d.h. als Vorwand, den weiblichen Körper zur Schau zu stellen, gelten kann, ist bei näherer Betrachtung der Texte von Sophie la Roche und Johanna Schopenhauer als Spiel weiblicher Triebverdrängung und Sublimierung äußerst aufschlussreich. Doch geht nicht alles glatt über die Körperbühne, denn auch Schriftstellerinnen verstricken sich in Widersprüche. Sophie La Roche propagiert Scham einerseits als ‚natürliche' Anlage, andererseits zeugt ihre ausführliche Reflexion darüber vom Gegenteil. Vollkommen aus dem Rahmen der zeitgenössischen Sittlichkeitsnorm scheint Friedrich Schlegels Weiblichkeitsbild zu fallen, wenn er die ‚schamfreie' Frau propagiert: „Ich bat sehr, du möchtest dich doch einmal der Wut ganz hingeben, und ich flehte dich an, du möchtest unersättlich sein", bedrängt die Künstlerfigur Julius *Lucinde*, die gleichnamige Figur des Romans. Was hier als Rehabilitation der Frau als aktives Geschlechtswesen anklingt, entpuppt sich jedoch als einseitige Funktionalisierung des weiblichen Körpers: Denn der sich in Distanz zur Frau wähnende, voyeuristische Künstler ergötzt sich im Weiteren an der entfesselten Sinnlichkeit seines weiblichen Gegenübers, um daraus erotische Impulse für seine künstlerische Arbeit zu empfangen. Dass die Frauenfigur nicht als Subjekt des eigenen Begehrens gezeigt wird, sondern als Medium fungiert, über das das männliche Subjekt sich in Szene setzt, lässt sich auch im letzten Kapitel „Schönheit" aufzeigen. Bei Novalis erweist sich die schöne Frau als Kommunikationsmedium für zwei männliche Künstler-Figuren. Und auch bei Stifter im *Nachsommer* wird der weiblichen Figur keine Einzigartigkeit und Individualität bescheinigt. Vielmehr zieht sich laut Rita Morrien ein latentes Gewalt- und Konfliktpotential als melancholische Grundstimmung durch den gesamten Roman. Spannend wird es, wenn es der Verfasserin gelingt, ansatzweise Alternativmodelle aufzuzeigen, wie z.B. in Sophie Mereaus Roman, die die Auslöschung einer Männerfigur anphantasiert: Bevor ihre weibliche Hauptfigur stirbt, lässt sie die männliche Figur sozusagen ‚probehalber' in einer Gletscherspalte verschwinden. Diese Episode ist sicher mehr als nur eine Spielerei am Rande. Da die Forschung diese Seitenwege bisher nicht eingeschlagen hat, sind diese Neuentdeckungen umso verdienstvoller.

Was also lässt sich als Leseeindruck festhalten? Erfrischend wirkt der ungezwungene Umgang mit der doch häufig so heiklen Thematik des weiblichen Körpers; thesenfreudig ist die materialreiche Untersuchung, bei der die Verfasserin nicht den roten Faden ihrer Fragestellung aus dem Blick verliert, sondern sich auf die Kategorien der Funktion und Perspektivierung weiblicher Körperlichkeit konzentriert. Das Kapitel über Körpergeschichte und Theorien zur Körperkonzeption ist bei aller Kürze äußerst informativ. Positiv anzurechnen ist der Verfasserin auch, dass sie nicht der Gefahr erliegt, die teilweise in der Forschung gut bearbeitete Primärliteratur mit einem komplizierten Theoriegebäude zu überfrachten und sie dennoch zu ertragreichen innovativen Thesen kommt, wobei diese Thesenfreudigkeit nicht überstrapaziert erscheint. Da der Leserschaft in den vergleichenden Schlusskapiteln noch einmal kurz und bündig die Quintessenz der einzelnen Aspekte vor Augen geführt wird, gewinnt die umfangreiche, aber gut strukturierte Betrachtung nochmals an Deutlichkeit.

Etwas bedauerlich ist, dass die Verfasserin ihren weitreichenden Kenntnissen über die Mystikerinnen nicht ein eigenes Kapitel gewidmet hat; gern würden wir auch noch mehr über das Gegenwartsphänomen des „wohlriechenden Männerkörpers" lesen. Doch natürlich kann eine Habilitation nicht alles leisten, eine Ergänzung über den männlichen Körper, so er denn in der Literatur der Bürgerzeit überhaupt auf der Körperbühne auftritt, steht noch aus, ebenso eine

Geschichte der Haptik, der Taktilität. (Re-)aktivieren Autoren oder Autorinnen die über die Vorherrschaft der Optik verloren gegangenen Sinnlichkeiten, die haptischen Qualitäten und Visionen zur Beschreibung von Körper und körperlichen Befindlichkeiten?

Wenn diese Publikation zum einen weitere Fragen aufwirft, denen es nachzugehen gilt, und zum anderen die Leserschaft dazu anregt, den einen oder anderen Primärtext zu lesen bzw. noch einmal ‚neu' zu lesen, hat sie nicht nur ihren Sinn erfüllt, sondern darüber hinaus einen großen Gewinn erzielt

*Sigrid Schmitz*

## Körper zwischen Natur und Kultur

*Body Project (Hrsg.): KorpoRealitäten. In(ter)ventionen zu einem omnipräsenten Thema, Königstein/Taunus 2002 (Ulrike-Helmer Verlag, 340 S., 29,90 €).*

Aus der Zusammenarbeit einer Gruppe von Teilnehmerinnen des Projektbereichs „Körper" der Internationalen Frauenuniversität (*ifu*) entstand das Bodybook-Kollektiv. Mit ihrem Buch *KorpoRealitäten* ist es den Autorinnen gelungen, einen vielfältigen Einblick in die Facetten der Diskurse um Körper, Körperlichkeit, die eigene Wahrnehmung des Körpers, seine Materialität, Behandlungen, Verhandlungen und Handeln mit und um den Körper im gesellschaftspolitischen Zusammenhang zu geben.

Zwei Dinge sind für mich besonders hervorzuheben. Erstens ist es das explizite Ziel des Buches, zwei Stränge innerhalb der feministischen Analyse in Diskurs zu bringen, den dekonstruktivistischen Ansatz, der Körper und Körperbedeutungen nur als Effekt der politisch-gesellschaftlichen Konstruktionen sieht, mit dem Ansatz, den Körper in seiner Materialität auch als individuelles Handlungssubjekt zu begreifen, der sich Konstruktionen widersetzen kann oder auch nicht, der aber in jedem Fall die Möglichkeit von Redefinitionen in sich birgt (Nora Gersch und Blossom Hart, „Einleitung"). Sind auch diese Ziele nicht in jedem Einzelbeitrag zugleich behandelt, so spiegelt die Zusammenstellung der Texte doch genau diesen Diskursansatz wieder, d. h. Körpermaterialität wird nicht als Essentialismus von vorneherein aus der Diskussion ausgeklammert. Ich halte diesen Ansatz heute für besonders wichtig, um der Renaissance naturalisierter Körper und den erstarkten biologischen Determinierungen ein feministisches Konzept gegenüberzustellen. Zweitens ist es dem Bodybook-Kollektiv gelungen, eine Vielzahl von Stimmen erklingen zu lassen, die in den Geschlechterdiskurs nicht nur die Kategorien Rasse, Klasse und Ethnie zentral einfügen, sondern auch die Auseinandersetzung zwischen Wissenschaft und Kunst, zwischen ‚Expertinnen' und ‚Nicht-Expertinnen' aufzeichnen.

So beginnt das Buch mit zwei Reflexionsbeiträgen zur *ifu*. In ihrer Diskursanalyse von Interviews lässt Blossom Hart („Wie war es, dort gewesen zu sein?") Teilnehmerinnen der *ifu* zu Wort kommen und zeigt auf, wie wichtig und prägend auch die individuelle Geschichte und die eigenen Gefühle der Mitwirkenden für die Diskussion im stark theoretischen Rahmen der *ifu*-Organisation waren. Kritisch hinterfragt sie, wie und ob die Ziele der *ifu* für den Projektbereich „Körper" erreicht wurden. Ebenfalls kritisch hinterfragt Valeria Borbonus („Klangkörper–Antikörper"), ob die von der *ifu* angestrebte Vernetzung von Wissenschaft und Kunst auf gleichwertiger Ebene wirklich gelungen ist. Sie kommt zu dem Ergebnis, dass der ‚Kunst-Golem' zweitrangig als Aushängeschild genutzt wurde und dass die klassische androzentrische Trennung zwischen Wissenschaft als Geist und Kunst als Körper auch hier aufrechterhalten wurde.

Der zweite Block von Beiträgen beschäftigt sich direkt mit dem wechselseitigen Einwirken zwischen institutionellen Strukturen und unserem Agieren bzw. unserer Entwicklung innerhalb dieser Strukturen. Katharina Willems und Kristina Reiss („I never was a proper girl") sowie Anna-Katharina Pelkner („Brave Mädchen und freche Gören") richten den Blick mithilfe von Interviewanalysen auf *doing/undoing gender* durch Körperpraxen in der Schule. Sie entwickeln daraus Gemeinsamkeiten, wie individuelle Körper und Körperwahrnehmungen in unterschiedlichen pädagogischen Institutionen, in unterschiedlichen sozialen und kulturellen Kontexten mit der Entwicklung von Geschlechterstereotypen interagieren. Sie zeigen aber auch, welche eigenen Fassetten Rasse, Klasse und Kultur in diese Prozesse des *Gendering* einbringen.

Die Analyse von Monika Klinkhammer („Der weibliche Körper in der akademischen Arbeit und Welt") fokussiert die wissenschaftliche Institution, deren Strukturen und Symbole von Frauen internalisiert werden. Mir erscheint die Bearbeitung des Essays einer Wissenschaftlerin hinsichtlich dieser Aspekte teilweise etwas überinterpretiert, allerdings zeichnet Monika Klinkhammer an diesem Beispiel ein detailliertes Bild von der Vielfalt und Wirkmächtigkeit struktureller und symbolischer Barrieren der Institution Wissenschaft auf die individuelle Handlungskraft.

Der dritte Abschnitt richtet den Blick noch direkter auf das Zusammenwirken zwischen subjektiven Körperwahrnehmungen und gesellschaftlich-kulturell-sozialen Kontexten. Er bietet nicht nur ein breites Spektrum von Themenschwerpunkten, sondern auch von Analyseansätzen der feministischen Forschung. Ayse Keyce Uskul („Kultur und Menstruationserfahrung") zeigt anhand von Gruppeninterviews mit *ifu*-Teilnehmerinnen die Einbettung individueller Menstruationserfahrungen in ein Netzwerk von kulturellen und religiösen Praktiken auf. Sehr interessant finde ich ihre Herausstellung, dass eine negative Belegung der Menstruation immer noch durch männerdominierte Forschung besteht und gleichzeitig auch in den gesellschaftlichen Praxen wenig positive Rituale zu finden sind. Ebenfalls auf die persönliche Erfahrungsebene fokussieren Babette Müller-Rockstroh und Susanne Gannon („Brust-Geschichten") mit ihrer Methode der Text-Analyse zur kollektiven Erinnerungsarbeit der eigenen Brustentwicklung. Zwischen Einschränkung, Scham und Übergangserfahrungen zum Frau-Werden, zeigen sie Normierungsvorgänge im Spannungsfeld zwischen diskursiv konstruiertem Körper und gelebtem materiellen Körper auf. Ergänzt wird dieses Thema durch das Kunstprojekt der fotografischen Selbstdarstellung von *ifu*-Teilnehmerinnen von Ninette Rothmüller („Breasts – Brüste im Fokus"). Einen weiteren Analyse-Ansatz aus der ethnologischen Perspektive stellt Felicia Heidenreich („Der offene Körper") anhand der Beobachtung von Körperpraxen bei Seereer-Frauen vor. Auch hier wird deutlich, dass Körperwissen nicht abstrakt besteht, sondern in individuellen wie auch gesellschaftlichen Handlungen verankert ist, und dass sich umgekehrt aus den körperbezogenen Praxen auch Rückschlüsse über die gesellschaftliche Rolle der Frau ziehen lassen.

Literaturanalysen bilden schließlich ein weiteres Feld, um Körperbilder zu betrachten. Ulrike Brisson („Fortschreibung von Körpermythen") zeigt an Reiseerzählungen, dass Körperwahrnehmungen des Fremden auch immer Spiegelungen des Eigenen im Fremden sind und dass sich kulturelle Körperideale in diesen Zuordnungen ebenso wiederfinden lassen wie Versuche der Abgrenzung und Veränderungswünsche. Mit dem Begriff des „Zuhause-Dazugehören" beschäftigen sich Michaela Fay („Zwischen dem Fels in der Brandung und einem steinigen Ort") anhand der vergleichenden Literaturanalyse und Lia Nalbantidou („Die sichere Privatsphäre meines Heimes") anhand der eigenen Geschichte.

Wenn auch die beiden letzten Beiträge nicht direkt den Körper zum Fokus haben, so runden sie doch das Bild der vielfältigen Analysen ab. Von persönlicher und subjektiver Handlungserfahrung über die Herausarbeitung von Gemeinsamkeiten und Unterschieden der Frauen, ihrer Körper und ihrer Körperpraxen bis hin zu den gesellschaftlich-kulturellen Prägungen, Konstruktionen und Redefinitionen bietet dieser Abschnitt ein komplexes Muster zum Nachdenken über KorpoRealitäten.

Wenn der vorige Abschnitt die Blicke stärker vom Körper ausgehen ließ, so findet im nächsten Abschnitt eine Blickwende statt, von der politisch-gesellschaftlichen Wirkmacht auf den Körper und auf individuelle Körperpraxen. Mit den zwei Beiträgen von Fataneh Farahani („Verschleierte Sexualität") und von Charlotte Ullrich („A place where feminists ought to draw the line") werden die Themenkomplexe des Schleiertragens und der Genitalverstümmelung einerseits in ihren unterschiedlichen Machtfunktionen über Frauen ausgearbeitet. Es wird aber andererseits auch aufgezeigt, wie in diversifizierten kulturell-sozialen Kontexten unterschiedliche Argumentationen zu diesen Themen beachtet werden müssen.

Rasse und Kultur als zu fordernder integrierter Bestandteil der feministischen Forschung und seine Verwobenheit mit Geschlechteraspekten wird besonders in den beiden Beiträgen von Eve-Marie Oesterlen („Dunkle Enthüllungen") und Anne Schwan („Wenn Feminismus und Differenzpolitik zusammenfallen") deutlich.

Mit dem kontroversen Thema Pornographie beschäftigt sich Antonia Napp („Dilemma Pornographie"). Sie entlarvt den Formbegriff der Kunst und seine Nutzung als Legitimierungsbegriff in seiner historisch-politischen Verankerung. Im angeblich ‚softeren' Bereich der Werbung beschäftigt sich Sabine Kurpiers („Just be") mit der Wirkmacht solcher weiblichen Körperdarstellungen. Ebenfalls über Bilder setzt sich Evi Chamouratidou („Parchu'r") mit dem Thema Vergewaltigung auseinander.

Der letzte Abschnitt des Buches beschäftigt sich mit dem Zusammenhang zwischen Medizin und Körperpraxen. Auch hier wechseln die Blicke vom Individuum auf die gesellschaftlichen Kontexte und wieder zurück. Ivani Bursztyn („Verborgene Abtreibung") stellt im Rahmen einer Analyse zu Abtreibungen in einer Favela Rio de Janeiros heraus, dass der ‚freie Wille' der Frauen, die größtenteils den Entscheidungsprozess tragen, von vielen persönlichen wie auch sozialen Aspekten beeinflusst wird. Dafna Hirsch („We are Here to Bring the West") zeigt am Beispiel der Hygieneerziehung in Palästina 1920-1948 auf, dass medizinhygienische Argumentationen zu Körperpraxen als Mittel der Kulturbildung und Modernisierung genutzt wurden. Sie zieht den Spannungsbogen von der politischen Anweisung der Fürsorgeschwestern als Anleiterinnen und Vorbilder zur Übernahme der Körperpraxen durch ihre Ausübung in ein kollektives Kulturbewusstsein.

Mit dem Themenfeld der künstlichen Befruchtung im feministischen Diskurs beschäftigen sich von ganz unterschiedlichen Perspektiven die Beiträge von Cecilia de Mello e Souza („Feministische Bioethik") und von Tanja Nusser („Der Mythos der jungfräulichen Geburt in den Reproduktionstechnologien"). Der erste Text betrachtet die Donor-Insemination vor dem Spiegel des Nord-Süd-Gefälles und plädiert für eine feministische Bioethik sowie den Einbezug verschiedener Theoriekonzepte mit multikulturellem und sozialen Hintergrund. Der zweite Text deckt den Einfluss des westlich-christlichen Mythos der unbefleckten Empfängnis als Legitimation der Bestimmungsmacht der Ärzte (Götter in Weiß) in der modernen Reproduktionsmedizin auf. Patricia Farrar

(„Mütter ohne Babys") versucht, in Frauenkörpern und Körperpraxen von Frauen, die Kinder zur Adoption freigegeben haben, den Widerstand gegenüber den androzentrisch geformten Weiblichkeitsbildern zu sehen. Hier fehlt mir allerdings die in vielen anderen Beiträgen aufgedeckte Verwobenheit der sehr unterschiedlichen persönlichen Gründe für die Adoptionsentscheidung.

Schließlich gibt Susanne Bauer („Biomedizinische Wissenskörper") am Beispiel der Konzeptentwicklung in der Epidemiologie einen Einblick in die Wissenskonstruktionen, in denen über statistische Daten und kulturelle Praxen, Gene und Umwelt in der neuen gentechnologischen Welle zugunsten der deterministischen Argumentationen objektiviert wird.

Auch wenn ich nicht immer mit allen Argumentationen und Schlussfolgerungen übereinstimme, bietet dieses Buch einen hervorragenden Diskussionseinstieg um gerade diesen unreflektiert naturalisierenden Argumenten zur KorpoRealität mit einem komplexen Netzwerk an materiell körperlichen, kulturellen, gesellschaftlichen und politischen Argumentationen zu begegnen.

*Anne Lehnert*

## Weder Fräulein noch Wunder

*Wiebke Eden: Keine Angst vor großen Gefühlen. Die neuen Schriftstellerinnen, Berlin 2001 (Edition Ebersbach, 144 S., 20,50 €).*

Die Aufregung um das so genannte „Fräuleinwunder" der deutschsprachigen Literatur hat sich wieder etwas gelegt. Dass junge Frauen Bücher schreiben und dafür sowohl von KritikerInnen gelobt werden als auch Publikumserfolge feiern, ist ein wenig selbstverständlicher geworden. Die jungen Schriftstellerinnen ihrerseits treten selbstbewusst auf und sind weit davon entfernt, sich von WerbestrategInnen und FeuilletonistInnen vereinnahmen zu lassen. Sie haben mit der öffentlichen Aufmerksamkeit umzugehen gelernt und ihren Platz im Literaturbetrieb gefunden.

Wiebke Edens Porträtband stellt elf dieser jungen Autorinnen vor. Ihre Porträts stützen sich auf Interviews, bei denen auch die begleitenden Schwarzweißaufnahmen der Schriftstellerinnen entstanden sind. Die Texte schildern die Erfahrungen der jungen Autorinnen mit dem Literaturbetrieb und dem Erfolg sowie ihre Lebens- und Arbeitsweise; sie geben Einblicke in Themen und Stile ihrer Bücher und zitieren exemplarische Passagen. Vor allem aber verfolgt Eden immer auch die Frage, wie Frauen überhaupt dazu kommen, das Schreiben zu ihrem Beruf zu machen, bzw. die allgemeinere Frage nach dem Ursprung des Dranges, schreiben zu wollen.

So unterschiedlich wie ihre Bücher sind auch die Antworten der Schriftstellerinnen auf die Frage nach ihrer Motivation und dem Anfang ihres Schreibens. Die einzige, die das Schreiben voller Entschiedenheit als Beruf wählte und sich nach dem Abitur konsequent darauf konzentrierte, ist Zoë Jenny. Zwar gab auch Grit Poppe bereits mit zwölf Jahren Schriftstellerin als Berufswunsch an, doch arbeitete sie zunächst als Sekretärin, studierte nebenher Literatur und schrieb nach dem Examen zunächst einmal Szenarien für FilmstudentInnen. Auch die anderen Frauen fanden weniger geradlinig zum Beruf der Schriftstellerin. Das Schreiben selbst allerdings begleitete sie meist schon seit ihrer Kindheit. Für Jenny Erpenbeck als Tochter eines Schriftstellers und einer Übersetzerin war Schreiben immer etwas Selbstverständliches. Schon als Kind wurde sie zum Tagebuchführen angehalten, weswegen sie sich später eher abgrenzte und als künstlerische Ausdrucksform zunächst das Zeichnen, dann die Musiktheaterregie wählte. Auch heute, nach dem Erfolg ihres Romans *Geschichte vom alten Kind* und ihrer Erzählungen, sieht sie sich nicht ausschließlich als Schriftstellerin, sondern inszeniert weiterhin Opern.

Julia Franck schrieb ebenfalls schon als Kind Tagebuch. Als sie in die Bundesrepublik übersiedelte und sich im Übergangslager fremd fühlte, war das Schreiben ihre Heimat. Als Berufswunsch hatte es dagegen keine Chance, weil sie wusste, wie schwierig es sein würde, damit genug Geld zu verdienen. Erst der Erfolg ihrer Romane *Der neue Koch* und vor allem *Liebediener* erlaubte ihr, sich fortan völlig dem Schreiben zu widmen.

Judith Herrmann wiederum fand erst spät zum Schreiben. Erst studierte sie Germanistik und Philosophie, dann Klavier, tourte später mit der Band „Poems for Laila“ durch Deutschland und bewarb sich schließlich an der Berliner Journalistenschule. Nach ihrem schlechten Abschluss stürzte sie in eine Krise – und fand mit dem literarischen Schreiben endlich zu ihrer Ausdrucksform.

Gemeinsam ist den jungen Autorinnen die Reserviertheit gegenüber dem medialen Getöse, insbesondere gegenüber dem von Volker Hage 1999 geprägten Etikett „Fräuleinwunder“: Vernichtend sei es, weil es Frauen nicht ernst nehme, stellt Birgit Vanderbeke fest und beschreibt sarkastisch die völlig auf Männer zugeschnittene Autorenförderung. Ein Rückschlag in der Wahrnehmung der Literatur von Frauen, meint Julia Franck: jungfräulich, unbefleckt, debütantisch klinge es. Auch Grit Poppe findet es einen „blöden Begriff“: „Da denkt man ja an halbwüchsige Kinder.“ Allein Tanja Langer ist Volker Hage dankbar für seinen viel geschmähten Spiegel-Artikel über das literarische Fräuleinwunder. Der Artikel habe einen Schneeballeffekt gehabt.

Die gesteigerte Aufmerksamkeit für literarische Werke von Frauen betrachten alle als positiv. Die Euphorie der Medien lässt die jungen Frauen jedoch nicht übermütig werden. Sie kokettieren nicht mit dem Erfolg wie etwa die Popliteratenriege um Benjamin von Stuckrad-Barre. Es ist nicht so, dass der schnelle Ruhm ihnen Angst machte oder sie ihn gar als unverdient empfänden Vielmehr ist ihnen bewusst, wie trügerisch es ist, sich auf die momentane Beliebtheit bei den KritikerInnen zu verlassen.

Wichtig auf dem Weg zur selbstbewussten Schriftstellerin, die auch von ihrer Arbeit leben kann, waren dagegen für alle das Selbstbewusstsein, die Förderung und der Austausch mit KollegInnen, der durch Preise und Förderstipendien ermöglicht wurde. Seien das nun Preise bei den renommierten Klagenfurter Tagen der deutschsprachigen Literatur, wie sie Zoë Jenny, Julia Franck, Felicitas Hoppe und zuletzt Jenny Erpenbeck erhielten. Doch auch weniger bekannte Preise haben ihre Wirkung: Der erste Preis beim Kurzgeschichten-Wettbewerb der Literaturwerkstatt Berlin motivierte Julia Franck, ihre Geschichten an Verlage zu schicken. Preise bei *‚Schüler schreiben'* und anderen Jugend-Wettbewerben brachten Maike Wetzel mit schreibenden Menschen in Kontakt. Während eines Schreibstipendiums im eisigen Wewelsfleth an der Elbe schrieb Judith Herrmann die Erzählungen ihres Bandes *Sommerhaus, später*, ein Werkstattstipendium in Berlin ermöglichte ihr, die Texte mit Hilfe der Autorin Katja Lange-Müller zu überarbeiten und auf Vermittlung von Monika Maron zu veröffentlichen. Preise und Geld erlaubten es Felicitas Hoppe, mit dem Schiff um die Welt zu fahren und dabei Erfahrungen für das nächste Buch zu sammeln.

Die jungen Autorinnen haben den ersten Schritt hinter sich gelassen. Sie haben weitere Werke veröffentlicht und ihren eigenen Schreib- und Arbeitsstil gefunden. Wichtig sind ihnen Unabhängigkeit und freie Zeiteinteilung, ohne die der kreative Prozess sich schwer entfalten kann. Gleichzeitig arbeiten alle hart und diszipliniert, sei das nun während eines konzentrierten Schreibmonats pro Jahr, in dem Birgit Vanderbeke zu Papier bringt, was sich in der übrigen Zeit vorbereitet hat, sei es in den Stunden, die Tanja Langer morgens und abends der Kinderbetreuung abringt, oder in den einsamen Stunden am Computer, die Maike Wetzel als Ausgleich zur kommunikationsintensiven Filmarbeit in ihrem Studium schätzt.

Auffällig ist, dass das Schreiben zwar oft als unbestrittener Mittelpunkt oder unabdingbare Notwendigkeit gesehen wird, sich aber gut mit anderen Tätigkeiten verträgt: Stefanie Kremser kam über ein Filmprojekt zu ihrem Roman. Neben der Arbeit am zweiten Roman macht sie auch weiterhin Dokumentarfilme und schreibt Drehbücher für Fernsehfilme. Tanja Langer half das Schreiben fürs Theater, ohne Scheu mit ihren Texten an die Öffentlichkeit zu treten; die Auseinandersetzung mit zeitgenössischer Literatur durch die Arbeit als Rezensentin nahm ihr die Angst vorm literarischen Schreiben: „Es ist nicht die Literatur von Rilke oder Proust, sie ist aber trotzdem lesenswert und wichtig."

Wiebke Eden vermag es, mit ihren Porträts treffsicher die Persönlichkeiten der Schriftstellerinnen einzufangen. Zwar versteigt sie sich zuweilen zu allzu blumigen Beschreibungen und Bildern – einer Journalistenpoesie, die in Nachbarschaft zu den pointierten, schnörkellosen Texten der Schriftstellerinnen unangebracht wirkt. Insgesamt aber gelingen ihr stimmige, flüssig zu lesende Berichte über den Alltag der jüngsten Schriftstellerinnengeneration. Das Kapital des Bandes sind die faszinierenden Frauen und das Vermögen der Autorin, sie über ihre Motivation und Wünsche zum Sprechen zu bringen. Die Porträts begeistern durch die starken, eigensinnigen, intelligenten, humorvollen, ehrgeizigen Frauen. Zudem machen sie neugierig auf die Werke der jungen Schriftstellerinnen.

Ermutigend ist, dass es heute für junge Autorinnen möglich ist, vom Schreiben zu leben – und wie selbstbewusst und selbstverständlich sie das für sich reklamieren. Zoë Jenny zum Beispiel empfindet sich nicht als privilegiert, sondern konstatiert lapidar: Andere bekämen doch auch Geld für ihre Arbeit.

*Anne Lehnert*

## Nach dem Krieg ist vor dem Krieg – Politkrimi und Bosnienreportagen von Juli Zeh

*Juli Zeh: Adler und Engel, Frankfurt/M. 2001 (Schöffling & Co., 448 S., 23,50 €); dies.: Die Stille ist ein Geräusch. Eine Fahrt durch Bosnien, Frankfurt/M. 2002 (Schöffling & Co., 264 S., 18,50 €).*

Clara kommt ungebeten zu Max nach Hause. Er hat zuvor in ihrer Radiosendung angerufen und vom Suizid seiner Freundin Jessie erzählt. Die Radiomoderatorin ist auch Psychologiestudentin; sie will die ganze Geschichte hören und lässt nicht locker. – Diese Konstellation, mit der Juli Zehs Debütroman *Adler und Engel* beginnt, bleibt über das ganze Buch erhalten: Die Unerbittlichkeit, mit der Clara das Untersuchungsmaterial für ihre Diplomarbeit einfordert sowie der zunächst widerstrebende und stockende, dann fast zwanghafte Bericht des Ich-Erzählers Max, der währenddessen aufgrund seines Kokainkonsums zusehends zugrunde geht.

Die Geschichte von Max und Jessie begann während ihrer Schulzeit im Eliteinternat. Damals beneidete Max den attraktiven Shershah um seine Beziehung zur übermütigen Jessie. Zu einer Schicksalsgemeinschaft wurden die drei durch die Schmuggelgeschäfte, die sie für Jessies Vater Herbert erledigten.

Während Max Clara seine Geschichte erzählt, machen sie sich von Leipzig aus auf den Weg nach Wien, um die Umstände zu erkunden, die erst zu Shershahs und dann zu Jessies Tod führten. Max muss erkennen, dass er seine

Karriere als Osteuropaexperte in einer renommierten Anwaltskanzlei Herbert verdankt und so, nicht anders als Jessie und Shershah, weiterhin dessen Interessen diente.

Der Reiz des Romans liegt teilweise in seiner kriminalistischen Struktur. Trotz aller überraschenden Wendungen sind die Enthüllungen über den Zusammenhang zwischen UNO-Politik, Korruption und Verbrechen allerdings recht simpel. Der Plot erscheint etwas konstruiert, vor allem aber ist das Ganze ausgesprochen langatmig. Quälend lange dauert es, bis sich die Geschichte rundet. Quälend detailliert werden Max' Dahinvegetieren, die Hitze und die Zermürbung geschildert. Nicht immer gelungen sind auch die poetischen Beschreibungen. Insbesondere die Mondmetapher wird als Stimmungsvermittler sehr strapaziert. Was das Erzählen von Juli Zeh aber ausmacht, ist die präzise Beschreibung der Beziehung zwischen Clara und Max. Zuweilen scheint es, als könne Zuneigung oder Freundschaft entstehen, die scheinbare Annäherung entpuppt sich jedoch Mal für Mal als kühle Berechnung. Gerade in den Dialogen bedient sich Juli Zeh einer lapidaren und drastischen Jugendsprache. Ihr Umgang damit ist aber so souverän, dass diese weder übertrieben noch anbiedernd wirkt. Das Verdienst des Romans liegt in der schonungslosen Darstellung der existenziellen Einsamkeit und zugleich der tiefen Sehnsüchte seiner Figuren.

Auch *Die Stille ist ein Geräusch* erzählt von einer Reise nach Osten, vom Balkankrieg und von der UNO-Politik. Juli Zehs Reisebericht ihrer Fahrt durch Bosnien lässt allerdings die Widersprüche stehen. Ihrem Hund gegenüber rechtfertigt die Autorin ihre Reiseabsicht:

> „Ich will sehen, ob Bosnien-Herzegowina ein Ort ist, an den man fahren kann, oder ob er zusammen mit der Kriegsberichterstattung vom Erdboden verschwunden ist." (S.11)

Am Ende konstatiert sie dann:

> „Ich fühle mich, als wäre das Land durch mich gereist und kehrte nach Hause zurück, während ich übrigbleibe, mit hängenden Armen. Bereist.
> Keine meiner Fragen habe ich beantwortet. Wo wachsen die Melonen? Weiß ich nicht. Warum gibt es keinen McDonald's? Warum war Krieg und gegen wen, und wie heißt die Farbe der Neretva?" (S. 263)

Dazwischen erzählt Zeh unterhaltsam und klug von ihren Erlebnissen: Von den allgemeinen Tücken einer Auslandsreise, Kommunikationsproblemen zum Beispiel, die sie durch die Erfindung von „Endepol", einer Mischung aus Englisch, Deutsch und Polnisch, löst. Von Begegnungen mit anderen Ausländern, Journalisten, SFOR-Soldaten und internationalen Beobachtern, die auch keine Ahnung von diesem Krieg haben, sowie mit Einheimischen, Menschen, die nach dem Krieg nicht mehr dieselben sind wie vorher und den Krieg der Fremden doch nicht erklären können. Vom widersprüchlichen und vielschichtigen Eindruck, den dieses Land und seine Städte vermitteln.

Sarajevo präsentiert sich als Grenze zwischen Morgen- und Abendland, als „Setzkasten europäischer Erinnerungsstücke“: Rom, christliches Mittelalter, jüdische Diaspora, türkische Besetzung, Österreich-Ungarn, Faschismus, Kommunismus, Kapitalismus und *American Dream*, Bürgerkrieg und europäische Integration – jede Epoche hat ihre Spuren hinterlassen.

Juli Zeh entwickelt daraus die Idee zu einer Art Blindekuhspiel: Sie will fünf Menschen mit verbundenen Augen an verschiedene Stellen in Sarajevo bringen, dann die Binde abnehmen und sie raten lassen, wo sie sind. Wer im Basar ausgesetzt wird, wird sich im Orient wähnen, in Istanbul zum Beispiel. Die Fußgängerzone gleicht der in einer modernen europäischen Großstadt, Wien etwa oder Budapest. Die stalinistische Architektur beschwört das Bild von Warschau, das Bergidyll könnte sich in der Sächsischen Schweiz befinden. Erst der fünfte Ort aber vervollständigt das Bild von Sarajevo: Das zerschossene Zeitungsgebäude zeugt von dem Schrecken, der sich hier in der jüngsten Vergangenheit abgespielt hat.

Trotz der erschreckenden und absurden Erfahrungen gelingt es Juli Zeh, auch dem Bedrückenden seine komische, wenn nicht gar heitere, Seite abzugewinnen. Dieser unverstellte Blick auf ganz konkrete Erlebnisse gefällt mir persönlich besser als die konstruierte Romanhandlung.

*Gertraud Lenz*

## Über die Gesamtausgabe der Schriften der Philosophin, Frauenrechtlerin, Jüdin und Ordensfrau Edith Stein

*Edith Stein Gesamtausgabe (ESGA). Herausgegeben im Auftrag des Internationalen Edith Stein Instituts Würzburg, Freiburg, Basel, Wien (Herder Verlag, 24 Bde, Bände sind einzeln beziehbar).*

*Hier besonders berücksichtigt: Edith Stein: Die Frau. Fragestellungen und Reflexionen, ESGA Bd.13, Freiburg 2000 (Herder Verlag, 256 S., 33,00 €).*

Das thematisch weitgesteckte Feld der philosophischen, anthropologischen, pädagogischen und theologischen Untersuchungen, Vorlesungen und Vorträge Edith Steins in einer Gesamtausgabe vollständig der Öffentlichkeit zugänglich zu machen, hat das Internationale Edith Stein Institut Würzburg in einem vierundzwanzig-bändigen Editionsvorhaben seit dem Jahre 2000 begonnen. Die Bände, aufgeteilt in fünf Gruppen, enthalten zuvorderst biographische Schriften, die aus autobiographischen Beiträgen und Briefen als „Selbstbildnissen" bestehen. Es folgt die umfangreichste Gruppe der philosophischen Schriften, die die Schülerin und Assistentin Edmund Husserls als Phänomenologin verfasst hat. Zu den philosophischen Schriften zählen unter anderen ihre Dissertation *Zum Problem der Einfühlung* (1917), *Potenz und Akt* sowie *Endliches und ewiges Sein*. Die Schriften zu Anthropologie und Pädagogik enthalten neben der Studie zum *Aufbau der menschlichen Person* – ein Thema, das Edith Stein Zeit ihres Lebens besonders interessierte – Vorlesungen zur theologischen Anthropologie und Vorträge zu den Themen Bildung und Individualität. Zu dieser dritten Gruppe zählt auch der Band mit dem Titel *Die Frau*, auf den ich später näher eingehen werde. Geistliche Texte, eine Studie zu Johannes vom Kreuz und phänomenologische *Wege der Gotteserkenntnis* sind zusammengefasst im Block der Schriften über Mystik und Spiritualität. Die letzte Gruppe umfasst sowohl die Übersetzung des Werkes *De Veritate* von Thomas von Aquin als auch Übersetzungen etlicher Texte des englischen Kardinals John Henry Newman, mit dessen Leben und Werk Edith Stein sich in den 20er Jahren, in die auch ihre Konvertierung zum katholischen Glauben fällt, intensiv beschäftigte.

Die Gesamtausgabe zeichnet sich durch eine Vielzahl kenntnisreich recherchierter und detailliert dargebotener Angaben aus, deren Anordnung der besonderen Erwähnung wert ist, weil jedem Vortrag und Artikel ein Abschnitt vorausgeschickt wird, der, als „Situierung" bezeichnet, ausführliche Informationen zu zeitlichen und kontextbezogenen Gegebenheiten der Entstehung des jeweiligen Vortrages, zu Textnachweisen und zur Edition enthält. Diese ‚Situierungen' am Anfang der Texte erscheinen mir als sehr hilfreich, um die Situationen beim Lesen mitbedenken zu können, für die sie geschrieben worden sind.

Seit wenigen Jahren werden die aus verschiedenen Orten zusammengeführten Archivbestände des Nachlasses Edith Steins in Köln gemeinsam aufbewahrt. Dadurch ist es erstmals möglich geworden, das Notizenkonvolut und die Exzerpte, die Edith Stein erstellt hat, im Gesamten zu untersuchen. Einen großen Zugewinn stellen diese neuen Möglichkeiten der Einsichtnahme und Forschung für die Gesamtausgabe dar, deren Einleitungen der jeweiligen Bände und deren zahlreiche Hinweise in den fortlaufenden Fußnoten interessante und weiterführende Informationen enthalten. So wurden die Texte gegenüber der Werkausgabe neu bearbeitet und erstmals mit Anmerkungen versehen. Die Folge der Texte in den vorliegenden Aufsatzbänden wurde thematisch überarbeitet, teilweise Texte neu aufgenommen und die Reihenfolge innerhalb der Themenschwerpunkte chronologisch aufgebaut. Der Überblick über die thematischen und zeitlichen Zusammenhänge wird so in einer Interesse weckenden Weise erleichtert.

Als erster erschien im Jahr 2000 der Band mit dem Titel *Die Frau. Fragestellungen und Reflexionen.* Sophie Binggeli schreibt in der Einleitung dieses Bandes:

> „Es hat geradezu prophetische Bedeutung, daß die Gesamtausgabe der Werke Edith Steins an der Schwelle zum 3. Jahrtausend mit einem Band über die Frau eröffnet wird. [...] Ähnlich wie Frauen heute um die Jahrtausendwende um Fragen des Frauseins ringen, so war auch Edith Stein zu Anfang des 20. Jahrhunderts in Deutschland mit ihrem Leben und Werk um die Würde der Frau auf politischem, gesellschaftlichem und kirchlichem Gebiet bemüht."[1]

Edith Stein wird von Binggeli als selbstbewusste Studentin beschrieben, die sich leidenschaftlich für die Frauenfrage einsetzte. Sie schlug die Universitätslaufbahn ein und erhielt darin Anerkennung. Dennoch stieß sie „auf die prinzipielle Unmöglichkeit für eine Frau, eine Stellung unter den „Alten Herren" durch eine Habilitation zu erhalten."[2] Später arbeitete Edith Stein als Lehrerin und wurde während dieser Zeit von verschiedenen katholischen Frauenbewegungen und Akademikerverbänden als Referentin eingeladen. In diesem Zusammenhang setzte sie sich von 1928-1932 mit der Thematik ‚Frau' auseinander. Die daraus entstandenen Vorträge und Vorlesungen zu Themen wie Reflexionen über den Eigenwert der Frau, Abgrenzung von Frauen- und Männerberufen, Frauenbildung, die Bestimmung der Frau, Probleme der Mädchenbildung, darunter auch der wohl bekannteste Vortrag „Das Ethos der Frauenberufe", finden sich gesammelt in diesem Band 13 der Gesamtausgabe.

Im zuletzt genannten Vortrag setzt sich Edith Stein mit Fragen der Beschaffenheit von Frauenberufen und den verschiedenen Wesensarten von Frauen und Männern auseinander. Sprachlich und argumentativ wirken verschiedene Passagen für heutige, nicht mit der Diktion der katholischen Glaubenslehre vertraute LeserInnen befremdlich oder antiquiert. Es erweist sich jedoch als lohnenswert, sich durch die Befremdungen hindurch zu lesen, sie in ihrem historischen Kontext aufzufassen und dadurch zu den für die aktuelle *Gender*-Debatte sehr interessanten, teilweise subversiven Positionen und Fragestellungen Edith Steins zu gelangen. So betont sie die Differenz zwischen männlicher und weiblicher ‚Eigenart', zwischen weiblichem und männlichem ‚Ethos'. Zugleich differenziert sie zwischen geschlechtlicher Eigenart und individuellen Begabungen und Neigungen:

> „Keine Frau ist ja *nur* ‚Frau', jede hat ihre individuelle Eigenart und Anlage so gut wie jeder Mann und in dieser Anlage die Befähigung zu dieser oder jener Berufstätigkeit, künstlerischer, wissenschaftlicher, technischer Art u.s.w."[3]

Eine Feststellung expliziter Frauen- und Männerberufe oder eine Festlegung auf die reine Hausarbeit kommt für Edith Stein damit nicht in Frage. Vielmehr plädiert sie für die prinzipielle Offenheit aller Berufe und erachtet die Entfaltung des weiblichen Ethos als maßgeblich für die gelungene Berufstätigkeit von Frauen. Zwar sieht sie das weibliche Ethos in dem sozial-kommunikativen, dem Konkreten und Lebendig-Persönlichen zugewandten und so helfenden und dienenden Charakter, doch zieht sie daraus für die damalige Zeit widerständige Schlussfolgerungen: Wissenschaftliche, politische und wirtschaftliche Tätigkeitsfelder sind für Frauen nicht weniger geeignet als soziale Berufe. Resümierend stellt sie fest: „[E]in echter Frauenberuf ist jeder Beruf, in dem die weibliche Seele zu ihrem Recht kommt und der durch die weibliche Seele geformt werden kann.“[4]

Die weitläufigen Gedanken Edith Steins können, gerade auch auf der Grundlage der vielfältigen neuen Angaben in der Edith Stein Gesamtausgabe, reichlich Anregungen und Diskussionsstoff bieten, nicht zuletzt für den Bereich der *Gender*-Forschung.

## Anmerkungen

1 Sophie Binggeli in: *Die Frau. Fragestellungen und Reflexionen*, Edith Stein Gesamtausgabe, Band 13, Freiburg 2000, S. IX.
2 Ebd., S. IX.
3 Ebd., S. 22.
4 Ebd., S. 29.

# *Gender Studies* in Freiburg

Marion Mangelsdorf

# Bewährungsproben – Überlegungen zur Institutionalisierung von Geschlechterforschung/*Gender Studies*

*POWER*

*Living in the earth-deposits of our history*

*Today a backhoe divulged out of a crumbling flank of earth*
*one bottle amber perfect a hundred-year-old*
*cure for fever or melancholy a tonic*
*for living on this earth in the winters of this climate*

*Today I was reading about Marie Curie:*
*she must have known she suffered from radiation sickness*
*her body bombarded for years by the element*
*she had purified*
*It seems she denied to the end*
*the source of the cataracts on her eyes*
*the cracked and suppurating skin of her finger-ends*
*till she could no longer hold a test-tube or a pencil*

*She died a famous woman denying*
*her wounds*
*denying*
*her wounds came from the same source as her power*

Adrienne Rich, 1974[1]

## 1. Widerstreitende Ansprüche

Die Institutionalisierung von Geschlechterforschung/*Gender Studies* an (deutschen) Universitäten ist heikel.[2] Heikel deswegen, weil diesen Prozess Ansprüche konfliktreich begleiten, die prinzipiell miteinander in Widerstreit stehen: Dem eigenen Anspruch nach sind *Gender Studies interdisziplinär* und *wissenschaftskritisch* – die Institutionalisierung verlangt aber eine Verortung im etablierten Fächer- und Wissenschaftskanon. Wie soll dies möglich sein, ohne hinter die eigenen, kritischen Ansprüche zurückzufallen?

Mit theoretischen Überlegungen der *Gender Studies* ist nicht selten ein politischer Wille verknüpft, Ausgrenzungs- und Ausschluss-Strategien, die den Geschlechterdiskurs bislang prägten, zu re- und dekonstruieren. Kann diesem Willen durch die Institutionalisierung entsprochen und eine geschlechterdemokratische Reform der Universitäten und davon ausgehend gesamtgesellschaftlicher Strukturen in Gang gebracht werden?

Mit dem Eingangszitat der jüdischen Feministin Adrienne Rich sei auf eine Dialektik hingewiesen, die sich auf die Institutionalisierung von *Gender Studies* übertragen lässt: Die Macht, an der nun diejenigen partizipieren, die zuvor vom wissenschaftlichen Kanon und gesellschaftlichen *mainstream* ausgeschlossen waren, entstammt denselben Strukturen, die deren Marginalisierung manifestierte.

Diese Zusammenhänge können verleugnet oder verdrängt werden (Adrienne Rich weist in ihrem Gedicht darauf hin). Dadurch treten die Dimensionen des Ausschlusses und der Ausgrenzung nicht ins Bewusstsein, die sich im Geschlechterdiskurs verfestigt haben und sich unaufgearbeitet in neuer Ausprägung reformulieren. *Praxisreflexion* und *Selbstkritik* sind wichtige Voraussetzungen, sich diese listigen Schlichen der Macht nicht nur nutzbar zu machen, sondern sie auch zu durchbrechen. Die Institutionalisierung von *Gender Studies* kann dafür die Basis schaffen. Auf diese Weise können sich *Gender Studies* im Spannungsfeld von *Integration* und *Eigenständigkeit* ausdifferenzieren.[3] Wie sich *Gender Studies* an der Albert-Ludwigs-Universität Freiburg innerhalb der letzten Jahre entwickelt haben, kann im Folgenden an verschiedenen Phasen veranschaulicht werden:

## 2. Phasen des Institutionalisierungsprozesses von *Gender Studies* an der Universität Freiburg

### 2.1. Die informelle Phase (1984-1998)

Bemühungen, die Frauen- und Geschlechterforschung im etablierten Wissenschafts- und Fächerkanon der Universität Freiburg zu integrieren, gehen bis in die 70er Jahre des 20. Jahrhunderts zurück. Durch die 1984 gegründete interdisziplinäre Dozentinnengruppe mit Frau Prof. Gisela Schoenthal (Germanistik) als treibender Kraft kann jedoch davon gesprochen werden, dass das Ziel der *Institutionalisierung* erstmals konsequent auf professoraler Ebene verfolgt wurde. Entscheidende Impulse für die Einrichtung einer Koordinierungsstelle *Gender Studies* gingen im Weiteren von Frau Prof. Irmgard Röbling (Germanistik), Frau Prof. Ute Guzzoni (Philosophie) und Frau Prof. Elisabeth Cheauré (Slavistik) aus.

Zudem fand 1994 durch studentische Initiativen die erste Vortragsreihe der *Freiburger FrauenForschung* statt und im selben Jahr wurde die Redaktion der Zeitschrift *Freiburger FrauenStudien* gegründet, so dass 1995 die erste Ausgabe *Frauen und Wahnsinn* erscheinen konnte. 1997 wurde schließlich eine Ausgabe der Zeitschrift veröffentlicht, die vorwiegend auf Beiträge der Vortragsreihe zurückging. Auf diese Weise wurden Vortragsreihe und Zeitschrift aneinander gekoppelt, was sich hervorragend eignet, um die interdisziplinäre Frauen- und Geschlechterforschung im Veranstaltungskanon der Universität zu verankern und über die universitären Grenzen hinaus öffentlich wirksam zu machen. Durch die Verleihung des ersten mit 10.000 DM dotierten Frauenförderpreises der Universität Freiburg 1998 fanden diese Bemühungen eine entsprechende Anerkennung. Den Preis nahm unter anderem Meike Penkwitt entgegen, die auch heute noch die Veranstaltungs- und Schriftenreihe koordiniert.[4]

### 2.2. Planungsphase (1998-2000)

1998 war auch das Jahr, in dem die Gründung einer Koordinierungsstelle *Gender Studies* breite Unterstützung fand. Als die Politologin Dr. Beate Rosenzweig und ich gemeinsam im Rahmen des Studierendenstreiks (Wintersemester 1997) eine Diskussionsveranstaltung unter dem Titel „Strategien zur Einrichtung von Geschlechterstudien“ initiierten, nahmen Studierende, Dekane, Frauenbeauftragte mehrerer Fakultäten und Frau Prof. Elisabeth Cheauré als damalige Frauenbeauftragte der Universität teil. Frau Cheaurés Anregung wenige Wochen später, die Koordinierungsstelle aufzubauen, wurde von dem Rektor der Universität, Herrn Prof. Wolfgang Jäger, damals großzügig finanziell unterstützt.

Eine universitätsweite Erhebung zu Aktivitäten im Bereich der Frauen- und Geschlechterforschung bestätigte erste Vermutungen: Ein breites Angebot und Interesse schlummerte in einem Nischendasein vor sich hin. In einer Veranstaltung mit Studierenden und Dozierenden im Rahmen der Frauen-Info-Woche 1999, bei der Frau Katrin Schäfgen, die damalige Koordinatorin des Institutionalisierungsprozesses an der *Humboldt Universität zu Berlin*, von ihren Erfahrungen und Plänen sprach, wurde durch die äußerst rege Beteiligung der Anwesenden deutlich: Der alte Wunsch, diese Lehr- und Forschungsrichtung mit aller Selbstverständlichkeit in den bestehenden Fächer- und Wissenschaftskanon zu integrieren, war nur unbefriedigend gelungen. Viele Studierende beklagten, dass ihr Interesse an *Gender*-Themen dazu führte, dass sie ein Quasi-Zweitstudium aufbauen müssten. Neben ihrem regulären Studium könne die ‚*Gender*-Kür' nur so nebenher laufen, selten mit der Aussicht, Prüfungen oder Abschlussarbeiten daran auszurichten. Im Gegenzug berichteten Dozierende, dass sie um die Anerkennung ihres *Gender*-Lehr- und Prüfungsangebots innerhalb der Fakultäten kämpfen müssten. Durch eine curriculare Verankerung – so war die einhellige Meinung – könnte diesen Missständen Abhilfe geleistet werden.

In dieser ersten Phase der Planung stand die Auseinandersetzung mit Modellen zur Etablierung von *Gender Studies* im Mittelpunkt. Zu diesem Zweck fanden durch Tagungsbesuche, Vortragstätigkeiten und Gespräche in kleineren Kreisen ein bundesweiter Austausch und die Vernetzung mit anderen Organisatorinnen statt. Um die Infrastruktur an der Universität Freiburg einschätzen zu können, war zudem die schon genannte universitätsweite Erhebung zu Aktivitäten im Bereich der Frauen- und Geschlechterforschung zentral. Auf dieser Grundlage konnten eine Liste aller an *Gender Studies* Interessierten erstellt und eine Arbeitsgruppe konsolidiert werden. Mit dieser Arbeitsgruppe wurde ein Drei-Schritte-Plan erstellt: 1. Aufbau eines Zentrums, 2. Einrichtung eines grundständigen Studiengangs und 3. Einrichtung eines Master- oder Aufbaustudiengangs.

Ebenso wichtig wie die Treffen der Arbeitsgruppe waren sogenannte Kolloquien für Studierende, Magister-AbsolventInnen, DoktorandInnen und HabilitandInnen. Hier fand ein reger Austausch statt, der oft über den universitären Rahmen hinauswuchs. Dies geschah vor allem dadurch, dass sich daran auch Studierende und Dozierende der Pädagogischen und Evangelischen Fachhochschule beteiligten.

Um eine breite Öffentlichkeit über die *Gender-Studies*-Aktivitäten zu informieren, wurden von Beginn an Jahresberichte verfasst. – Diese „Bilanzierungen" können in den *Freiburger FrauenStudien* seit 1999 und auf der Website des *Zentrums für Anthropologie und Gender Studies* (ZAG) – www.zag.uni-freiburg.de – nachgelesen werden.

### 2.3. Phase der Etablierung (2000-2002)

Auf der Grundlage eines Grundsatzpapieres wurden die ersten Diskussionen in der Arbeitsgruppe *Gender Studies* geführt. Im Vordergrund standen die Vorbereitungen zur Gründung eines Zentrums und die Konzeption des Studiengangs Magister-Nebenfach. Nach einer zweijährigen Anlaufphase wurden folgende Schritte eingeleitet:

- Dezember 1999: Gründung des ZAG
- Oktober 2000: Besetzung der C3-Professur für *Soziologie und Empirische Geschlechterforschung* mit Frau Prof. Nina Degele (seit Dezember 2000 Vorstand des ZAG)
- November 2000: Feierliche Eröffnung des ZAG mit Eröffnungssymposium „Dialoge und Kontroversen – *Anthropologie* und *Gender Studies*"
- April 2001: Offizieller Start des Studiengangs Magister-Nebenfach
- November 2001: 2. Jahrestagung zum Thema *„Kommerz, Konsum, Konkurs* – Die Crux mit dem Körper"
- April 2002: Besetzung der C3-Professur mit Teildenomination *Gender Studies* in der *Biologischen Anthropologie* mit Frau Prof. Ursula Wittwer-Backofen

Die Auseinandersetzungen rund um die Zentrumsgründung wurden sehr kontrovers diskutiert. Die Frage, ob das Zentrum ein gemeinsames Dach für *Anthropologie* und *Gender Studies* darstellen sollte, spaltete die Arbeitsgruppe. Es wurde Skepsis geäußert, ob die *Anthropologie* mit den dekonstruktivistischen Positionen der *Gender Studies* vereinbar sei. Auf diese Kontroversen sollte an anderer Stelle einmal ausführlicher eingegangen werden – einige grundsätzliche Überlegungen zum Verhältnis von *Anthropologie* und *Gender Studies* finden sich bereits im Jahresbericht 1999 *Zur Gründung des Zentrums für Anthropologie und Gender Studies* in den *Freiburger FrauenStudien.*[5] An dieser Stelle sei jedoch in Kürze auf einige Ausführungen von Rebekka Habermas hingewiesen, mit denen der Streit wenigstens ansatzweise kommentiert werden kann: Habermas geht in ihrem Aufsatz „Geschlechtergeschichte und ‚anthropology of gender'" auf das in neuerer Zeit wechselseitig wohlwollend beäugte Verhältnis von Kultur- bzw. Sozialanthropologie und Geschichtswissenschaft sowie deren Impulse für die Entwicklungen in der Geschlechtergeschichte und der *anthropology of gender* ein. Dabei macht sie deutlich, dass

> „[...] die historische Anthropologie davon [ausgeht], dass gesellschaftliche Prozesse als Wechselspiel zwischen Strukturen einerseits und Wahrnehmungen, Interpretationen und Handlungen andererseits verstanden werden müssen [...]. Damit erscheinen die Menschen nicht länger als Opfer letztlich alles determinierender Strukturen, sondern als Agierende und Reagierende, die durch ihre jeweils historisch spezifische Wahrnehmung und Interpretation der sozialen und politischen Realität diese mitgestalten und nicht selten verändern."[6]

Auf der Grundlage eines solchen dynamischen Kulturbegriffs der historischen Anthropologie konnten auch – wie Habermas detailliert zeigt – die Transformationen der Frauen- zur Geschlechtergeschichte und der *anthropology of women* zur *anthropology of gender* vorangetrieben werden. Es ist eine Grundlage auf der, um mit Habermas zu sprechen, Begriffe gefunden werden können, um Akteurinnen und Akteure aus „dem Gefängnis omnipräsenter Strukturen"[7] zu entlassen. Nur so können Geschlechterdiskurse und -praktiken jenseits von vereinfachten Täter-Opfer-Klischees re- und dekonstruiert und damit Neues zu Tage gefördert werden.

### 2.4. Phase der Evaluierung und Verstetigung (seit 2002)

Seit dem offiziellen Start des Magisterstudiengangs im Sommersemester 2001, das heißt seit vier Semestern, konnte gezeigt werden, dass das *Gender*-Lehrangebot ebenso eigenständig, wie auch integriert im etablierten Fächerkanon besteht: Pro Semester haben durchschnittlich 20 Fächer 60 Lehrveranstaltungen im Bereich der *Gender Studies* angeboten.

Zudem konnte durch die Veranstaltungsreihe *Freiburger FrauenForschung* das Lehrangebot der am Studiengang beteiligten Fächer durch Beiträge renommierter *Gender*-WissenschaftlerInnen aus dem In- und Ausland bereichert und durch die Veröffentlichungen in den *Freiburger FrauenStudien* über Baden-Württemberg hinaus publik gemacht werden. So können beispielsweise die beiden Bände *Dimensionen von Gender Studies* nicht nur als Lehrbücher für *Gender*-Studierende genutzt werden, sondern sie sind neben dem an der Universität Berlin 2000 erschienen und vergleichbaren Einstiegsband *Gender-Studien* wichtige Beiträge zur ‚Kanonisierung' von *Gender Studies* an deutschen Universitäten. Die Förderung von wissenschaftlichem Nachwuchs (vor allem von Frauen) kann dadurch gezielt vorangetrieben werden.

Ebenso wie durch das vom Ministerium für Wissenschaft und Kunst seit Mai 2002 finanzierte Forschungsprojekt „*Körper-Kultur-Medien* – Genderkonzeptionen im Netzwerk" wissenschaftlicher Nachwuchs gefördert wird. Durch dieses Projekt konnten drei AssistentInnenstellen für drei Jahre und ein entsprechendes Studien- und Forschungsangebot sichergestellt werden. Da die Lehre und Forschung noch weiter ausgebaut und profiliert werden soll, sind außerdem die Einrichtung eines Graduiertenkollegs mit dem Titel *Altern und Geschlecht* und ein *Bachelor-of-Arts*-Nebenfach geplant. Zudem wurde ein hochschulartenübergreifendes Konzept für einen Masterstudiengang *Genderkompetenz in der Wissensgesellschaft* ausgearbeitet.

Bereits zum jetzigen Zeitpunkt kann von einer grundlegenden Etablierung der *Gender Studies* gesprochen werden. Derzeit geht es darum, das bislang verfolgte Konzept zu evaluieren, damit in die bestehenden und nachfolgenden Projekte Kritiken, Anregungen und Veränderungsvorschläge eingearbeitet werden können. Ein Evaluationskonzept sieht drei Schritte vor:

1. Eine interne Evaluation der Lehrveranstaltungen *Gender Studies.*
2. Darauf aufbauend ist geplant, dass zwei unterschiedliche Expertinnengruppen den Studiengang und seine Organisationsstruktur extern evaluieren. Zum einen soll eine wechselseitige Evaluation der *Gender*-Zentren und Studiengänge in Basel und Freiburg stattfinden. Zum anderen sollen *Gender*-Wissenschaftlerinnen gewonnen werden, die an dem Pilotprojekt *Internationale Frauenuniversität ‚Technik und Kultur' – ifu* beteiligt waren. Die *ifu* fand im Rahmen der Weltausstellung *Expo 2000* in Hannover statt und soll im Masterstudiengang W.I.T. – *women's institute for technology, development and culture* – seine Fortführung finden.
   Die Perspektive der Baslerinnen wird davon geprägt sein, dass der Institutionalisierungsprozess vergleichbar ablief – sowohl in Freiburg als auch Basel wurde damit begonnen, *Gender Studies* curricular im universitären Fächerkanon zu integrieren. Im Gegensatz dazu haben sich die *ifu*-Wissenschaftlerinnen gegen eine solche Integration entschieden, um ‚eigene Strukturen' aufzubauen.
3. Die Ergebnisse der internen als auch externen Evaluation sollen in einer kleinen Publikation „Das Freiburger Modell zur Institutionalisierung von *Gender Studies*/Geschlechterforschung" (Arbeitstitel) vorgestellt werden.

## 3. Ein erstes Resumée

Claudia Münzing, Gründungsmitglied der Fachschaft und Mitarbeiterin der Koordinierungsstelle, schreibt im Editorial des kommentierten Vorlesungsverzeichnisses *Gender Studies* zum Sommersemester 2003:

> „Mit mittlerweile nahezu 150 Studierenden hat sich das Fach Gender Studies vom unbekannten Studiengang zu einer ernstzunehmenden Alternative für StudienanfängerInnen entwickelt und ist für Freiburgs Hochschullandschaft sicherlich eine Bereicherung."[8]

Heißt das, dass die *Gender Studies* im Kanon der Fächer die ersten Bewährungsproben überstanden haben? Derzeit findet ein bundesweiter Austausch der Lehrenden, KoordinatorInnen und Studierenden durch Tagungen und Evaluation der Studiengänge statt, um sich darüber zu verständigen, wie die Etablierung zu beurteilen und ob die erwünschten Ziele erreicht wurden. Bislang kann festgehalten werden:

> „[...] dass der Professorinnenanteil und die Anzahl an *Gender*-Publikationen angestiegen, der Kreis der *Gender*-Interessierten über die Grenzen der Hochschulen hinaus erweitert [...], Presseöffentlichkeit geschaffen und eine internationale Vernetzung der InitiatorInnen eingeleitet werden konnte."[9]

Im Grundsatzpapier der Fachschaft *Gender Studies* lassen sich jedoch auch einige kritische Äußerungen finden:

> „Während die Uni einerseits mit den neuen, innovativen Gender Studies wirbt, werden andererseits Stellen gestrichen, zu wenig wirklich genderrelevante Veranstaltungen angeboten und engagierte Dozierende und Studierende von einzelnen Personen als Emanzen, Kampflesben und Kampfschwule bezeichnet."[10]

Derzeit ist es wichtig, für diese Vielgestaltigkeit der Stimmen ein Forum zu schaffen. Darin sollten Professorinnen, Engagierte aus dem Mittelbau und Studierende gleichermaßen Gehör finden. Eine entscheidende Grundlage jedoch, um das Erreichte zu sichern und zu verbessern, besteht darin, dass eine Verstetigung der Organisations- und Personalstruktur stattfindet. Dazu gehört hier in Freiburg einerseits die Stabilisierung der Stellen und Mittel, die der Koordinierungsstelle und der *Freiburger FrauenForschung/FrauenStudien* vom Rektorat zur Verfügung gestellt werden und andererseits die Stärkung des *Gender*-Lehr- und Forschungspersonals, z.B. durch die Einrichtung von weiteren ProfessorInnenstellen mit Voll- und Teildenomination *Gender Studies*. Das heißt, es ist an der Zeit, dass sich die Universitäten bewähren – sie müssen zeigen, dass es ihnen ernst damit ist, die Institutionalisierung von *Gender Studies* als zentrales Mittel des *Gender Mainstreaming* an den Hochschulen anzuerkennen. Wird der Weg dafür geebnet, dass die Etablierung von *Gender Studies* der Professionalität ihrer Theorieentwicklung angepasst werden kann?

Um den derzeitigen Stand des Institutionalisierungsprozesses hinreichend beurteilen zu können, genügt es nicht, die eigene Praxis selbstkritisch zu beleuchten – die Bemühungen zur Etablierung von *Gender Studies* sollten ebenso im Kontext der Reform des Hochschul- und Bildungswesens betrachtet werden.

## 4. Kontextualisierung von *Gender Studies* – Universitäten in der Wissensgesellschaft

An europäischen, insbesondere an deutschen Universitäten ist ein tiefgreifender Wandel zu beobachten, der die Institutionalisierung neuer Studien- und Forschungsrichtungen – wie der *Gender Studies* – ebenso begünstigt wie er deren Anlauf erschwert.

Internationalisierung, Praxis- und Berufsorientierung sowie Wirkungsmacht im öffentlichen Bereich werden als wesentliche Kriterien beim Auf- und Umbau der Wissenschaften genannt. Verschiedene Bestrebungen stehen einander gegenüber: Zum einen wird versucht, sich über disziplinäre Grenzen, über *Standards* der Wissenschaftlichkeit zu verständigen. Zum anderen sollen Studien- und Forschungsstrukturen international kompatibel sowie ökonomisch-gesellschaftlichen Interessen nutzbar gemacht werden. Der Kanon *der* Wissenschaft ist ebenso grundsätzlich ins Wanken geraten wie das humanistische Bildungsideal der Freiheit von Wissenschaft und Einheit von Lehre und Forschung.

Sei es zu Zeiten der Aufklärung Anfang des 19. Jahrhunderts oder in den 68er Jahren des 20. Jahrhunderts, Universitätsreformen fanden schon immer im Kontext komplexer gesamtgesellschaftlicher Veränderungen statt. Derzeit tragen vor allem ‚ökonomische Sachzwänge', die veränderten Konjunkturbewegungen eines globalisierten Marktes und biotechnologische Innovationen dazu bei, Reform- oder sogenannte Modernisierungsprozesse voranzutreiben. Dies schlägt sich auch auf das wissenschaftliche Selbstverständnis und die Mentalität an den Universitäten nieder. Spätestens seit dem 5. Hochschulrahmengesetz und den daraus resultierenden Konsequenzen für universitäre Personal- und Beschäftigungspolitik ist denjenigen, die eine akademische Laufbahn einschlagen woll(t)en, deutlich gemacht worden, dass Universitäten keine Elfenbeintürme (mehr) sind, in denen sie sich mit Muse geistigen Höhenflügen hingeben können.[11] Nach Effizienz und unmittelbarer Verwertbarkeit sollen Studium und Lehre, akademische Qualifikation und Forschungsinteresse ausgerichtet werden. Die Universität ist schon lange keine Trutzburg bildungsbürgerlicher Werte mehr: In den 68er Jahren des 20. Jahrhunderts wurde – als deutsche Reaktion auf den sogenannten ‚Sputnik-Schock' – auf die „Ausschöpfung der Bildungsreserven" (Picht) gesetzt und noch einmal auf die alte humboldtsche Forderung nach „Bildung als Bürgerrecht" (Dahrendorf) zurückgegriffen. Damals bauten die Bundesländer ihre Universitätssysteme aus und das Bildungswesen insgesamt wurde durch Gründung von Gesamt- und Fachhochschulen ausdifferenziert. Von 1970 bis 1980 verdoppelten sich die Studierendenzahlen – „[...] dies war ein sprunghafter Anstieg innerhalb eines längerfristigen Trends."[12]

Heute ist das originäre Problem der Universitäten, nicht mehr nur mit einer Masse von Studierenden, sondern mit einer sich zuspitzenden Konkurrenzsituation fertig werden zu müssen. Welche Rolle können die Universitäten in einer *Wissensgesellschaft* einnehmen, in der ein hohes Maß an vernetztem, globalisiertem Wissen produziert und zur Verfügung gestellt wird, das auf dem Einsatz und der Nutzung von Informations- und Kommunikationstechnologien basiert? ‚Alma Mater' hat ihre Königinnenstellung verloren. In der sogenannten ‚Produktion' von Wissen konkurriert sie mit Presse und Massenmedien, mit privatisierten und konzerneigenen (Aus)Bildungsstätten sowie mit Hochschulen im internationalen Vergleich.

## 5. Denken in der Leere des verschwundenen Subjekts

Die Universitäten sind Orte einer in die Krise geratenen Rationalität geworden, einer Rationalität des *modernen Subjekts*, das seines Selbstverständnisses verlustig ging. Humboldt, Fichte und Hegel stehen stellvertretend für eine Generation von Wissenschaftlern, die die Rationalität des modernen Subjekts ausformuliert haben und damit der deutschen Universität international zu Rang und Namen verhalfen. Ausgehend von der 1810 gegründeten *Humboldt Universität zu Berlin* trieben sie die Projekte des Humanismus und der Aufklärung voran, stritten sie für Autonomie und den „Ausgang des Menschen aus seiner selbstverschuldeten Unmündigkeit"[13] (Kant). Sinn und Zweck von Wissenschaft waren universeller Natur – *universitas*[14] zielte auf nicht weniger als die Erlangung der Wahrheit und die Verteidigung emanzipatorischer Prozesse. Das Projekt war ‚ganzheitlich', das heißt als Reform der Gesellschaft als ganzer gedacht und geriet als solches in Konflikt mit der Restauration des Preußischen Staates. Ein Jahrhundert später nahm es schließlich Schaden, da der Blick aufs Ganze in einer Idee des Totalen Staates – eines Großdeutschen Reiches – kulminierte. Deutsche Universitäten standen im Banner einer Rationalität, deren Ausschluss-Strategien entlang der Kategorien von Rasse, Klasse und Geschlecht überaus deutlich wurden.

Sozialforscher wie Max Horkheimer und Theodor W. Adorno begannen in der Nachkriegszeit mit der kritischen Aufarbeitung von Humanismus und Aufklärung, hinterfragten die Rationalität des modernen Subjekts. Sie demaskierten es als „identisch, zweckgerichtet und männlich“[15]. Bei beiden Kritischen Theoretikern der Frankfurter Schule erscheint der Verlauf der Geschichte vor dem düsteren Hintergrund einer selbstzerstörerischen Dynamik der Aufklärung. Ende 1960 wird diese Geschichtsauffassung von Denkern wie Michel Foucault kritisiert und revidiert. In *Die Ordnung der Dinge* schreibt Michel Foucault:

> „In unserer Zeit kann man nur noch in der Leere des verschwundenen Menschen denken. Diese Leere stellt kein Manko her, sie schreibt keine auszufüllende Lücke vor. Sie ist nicht mehr und nichts weniger als die Entfaltung eines Raumes, in dem es schließlich möglich ist zu denken.“[16]

Könnten Universitäten einen Raum entfalten, in dem es möglich ist, in der Leere des verschwundenen Menschen zu denken? Was könnte das bedeuten? Was könnte das für die Geschlechterforschung bedeuten?

Nadja Parpart problematisiert in ihrer Dissertation *Geschlecht und Kontingenz,* in der sie den Transformationen des Feminismus nach 1945 bis ins 21. Jahrhundert in der Bundesrepublik Deutschland nachspürt, eben das Verschwinden des Subjekts für das Projekt des Feminismus im Allgemeinen und die Frauen- und Geschlechterforschung im Speziellen. Die in Freiburg promovierte Soziologin formuliert in ihrer Arbeit eine extreme Position postmoderner Couleur, indem sie behauptet, dass nach dem Verschwinden des Menschen folglich auch das Ende des Geschlechts eingeleitet wurde. Provokant schreibt sie:

> „Aus dieser Perspektive [der avantgardistischen Postmoderne, M.M.] erscheint die Feministin als die Ewiggestrige, [...] die noch nicht verstanden hat, dass das Projekt der Emanzipation vom theoretischen Standpunkt aus gesehen längst überholt ist, und dass es am Ende des Jahrhunderts nicht mehr und nicht weniger sein kann als das rührselige Bemühen um den Menschen *nach dem Ende des Menschen,* um seine Natur *nach dem Ende der Natur,* um sein Geschlecht *nach dem Ende des Geschlechts.*[17] [...] Längst ist das Geschlecht [...] nicht mehr in verdeckter politischer Mission im feindlichen Gebiet der Wissenschaften unterwegs, um das gefangen gehaltene *andere* Wissen und seine Wahrheit zu befreien und die Strukturen des herrschenden Wissens zu zerschlagen; [...] Das Geschlecht und erst recht die Geschlechterforschung verlieren an Kontur.“[18]

Erweist sich die Institutionalisierung der *Gender Studies* in diesem Sinne als verspätet? Welche Rolle kann dieses (post)feministische Projekt überhaupt (noch) innerhalb der Universitäten und davon ausgehend innerhalb gesellschaftlicher Entwicklungen spielen?

## 6. Wissen Macht Bildung

Von einer „entsicherten Situation" der Frauen- und Geschlechterforschung sprechen Gesa Lindemann und Theresa Wobbe im Vorwort zu ihrem Sammelband *Denkachsen. Zur theoretischen und institutionellen Rede vom Geschlecht.* Sie kommen zu ähnlichen Feststellungen wie Nadja Parpart, ziehen jedoch andere Schlüsse daraus:

> Die Denkachsen der Rede über das Geschlecht verschieben sich. Neben der Veränderung des Verhältnisses von Sozial- und Naturwissenschaften ist die Frauenforschung auch durch die Erosion totalisierender Theorien in Mitleidenschaft gezogen; das sichere Wissen darüber, was ‚die Frau' als politisches Subjekt ist, ist verlorengegangen. Dies führt zwar auf der einen Seite zu einer Sehnsucht nach Letztgewißheiten, eröffnet auf der anderen Seite aber die Möglichkeit, neue theoretische Perspektiven zu erkunden." [19]

Ebenso gibt Gudrun-Axeli Knapp in ihren *Anmerkungen zur These vom Bedeutungsverlust der Kategorie Geschlecht* zu bedenken, dass eine Dezentralisierung im Transformationsprozess der Frauen- zur Geschlechterforschung stattgefunden habe, die Risiken mit sich brachte. Jedoch wirft sie dem postmodernen Abgesang auf die Kategorie Geschlecht Theorielastigkeit vor, spricht von „kurzfristig heißlaufenden Rezeptionsmoden und abgebrochenen Forschungssträngen". Sie stellt dem entgegen:

> „Dass die Ausgestaltung [der Geschlechterrelationen, M.M.] sozialem Wandel unterliegt und dass sie sich je nach soziokulturellem Kontext und historischem Zeitraum mehr oder weniger unterscheidet, ist selbstverständlich. Aber es sind Relationen zwischen (dem, was als) ‚Genus-Gruppen' (gilt). Diese können – ein global gesehen eher seltener Fall – relativ ausbalanciert sein, sie können aber auch von Disparitäten durchzogen und herrschaftsförmig organisiert sein."[20]

Durch die Anfang 2003 erschienene Publikation *Ich stehe in der Sonne und fühle, wie meine Flügel wachsen. Studentinnen und Wissenschaftlerinnen an der Freiburger Universität von 1900 bis in die Gegenwart* veranschaulicht die Freiburger Historikerin Ute Scherb, dass Geschlecht als Ausschluss-Strategie Universitätsgeschichte prägte und prägt. Es wird deutlich, dass die Geschlechterrelationen an der Universität bis heute keineswegs ausbalanciert sind, dass *Gender Studies* lange noch nicht obsolet sind. Dabei sehe ich den skizzierten Streit um die Bedeutung der Kategorie Geschlecht und der Geschlechterforschung als zentral an, um sich über Möglichkeiten, Grenzen und Schwierigkeiten innerhalb des Institutionalisierungsprozesses zu verständigen. Bislang ist zu beobachten, dass in einem veränderten Kräfteverhältnis von Wissen, Macht und Bildung neue Positionen ausgehandelt werden – es entstehen neue

,Denkachsen'. Zumindest an deutschen Universitäten wird in diesem Aushandlungsprozess erstmals auch die Geschlechterforschung miteinbezogen. Sowohl die interdisziplinäre ,Zerstreuung' der Kategorie Geschlecht als auch die parallel dazu stattfindende Umstrukturierung des etablierten Fächer- und Wissenschaftskanons tragen dazu bei, bisherige Ausschluss-Strategien zu reflektieren und Grenzen neu zu bestimmen. Auf diese Weise kann der Geschlechterforschung im Speziellen, der Wissenschaft im Allgemeinen in den veränderten Verhältnissen einer *Wissensgesellschaft* Kontur verliehen werden.

Dabei kann in einer arbeitsteiligen, aber miteinander kooperierenden Verbindung von *Gender Studies* und *Gender Mainstreaming* das sowohl wissenschaftskritische als auch politische Projekt (post)feministisch motivierter Lehre und Forschung den universitären und gesellschaftlichen Anforderungen angepasst werden. Damit geht einher, dass ein neues Verständnis von Kritik und Emanzipationsprozessen gezeitigt wird: Kritik bedeutet nicht mehr Verwerfen-von-etwas als Ganzem, ebenso wenig wie Emanzipation als revolutionärer Akt begriffen wird – beides lässt sich vielmehr als Aushandlungsprozess, als ein Ringen um Macht in mehr oder weniger stabilen Kräfteverhältnissen verstehen.

Die Frage ist, welchen Einfluss die Universitäten in einer Wissensgesellschaft und *Gender Studies* an den Universitäten geltend machen möchten und können. Auf einem globalisierten Markt von Informationen, Meinungen und (Er)Kenntnissen ist die *,Produktion' von Wissen*, wie sie an (deutschen) Universitäten betrieben wird, unter starkem Konkurrenzdruck. Die Exklusivität universitären Wissens wird an deren Innovativität, Originalität, aber sicher auch an ihrer Nachhaltigkeit gemessen. *Gender Studies* ermöglichen ein Wissen, das für die Relevanz und die politischen Implikationen des Geschlechterdiskurses sensibilisiert[21] – ein Wissen, das lange noch nicht zum *mainstream* gehört, aber einen wichtigen Beitrag zum Verständnis unterschiedlicher (Alltags-) Kulturen und ihrer Veränderbarkeit liefert.

In den Wissensgesellschaften westlicher Prägung wird Wissen als Ware gehandelt und Universitäten zu Dienstleistungsbetrieben umfunktioniert, wobei die *Vermittlung von Wissen* eine immer wichtigere Rolle einnimmt. Die Einrichtung von Bachelor- und Masterstudiengängen trägt dieser Entwicklung Rechnung. Das Studium soll verkürzt, dadurch verschulter und international kompatibel gemacht werden. *Gender Studies* werden im Zuge dessen ihre Praxis*relevanz* und Praxis*bezogenheit*, aber ebenso auch ihre Widerständigkeit unter Beweis stellen müssen. Denn es ist zu bezweifeln, dass der Erwerb und die Vermittlung von Wissen limitiert werden kann, ohne an Nachhaltigkeit zu verlieren.

Immer noch gilt, dass Universitäten durch die Produktion und Vermittlung von Wissen wichtige *Speicher und Transmitter eines kollektiven Gedächtnisses* sind. Ein solches Gedächtnis ist für das Verständnis unserer Gesellschaft und für die Entwicklung unseres Werte- und Normensystems von zentraler Bedeutung. Von daher ist nicht abzusehen, welche Dimensionen *Gender Studies* noch annehmen werden, wenn sie weiterhin dabei mitwirken können, die ‚Daten' vergangener Kulturen aufzuarbeiten und die ‚Daten' denkbarer Kulturen aufzubauen.

## Anmerkungen

1 *Power*, aus: Adrienne Rich: *The dream of a common language. Poems 1974-1977.*
MACHT – Leben in den Erdablagerungen unserer Geschichte – Heute hob eine Hacke aus einer bröckelnden Erdflanke – eine Flasche ans Licht bernsteinfarben unversehrt – eine hundert Jahre alte – Kur für Fieber oder für Melancholie – ein Stärkungsmittel – für das Leben hier auf dieser Erde – in den Wintern dieses Klimas – Heute las ich von Marie Curie: – sie muß gewußt haben, sie litt an Strahlenschäden – Jahr für Jahr ihr Körper beschossen – von dem Element – das sie in reiner Form gewonnen hatte – Es scheint, sie hat es bis zum Schluß geleugnet – daß dies der Grund war für den grauen Star – in ihren Augen – die aufgeplatzte eitrige Haut an ihren Fingerspitzen – bis sie kein Reagenzglas, keinen Bleistift, nichts – mehr halten konnte – Sie starb berühmt und in Verleugnung – ihrer Wunden – sie leugnete – daß ihre Wunden demselben Grund entstammten – wie ihre Macht.
Adrienne Rich: *Macht,* deutsche Übersetzung in: Dagmar Schultz (Hrsg.): *Macht und Sinnlichkeit,* Berlin 1993, S. 137.

2 Da ich diesen Beitrag auf der Grundlage meiner Erfahrungen als Referentin der Koordinierungsstelle *Gender Studies* an der Albert-Ludwigs-Universität Freiburg und als Doktorandin der Kulturanthropologie verfasst habe, konzentrieren sich die Ausführungen auf die spezielle Situation an deutschen Universitäten. Vergleichbare Entwicklungen finden auch an anderen Hochschulen und in anderen Ländern statt.

3 Siehe auch Marion Mangelsdorf/Meike Penkwitt: *Einleitung,* in: *FreiburgerFrauenStudien* 12/2003, S.14.

4 Weitere Schritte auf dem Weg zur Institutionalisierung der Frauen- und Geschlechterforschung vor und während dieses Zeitraumes sind in der Publikation der Freiburger Historikerin Dr. Ute Scherb: *Ich stehe in der Sonne und fühle, wie meine Flügel wachsen. Studentinnen und Wissenschaftlerinnen an der Freiburger Universität von 1900 bis in die Gegenwart,* Königstein/Taunus 2002 ausführlicher dargestellt.
Siehe auch Elisabeth Cheauré (Hrsg.): *Geschlechterkonstruktionen in Sprache, Literatur und Gesellschaft* (Gedenkschrift für Gisela Schoenthal), Freiburg im Breisgau 2002.

5 Ellen Biesenbach/Sonja Dehning/Marion Mangelsdorf: *gender studies – zur Gründung des Freiburger Zentrums für Anthropologie und Gender Studies (ZAG)*, in: *Freiburger FrauenStudien* 1/1999, S. 167-171.

6 Rebekka Habermas: „Geschlechtergeschichte und ‚anthropology of gender' – Geschichte einer Begegnung", in: *Forum Literaturbericht* 1993/3, S. 484-509.

7 Ebd.

8 Claudia Münzing: *Editorial,* in: *Kommentiertes Vorlesungsverzeichnis Gender Studies*, Universität Freiburg, Sommersemester 2003, S. 3.

9 Marion Mangelsdorf/Meike Penkwitt: *Einleitung*, in: *Freiburger FrauenStudien*, 12/2003.

10 Siehe Text der Fachschaft *Gender Studies* in diesem Band.

11 Kommentare zum 5. Hochschulrahmengesetz des Bundes: Wolfgang Essbach: „Verstellte Wege für promovierte Assistenten", in: *F.A.Z.* 04.01.2002; Wolfgang Essbach: „Junge Profs: Viel Geld, wenig Zeit", in: *taz* 17.07.02, Ulrich Herbert: „Die Posse. Massenentlassungen werden ausgegeben als Hochschulreform", in: *Süddeutsche Zeitung* 09.01.2002.
Empfehlenswert sind zudem die Internetseiten des Institus für Soziologie der Albert-Ludwigs-Universität Freiburg: *Das Hochschulrahmengesetz des Bundes: dumm, destruktiv, unanständig* (http://www. soziologie.uni-freiburg.de/essbach/hrg/index.htm).

12 Manfred Botzenhart: *Reform, Restauration, Krise, Deutschland 1789-1847,* Darmstadt 1997, S.222.

13 Immanuel Kant: „Beantwortung der Frage: Was ist Aufklärung?", Berlinische Monatsschrift Dezember 1784, in: Ehrhard Bahr (Hrsg.): *Was ist Aufklärung,* Stuttgart 1974, S.9.

14 *universitas* – lat.: Gesamtheit, gesellschaftlicher Verband, Rechtskollegium.

15 „Furchtbares hat die Menschheit sich antun müssen, bis das Selbst, der identische, zweckgerichtete, männliche Charakter des Menschen geschaffen war, und etwas davon wird noch in jeder Kindheit wiederholt." Max Horkheimer/Theodor W. Adorno: *Dialektik der Aufklärung,* Frankfurt/M. 1998, S. 40.

16 Michel Foucault: *Die Ordnung der Dinge,* Frankfurt/M. 1995, S. 412.

17 Nadja Parpart: *Geschlecht und Kontingenz,* Frankfurt/M. 2000, S. 353.

18 Ebd., S. 251/252.

19 Theresa Wobbe/Gesa Lindemann (Hrsg.): *Denkachsen. Zur theoretischen und institutionellen Rede vom Geschlecht*, Frankfurt/M. 1994, S.8.

20 Gudrun Axeli-Knapp: „Dezentriert und viel riskiert: Anmerkungen zur These vom Bedeutungsverlust der Kategorie Geschlecht.", in: Gudrun Axeli-Knapp/Angelika Wetterer (Hrsg.): *Soziale Verortung der Geschlechter,* Münster 2001, S. 18 f.

21 siehe auch Wortlaut des Textes der Fachschaft *Gender Studies* in diesem Band.

## Literatur


**Bahr, Ehrhard (Hrsg.):** *Was ist Aufklärung,* Stuttgart 1974.

**Botzenhart, Manfred:** *Reform, Restauration, Krise, Deutschland 1789-1847,* Darmstadt 1997.

**Cheauré, Elisabeth (Hrsg.):** *Geschlechterkonstruktionen in Sprache, Literatur und Gesellschaft* (Gedenkschrift für Gisela Schoenthal), Freiburg im Breisgau 2002.

**Foucault, Michel:** *Die Ordnung der Dinge,* Frankfurt/M. 1995.

**Habermas, Rebekka:** *Geschlechtergeschichte und ‚anthropology of gender' – Geschichte einer Begegnung,* in: *Forum Literaturbericht* 1993/3.

**Horkheimer, Max/Adorno, Theodor, W.:** *Dialektik der Aufklärung,* Frankfurt/M. 1998.

**Knapp, Gudrun-Axli/Wetterer, Angelika (Hrsg.):** *Soziale Verortung der Geschlechter,* Münster 2001.

**Mangelsdorf, Marion/Biesenbach, Ellen/Dehning, Sonja/ :** *gender studies – zur Gründung des Freiburger Zentrums für Anthropologie und Gender Studies (ZAG)*, in: *Freiburger FrauenStudien* 1/1999.

**Mangelsdorf, Marion/Penkwitt, Meike:** *Einleitung,* in: *Freiburger-FrauenStudien* 12/2003.

**Münzing, Claudia:** *Editorial,* in: *Kommentiertes Vorlesungsverzeichnis Gender Studies*, Universität Freiburg, Sommersemester 2003.

**Parpart, Nadja:** *Geschlecht und Kontingenz,* Frankfurt/M. 2000.

**Rich, Adrienne:** *The dream of a common language. Poems 1974-1977.*

**Scherb, Ute:** *Ich stehe in der Sonne und fühle, wie meine Flügel wachsen. Studentinnen und Wissenschaftlerinnen an der Freiburger Universität von 1900 bis in die Gegenwart,* Königsstein/Taunus 2002.

**Wobbe, Theresa/Lindemann, Gesa (Hrsg.):** *Denkachsen. Zur theoretischen und institutionellen Rede vom Geschlecht,* Frankfurt/M. 1994.

## Fachschaft *Gender Studies*

*Die Fachschaft Gender Studies hat sich im Sommersemester 2002 gegründet, um zum einen die organisierte Vertretung der Studierenden zu gewährleisten, aber auch um für die Relevanz und die politischen Implikationen des Geschlechterdiskurses zu sensibilisieren.*

Für unsere Arbeit finden wir es wichtig, basisdemokratisch legitimiert zu sein und berufen deswegen jedes Semester eine Vollversammlung ein, auf der unsere Anliegen diskutiert werden. Desweiteren sind unsere Fachschaftssitzungen öffentlich. Alle Studierenden der Gender Studies sind eingeladen, sich an der Fachschaftsarbeit zu beteiligen. Dies ist auch notwendig, um den noch jungen Studiengang eigenverantwortlich zu gestalten.

Während die Uni einerseits mit den neuen, innovativen Gender Studies wirbt, werden andererseits Stellen gestrichen, zu wenig wirklich genderrelevante Veranstaltungen angeboten und engagierte Dozierende und Studierende von einzelnen Personen als Emanzen, Kampflesben und Kampfschwule bezeichnet. Diesen Zustand kritisieren wir und versuchen, mit unserer Arbeit unter anderem auf solche Missstände hinzuweisen.

Wir fühlen uns besonders feministischen Grundsätzen verpflichtet und sehen es deshalb als unsere Aufgabe an, die nach wie vor existierenden patriarchalen Unterdrückungsmechanismen in Hochschule und Gesellschaft sichtbar zu machen, das kritische Bewusstsein hierfür zu schärfen und gegen sie anzukämpfen.

Dabei versuchen wir, einseitiges Täter/Opfer-Denken zu vermeiden und stattdessen die Produktion von Geschlecht an sich in den Blick zu nehmen. Da die binär konstruierte Geschlechterordnung von zwei festgelegten Geschlechtern ausgeht, diese hierarchisch anordnet und außerdem in einer heterosexuellen Logik verhaftet bleibt, setzt sich die Fachschaftsarbeit zum Ziel, Heteronormativität und die bestehende Frau/Mann-Geschlechterrollenzuweisung anzugreifen. Außerdem wollen wir auch auf andere Herrschaftsmechanismen wie Rassismus hinweisen, die mit den Geschlechterverhältnissen eng verwoben sind.

Wir erklären uns solidarisch mit denjenigen, die durch sexistische, kapitalistische und rassistische Strukturen diskriminiert werden.

Wir begreifen die Fachschaft und die Hochschule als Teile der Gesellschaft, die nicht von ihr zu trennen sind, und die, wie auch jedeR einzelne Studierende, auf Grund ihrer privilegierten Stellung eine besondere gesellschaftliche Verantwortung tragen. Wissenschaft sollte deshalb nicht nur aus bloßem Forschen bestehen und ausschließlich innerhalb akademischer Kreise rezipiert, sondern vor allem als Instrument zur Veränderung gesellschaftlicher Verhältnisse begriffen werden.

**Heteronormativität angreifen und Gesellschaft verändern tun wir vor allem donnerstags um 20:00 in unserem schmucken neuen Raum (205) im zweiten Stock des u-asta-Gebäudes, Belfortstr. 24.**

**Zu erreichen sind wir auch via email: fsgender@gmx.net**

# Rückblick/Vorschau

## Freiburger Frauenforschung

# Screening Gender

*Gemeinsame Veranstaltungsreihe des Zentrums für Anthropologie und Gender Studies (ZAG) der Universität Freiburg, des Büros der Frauenbeauftragten der Universität, des DAI/Carl-Schurz-Haus, der Initiative Freiburger Frauenforschung, der Frauenbeauftragten der Philosophischen Fakultät III, des Frauenreferats des AStA, der Frauenbeauftragten der PH und dem Studium Generale.*

*In Zusammenarbeit mit: Lichtspiele Friedrichsbau und Kommunales Kino im alten Wiehrebahnhof.*

An vielen Universitäten sind Filmwissenschaften schon lange ein eigenständiger Fachbereich, oder zumindest eine eigene Abteilung, die dann meist im Bereich der (germanistischen) Literaturwissenschaften angesiedelt ist. In Freiburg sind (universitäre) Veranstaltungen zum Thema Film dagegen bisher noch Mangelware. Die Vortragsreihe Freiburger Frauenforschung macht es sich einmal mehr zur Aufgabe, Veranstaltungen zu einem in Freiburg noch wenig etablierten Forschungsbereich anzubieten. Die Themenstellung ‚Screening *Gender*' führt dabei zwei innovative Fachbereiche zusammen, eine Zusammenführung, die sich, wie die Reihe zeigen wird, ganz besonders anbietet. Geschlechterkonstruktionen, die im (Kino-)Film auf die Leinwand gebracht werden (*to screen*) sollen ‚gescreent', d.h. analysiert und durchleuchtet werden.

Gefragt wird des Weiteren, nach einem geschlechtstypischen, z.B. ‚weiblichen' Blick, nach einer Filmsprache, ‚jenseits von Hollywood', und auch das Thema *cross-dressing*, wird erneut aufgegriffen.

Geschlechtertausch spielt im Kino auch auf der Ebene der Zuschauenden eine wichtige Rolle: Durch Identifikation mit verschiedengeschlechtlichen Figuren wird ein *gender-hopping* ermöglicht – so führen es z.B. die amerikanischen Filmwissenschaftlerinnen Gaylyn Studlar und Inez Hedges aus – wodurch neue Erfahrungsräume eröffnet werden. Durch unsere Zusammenarbeit mit dem Kommunalen Kino und dem Lichtspielhaus Friedrichsbau können Sie diesen Erfahrungsraum ganz besonders genussvoll erkunden: Dort können Sie sich die besprochenen Filme in voller Länge anschauen (in den Vorträgen selbst werden Filmausschnitte gezeigt). Wir sehen diese Reihe in besonderer Weise als Anregung zur Diskussion, hoffen, dass auf diese Veranstaltung ähnliche folgen werden und wünschen Ihnen einen schönen Kino-Sommer.

## Veranstaltungsreihe im Sommersemester 2001

*Prof. Dr. Elisabeth Bronfen, Zürich*
**Anpassung oder Intervention.**
**Gedanken zu einer weiblichen Filmsprache der Erotik.**
(Filme: *Baise-moi, Romance, American Psycho, Body Heat*)

*Sven Brandenburg, Berlin*
**Brandon goes to Hollywood. Screening the Queer Unconscious.**
(Filme: *Glen or Glenda, Boys don't cry*)

*Dr. Marie-Luise Angerer, Köln*
**Das Leben der Maschinen –**
**Anmerkungen zu Kubricks *2001 – A Space Odyssee.***
(Film: *2001 – A Space Odyssee*)

*Prof. Dr. Joachim Pfeiffer, Freiburg*
**Doppelte Fremde? Die Verbindung homosexueller und kultureller Fremdheit in Filmen der Gegenwart.**
(Filme: *Lola und Bilidikid, Drôle de Félix, Oi! Warning, In & Out*)

*Prof. Dr. Claudia Liebrand, Köln*
**Go east! Topographie und Ikonographie in Anthony Minghellas *The Talented Mr. Ripley.*** (Film: *The Talented Mr. Ripley*)

*PD Dr. Rita Morrien, Freiburg*
**Krise der Nation, Krise der Männlichkeit in Dominik Grafs Politthriller *Die Sieger.*** (Film: *Die Sieger*)

*PD Dr. Franziska Schößler und PD Dr. Ingeborg Villinger, Freiburg*
**Mutter Rom und Vater Staat – Staats- und Geschlechtermodelle in Ridley Scotts *Gladiator.*** (Film: *Gladiator*)

*Franziska Lange, M.A., Freiburg*
**Den Tod im Blick –**
**Heldinnen des Mainstream im Kino der Kathryn Bigelow.**
(Film: *Blue Steel*)

*Michael Flitner, Freiburg*
***Liane, das Mädchen aus dem Urwald.* Über Sex und Ordnung in einem deutschen Filmhit der 1950er Jahre.**
(Film: *Liane, das Mädchen aus dem Urwald*)

## Freiburger Frauenforschung

# „Entfesselung des Imaginären" – zur neuen Debatte um Pornografie

*Gemeinsame Veranstaltungsreihe des Zentrums für Anthropologie und Gender Studies (ZAG) der Universität Freiburg, des DAI/Carl-Schurz-Haus, der Frauenbeauftragten der Philosophischen Fakultät III, des Büros der Frauenbeauftragten der Universität, des Frauenreferats des AStA, der Frauenbeauftragten der PH und des Studium Generale.*

*In Zusammenarbeit mit dem Kommunalen Kino im alten Wiehrebahnhof, dem AAK im E-Werk, der Buchhandlung Jos Fritz und tools & toys.*

Mit dem Thema ‚Pornografie' greift die Reihe *Freiburger Frauenforschung* in diesem Semester ein nicht nur in feministischen und *gender*-bewegten Kreisen sehr kontrovers diskutiertes Thema auf. Die Uneinigkeit beginnt schon bei der Definition des Begriffs ‚Pornografie': Andrea Dworkin, Catherine McKinnon und Alice Schwarzer betrachten ‚Pornografie' als generell frauenverachtend und erniedrigend, womit sich die Frage nach einer ‚weiblichen' und insbesondere auch einer ‚feministischen Pornografie' natürlich von vornherein erübrigt. Andere feministische Theoretikerinnen, wie Drucilla Cornell, Elisabeth Bronfen und Claudia Gehrke, fassen ‚Pornografie' offener. Sie begeben sich auf die Suche nach einer ‚Pornografie' für Frauen und sehen die (auch öffentliche) Entwicklung ‚weiblicher' sexueller Phantasien als einen wichtigen Aspekt eines feministischen Emanzipationsprozesses an. Das bedeutet jedoch keineswegs, dass sie deshalb jegliche Pornografie als unproblematisch betrachten würden. Verbote stellen für sie lediglich nicht den richtigen Weg für den Umgang mit diesem Produkt unserer Gesellschaft dar. Statt dessen setzen sie auf eine Unterwanderung des Genres, eine Neubesetzung und Aneignung des Begriffs. Und in der Tat scheinen selbstbestimmte Frauen, die sich in diesen bisher noch von Männern dominierten Bereich unserer Gesellschaft begeben, auf Männer sehr irritierend, ja sogar verstörend zu wirken.

In der Vortragsreihe soll das gesamte Spektrum der Pornografie analysiert und diskutiert werden. Es geht also sowohl um die sogenannten ‚Klassiker' bzw. die heutigen Mainstreampornos, als auch um unterschiedliche Versuche einer ‚anderen', vielleicht ‚besseren' Pornografie. Berücksichtigt werden ferner die (nicht nur typisch Jelineksche) ‚Antipornografie' und die ‚Postpornografie', die neuerdings im Autorenkino ausgemacht wurde. Im kulturellen Veranstaltungsteil, der Filme, eine Ausstellung, Lesungen und Performances umfasst, soll gegenkulturellen, subversiven und spielerischen Ausdrucksweisen Raum geboten werden.

## Veranstaltungsreihe im Wintersemester 2001/2002

*Prof. Dr. Barbara Vinken, Hamburg*
**männlich/weiblich Pornografie als Politik/Pornografie als Perversion**

*Claudia Gehrke, Tübingen*
**Lust an Sich. Ein Streifzug durch die Geschichte erotischer Kulturen und Fantasien von Frauen**

*Dr. Veronika Rall, Berlin*
**Die neue Leibhaftigkeit. Zum Fall der Hüllen im Autorenkino**

*PD Dr. Franziska Schössler, Freiburg und Prof. Dr. Claudia Liebrand, Köln*
**Fragmente einer Sprache der Pornografie – Die ‚Klassiker' *Memoirs of a Woman of Pleasure (Fanny Hill)* und *Josefine Mutzenbacher***

*Dr. Andreas Weber, Freiburg/Wien*
**Männliche Identitätsbildung in der Krise? Soziologische Überlegungen zur Geschlechterkonstruktion in der Mainstreampornografie**

*PD Dr. Lutz Ellrich, Freiburg*
**Wollust und Qual. De Sade, Apollinaire, Bataille – im Dreischritt der Übertretung**

*Marion Herz, München*
**„Lesbians sleep with men." – Die Aporien des Lesbenpornos**

*Prof. Dr. Nadine Strossen, New York*
**Defending Pornography**

*Dr. Silvia Henke, Basel*
**Unordnung der Geschlechter im Feld der Pornografie: Überlegungen zu Catherine Breillats Filmen**

*Prof. Dr. Drucilla Cornell, New Jersey und*
*Prof. Dr. Elisabeth Bronfen, Zürich*
**Roundtable-Gespräch: Pornography – the debate continues**

*Ulrich Wegenast, Stuttgart*
**„All you can eat." Gay artistic cinema – im Spannungsfeld zwischen Erotik und Pornografie**

*Antonia Ingelfinger, Freiburg*
**„Ich mag Männer nicht, aber ich bin sexuell auf sie angewiesen." Jelineks Gegenentwurf zu Batailles *Geschichte des Auges*.**

*Prof. Dr. Lothar Mikos, Berlin*
**‚Nummernrevuen' – Erotik, Sex und Pornografie in den Medien. Ein Feld sozialer Auseinandersetzung**

*Prof. Dr. Heide Schlüpmann, Frankfurt*
**„Projektionen der Sehnsucht". Die erotischen Anfänge der österreichischen Kinematografie**
*(Klavierbegleitung: Günter Buchwald)*

*PD Dr. Christiane Funken, Freiburg*
**Computerpornografie**

*Prof. Dr. Monika Frommel, Kiel*
**Das liberale Dilemma der Pornografiekontrolle**

*Prof. Dr. Linda Williams, Berkeley*
**Skin Flicks on the Racial Border: Pornography, Exploitation and Interracial Lust**

*Judith Butler, Berkeley*
**Is Pornography Hate Speech?**

## Filme:

**Die Satansweiber von Tittfield (Faster, Pussycat! Kill! Kill!)**
*Regie: Russ Meyer; USA 1966, 75 Min. DF*

**Deep Throat**
*Regie: Gérard Damiano; USA 1972 62 Min. OF*

**Marquis de Sade (Marquis)**
*Regie: Henri Xhonneux; Belgien/Frankreich 1989, 83 Min. DF*

**Safe is Desire**
*Regie: Debi Sundal; USA 1993, 60 Min. OF*

**Kurzfilmzusammenstellung**
*von Ulrich Wegenast*

**Beefcake**
*Regie: Thom Fitzgerald; Kanada 1998, 93 Min., engl. m. dt. UT*

## Lesungen:

*Else Kaudan, Iris Konopik*
**Die Besten im Bett. J.M. Redman, Barbara Wilson, Sarah Dreher u.a.**

## Bilder:

**Pornografie – Eine interaktive Ausstellung**
*Mit Fotografien von Thomas Karsten, Anja Müller, Alexandra Dupoy und Del LaGrace Volcano.*

## Performances und Lesungen:

**Love Bites – Erotische Nacht**
*Bridge Markland (Performancekünstlerin), Annette Berr und Rainer Kirchmann (Chanson und Piano), Sigrun Casper (Schriftstellerin), Anja Müller (Live-Foto-Act)*

## Freiburger Frauenforschung

# „Arbeit und Geschlecht"

*Gemeinsame Veranstaltungsreihe des Zentrums für Anthropologie und Gender Studies (zag) der Universität Freiburg, des DAI/Carl-Schurz-Haus, der Frauenbeauftragten der Philosophischen Fakultät III, des Büros der Frauenbeauftragten der Universität, des Frauenreferats des AStA, der Frauenbeauftragten der Pädagogischen Hochschule, der Landeszentrale für politische Bildung, der Buchhandlung jos fritz, der Buchhandlung Schwarz, des aka-Filmclubs, des Museums für Neue Kunst, der Katholischen Akademie und des Studium Generale.*

Ausgangspunkt für die Veranstaltungsreihe „Arbeit und Geschlecht" sind aktuelle Veränderungen der Arbeitswelt und Konsequenzen, Risiken und Chancen, die diese Veränderungen für das Geschlechterverhältnis haben oder auch: bieten. Grundlegend ist dabei eine Reflektion des traditionellen Arbeitbegriffes. „Mutti spült, Papa arbeitet" - diese Formulierung führt deutlich vor Augen, dass der Arbeitsbegriff noch immer eng mit der patriarchalen Geschlechterordnung verknüpft, und insbesondere durch traditionelle Vorstellungen von ‚Männlichkeit' geprägt ist. Mit dieser Überlagerung einher geht die dichotomische Gegenüberstellung von Privatem und Öffentlichem, oder auch Privatem und Politischem. Aufschlussreich in diesem Sinne ist etwa auch die Bezeichnung ‚Erziehungsurlaub', die noch bis vor Kurzem offizielle Formulierung. Vor einem solchen Hintergrund erscheint es schon beinahe als erfreulich, wenn von einer geschlechtsspezifischen *Arbeits*teilung gesprochen wird.

Bezüglich dieses Konnexes zwischen dem traditionellen Arbeitsbegriff und den patriarchalen Geschlechterkonstruktionen besteht mittlerweile weitgehend ein Konsens innerhalb der feministischen und gender-theoretischen Diskussion. Wir werden diesen Konnex im Wintersemester 2002/2003 anhand unterschiedlicher Themen diskutieren, dabei nach Gestaltungsfreiräumen suchen und möglicherweise sogar eigene Visionen entwickeln. Einzelne Fragen, um die es in der Veranstaltungsreihe gehen wird, sind u.a.: die vieldiskutierte und weiter zunehmende Telearbeit, der feministische ‚Dauerbrenner' Hausarbeit, das sich als emanzipativ verstehende Konzept der Sex-Worker, die geschlechtstypische Segregation neuer Arbeitsmärkte und die Anforderungen im Hinblick auf immer mehr Flexibilität.

## Veranstaltungsreihe im Wintersemester 2002/2003

*Prof. Dr. Nina Degele, Freiburg*
**Arbeit und Geschlecht. Reflexionen zu einem Thema**

*Dr. Andrea-S. Végh, Lörrach*
**Zwischen Leinwand und Stolperstein. Werk und Arbeitsbedingungen der Künstlerinnen von der Renaissance bis heute**

*Stefanie Duttweiler, M.A., Freiburg/Basel*
**‚Genießen Sie Ihre Arbeit!' – Vom Glück der Arbeit und der Arbeit des Glücks**

*Prof. Dr. Gabriele Winker, Freiburg; Furtwangen*
**Flexible Arbeit – bewegliche Geschlechterarrangements?**

*Sabine Neumann, Berlin,* liest aus ihrer Erzählung
**„Streit"**

*Stephanie Klee, Berlin*
**Sexualität als Arbeit – Zur Legalisierung von Prostitution durch das neue Prostitutionsgesetz"**

*Prof. Dr. Angelika Krebs, Basel*
**Kann denn Liebe Arbeit sein? Ein philosophisches Plädoyer für die Aufwertung der Familienarbeit**

*Dr. Astrid M. Fellner, Wien*
**Haus, Haushalt, Häuslichkeit: Eine kulturhistorische Analyse der Rolle der Frau in den USA**

*Filmvorführung des aka-Filmclub, Einführung Franziska Haller, Freiburg*
**Julia Roberts –Arbeit und Geschlecht im populären Hollywoodfilm**
***Erin Brockovich***

*Filmvorführung des aka-Filmclub, Einführung Franziska Haller, Freiburg*
**Julia Roberts – Arbeit und Geschlecht im populären Hollywoodfilm**
***Pretty Women***

*Prof. Dr. Birgit Geissler, Bielefeld*
**Flexibilität in Arbeit und Alltag: Frauenarbeit in der Dienstleistungsgesellschaft**

*Filmvorführung des aka-Filmclub, Einführung Franziska Haller, Freiburg*
**Julia Roberts –Arbeit und Geschlecht im populären Hollywoodfilm**
***Seite an Seite***

*PD Dr. Angelika Wetterer, Dortmund*
**Rhetorische Modernisierung: Zum Zusammenhang von Arbeitsteilung, Alltagswissen und Geschlechterkonstruktion heute.**

*Erica Pedretti, La Neuveville,* liest aus Ihrem Roman
***Kuckuckskind oder Was ich ihr unbedingt noch sagen wollte***

# AutorInnen

# AutorInnen

**Stefan Börnchen**, geboren 1973, studierte Germanistik, Philosophie und Musikwissenschaften an den Universitäten Köln, Dundee und an der Washington University in St. Louis. Seine Interessenschwerpunkte liegen in der Literatur der klassischen Moderne und der Literaturtheorie. Zur Zeit arbeitet er bei Prof. Claudia Liebrand in Köln an einer Dissertation über die Funktion der Musik bei Thomas Mann.

**Ruth Brand**, M.A., geb. 1973, Studium der Politikwissenschaft und Romanistik in Freiburg. Von 2001 bis 2002 Wissenschaftliche Mitarbeiterin beim Deutschen Bundestag. Promoviert derzeit über deutsche und französische Klima- und Energiepolitik an der FU Berlin. Redakteurin der *Freiburger FrauenStudien*.

**Muriel Brunswig**, M.A., geb. 1970, Studium der Islamwissenschaft, der Ethnologie und Neuen Geschichte an der Universität Freiburg. Veröffentlichungen: Reisehandbuch: *Syrien*, *Kulturschock Marokko* und (zusammen mit Erika Därr) *Marokko aktiv*, alle beim Verlag: Reise Know How, ein weiterer Reiseführer zu Ägypten (Stefan Loose Verlag) erscheint im Herbst 2003. Mehrere Studien-, Recherche- und Forschungsaufenthalte in Syrien und Marokko. Derzeitiger Forschungsschwerpunkt: Leben im Lehm: Marokkos Lehmarchitektur und deren soziale Aspekte, Erhalt durch Nutzung: Sanfter Tourismus contra Landflucht.

Muriel Brunswig ist Besitzerin von ‚KaravanSerail‘, einer Agentur, die sich auf Kultur-, Bildungs- und Aktivreisen nach Marokko und Syrien spezialisiert hat (www.karavanserail.com).

**Nina Degele**, geb. 1963 in Ulm/Donau. Studium der Soziologie, Psychologie, politischen Wissenschaften und Philosophie in München und Frankfurt/M. Promotion und Habilitation in München. Von 1992-1999 Wiss. Mitarbeiterin/Assistentin, von 1999-2000 Lehrstuhlvertretung Allgemeine Soziologie an der Universität Osnabrück, seit April 2000 Professorin für Soziologie und *Gender Studies* am Institut für Soziologie, seit Dezember 2000 im Vorstand des ZAG.

**Ursula Degener**, geb. 1973, seit 2000 wissenschaftliche Angestellte am Seminar für wissenschaftliche Politik in Freiburg, hat hier, in Berlin und Uppsala Skandinavistik, Politikwissenschaft und Öffentliches Recht studiert. Forschungsbereiche sind Skandinavien und feministische Theorien.

**Sonja Dehning**, Dr. phil., Studium der Germanistik, Romanistik und Geschichte an der Universität Freiburg und Sorbonne Paris, 1995-1997 wissenschaftliche Mitarbeiterin am Deutschen Seminar der Universität Freiburg, Forschungsprojekt über KünstlerInnenthematik um 1900, Dissertation in der Neueren Deutschen Literaturgeschichte über *Künstlerische Produktivität in Romanen von Autorinnen um 1900* (1999), 1999 bis Juni 2002 Koordinatorin des Zentrums für Anthropologie und *Gender Studies* an der Universität Freiburg.

**Bettina Fraisl**, Dr., geb. 1970, Studium der Germanistik, Philosophie/Psychologie/Pädagogik und Slawistik in Innsbruck, Freiburg und Graz; Dissertation: *Körper und Text. (De-)Konstruktionen von Weiblichkeit und Leiblichkeit* bei Mela Hartwig (erschienen 2002 bei Passagen), seit 1999 wissenschaftliche Mitarbeiterin im Spezialforschungsbereich ‚Moderne – Wien und Zentraleuropa um 1900', seit 2000 Lehrbeauftragte an den Germanistik Instituten der Universitäten Graz und Innsbruck sowie im Rahmen der interfakultären Frauen- und Geschlechterforschung.

**Regula Giuliani**, Dr., 1977-1979 wissenschaftliche Angestellte für Philosophie an der Ruhr-Universität in Bochum, 1980 promoviert (in Bochum und Basel), Thema: die Sprachphilosophie von Merleau-Ponty, 1980-1982 Assistentin an der Universität Basel, 1982-86 Übersetzung des Spätwerks von Merleau-Ponty (*Die Prosa der Welt*, 1984, *Das Sichtbare und das Unsichtbare*, 1986 – zusammen mit Bernhard Waldenfels), seit 1992 an der Universität Freiburg, 1994-1996 Mitarbeit an einem *Gender*-Forschungsprojekt im Bereich Philosophie, seit 1996 am Husserl-Archiv der Universität Freiburg: Mitarbeit an der Edition von Texten zum Thema Wahrnehmung und Aufmerksamkeit aus den Jahren 1898-1912 von Edmund Husserl. Seit 2001 an der Universität Luzern. Veröffentlichungen zu den Themenbereichen Phänomenologie, *Gender*-Forschung und Adoption. Redakteurin der Zeitschrift *Freiburger FrauenStudien.*

**Mona Hanafi El Siofi**, geb. 1968, studierte 1990-94 Germanistik, Philosophie, Soziologie und Islamwissenschaften in Freiburg. 1994-98 Ausbildung zur Goldschmiedin. Derzeit Studium der Ethnologie, Psychologie und *Gender Studies* an der Albert-Ludwigs-Universität und Praktikantin am Adelhausermuseum (Abt.Völkerkunde) in Freiburg.

**Christina Harms** hat Politikwissenschaft, Soziologie und Öffentliches Recht in den USA, Kanada und Deutschland studiert. Seit 2001 ist sie Redaktionsmitglied bei den *Freiburger FrauenStudien.* Sie koordiniert internationale Jugendprojekte und lebt zur Zeit in Tel Aviv, Israel.

**Dorit Heinsohn**, Dr. phil., ist zur Zeit wissenschaftliche Mitarbeiterin im Projekt ‚Degendering Science' der Universität Hamburg (www.erzwiss.uni-hamburg.de/degendering_science/). Nach dem Studium der Chemie, ev. Theologie und Erziehungswissenschaft an der Universität Hamburg Promotionsstudium im DFG-Graduiertenkolleg ‚Geschlechterverhältnis und sozialer Wandel' der Universität Dortmund mit Forschungsaufenthalten am ‚Program in Women's Studies' des Massachusetts Institute of Technology und des History of Science Departments der Harvard University. Mitarbeit an der Internationalen Frauenuniversität als Koordinatorin des Projektbereichs Information.

**Angela Kaupp**, Akademische Rätin an der Theologischen Fakultät der Albert-Ludwigs-Universität Freiburg im Fachgebiet Religionspädagogik/Katechetik. Nach dem Studium der Pädagogik und Theologie über zehnjährige Berufstätigkeit in Schule, verbandlicher Jugendarbeit und Erwachsenenbildung in Würzburg und München. Seit 1998 wissenschaftliche Tätigkeit in Freiburg. Derzeitiger Forschungsschwerpunkt: Religiosität in der Lebensgeschichte weiblicher Jugendlicher.

**Ursula Köbl**, geb. 1941, promovierte 1970 und habilitierte sich 1977 an der rechtswissenschaftlichen Fakultät der Universität Erlangen-Nürnberg. Sie war Professorin an den Universitäten Erlangen-Nürnberg, Köln, Augsburg und Gießen und hat seit 1994 einen Lehrstuhl in Feiburg für Sozialrecht, Arbeitsrecht, Bürgerliches Recht und Rechtssoziologie.

**Anne Lehnert**, geb. 1971 studierte Germanistik, Katholische Theologie und Ethnologie in Freiburg und Edinburgh. Sie lebt nun in Saarbrücken und macht eine Ausbildung zur Buchhändlerin in der Roten Zora in Merzig/Saar. Daneben redigiert sie Schulbücher und rezensiert Frauenliteratur.

**Gertraud Lenz**, Dipl. Rel.-Päd. und Krankenschwester, geb. 1967, Studium der Philosophie und Germanistik in Freiburg, derzeit mit dem Magisterabschluss befasst, Redakteurin der Freiburger Frauenstudien. Kontakt: Gertraud.Lenz@pluto.uni-freiburg.de

**Siegfried Lewark**, seit 1990 Professor für forstliche Arbeitswissenschaft in Freiburg. 1973 Diplom in Forstwissenschaft, 1981 Promotion. 1986 Habilitation zum Thema Forstbenutzung (Holzforschung) in Göttingen. Arbeitsschwerpunkte: Arbeitswissenschaft und Studienreform. 1994 erhielt er den Landeslehrpreis für seine Arbeit am neuen forstwissenschaftlichen Studiengang.

**Marion Mangelsdorf**, geb. 1968. 1989-93 Studium der Sozialpädagogik mit Schwerpunkt Medien-Kunstpädagogik an der FH Düsseldorf. 1993 Diplomarbeit mit philosophischer Thematik. 1993-2000 Studium der Fächer Philosophie, Soziologie und Kulturwissenschaften/Historische Anthropologie in Berlin und Freiburg. Seit WS 1997 Mitarbeiterin der Koordinierungsstelle *Gender Studies*. Seit März 2001 Arbeit an einer Dissertation mit kulturanthropologischer Thematik. Seit Mai 2001 Mutter einer Tochter.

**Antonia Napp**, M.A., Studium der Kunstgeschichte, Russistik und Gräzistik in Freiburg i. Br. und Wien. Seit Juli 2000 wissenschaftliche Mitarbeiterin am Slavischen Seminar der Universität Freiburg im Sonderforschungsbereich 541, Teilprojekt A9 ‚Weiblichkeits- und Männlichkeitsentwürfe in der russischen Literatur und Bildenden Kunst von 1790 bis 1850. Untersuchungen zur Identitäts- und Alteritätsproblematik unter geschlechterdifferenten Fragestellungen‘. Dissertationsprojekt: *Männlichkeit und Weiblichkeit im Bild. Studien zum russischen Porträt um 1800* (Arbeitstitel). Veröffentlichungen zur Methodik der Kunstgeschichte und *Gender Studies*, zeitgenössischer Kunst in Russland, Problematik der Pornografie, Körper und Bild.

**Claudia Opitz**, Dr. Phil., geb. 1955, Professorin für Neuere Geschichte an der Universität Basel. Forschungsschwerpunkte: Frauen- und Geschlechtergeschichte der frühen Neuzeit, Französische Geschichte, Aufklärungsforschung, Geschichte der Politischen Theorie, Theorie und Methodik der Geschlechtergeschichte.

Veröffentlichungen u.a.: *Aufklärung der Geschlechter, Revolution der Geschlechterordnung. Studien zur Politk- und Kulturgeschichte des 18. Jahrhunderts*, Münster u.a. 2002 (hrsg. zus. mit E. Kleinau), *Geschichte der Mädchen- und Frauenbildung*, 2 Bde, Frankfurt/M. 1996.

**Meike Penkwitt**, geb. 1971, Studium der Fächer Deutsch und Biologie an der Albert Ludwigs Universität Freiburg, seit 1995 Organisatorin der Vortragsreihe *Freiburger FrauenForschung*, 1997 Frauenförderpreis der Universität Freiburg, 1999 erstes Staatsexamen, promoviert derzeit bei Gabriele Brandstetter (Universität Basel) zum Thema ‚Erinnern’ in den Texten der Autorin Erica Pedretti. Mitarbeiterin im Zentrum für Anthropologie und Gender Studies (ZAG) an der Universität Freiburg. Redakteurin und seit 1998 Herausgeberin der *Freiburger FrauenStudien*.

**Tina-Karen Pusse**, geb.1973, Studium der Germanistik und Philosophie in Freiburg und Paris, beendet derzeit ihre Promotion „Von Fall zu Fall. Lektüren zum Lachen“ über die rhetorische und performative Funktion von ‚Lachen‘ und ‚Fallen‘ in Texten von Kafka, Hoffmann, Nietzsche, Kleist, Strauß und

Heidegger. Wissenschaftliche Mitarbeiterin von Prof. Dr. Claudia Liebrand in Köln. Redakteurin der *Freiburger FrauenStudien.*

**Gisela Riescher**, seit 1999 Professorin am Seminar für Wissenschaftliche Politik an der Albert-Ludwigs-Universität Freiburg; vertritt den Bereich Politische Theorie/Politische Philosophie/Ideengeschichte; Veröffentlichungen: *Hauptwerke der politischen Theorie* (1997), *Einführung in die Parlamentarismustheorie* (1997), *Parlamentstheorien* (1999), *Zweite Kammern* (2000).

**Judith Schlehe**, Prof Dr., Ethnologin, seit WS 2002 Ordinaria am Institut für Völkerkunde der Universität Freiburg. Forschungsaufenthalte in Indonesien (regelmäßig seit 1985) und in der Mongolei (1999, 2000). Arbeitsschwerpunkte: Geschlechterforschung, Interkulturalitätsforschung, Religionsethnologie, Interkulturalitätsforschung, neue Medien, Tourismus.

Buchveröffentlichungen: *Das Blut der fremden Frauen. Menstruation in der anderen und in der eigenen Kultur*, Frankfurt/M: Campus 1987; *Die Meereskönigin des Südens, Ratu Kidul. Geisterpolitik im javanischen Alltag*, Berlin: Reimer 1998; Herausgaben: *Zwischen den Kulturen – zwischen den Geschlechtern. Kulturkontakte und Genderkonstrukte*. Münster: Waxmann 2000; *Interkulturelle Geschlechterforschung. Identitäten – Imaginationen – Repräsentationen*, Frankfurt/M: Campus 2001.

**Sigrid Schmitz**, geb. 1961, Studium der Biologie 1983/87 an der RWTH Aachen und der Philipps-Universität Marburg, Promotion 1992 mit Schwerpunkt Nutztierethologie, Habilitation 1998 am Fachbereich Biologie der Philipps-Universität über Geschlechterunterschiede in der Raumorientierung des Menschen, *venia legendi* für Zoologie, seit Oktober 1999 wiss. Mitarbeiterin am Institut für Informatik und Gesellschaft der Universität Freiburg in einem Projekt zum Aufbau eines kritischen Informationssystems zur Geschlechterforschung und Gehirn, seit 2002 zusammen mit Britta Schinzel Leiterin des Kompetenzzentrums „Genderforschung in Informatik und Naturwissenschaft (GIN)“ der Universität Freiburg; seit Dez. 2002 Hochschuldozentin für „Mediatisierung der Naturwissenschaft und Genderforschung“ an der Universität Freiburg.

**Bettina Wilke**, geboren 1976, studiert Soziologie und Sprachwissenschaft an der Albert-Ludwigs-Universität Freiburg. 2001 Förderpreis der Körberstiftung. Magisterarbeit zum Thema: *Gesellschaftliche Konstruktionen von Geschlecht und Sexualität im Spiegel der Pornografie.*

**Andrea-Leone Wolfrum**, geb. 1969, studierte Soziologie mit den Schwerpunkten Entwicklungsplanung und -politik, Frauenforschung und Kulturanthropologie an der Universität Bielefeld. 2000 Diplom mit einer empirischen Arbeit zum Thema Modernisierung und Islamisierung in Südostasien. 2002 Lehrtätigkeit an der Universität Freiburg. Derzeit wissenschaftliche Mitarbeiterin im Verbundprojekt ‚Der Status des extrakorporalen Embryos'. Promoviert bei Frau Prof. Dr. Nina Degele zum Thema Stammzellenforschung.

das neue heft ist da!
no 79: wissen und weisheit
€ 4,80 + Versandkosten
schlangenbrut
zeitschrift für feministisch und religiös interessierte frauen
postfach 7467
d-48040 münster
fon & fax (02 51) 27 97 98
info@schlangenbrut.de
www.schlangenbrut.de

Koryphäe
Medium für feministische Naturwisenschaft und Technik
29/01
Wissen_schaf(f)t Widerstand
30/01
Sicherheit und Risiko
31/02
Wem gehört das Wissen?
32/02
Alpiner Alltag. Frauen und die Berge.
out now!
33/03
Mädchenjahre
ab Mai 2003!
EUR 5,-
(erhätlich im Frauenzimmer)
Abo: EUR 13,-
kory@fluminut.at
www.fluminut.at/kory

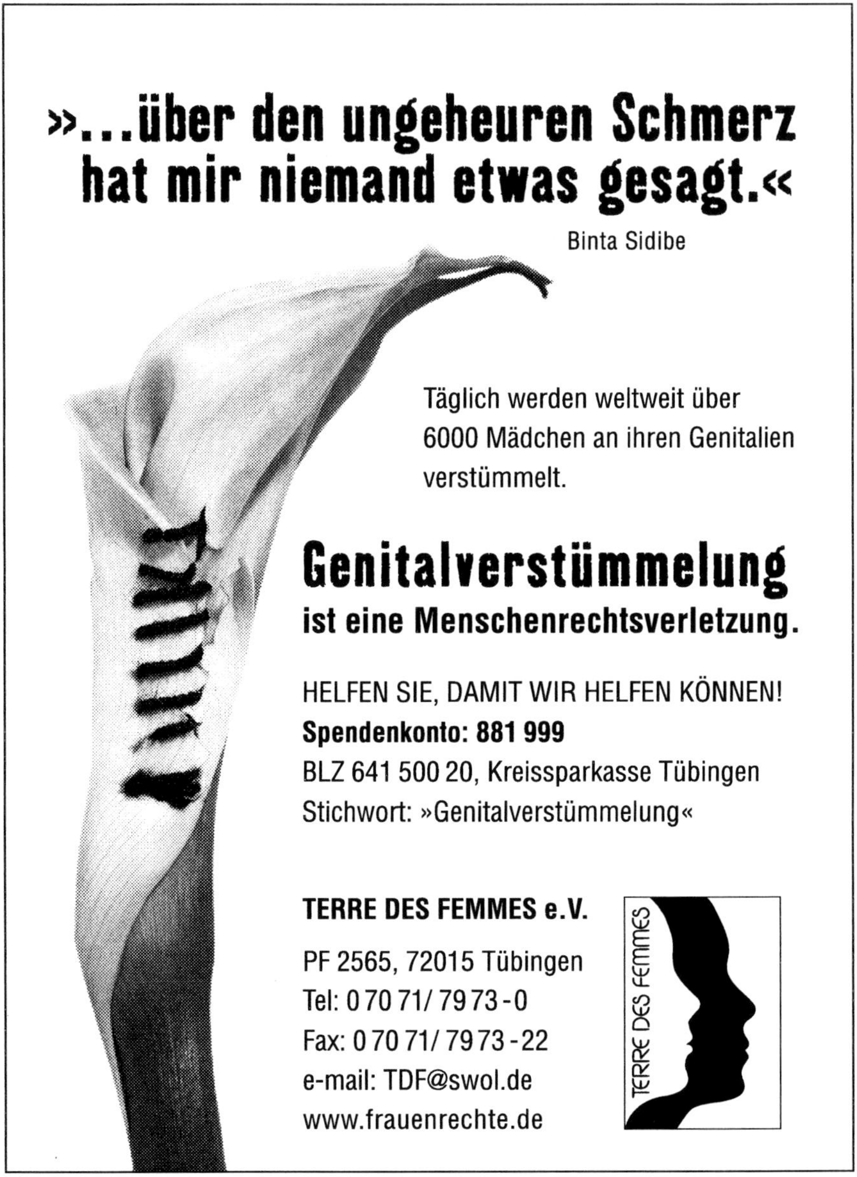
»...über den ungeheuren Schmerz hat mir niemand etwas gesagt.«
Binta Sidibe
Täglich werden weltweit über 6000 Mädchen an ihren Genitalien verstümmelt.
Genitalverstümmelung
ist eine Menschenrechtsverletzung.
HELFEN SIE, DAMIT WIR HELFEN KÖNNEN!
Spendenkonto: 881 999
BLZ 641 500 20, Kreissparkasse Tübingen
Stichwort: »Genitalverstümmelung«
TERRE DES FEMMES e.V.
PF 2565, 72015 Tübingen
Tel: 0 70 71/ 79 73 - 0
Fax: 0 70 71/ 79 73 - 22
e-mail: TDF@swol.de
www.frauenrechte.de
TERRE DES FEMMES

das neue heft ist da!
no 80: ich heiße maria
e 4,80 + Versandkosten
schlangenbrut
zeitschrift für
feministisch und
religiös interessierte
frauen
postfach 7467
d-48040 münster
fon & fax (02 51) 27 97 98
info@schlangenbrut.de
www.schlangenbrut.de

## Übersicht über die bisher erschienenen Titel:

**1/95** **Frauen und Wahnsinn (vergriffen)**

**2/95** **Frauenräume (168 Seiten), 7,50 €**

**1/96** **Frauenalter – Lebensphasen (140 Seiten), 7,50 €**

**2/96** **Frauen – Bildung – Wissenschaft (136 Seiten), 7,50 €**

**1/97** **Frauen und Körper (130 Seiten), 7,50 €**

**1/98** **Frauen und Mythos (302 Seiten), 10,– €**

**2/98** **Utopie und Gegenwart (237 Seiten), 10,– €**

**1/99** **Cross-dressing und Maskerade (vergriffen)**

**2/99** **Feminismen – Bewegungen und Theoriebildungen weltweit (304 Seiten), 10,– €**

**1/00** **Beziehungen (310 Seiten), 10,– €**

**11** **Perspektiven feministischer Naturwissenschaftskritik (312 Seiten), 10,– €**

**12** **Dimensionen von *Gender Studies*, Band I (322 Seiten), 10,– €**

**13** **Dimensionen von *Gender Studies*, Band II (391 Seiten), 10,– €**

Jeweils zzgl. Versandkosten (bei einem Bande 1,50 €, ab zwei Bänden 3,– €).

Die Ausgaben 2/95, 1/96, 2/96 und 1/97 kosten bei Erwerb von zwei und mehr Bänden jeweils nur 5,– €.

Der Bezugspreis pro Band beträgt im Abonnement 9,50 € zzgl. Versandkosten.

Bei einem neuen Abo gibt es als Begrüßungsgeschenk einen der älteren Bände umsonst mit dazu.

### Manuskripte:

Rich Text Format, als Attachment oder Diskette & zweifacher Ausdruck, Aufsätze inklusive Literaturliste maximal 50 000 Zeichen, Rezensionen maximal 7 000, besser 5 000 Zeichen. Bitte Stylesheet mit verbindlichen Vorgaben anfordern.